明紀

四部備要

史部

中華書局據江蘇書局刻本校刊

桐鄉 陸費逵總勘
杭縣 高時顯 吳汝霖輯校
杭縣 丁輔之監造

明紀序

克家先大父工部公嘗本
欽定明史明史稿及諸家記載撰次明一代之事爲明紀未及成而卒紀用編年體起元至正十一年絶筆於莊烈帝崇禎元年自是至三王事皆未具又嘗欲掇其大端著論以見意亦未暇以爲顧其略時見於藁本克家懼遺緒之遂泯續而爲之其爲論多采前人名言不足則附以己意斷與著書之指不悖書旣成復謹案兼采諸書著其所以去取作攷異若干卷乃推本先大父之意而言曰於戲自古有國家者曷嘗不監於勝國哉周書曰往敷求于殷先哲王孔子曰殷因于夏禮周因于殷禮而司馬遷論秦六國事亦引荀況法後王之言夫況所稱後王固當謂近世致治之主非暴秦比然秦暴而顛亦王者之炯鑒況明之傳祚越三百年其政治風俗皆有可觀者歟且夫加禮前代書法必公

聖朝之事也撰述往事以昭法戒儒生之責也我
朝代明在明社既覆之後於事無所嫌諱又於惠帝莊烈帝皆爲追
諡而旌其殉國諸臣是非褒貶洵可服當時而垂萬世矣而承學之
士綴輯舊聞閒有論著非宄則疎求其無野史猥雜之譏得古人攷
鏡之意勒成一書仰資
威治蓋皆未之逮也惟我先大父殫數十年之力以有是編克家兢
兢繕完弗敢失墜今書幸成庶幾上備
聖天子乙夜之觀覽於
國家斟酌古今之制有裨萬一顧身未得備員於
朝無所因而獻之用敢述其志事之始末謹書之以俟克家記

史分紀傳編年二體而紀傳爲正史晉書以後或奉敕或表上或詔
取皆官書編年之名亦有二曰鑑曰紀鑑始溫公資治通鑑李燾長
編亦皆官書繼之者如陳王薛諸家頗不盡然迨　國朝康熙乾隆
中
御批通鑑綱目
御批通鑑輯覽
御定通鑑綱目三編先後頒行惟
欽定明鑑未出而鑑之爲官書亦幾與正史等故一時學者於畢氏
續通鑑頗有異議錢竹汀詹事與馮鷺庭編修書拒不作序意固有
在所稱馮序但志刊刻始末不言撰述之旨爲得體亦良是其謂古
來紀傳編年書只有本人自序而所援止馬班沈李紀傳之例偏而
不舉知其爲遁詞也至紀則創自荀氏亦受詔爲之袁氏以下有年
紀大紀大事紀小紀之類多私家箸述非通鑑之比矣元和陳工部

稽亭先生學宗宋儒以躬行實踐爲歸貧而樂道官曹部不受印結費同時顧南雅通政亦以理學名嘗以禪語題其齋先生曰有意爲之邪無意爲之邪通政矍然立撤之著桂門初續稿六帙中多吾鄉發潛闡幽之作桂芬見輯郡志以其言必能傳信摭錄頗多而先生一生精力所注則在明紀一書原本正史而參以王氏稿此外說部野史間有采摭必旁證覈實而後箸之凡新異詭誕之說置不錄於三百年禮樂刑政治亂成敗忠邪是非之故瞭如秩如不愧良史攷荀紀在班後排比班書小有增損移易袁紀在范前綴會謝承張珪等書自出鑒裁是書體例一如荀紀而荀紀奉詔袁紀自撰則又與袁紀同也昔人嘗言荀氏論多純正袁氏論多放縱先生書雖不加論斷而決擇去取之間一歸純正不敢放縱人品心術亦於此可見宋龔頤正嘗續溫公稽古錄論者謂頤正非端士故持論不及溫公是史才有出於三長之外者觀於先生書益信書凡六十卷先生手

輯至五十有二卷而卒文孫中書克家續成者八卷謹嚴一秉先生之式恭攷

御批通鑑輯覽分注福王年號而唐桂二王則別綴書後顯示區別與楊氏陸榮三藩紀事本末並列者不同今於福王平書於唐桂低一格正合輯覽微指中書尋入張忠武幕府與庚申之難孤惟驥齋遺書侍母避海上族人欲攫其書惟驥窘甚謀於中書故人吳平齋觀察以若干金贖之書始完無何蘇州書局補刻通鑑續通鑑既竣觀察以其閒言於前撫軍豐順丁公曰若刻是書即兩漢紀序所謂綢繆上下數千年閒侵尋相接其嘉惠後學非刻一書一集之比者也總校俞蔭甫編修亦慫恿之遂開雕踰年書成今撫軍南皮張公謂先生於桂芬為鄉先喆宜為之序桂芬不敢援錢詹事以為辭而但志刊刻始末不言撰述之旨則猶是詹事之意云

同治十年夏六月吳縣馮桂芬序

明紀目錄

福王始末
卷第五十九
唐王始末
卷第六十
桂王始末

明紀卷第一

賜進士出身工部候補主事虞衡司行走陳鶴纂

卹贈知府銜給雲騎尉世職內閣候補中書孫男克家參訂

太祖紀一

起元至正十一年辛卯元至正十二年壬辰太祖始從郭子興起兵濠州元至正十五年乙未太祖用韓林兒年號稱龍鳳元年卷訖于元至正二十三年癸卯即龍鳳九年也

太祖開天行道肇紀立極大聖至神仁文義武俊德成功高皇帝諱元璋字國瑞姓朱氏先世家沛徙句容再徙泗州父世珍始徙濠州之鍾離母陳氏生四子太祖其季也以元天曆元年九月丁丑生其夕室中有光燭天自是夜數有光起比長姿貌雄傑奇骨貫頂志意廓然人莫能測元至正四年大饑疫父母兄相繼沒貧無所依入皇覺寺爲僧尋游食合肥歷光固汝潁諸州崎嶇三載復還寺其明年台州方國珍倡亂海上時天下承平有司憚於用兵一意招撫又三年潁州劉福通蕭縣李二羅田徐壽輝等兵起初欒城韓山童自祖

父以白蓮會燒香惑衆山童鼓妖言謂天下當大亂彌勒佛下生河南江淮閒愚民多信之福通與其黨復詭言山童宋徽宗八世孫當主中國殺白馬黑牛誓告天地欲同起兵爲亂事覺有司捕之急福通遂反陷頴州而山童爲吏所得伏誅子林兒逃武安山中至正十一年五月也福通據朱皐破羅山上蔡真陽確山又破汝寧府息州光州衆至十萬李二號芝蔴李亦以燒香聚衆與彭大趙均用攻陷徐州壽輝與鄒普勝亦以妖術聚衆爲亂陷蘄水縣及黃州路時所在蠭起多以紅巾爲號人皆謂之紅軍亦稱香軍十月壽輝僭稱皇帝卽蘄水爲都國號天完建元治平以鄒普勝爲太師定遠人郭子興者家富饒任俠喜賓客見天下方亂散家貲與壯士相結

十二年春二月集少年數千人襲據濠州　徐壽輝連陷湖廣江西諸郡縣　時太祖年二十五謀避兵卜於神去留皆不吉乃曰得毋當舉大事乎再卜之吉太祖大喜閏三月甲戌朔入濠州門者疑爲

諜執以告子興子興奇其狀貌解縛與語留帳下爲十夫長數從戰
有功子興喜其次妻張氏亦指目太祖曰此異人也秋九月妻以所
撫馬公女是爲孝慈高皇后　始子興同起事者孫德崖等四人各
稱元帥不相下四人者麤而戇日剽掠子興意輕之四人不悅子興
多家居不視事太祖乘閒說曰彼日益合我日益離久之必爲所制
子興不能從　元右丞相脫脫復徐州李二走死彭大趙均用帥餘
衆奔濠德崖等以其故盜魁有名共推奉之使居己上大有智數子
興禮之而易均用德崖等譖諸均用曰子興知有彭將軍耳不知有
將軍也均用怒伺子興出執而械諸德崖家將殺之時太祖方在淮
北聞難馳至訴於大大曰吾在孰敢魚肉而翁者呼兵以行太祖亦
甲而擁盾發屋出子興使人負以歸遂免冬元將賈魯月哥察兒等
圍濠州乃釋故憾共守
十三年春賈魯卒圍解大均用皆自稱王太祖收里中兵得七百人

徐達湯和陸仲亨等率先歸附子興以太祖爲鎮撫達濠人少有大志長身高顴剛毅武勇與太祖一見語合時年二十二未幾大死子早住領其衆　夏五月泰州張士誠兵起有衆萬餘元以萬戶告身招之不受襲據高郵自稱誠王國號大周建元天祐　方國珍請降於元浙東行省都事劉基言國珍首逆數降數叛不誅無以懲後國珍懼使人潛至京師賂諸權貴冬十月元授國珍徽州路治中責基擅威福羈管紹興國珍愈橫　時彭趙所部暴橫子興弱太祖度無足與共事乃以兵屬他將獨與徐達等二十四人南略定遠聞張家堡有民兵號驢牌寨者無所屬太祖偕費聚往招之已定約其帥欲他屬太祖復偕聚往計縛其帥收卒三千聚又招降秦把頭得八百餘人

十四年太祖引兵趨定遠縣人毛騏扶令出降太祖喜留與飲食籌兵事悉當意　初定遠人繆大亨糾義兵爲元攻濠不克元兵潰大

亨獨以衆二萬人與張知院屯橫澗山固守月餘太祖以計夜襲其營破之大亨與子走免比明復收散卒列陳以待太祖遣其叔貞諭降之命將所部以從　太祖略地至妙山馮國用與其弟勝來歸見其被服儒雅奇之詢天下大計國用對曰金陵龍蟠虎踞帝王之都先拔之以爲根本然後四出征伐倡仁義收人心勿貪子女玉帛天下不足定也定遠人李善長者少讀書有智計習法家言策事多中太祖道遇之知其爲里中長者留掌書記從容問曰四方戰鬭何時定乎對曰秦亂漢高起布衣豁達大度知人善任不嗜殺人五載成帝業今元綱既紊天下土崩瓦解公濠產距沛不遠山川王氣公當受之法其所爲大業可成也太祖皆善之　陸仲亨取大柳樹諸寨鄭遇霖取鐵佛岡三汊河諸寨趙德勝取全椒後河諸寨徐達等破元兵於滁州澗將至滁州太祖帥數騎前行花雲從猝遇敵兵數千雲舉鈹翼太祖拔劍躍馬衝陳而進敵驚曰此黑將軍勇甚不可當

兵至遂克滁州滁人范常杖策謁軍門太祖夙知其名與語意合留置幕下有疑輒問常悉以實對　趙均用專狠益甚挾郭子興攻盱眙泗州必欲殺之太祖已取滁遣人說均用曰大王窮迫時郭公開門延納德至厚也大王不能報反聽細人言圖之自翦羽翼失豪傑心竊爲大王不取且其部曲猶衆殺之得無貽後悔乎均用聞太祖兵甚盛心憚之太祖又使人賂其左右子興由是得免帥所部萬人就太祖於滁　子興至滁欲自王太祖曰滁四面皆山舟楫商旅不通非可旦夕安者子興乃已　子興中讒言稍奪太祖兵柄太祖事子興愈謹將士有所獻孝慈皇后輒以遺子興妻子興又欲奪李善長自輔善長固謝弗往太祖深倚之　冬十月元脫脫大敗張士誠於高郵分兵圍六合太祖曰六合破滁且不免與耿再成軍瓦梁壘救之力戰度不敵引還元兵尋大至太祖設伏澗側令再成誘敵敗之乃還所獲馬遣父老具牛酒謝元將曰守城備他盜耳奈何舍巨

寇戮良民元兵引去　太祖以四方割據戰爭無虛日命范常爲文
禱於上帝曰今天下紛紜生民塗炭不有所屬物類盡矣儻元祚未
終則羣雄當早伏其辜某亦在羣雄中請自某始若已厭元德有天
命者宜歸之無使斯民久阽危苦　太祖兄子文正姊子李文忠來
歸撫文忠爲子令從己姓　脫脫數敗士誠圍高郵隳其外城城且
下會元帝信讒言解脫脫兵柄削官爵以他將代之士誠乘閒奮擊
元兵潰走江淮亂益熾
十五年春正月子興用太祖計遣張天祐等拔和州兵不戢范常言
於太祖曰得一城而使人肝腦塗地何以成大事會子興命太祖統
諸將鎭守其地太祖知諸將皆等夷莫肯爲下乃祕子興檄期旦日
會廳事時席尚右諸將先入皆踞右太祖故後至就左比視事剖決
如流諸將瞠目不能發一語始稍稍屈議分工甓城期三日太祖工
竣諸將皆後於是始出檄南面坐曰奉命總諸公兵今甓城皆後期

如軍法何諸將惶恐謝乃搜軍中所掠婦女縱還家民大悅　元兵屯新塘高望雞籠山絕和州饟道太祖率衆破之元兵知太祖出襲和州李善長設伏敗之元兵皆走渡江　太祖威名日盛諸將來歸者善長察其材言之太祖復爲太祖布款誠使皆得自安有以事力相齟齬者委曲爲調護湯和長太祖三歲獨奉約束惟謹　二月劉福通物色韓林兒得諸碭山夾河迎至亳僭稱皇帝國號宋建元龍鳳治宮闕以林兒母楊氏爲皇太后杜遵道盛文郁爲丞相福通及羅文素平章政事劉六知樞密院事遵道寵用事福通疾之命甲士撾殺遵道自爲丞相加太保事權一歸福通　孫德崖饑就食和州太祖納之子興聞怒甚夜至和德崖引去前營已發德崖留視後營而其軍與子興軍鬬多死者子興執德崖鎖其頸與之飲酒聞太祖亦爲德崖軍所執大驚立遣徐達往代太祖縱德崖還德崖軍釋太祖達亦獲免子興憾德崖甚將甘心焉以太祖故彊釋之邑邑不樂

三月發病卒歸葬滁州　韓林兒檄郭天敘爲都元帥張天祐太祖爲左右副元帥天敘子興子也　常遇春來歸遇春懷遠人貌奇偉勇力絕人猿臂善射初從劉聚爲盜察聚終無成歸太祖於和陽未至困臥田間夢神人披甲擁盾呼曰起起主君來驚寤而太祖適至即迎拜無何自請爲前鋒太祖曰汝特饑來就食耳吾安得汝留也遇春固請太祖曰俟渡江事我未晚也太祖謀渡江無舟楫初巢人俞廷玉及其子通海通源通淵廖永安及其弟永忠結寨巢湖有水軍千艘數爲廬州左君弼所窘夏五月遣通海閒道歸太祖太祖大喜親往拔其軍元中丞蠻子海牙扼銅城閘馬場河諸險瀕河惟一港可通亦久涸水軍不得出會天大雨水深丈餘太祖喜曰天助我也引舟出江至和陽遂擊海牙於峪溪口元兵駕樓船不利進退巢湖諸將皆長於水戰操舟若飛再戰再破元兵始定計渡江諸將請直趨集慶太祖曰取集慶必自采石始采石重鎮守必固牛渚前臨

大江彼難爲備可必克也六月乙卯發江口廖永安舉帆請所向命
直趨牛渚西北風方驟頃刻達岸元兵陳磯上舟距岸三丈餘莫能
登遇春飛舸至太祖麾之前遇春應聲奮戈前敵接其戈乘勢躍而
上大呼跳蕩元軍披靡拔之采石兵亦潰緣江諸壘悉附諸將以和
州饑爭取資糧謀歸太祖謂徐達曰渡江幸捷若舍而歸江東非我
有也乃悉斷舟纜放急流中謂諸將曰太平甚近當與公等取之遂
乘勝拔太平李善長預書榜禁士卒剽掠城下卽揭之通衢有卒違
令斬以徇軍中肅然執元萬戸納哈出總管靳義赴水死太祖曰義
士也禮葬之改太平路曰太平府置太平興國翼元帥府自領府事
以李善長爲都事汪廣洋爲令史召陶安參幕府事潘庭堅爲帥府
教授又命馮國用典親兵李習爲太平知府是役也達與遇春皆爲
軍鋒冠　時太平四面皆元兵右丞阿魯灰中丞蠻子海牙等嚴師
截姑孰口民兵元帥陳埜先水軍帥康茂才以數萬衆攻城太祖遣

徐達等逆戰別將潛出其後夾擊之湯和流矢中左股拔矢復鬬與諸將破禽埜先并降其衆阿魯灰等引去　俞通海等徇下諸屬縣攻蕪湖鄭遇霖戰死弟遇春領其衆　徐達取溧陽常遇春守之達又取溧水　秋九月郭天敘張天祐等攻集慶路陳埜先叛二人皆戰死埜先尋爲民兵所殺從子兆先收其衆屯方山康茂才移戍采石與海牙犄角以窺太平　冬十二月壬子朔釋納哈出北歸　元師大敗劉福通於太康進圍亳州福通以韓林兒走安豐　淮東饑張士誠遣弟士德由通州渡江入常熟　是歲太祖稱龍鳳元年

十六年春正月倪文俊建僞都於漢陽迎徐壽輝據之　二月張士德陷平江湖州松江常州諸路改平江路爲隆平府士誠自高郵來居之　時將士妻子輜重皆在和州元蠻子海牙以舟師據采石道中梗丙子太祖自將攻之選驍勇王銘等爲奇兵常遇春多張疑兵分敵勢戰方合銘率敢死士大譟突之遇春操輕舸衝海牙軍爲二

左右縱擊大敗之盡得其舟江路復通　三月癸未進兵方山禽陳兆先降其衆三萬六千人皆疑懼不自保太祖擇驍健者五百人為親軍宿衛帳中悉屏舊人獨留馮國用侍榻側太祖酣寢達旦衆心始安庚寅攻集慶國用帥五百人先登陷陳敗元兵於蔣山元行臺御史大夫福壽嬰城固守城破猶督兵巷戰或勸之遁叱而射之遂死於兵參政伯家奴達魯花赤達尼達思等皆戰死蠻子海牙遁歸張士誠康茂才降太祖入城召官吏父老諭之曰元政瀆擾干戈並起我來為民除亂耳其人安堵如故賢士吾禮用之舊政不便者除之吏毋貪暴殃吾民民大喜過望改集慶路為應天府置天興翼統軍大元帥府辟夏煜孫炎楊憲等十餘人用之並置上元江寧二縣葬御史大夫福壽以旌其忠　丁酉徐達帥諸軍東攻鎮江顧成與勇士十人轉鬬入城被執十人皆死成躍起斷縛仆持刀者脫歸導衆攻城拔之元守將段武平章定定戰死是役也太祖數諸將不戢

下陽怒欲置之法李善長力救得解乃命達爲大將丁寧遣之達號令明肅城中晏然以鎭江爲江淮府沐英守之英太祖義子也號周舍時太祖多蓄義子周舍道舍馬兒柴舍真童金剛奴也先買驢潑兒保兒之屬至二十餘人道舍何文輝也馬兒徐司馬也柴舍朱文剛也保兒平安也攻下郡邑輒遣之偕諸將分守　徐達之將發也太祖謂之曰聞有秦元之者才器老成汝當詢訪致吾欲見意元之元行臺侍御史秦從龍也達下鎭江訪得之太祖命朱文正李文忠奉金綺造廬聘焉從龍與妻俱來太祖自迎之龍江時太祖居富民家因邀從龍同處朝夕訪以時事已卽元御史臺爲府居從龍西華門外事無大小悉與之謀嘗以筆書漆簡問答甚密左右皆不能知從龍薦故温州教授陳遇太祖發書以伊呂諸葛爲喻既至留參密議日見親信　元復以海道萬戶招方國珍國珍復降於元國珍初作亂元出空名宣敕數十道募人擊賊海濱壯士多應募立功所司

邀重賄不與赦有一家數人死事卒不得官者而國珍之徒一再招諭皆至大官由是民慕爲盜從國珍者益衆　夏六月乙丑鄧愈帥華高等徇廣德路元守將嚴兵城下高以數騎挑戰不動高衝擊大破之遂克其城以爲廣興府使愈及邵成守之　乙亥遣楊憲通好於張士誠其書曰昔隗囂稱雄於天水今足下亦擅號於姑蘇事勢相等吾深爲足下喜睦鄰守境古人所貴竊甚慕焉自今信使往來毋惑讒言以生邊釁士誠得書留憲不報　秋七月己卯朔太祖爲吳國公置江南行中書省自總省事以李善長宋思顏爲參議李夢庚郭景祥等數十人皆爲省僚軍機進退賞罰章程多決於善長時又置行樞密院亦太祖自領之朱文正同僉院事又置帳前都指揮使司左右前後中翼元帥府五部都先鋒省都鎮撫司理問所提刑按察司兵馬指揮司營田司　辛巳張士誠遣舟師攻鎮江徐達敗之於龍潭太祖遣達及湯和攻常州士誠兵來援達以敵狡而銳未

易力取乃離城設二伏以待別遣將王均用爲奇兵而自督軍戰敵退走遇伏大敗之獲其張湯二將　初郭天敘戰死韓林兒以其舅張天爵爲中書右丞已而太祖爲平章政事天爵失職怨望久之謀不利於太祖誅死子興後遂絕有一女事太祖後爲惠妃生蜀谷代三王　九月戊寅太祖如江淮府謁孔子廟遣儒士告諭父老勸農桑尋還應天　庚辰韓林兒將李武崔德破武關　冬十月張士誠以書求和請歲輸粟二十萬石黃金五百兩白金三百斤太祖答書責其歸楊憲歲輸粟五十萬石士誠復不報徐達進圍常州不下　十二月改江淮府爲鎭江府

十七年春二月耿炳文自廣興進攻長興敗士誠將趙打虎獲戰船三百餘艘禽其守將李福安等戊申克長興長興據太湖口與宣歙接壤爲江浙門戶太祖得其地大喜三月乙亥朔改爲長安州立永興翼元帥府以炳文爲總兵都元帥費聚爲副守之溫祥卿者多智

數避亂來歸炳文引入幕府晝守禦計甚悉　壬午徐達克常州丁
亥以爲長春府己丑復曰常州府改武進縣曰永定晉陵縣曰京臨
尋省京臨入永定以湯和爲樞密院同僉守之常與士誠接境閒諜
百出和防禦嚴密敵莫能窺是役也郭興晝夜不解甲者七月城下
受上賞　林兒將毛貴陷膠萊益都濱州山東郡邑多下　時元將
別不華屯寧國六安人朱亮祖者初爲元義兵元帥太祖克太平時
得之喜其勇悍賜金幣仍舊官居數月遁去復歸於元數與我兵戰
爲所獲者六千餘人遂入寧國太祖方取集慶未暇討也既克常州
遣徐達等圍之亮祖突圍戰常遇春被創而還諸將莫敢前夏四月
丁卯太祖自將攻拔之別不華降縛亮祖以見太祖曰爾將何如對
曰生則盡力死則死耳太祖壯而釋之元百戶張文貴殺妻妾自刎
死寧國之役花雲自常州赴之兵陷山澤中八日羣盜梗道雲操矛
鼓譟出入斬首千百計身不中一矢還駐太平　五月上元寧國句

容獻瑞麥　張士誠遣左丞潘原明寇長安州敗走　六月趙繼祖等徇江陰張士誠兵據秦望山吳良攻奪之遂克江陰命良爲指揮使守之時士誠據全吳兵食足江陰當其要衝枕大江扼南北襟喉士誠數以金帛啗將士窺釁太祖諭良曰江陰我東南屏蔽汝約束士卒毋外交毋納逋逃毋貪小利毋與爭鋒惟保境安民而已良奉命惟謹備禦修飭以敗敵功進樞密院判官　俞通海以舟師略太湖王銘流矢中右臂引佩刀出其鏃復戰降士誠守將於馬蹟山艤舟胥口呂珍兵暴至諸將欲退通海曰不可彼衆我寡退則情見不如擊之乃身先疾鬬矢下如雨中右目不能戰命帳下士被己甲督戰敵以爲通海也不敢偪徐解去由是通海一目遂眇　劉福通率衆攻汴梁分遣關先生破頭潘馮長舅沙劉二王士誠趨晉冀白不信大刀敖李喜喜趨關中毛貴出山東北犯元鎮守黄河義兵元帥田豐叛附於福通　秋七月徐達徇宜興使前鋒趙德勝取常熟張

士德迎戰爲德勝所禽士德小字九六善戰有謀浙西地皆其所略
定旣被禽士誠大沮初士誠失長興常州江陰兵不得四出勢漸蹙
士德用江陰王逢計欲降於元以拒太祖至是使人間道貽士誠書
言之士誠遂決計請降元江浙右丞相達識帖睦邇爲言於朝授士
誠太尉官其將吏有差太祖欲留士德以招士誠士德竟不食死
初莫天祐聚衆保無錫州士誠招之不從以兵攻之亦不克士誠旣
受元官天祐乃降士誠累表爲同僉樞密院事　胡大海克徽州元
萬戸吳訥戰敗自殺守將八思爾不花遁改徽州路曰興安府鄧愈
守之苗帥楊完者以十萬衆來攻愈激厲將士與大海合擊破走之
鄧愈薦休寧朱升召問時務對曰高築牆廣積糧緩稱王太祖善
之　八月癸丑劉福通陷大名衞輝路　康茂才取江陰馬駄沙敗
士誠獲其樓船　九月婺源州元帥汪同來降　倪文俊謀殺徐壽
輝不克奔黃州爲麾下領兵元帥陳友諒所殺友諒自稱平章政事

閏九月白不信等陷興元遂入鳳翔其黨走入蜀　冬十月常遇春自銅陵攻池州吳禎廖永安以舟師毀其北門入城敵艦百餘至復大敗之執徐壽輝守將　初張明鑑聚衆淮南以青布爲號稱青軍又以善長槍稱長槍軍由含山轉掠揚州元鎭南王孛羅普化招降之以爲義兵元帥踰年食盡謀擁王作亂王走死淮安明鑑遂據揚州屠居民以食繆大亨言於太祖曰賊饑困若掠食四出則難制矣且驍鷙可用無爲他人得太祖命大亨急攻義兵千戶武德謂明鑑曰吾輩才雄萬夫今東衄西挫事勢可知不如早擇所依明鑑然之遂降得衆數萬馬二千餘匹悉送其將校妻子至應天改淮海翼元帥府爲江南分樞密院以大亨爲同僉院事總制揚州鎭江改揚州爲淮海府大亨有治略寬厚不擾而治軍嚴肅禁暴除殘民甚悅未幾卒　十二月己丑釋囚　徐壽輝將明玉珍帥斗船五十艘掠糧川峽間將還時元右丞完者都募兵重慶義兵元帥楊漢應募至

欲殺之并其軍漢知之走出峽遇玉珍爲言重慶無重兵完者都與右丞哈麻禿不相能若回船襲之可取而有也玉珍意未決部將戴壽曰機不可失可分船爲二半貯糧歸沔陽半因漢兵攻重慶不濟則掠財物還玉珍從其策襲重慶走完者都執哈麻禿以獻壽輝壽輝授玉珍蜀行省右丞　李文忠年十九以舍人將親軍從援池州破天完軍驍勇冠諸將別攻青陽石埭太平旌德皆下之敗元院判阿魯灰於萬年街復敗苗軍於於潛昌化進攻淳安夜襲洪元帥降其衆千餘授帳前左副都指揮兼領元帥府事

十八年春正月陳友諒陷安慶路元淮南行省左丞余闕死之　庚戌王弼取婺源州斬元守將鐵木兒不華　二月己巳朔毛貴據長蘆鎮尋陷濟南益引兵而北殺宣慰使董摶霄於南皮陷薊州犯漷州略柳林以偪大都元帝徵四方兵入衛議欲遷都以避其鋒大臣諫乃止　太祖以軍興民失農業乙亥以康茂才爲營田使　初石

牌民朱定販鹽無賴與富民趙氏有隙遂告變滅趙氏授江陰判官
尋復爲盜元遣兵捕之定乃導張士誠陷平江士誠以定爲參政而
遣元帥欒瑞戍石牌及太祖取江陰瑞猶據石牌導舟師往來其間
太祖命廖永安等擊之桑世傑戰死瑞亦降張氏窺江路絕　三月
己酉錄囚　鄧愈李文忠會胡大海之師自昱嶺關進攻建德路道
遂安破長槍帥余子貞逐北至淳安又破其援兵丙辰克建德以爲
建安府尋曰建德府文忠守之楊完者以苗獠數萬水陸奄至文忠
將輕兵破其陸軍取所馘首浮巨筏上水軍見之亦遁　初巢湖諸
將來歸獨趙普勝逸去歸於陳友諒夏四月陷池州遣別將守而自
據樅陽水寨友諒尋據龍興路遣熊天瑞守贛州　庚午楊完者再
攻徽州胡大海擊敗之轉攻建德軍烏龍嶺武德請於李文忠曰此
可襲而取也文忠問故對曰乘高覘之其部曲徙舉不安而聲囂文
忠曰善即與鄧愈襲完者覆其營　五月劉福通攻下汴梁元守將

竹貞遁遂迎韓林兒都焉　李文忠進攻浦江禁焚掠示恩信義門鄭氏避兵山谷招之還以兵護之民大悅　張士誠雖去僞號擅甲兵土地如故達識帖睦邇在杭州與楊完者有隙陰召士誠兵士誠遣史文炳襲殺完者遂有杭州　陳友諒將鄧克明等陷汀邵略杉關元汀州路總管陳友定禦之戰於黃土大捷走克明　冬十月壬申胡大海克蘭溪州　徐達邵榮攻宜興久不下太祖遣使謂曰宜興城西通太湖口士誠饟道所由斷其饟道破之必矣達乃遣丁德興絕太湖口而幷力急攻城遂拔改曰建寧州尋復故楊國興以右翼元帥守之　宜興既復廖永安乘勝深入太湖遇吳將呂珍與戰後舟不繼舟膠淺被執永安長水戰屢以舟師破士誠兵士誠愛其才勇欲降之不可爲所囚　十二月癸酉關先生等陷上都毀諸宮殿轉掠遼陽　胡大海攻婺州久不下太祖自將往擊之命毛騏權理中書省事徐達留守應天常遇春等並從耿再成爲前鋒屯縉雲

之黃龍山以遏敵衝命和州人王宗顯至婺州覘敵宗顯潛得城中虛實及諸將短長還白太祖太祖喜曰我得婺以爾爲知府是時元行省參政石抹宜孫守處州其弟厚孫守婺宜孫聞婺被兵承制以胡深爲元帥帥車師由松溪來援太祖曰道陿車戰適取敗耳命胡德濟誘其兵於梅花門外縱擊大破之禽元帥季彌章深遁去德濟胡大海養子也元樞密同僉甯安慶與守將帖木烈思貳遣都事緱申安慶開東門納兵元浙東廉訪使楊惠婺州達魯花赤僧住戰死城請降癸未太祖駐兵城西城中人望見五色雲如車蓋以爲異甲執帖木烈思石抹厚孫太祖入城發粟振貧民改州爲寧越府以王宗顯爲知府潘庭堅同知府事王興宗爲金華知縣興宗故隸人李善長李文忠皆以爲不可太祖曰興宗事我久勤廉能斷儒生法吏莫先也始置中書分省於寧越府辟郡人吳沈許元胡翰戴良等十三人會食省中日二人更番講經史陳治道又辟范祖幹葉儀祖幹

持大學以進太祖問治道何先對曰上下四旁均齊方正使萬物各得其所太祖深禮貌之祖幹及儀皆求歸許之旌祖幹孝行表其所居曰純孝坊　戊子遣主簿蔡元剛招諭方國珍　命石抹厚孫爲書招宜孫宜孫不聽
十九年春正月乙巳太祖謀取浙東未下諸路戒諸將曰克城以武戡亂以仁吾比入集慶秋毫無犯故一舉而定每聞諸將得一城不妄殺輒喜不自勝夫師行如火不戢將燎原爲將能以不殺爲武豈惟國家之利子孫實受其福　庚申胡大海克諸暨張士誠守將管逼萬戶沈勝既降復叛大海擊敗之生禽四千餘人改諸暨爲諸全州　樂平人許瑗進謁曰足下欲定天下非延攬英雄不可太祖喜置幕中參軍事　命寧越知府王宗顯立郡學宗顯故儒者博涉經史聘葉儀宋濂爲五經師戴良爲學正吳沈徐源等爲訓導自兵興學校久廢至是始聞絃誦聲未幾卒官　欒鳳知諸全州事請州人

楊恆爲州學師恆固讓不起鳳乃令州中子弟即家問道政有缺失輒貽書咨訪　胡大海移兵攻紹興馮國用卒於軍太祖哭之慟命其弟勝襲兄職典親軍大海再破士誠兵　時禁釀酒大海子首犯之太祖怒欲行法都事王愷請勿誅以安大海心太祖曰寧可使大海叛我不可使我法不行竟手刃之　方國珍謀於其下曰江左號令嚴明恐不能與抗況爲我敵者西有吳南有閩莫若姑示順從藉爲聲援以觀變衆以爲然於是遣使奉書進黃金五十斤白金百斤文綺百匹太祖復遣鎭撫孫養浩報之　張士誠大舉兵寇江陰艨艟蔽江其將蘇同僉駐君山指畫進兵吳良遣其弟禎出北門與戰而潛遣元帥王子明帥壯士馳出南門合擊大敗之俘斬甚衆敵宵遁　三月甲午赦大逆以下　張士誠寇建德李文忠禦之東門使別將出小北門間道襲其後夾擊大破之　丁巳方國珍以溫台慶元來獻遣其子關爲質太祖卻其質厚賜而遣之　毛貴之破濟南

也立賓興院選用元故官姫宗周等分守諸路又於萊州立屯田三百六十所每屯相距三十里造輓運大車百輛凡官民田十取其二故得據山東者三年至是爲趙均用所殺　夏四月俞通海攻樅陽水寨大破之趙普勝陸走盡獲其舟遂復池州　張士誠復攻建德李文忠破之大浪灘乘勝克分水　立樞密分院於寧越府常遇春守之　時耿炳文守長安州吳良守江陰湯和守常州皆數破張士誠兵太祖以故久留寧越徇浙東六月壬戌朔還應天以寧越重地召胡大海使協守　張士誠將呂珍圍諸全胡大海救之珍堰水灌城大海奪堰反灌珍營珍勢蹙於馬上折矢誓請各解兵許之郎中王愷曰珍猾賊不可信不如因擊之大海曰言出而背之不信既縱而擊之不武師遂還人服其威信　元察罕帖木兒數破賊盡復關隴發秦晉之師會汴城下屯杏花營諸軍環城而壘韓林兒兵出戰輒敗嬰城守百餘日食將盡劉福通計無所出秋八月挾林兒從百

騎開東門遁還安豐後宮官屬子女及符璽印章寶貨盡沒於察罕
　徐達進攻安慶與張德勝自無爲陸行夜掩浮山寨走普勝將胡
總管追敗之青山逐北至潛山陳友諒將郭泰逆戰沙河德勝破斬
之九月克潛山達還鎮池州　常遇春移兵圍衢州以奇兵突入南
門甕城毀其戰具急攻之遂下元總管馮浩赴水死改衢州路爲龍
游府命王愷總制軍民事愷增城濬濠置游擊軍籍丁壯得萬餘人
遇春部將擾民愷械而撻之市遇春讓愷愷曰民者國之本撻一部
將而民安將軍所樂聞也遇春乃謝愷時饑疫相仍愷出倉粟修惠
濟局全活無算學校毀與孔子家廟之在衢者並新之設博士弟子
員士翕然悅服開化馬宣江山楊明並爲亂先後討禽之未幾遇春
從徐達守池州　趙普勝守安慶數引兵爭池州太祖患之陷
普勝客使潛入友諒軍間普勝普勝不之覺見友諒使者輒訴功悻
悻有德色友諒銜之疑其貳於己以會師爲名自江州猝至普勝以

燒羊迎於雁汊甫登舟友諒即殺普勝幷其軍　張士誠兵奄至常州吳復敗之忠節門吳良遣兵從閘道殲其援兵於無錫士誠奪氣　元帝遣使徵糧於張士誠賜之龍衣御酒士誠自海道輸糧十一萬石於大都歲以爲常　冬十月遣博士夏煜授方國珍福建行省平章事弟國瑛參知政事國珉樞密分院僉事國珍名獻三郡實陰持兩端煜既至乃詐稱老疾不任職惟受平章印誥而已　俞廷玉卒於安慶軍中　耿再成侵處州石抹宜孫分遣元帥葉琛胡深參謀林彬祖鎮撫陳仲真拒戰會胡大海兵至與再成合大破之進抵城下十一月壬寅宜孫戰敗與琛及章溢走建寧處州遂下深以龍泉慶元松陽遂昌四縣降太祖素知深名召見授左司員外郎遣還處州招集部曲從征大海遂定處州七邑再成守之改處州路爲安南府尋爲處州府　陳友諒之據龍興也徐壽輝欲徙都之友諒不可既而友諒居江州壽輝遽自漢陽來從之友諒伏兵郭外迎壽輝

入卽閉城悉殺其所部遂以江州爲都奉壽輝以居自稱漢王置王府官屬　李善長等薦劉基宋濂葉琛章溢命處州總制孫炎招之二十年春正月改寧越府曰金華府　二月元福建行省參政袁天祿以福寧降　劉基不就徵孫炎使再往基遺炎寶劍炎作詩以爲劍當上獻天子斬不順命者人臣不敢私封還之遺基書數千言基始與宋濂等俱赴召三月戊子朔至應天太祖迎勞之曰我爲天下屈四先生今天下紛紛何時定乎章溢對曰天道無常惟德是輔惟不嗜殺人者能一之耳基陳時務十八策太祖大喜寵禮甚至太祖問陶安四人者何如對曰臣謀略不如基學問不如濂治民之才不如溢琛太祖多其能讓　夏五月陳友諒以輕兵襲池州徐達與常遇春設伏大破之九華山下斬首萬人生禽三千人遇春曰此勁旅也不殺必爲後患達不可以狀聞而遇春先以夜阬其人過半太祖不懌悉縱遺餘衆於是始命達盡護諸將友諒挾徐壽輝東下攻太

平元帥朱文遜知府許瑗院判花雲王鼎結陳迎戰文遜戰死文遜亦太祖義子史不傳其小字友諒遂攻城城堅三日不得入友諒乃以巨舟乘漲薄城西南士卒緣舟尾攀堞而登閏月丙辰朔城陷縛雲雲奮身大呼縛盡裂起奪守者刀殺五六人罵曰賊非吾主敵盍趣降賊怒碎其首縛諸檣叢射殺之雲至死罵益厲瑗鼎亦抗罵死方戰之急也雲妻郜氏祭家廟挈三歲兒泣語家人曰城破吾夫必死吾義不獨存然不可使花氏無後若等善撫之雲被執郜氏赴水死侍兒孫氏瘞之抱兒行被掠至江州孫夜投漁家脫簪珥屬養之已復竊兒走遇潰軍奪舟浮水渡江踰年乃達太祖所友諒既克太平志益驕進駐采石磯遣部將陽白事壽輝前戒壯士挾鐵撾擊碎其首壽輝死友諒以采石五通廟爲行殿僭稱皇帝國號漢改元大義鄒普勝以下皆仍故官約張士誠合攻應天應天大震諸將議先復太平以牽之太祖曰不可彼居上游舟師十倍於我猝難復也或

請自將迎擊之太祖曰不可彼以偏師綴我而全軍趨金陵順流半
日可達吾步騎急難引還百里趨戰兵法所忌非策也或又議奔據
鍾山或請遂降之劉基獨張目不言太祖召入內基奮曰主降及奔
者可斬也太祖曰先生計將安出基曰賊驕矣待其深入伏兵邀取
之易耳天道後舉者勝取威制敵以成王業在此舉矣乃定計馳諭
胡大海攻信州以牽其後而令康茂才以書紿友諒令速來李善長
以爲疑太祖曰二寇合吾首尾受敵惟速其來而先破之則士誠膽
落矣友諒聞茂才爲內應果大喜問康公安在曰守江東木橋使歸
太祖易橋以石於是常遇春以五翼軍伏石灰山徐達屯南門外楊
璟屯大勝屯張德勝等以舟師出龍江關趙德勝守虎口城太祖親
督軍盧龍山孝慈皇后盡發宮中金帛犒士友諒至江東橋見橋愕
然呼茂才不應知爲所紿乙丑戰於龍灣諸將欲急擊之太祖曰天
且雨趣食乘雨擊之須臾果大雨士卒競奮雨止合戰趙德勝力戰

殺傷相當伏兵起馮勝華雲龍躍馬大呼擣其中堅廖永安張德勝
麾諸將奮擊友諒軍披靡遇春達茂才等夾攻大破之友諒乘輕舸
走張德勝追敗之慈湖焚其舟俞通海禽其七帥逐北至采石大戰
張德勝歿於陳王銘突敵陳敵鑽槊刺銘傷頰銘三出三入殺傷過
當馮勝合諸軍蹙之友諒復大敗遂棄太平走江州遇春等進復太
平乘勝取安慶大海亦引兵克信州以爲廣信府時信方絕糧或勸
大海還師大海曰此閩楚襟喉也可棄之乎築城浚隍留守不去先
是軍糧少所得郡縣皆徵糧於民民甚以爲苦大海言於太祖已之
丁卯置儒學提舉司以宋濂爲提舉　六月更築太平城　石抹
宜孫自建寧收集士卒欲復處州壬子攻慶元爲耿再成所敗還走
半道遇鄉兵被殺部將李彥文葬之龍泉太祖嘉其忠遣使致祭復
其處州生祠　時徐壽輝將歐普祥守袁州黃彬說之曰公與友諒
比肩奈何下之友諒驕恣非江東敵也保境候東師當不失富貴秋

九月普祥以袁州降友諒遣其弟友仁攻之彬與普祥敗其衆獲友仁友諒懼約分界不相犯乃釋友仁時江楚諸郡皆爲陳氏有袁扼其要害潭岳贛兵不得出友諒勢大蹙太祖兵臨之遂棄江州彬力也壽輝浮梁守將于光亦來降明玉珍聞友諒弒壽輝自立曰與友諒俱臣徐氏顧悖逆如此命以兵塞瞿塘絕不與通立壽輝廟於城南隅歲時致祀　方國珍歲歲爲元漕張士誠粟元累進國珍行省左丞相衢國公國珍受之如故太祖察其情冬十二月復遣夏煜以書諭曰吾始以汝豪傑識時務故命汝專制一方汝顧中懷叵測欲覘我虛實則遣侍子欲卻我官爵則稱老病夫智者轉敗爲功賢者因禍成福汝審圖之國珍得書不省　以葉琛章溢爲營田司僉事

二十一年春正月癸丑朔中書省設御座遙拜韓林兒劉基曰牧豎耳奉之何爲因見太祖陳天命所在太祖問征取計基曰士誠自守虜不足慮友諒劫主脅下名號不正地據上流其心無日忘我宜先

圖之陳氏滅張氏勢孤一舉可定然後北向中原王業可成也太祖大悅曰先生有至計勿惜盡言　李善長請榷兩淮鹽立茶法制錢法開鐵冶定魚稅以裕國用二月甲申立鹽茶課設官令商人販鹽二十取一又令於產茶地買茶納錢請引私茶與私鹽同罪己亥置寶源局於應天鑄大中通寶錢與歷代錢兼行以四百文爲一貫四十文爲一兩四文爲一錢　三月丁丑改樞密院爲大都督府以兄子文正爲大都督節制中外諸軍應天城內外置大小二場分教士卒以郭景祥宋思顏爲參軍　趙均用之據徐州也以薛顯爲元帥守泗州均用死顯以泗州來降　太祖復以書諭方國珍曰福基於至誠禍生於反覆隗囂公孫述故轍可鑒大軍一出不可虛詞解也國珍詐窮戊寅遣使來陽爲惶懼謝罪以金寶飾鞍馬獻太祖曰今有事四方所需者人材所用者粟帛寶玩非所好也　夏四月改寧國府曰宣城府　元完者都自果州會平章朗革歹參政趙資謀復

重慶屯嘉定之大佛寺明玉珍遣明二攻之半年不下玉珍乃親帥衆圍之遣二以輕兵襲陷成都五月癸丑嘉定陷執資及完者都郎革歹歸重慶館諸治平寺欲使爲己用三人者執不可乃斬於市妻子皆死蜀人謂之三忠於是諸郡相次附於玉珍明二尋復姓名曰萬勝　秋七月甲子范常爲太平知府諭之曰太平吾股肱郡其民數困於兵當令得所常以簡易爲治興學卹民官廩有穀數千石請給民乏糧者秋稔輸官公私皆足居三年民親愛之　郭景祥性諒直遇事敢言宋思顏亦隨事納忠太祖嘗視事東閣天暑汗沾衣左右更以衣進皆數經浣濯者思顏曰主公躬行節儉眞可示法子孫願始終如一太祖嘉其直賜之幣他日又進曰句容虎爲害既捕獲宜除之今豢養民間何益太祖欣然卽命殺虎　陳友諒將張定邊陷安慶守將趙仲中棄城走還龍江法當誅常遇春請原之太祖不許曰法不行無以懲後遂誅仲中而以其弟庸爲行樞密院僉事

時胡德濟守廣信府友諒將李明道來寇德濟與力戰大海自金華來援夾擊之禽明道及其宣慰王漢二　元察罕帖木兒既取汴梁遣養子擴廓帖木兒討東平脅降田豐王士誠乘勝定山東軍聲大振八月太祖遣使通好　太祖自將舟師征陳友諒至安慶敵固守唐勝宗爲陸兵疑之廖永忠張志雄出不意破其水寨仇成以陸兵乘之戊戌克安慶以爲寧江府仇成爲橫海指揮同知守其地趙德勝乘風泝小孤山距九江五里友諒始知倉皇遁去小孤山守將丁普郎傅友德迎降壬寅太祖次湖口追敗友諒於江州胡大海八戰皆大捷遂入江州以爲九江府友諒奔武昌徐達追之友諒出戰艦沔陽達營漢陽沌口以遏之分徇南康建昌饒蘄黃廣濟友諒守將吳宏王溥等皆下改南康爲西寧府饒州曰鄱陽府又改池州曰九華府尋與饒州皆復故名以陶安知黃州鄧愈守饒州溥守建昌初羅復仁爲陳友諒編修知其無成遁去太祖取九江復仁來謁留

置左右　張士誠遣司徒李伯昇帥水陸兵十萬攻長安州城中兵僅七千人副元帥劉成引數十騎出西門擊敗伯昇兵禽其將宋元帥轉至東門伯昇悉兵圍之成戰死太祖聞長安被攻命陳德華高費聚往援伯昇夜劫營諸將皆潰耿炳文嬰城固守攻甚急隨方禦之不解甲者月餘常遇春復帥兵來援殺吳兵五千餘人伯昇乃解圍遁　冬十一月陳友諒撫州守將鄧克明爲吳宏所攻遣使僞降以緩師鄧愈知其情自饒州卷甲夜馳二百里己未旦入其城克明出不意單騎走愈號令明肅秋毫不犯遂定撫州克明不得已降

十二月改淮海府曰維揚府　陳友諒江西行省丞相胡廷瑞遣使請降且請無散部曲太祖有難色劉基從後蹋胡牀太祖悟許之以書報曰鄭仁傑至言足下有效順之誠此足下明達也又恐分散所部此足下過慮也吾起兵十年奇才英士得之四方多矣有能審天時料事機不待交兵挺然委身來者嘗推赤心以待隨其才任使之

兵少則益之以兵位卑則隆之以爵財乏則厚之以賞安肯散其部伍使人自危疑負來歸之心哉且以陳氏諸將觀之如趙普勝饒勇善戰以疑見僇猜忌若此竟何所成近建康龍灣之役予所獲張志雄梁鉉諸人用之如故視吾諸將恩均義一志雄破安慶水寨鉉等攻江北並膺厚賞此數人者其自視無復生理尚待之如此況如足下不勞一卒以完城來歸者耶得失之機間不容髮足下宜早爲計二十二年春正月廷瑞得書乃遣康泰至九江降乙卯太祖如龍興至樵舍廷瑞以陳氏所授丞相印及軍民糧儲之數來獻迎謁於新城門太祖慰勞之俾仍舊官收龍興路爲洪都府謁孔子廟告諭父老除陳氏苛政罷諸軍需存卹貧無告者民大悅瑞州臨江吉安相繼下以吉安爲府置中書行省又改建昌路曰肇慶府撫州路曰臨川府尋皆復故名廷瑞改名美　鄧愈薦臨川張中數學召至命坐問曰予下豫章兵不血刃此邦之人其少息乎對曰未也旦夕此地

當流血廬舍焚燬且盡鐵柱觀亦僅存一殿耳　二月還應天遷江西行省於洪都府鄧愈爲參政葉琛爲洪都知府鎮守之胡深以親軍指揮守吉安　初建德既下苗將蔣英劉震李福自桐廬歸於胡大海大海喜其驍勇留置麾下至是大海守金華三人者謀作亂辛未晨入分省署請大海觀弩於八詠樓大海出英遣其黨跪馬前詐訴英過大海未及答反顧英英出袖中椎擊大海中腦仆地遂殺之又殺其子關住德郎中王愷欲生之愷正色曰吾守土義當死寧從賊耶又殺之亦殺其子李文忠聞變遣將來擊英等大掠城中持大海首奔方國珍國珍不受使國璋邀擊之兵敗被殺英等遂奔張士誠文忠親往撫其衆金華遂定大海善用兵軍行不殺人不掠婦女不焚燬廬舍又好士所至訪求豪儁薦之及死聞者無不流涕大海竟無後　處州苗帥李祐之等聞蔣英之變亦作亂行省院判耿再成方對客飯聞變上馬收戰卒不滿二十人迎罵曰賊奴國家何負

汝乃反賊攢槊刺之再成揮劍連斷數槊中傷墮馬大罵不絕口死亂軍執都事孫炎知府王道同幽之元帥朱文剛聚兵殺賊不及亦被執皆不屈賊帥賀仁德以燖雁斗酒啗炎炎且飲且罵賊怒拔刀叱解衣炎曰此紫綺裘主上所賜吾當服以死遂與道同文剛皆見害　金處苗軍繼反浙東搖動劉基以母喪還喪至龍游府爲守將夏毅諭安諸屬邑　李文忠遣將屯縉雲以圖處州　改建德爲嚴州府李文忠爲浙東行省左丞總制嚴衢信處諸全軍事　張士誠聞浙東亂遣其弟士信帥兵十萬寇諸全知州欒鳳與院判謝再興力守數出奇兵挫敵　胡美之降也同僉康泰平章祝宗不欲美微言於太祖太祖命將其兵從徐達征武昌泰宗遂反三月癸亥舟次女兒港趨還乘夜破新城門而入鄧愈倉卒聞變以數十騎走數與賊遇從騎死且盡窘甚連易三馬馬輒踣最後得養子馬乘之始得奪撫州門以出奔還應天知府葉琛被執不屈大罵與都事萬思誠

皆死愈至應天太祖弗之罪　謝再興告急於李文忠文忠遣同僉胡德濟自信州往救乘懈得入城與再興欒鳳分門守再興復請益兵文忠兵少無以應會太祖使邵榮討處州亂卒文忠乃揚言徐右丞邵平章將大軍刻日進士信兵聞之懼謀夜遁德濟與再興率死士夜半開門突擊大破走之諸全得完　夏四月己卯邵榮胡深復處州叛軍皆伏誅以深爲行省左右司郎中總制處州軍民事深葬耿再成等後改葬應天聚寶山時山寇竊發人情未固深募兵萬餘人捕誅渠帥沿海軍素驍誅其尤橫者數人患乃息　徐達以沌口軍還討洪都叛將甲午復其城祝宗走死執康泰歸於應天太祖以泰爲胡美甥赦弗誅　復以寧江府爲安慶府西寧府爲南康府長安州爲長興州　太祖以洪都重鎮屏翰西南非骨肉重臣莫能守五月丙午命兄子文正統元帥趙得勝鄧愈等鎮其地開大都督府儒士郭奎劉仲服爲參謀文正增城浚池招集山寨未附者號令明

肅遠近震慴　明玉珍自稱隴蜀王以劉楨爲參謀　六月戊寅元察罕帖木兒以書來報留我使人不遣　寧海人葉兌獻書太祖曰愚聞取天下者必有一定之規模韓信孔明是也今之規模宜北絕李察罕南併張九四撫溫台取閩越定都建康拓地江廣進則越兩淮以北征退則畫長江而自守夫金陵古稱龍蟠虎踞帝王之都藉其兵力資財以攻則克以守則固百察罕能如吾何哉江之所備莫急上流今義師已克江州足蔽全吳況自滁和至廣陵皆吾所有匪直守江兼可守淮矣張氏傾覆可坐而待淮東諸郡亦將來歸北略中原李氏可併也今聞察罕妄自尊大致書明公如曹操之招孫權竊以元運將終人心不屬而察罕欲效操所爲事勢不侔宜如魯肅計鼎足江東以觀天下之釁此其大綱也至其目有三張九四之地南包杭紹北跨通泰而以平江爲巢穴今欲攻之莫若聲言掩取杭紹湖秀而大兵直擣平江城固難以驟拔則以鎖城法困之於城外

矢石不到之地別築長圍分命將卒四面立營屯田固守斷其出入之路分兵略定屬邑收其稅糧以贍軍中彼坐守空城安得不困平江既下巢穴已傾杭越必歸餘郡解體此上計也張氏重鎭在紹興紹興懸隔江海所以數攻而不克者以彼糧道在三江斗門也若一軍攻平江斷其糧道一軍攻杭州絕其援兵紹興必拔所攻在蘇杭所取在紹興所謂多方以誤之者也紹興既拔杭城勢孤湖秀風靡然後進攻平江犂其腹心江北餘孽隨而瓦解此次計也方國珍狼子野心不可馴狎往年大兵取婺州彼卽奉書納款後遣夏煜陳顯道招諭彼復狐疑不從顧遣使從海道報元謂江東委之納款誘令張晝齎詔而來且遣韓叔義爲說客欲說明公奉詔彼既降我而反欲招我降元其反覆狡獪如是宜興師問罪然彼以水爲命一聞兵至挈家航海中原步騎無如之何夫上兵攻心彼言杭越一平卽當納土不過欲款我師耳攻之之術宜限以日期責其歸順彼自方國

璋之歿自知兵不可用又叔義還稱義師之威氣已先挫今因陳顯
道以自通正可脅之而從也事宜速不宜緩宣諭之後更置官吏拘
集舟艦潛收其兵權以消未然之變三郡可不勞而定福建本浙江
一道兵脃城陋兩浙既平必圖歸附下之一辨士力耳如復稽遲則
大兵自温處入奇兵自海道入福州必不支福州下旁郡迎刃解矣
威聲已震然後進取兩廣猶反掌也太祖奇其言欲留用之力辭去
賜銀幣襲衣後數歲削平天下規模次第略如兌言　元察罕帖木
兒總大軍圍益都戊子田豐王士誠乘間刺殺之入益都與陳猱頭
合元帝即軍中拜擴廓帖木兒太尉中書平章政事知樞密院事如
察罕官領其軍擴廓本王姓小字保保察罕甥養爲子　張中又言
國中大臣有變宜預防初太祖所任將帥最著者平章邵榮與徐達
常遇春爲三而榮尤宿將善戰浸驕蹇有異志與參政趙繼祖謀伏
兵爲變秋七月丙辰事覺太祖欲宥榮死遇春直前曰人臣以反名

尙何可宥臣義不與俱生太祖乃飲榮酒流涕而戮之繼祖亦伏誅
八月改永定縣復曰武進縣　九月癸卯朔劉福通自安豐引兵
援益都遇元師於火星埠大敗走還　冬十一月乙巳元兵穴地道
入益都執田豐王士誠剖其心以祭察罕帖木兒縛陳猱頭等二十
餘人獻闕下韓林兒勢大窘　池州帥羅友賢據賢山寨通張士誠
常遇春趙德勝破斬之　十二月元戶部尙書張昶郎中馬合謀航
海自慶元至應天授太祖江西行省平章政事擴廓帖木兒致書歸
使者太祖聞察罕被刺遂不受官殺馬合謀以張昶才留官之　劉
楨說明玉珍曰西蜀形勝地大王撫而有之休養傷殘用賢治兵可
以立不世業不於此時稱大號以係人心一旦將士思鄉土瓦解星
散大王孰與建國乎玉珍善之乃議於衆
二十三年春正月壬寅朔僭稱皇帝國號夏建元天統立妻彭氏爲
皇后子昇爲太子倣周制設六卿以劉楨爲宗伯分蜀地爲八道更

置府州縣蜀兵視諸國爲弱勝兵不滿萬人玉珍素無遠略然性節
儉頗好學折節下士既稱帝設國子監教公卿子弟設提舉司教授
建社稷宗廟求雅樂開進士科定賦稅以十分取一蜀人悉便安之
皆劉楨爲之謀也　命汪河錢楨至河南報擴廓書爲所留太祖前
後凡七致擴廓書終不報　初太祖立民兵萬戸府寓兵於農又令
諸將屯田龍江諸處惟康茂才績最乃下令褒之二月壬申申命將
士屯田積穀　是月張定邊陷饒州　張士誠將呂珍圍安豐韓林
兒告急於太祖太祖曰安豐破則士誠益彊不可不救也劉基曰友
諒士誠方伺隙未可動也不聽三月辛丑太祖自將救安豐珍已破
安豐殺劉福通聞大軍至盛兵拒守太祖左右軍皆敗常遇春橫擊
其陳三戰三破之珍走俘獲士馬無算乃以林兒歸居之滁州太祖
還應天徐達及遇春移師圍廬州　陳友諒忿疆土日蹙乃大治樓
船數百艘皆高數丈飾以丹漆每船三重置走馬棚上下人語聲不

相聞艨艟皆裹以鐵會聞太祖援安豐乃遣使約張士誠夾攻士誠欲守境觀變許使者不行也友諒遂載妻子官屬盡銳以攻洪都夏四月壬戌乘漲直抵城下趙德勝帥所部數千背城逆戰射殺其將敵頗沮明日圍合環城數匝德勝與朱文正鄧愈薛顯等分門固守

初諸全守將謝再興使部校鬻貨於杭州太祖慮其輸我軍實殺部校召再興還以參軍李夢庚總制諸全軍馬既而念再興功爲兄子文正娶其長女命徐達娶其幼女復遣守諸全再興忿夢庚出己上欒鳳復以細故繩之乙丑遂叛殺鳳鳳妻王氏以身蔽鳳並殺之執夢庚降於張士誠夢庚亦死之太祖以再興數有功叛非其志故鳳與夢庚皆不得卹

鄧愈守撫州門當敵要衝陳友諒親督衆來攻城壞且三十餘丈愈且戰且築趙德勝帥諸將力戰樞密院判李繼先乘城戰死城復完友諒晝夜攻左翼元帥牛海龍萬戶程國勝夜劫敵營海龍死國勝泅水得脫走應天左副元帥趙國旺引兵燒

敵戰艦敵追至投橋下死軍士張德山復夜半潛出亦死夏茂成守
城樓中飛礮死右翼元帥同知朱潛統軍元帥許珪俱戰死百戶徐
明躍馬出射賊賊知明名併力攻被執死薛顯守章江新城二門友
諒攻甚急顯隨方禦之間出銳卒搏戰斬其平章劉進昭禽副樞趙
祥　五月築禮賢館以處劉基等李文忠薦王禕及許元王天錫召
置館中　陳友諒遣蔣必勝攻吉安守將李明道開門納兵殺參政
曾萬中陳海執參政劉齊知府朱叔華脅之降不屈又分兵陷臨江
執同知趙天麟亦不屈皆送友諒所友諒殺三人徇洪都城下朱文
正等不爲動友諒兵又陷無爲州知州董曾抗罵不屈沈之江趙德
勝暮坐城門樓指揮士卒弩中腰膂鏃入六寸拔之歎曰吾自壯歲
從軍傷矢石屢矣無重此者死不恨恨不能掃清中原耳言畢而絶
德勝剛直沈鷙馭下嚴肅未嘗讀書臨機應變動合古法　洪都圍
久内外隔絶朱文正遣千戶張子明告急於應天以東湖小漁舟從

水關潛出夜行晝止半月始得達太祖問友諒兵勢對曰兵雖盛戰鬭死者不少今江水日涸賊巨艦將不利援至可破也太祖謂子明歸語而帥堅守一月吾自取之子明還至湖口爲友諒所獲令誘城中降子明陽諾至城下大呼我張大舍已見主上令諸公堅守救且至賊怒攢槊殺之　秋七月癸酉太祖自將救洪都召徐達常遇春自廬州來會太祖問張中曰此行何如對曰吉五十日當大勝亥子之日獲其渠帥時有周顛者亦以吉告舟次安慶無風中以洞元法祭之風大作癸未次湖口先伏兵涇江口及南湖觜遏友諒歸路檄信州兵守武陽渡友諒聞太祖至解圍逆戰於鄱陽湖友諒兵號六十萬聯巨舟爲陳樓櫓高十餘丈綿亘十餘里旌旗戈盾望之如山丁亥遇於康郎山太祖分軍十一隊以禦之戊子合戰達先諸將擊其前鋒傅友德被數創戰益力殺千五百人獲一巨舟友諒軍乘上流鋒鋭甚太祖軍舟小不能仰攻幾不支俞通海乘風以火礮焚其

舟二十餘遇春與廖永忠等力戰呼聲動天地殺傷略相當張定邊直犯太祖舟舟膠於沙不得退危甚程國勝與左副指揮韓成元帥陳兆先駕舸左右奮擊陳德身被九矢不退常遇春射定邊中之定邊走通海復飛舸來援舟驟進水湧太祖舟得脫而通海舟爲敵巨艦所壓兵皆以頭抵艦兜鍪盡裂僅免遇春舟復膠於淺有敗舟順流下觸舟舟乃脫亦免成國勝兆先繞出敵艦後援絶皆死元帥宋貴亦戰没永忠追定邊且射之定邊被矢如蝟士卒多死夜太祖以友諒可破而慮士誠內犯遣徐達還守應天己丑友諒悉巨艦出戰諸將仰攻不利有怖色太祖親麾之不前斬退縮者十餘人皆殊死戰樞密同知丁普郎身被十餘創首脫猶直立執兵作鬬狀敵驚爲神樞密院判張志雄舟檣折敵攢刺之知不能脫遂自刎元帥余昶右元帥陳弼徐公輔皆戰死郭興請以火攻之會日晡大風起東北永忠通海等乃帥敢死士操七舟實火藥蘆葦中縱火焚其樓船風

烈火熾煙熘漲天湖水盡赤友諒兵大亂諸將鼓譟乘之斬首二千
級焚溺死者無算友諒弟友仁亦燒死友仁號五王眇一目有勇略
旣死友諒氣沮是戰也太祖舟雖小然輕駛友諒軍俱艨艟巨艦不
利進退以是敗太祖所乘舟檣白友諒令軍士明日併力攻白檣舟
太祖知之令諸舟盡白其檣辛卯復戰劉基侍太祖側忽躍起大呼
趣太祖更舟太祖倉卒更舟坐未定飛礮擊舊所御舟立碎友諒乘
高見之大喜而太祖舟更進漢軍皆失色通海永忠復與趙庸汪興
祖以六舟深入搏戰太祖登舵樓望久之無所見意已沒有頃六舟
繞敵艦出飄颻若游龍軍士讙譟勇氣百倍戰益力自辰至午友諒
復大敗於是斂舟自守不敢更戰興祖張德勝養子也是日副元帥
昌文貴左元帥李信王勝劉義戰死諸將以友諒軍尚彊欲縱之去
遇春獨無言通海進曰湖有淺舟難回旋莫若入江據敵上流彼舟
入即成禽矣劉基亦請移舟湖口以金木相犯日決勝壬辰太祖移

軍出湖口諸將欲放舟東下太祖命扼上流遇春乃泝江而上諸將
從之遂水陸結栅以扼友諒歸路友諒退保渚磯相持三日其右金
吾將軍曰出湖難宜焚舟登陸直趨湖南圖再舉左金吾將軍曰此
示弱也彼以步騎躡我進退失所據大事去矣友諒不能決既而曰
右金吾言是也左金吾以言不用舉所部來降右金吾知之亦降友
諒勢益蹙忿甚盡殺所獲將士而太祖則悉還所俘傷者傅以善藥
且祭其親戚諸將之陳亡者八月太祖再移書友諒其略曰吾欲與
公約從各安一方以俟天命公失計肆毒於我我輕師間出奄有公
龍興十一郡猶不自悔禍復搆兵端一困於洪都再敗於康郎骨肉
將士重罹塗炭公即倖生還亦宜卻帝號坐待真主不則喪家滅姓
悔之晚矣友諒得書忿恚不報居湖中一月食盡掠糧都昌朱文正
遣方亮焚其舟糧道絶壬戌以百艦趨南湖嘴爲南湖軍所遏遂突
湖口太祖邀之順流搏戰及於涇江涇江軍復遮擊之大戰同知元

帥李志高副使王咬住戰死友諒軍且鬬且走日暮猶不解友諒從舟中引首出有所指揮驟中流矢貫睛及顱死軍大潰降者五萬人執其太子善兒張定邊夜挾友諒次子理載其尸遁還武昌友諒豪侈嘗造鏤金牀甚工宮中器物類是旣亡江西行省以牀進太祖歎曰此與孟昶七寶溺器何異命有司毀之改洪都府爲南昌府朱文正遣何文輝等討平未附州縣九月還應天論功行賞遇春通海永忠等賚金帛土田甚厚又論洪都守城功賞鄧愈與克敵等太祖謂劉基曰我不當有安豐之行使友諒乘虛直擣應天大事去矣乃頓兵南昌不亡何待友諒亡天下不難定也　丁玉爲九江知府大兵旣還彭澤山民叛玉聚鄉兵討平之　陳理至武昌嗣僞位改元德壽壬午太祖自將征之　謝再興以張士誠兵犯東陽左丞李文忠令胡深引兵爲前鋒戰於義烏文忠將千騎橫突其陳大敗之深建議以諸全爲浙東藩屏乃度地去諸全五十里並五指山築新城分

兵戍守會太祖以再興叛馳使諭文忠別爲城守討至則功已竣未
幾李伯昇以十六萬衆來攻頓城下不能拔敗去太祖嘉深功賜以
名馬擢胡德濟浙江行省參知政事移守新城　張士誠令其下頌
功德邀王爵元帝不許士誠遂自立爲吳王尊其母曹氏爲王太妃
置官屬別治府第於城中以士信爲浙江行省左丞相幽達識帖睦
邇於嘉興元徵糧不復與參軍俞思齊諫曰向爲賊可無貢今爲臣
不貢可乎士誠怒抵案仆地思齊卽引疾去是時士誠所據南抵紹
興北踰徐州達於濟寧之金溝西距汝頴濠泗東薄海二千餘里帶
甲數十萬以士信及女夫潘元紹爲腹心左丞徐義李伯昇呂珍爲
爪牙參軍黃敬夫蔡彥文葉德新主謀議元學士陳基右丞饒介典
文章士誠好招延賓客贈遺輿馬居室甚具爲人遲重寡言號爲有
器量而實無遠圖既據有吳中吳承平久戶口殷甚士誠漸奢縱怠
於政事士信元紹尤好聚斂日夜歌舞爲樂將帥亦偃蹇不用命每

有攻戰輒稱疾邀官爵田宅然後起甫至軍所載婢妾樂器踵相接或大會游談之士樗蒲蹴踘皆不以軍務爲意及喪師失地還士誠概置不問上下嬉娛以至於亡　冬十月壬寅太祖圍武昌廖永忠等分兵柵四門於江中聯舟爲長寨絶其出入　追封張德勝蔡國公趙德勝梁國公桑世傑永義侯　十二月丙申太祖還應天常遇春留督諸軍　元帥葛俊守廣信威冬發民浚城濠李文忠止之不聽文忠怒欲臨以兵劉辰請往喻之俊悔謝事遂已

明紀卷第一

明紀卷第二

賜進士出身工部候補主事虞衡司行走陳鶴纂

卹贈知府銜給雲騎尉世職內閣候補中書孫男克家參訂

太祖紀二（起元至正二十四年甲辰至正二十七年丁未太祖稱吳元年二十八年戊申正月太祖稱洪武元年國號明）

元至正二十四年韓林兒之龍鳳十年也春正月丙寅朔太祖爲吳王建百官設四部於中書省分掌錢穀禮儀刑名營造之務以李善長爲右相國徐達爲左相國常遇春俞通海爲平章政事諭之曰立國之初當先正紀綱元氏闇弱威福下移馴至於亂今宜監之以劉基爲太史監令　立子標爲世子從宋濂受經　二月乙未朔復視師武昌武昌城東南高冠山下瞰城中漢兵據之諸將相顧莫前傅友德帥數百人一鼓奪之流矢中頰洞脅不爲沮陳氏驍將陳同僉持槊突入太祖呼郭英殺之其丞相張必先自岳州來援次洪山常

遇春乘其未集急擊禽之徇於城下必先號潑張軍中倚以爲重及被禽城守者皆大懼由是欲降者衆太祖欲招陳理遣羅復仁入城諭之且曰理若來不失富貴復仁頓首曰如陳氏遺孤得保首領俾臣不食言於異日臣死不憾太祖曰汝行吾不誤汝也復仁至城下號慟竟日理聞縋使入見復仁復大哭陳太祖意因語理曰大兵所向皆摧不降且屠城中民何罪理善其言遂帥官屬出降入軍門俯伏不敢視太祖見理幼弱掖之起握其手曰吾不汝罪也府庫財物恣所取漢陽府岳州興國諸路皆下改路曰府置湖廣等處行中書省於武昌府　三月乙丑太祖還應天授陳理爵歸德侯初友諒之從徐壽輝也其父普才止之不聽及稱帝往迎普才普才曰汝違吾命吾不知死所矣至是太祖封普才爲承恩侯　以詹同爲國子博士羅復仁吳琳魏觀爲國子助教復仁老特賜乘小車出入時功臣子弟教習內府諸博士治一經不盡通貫同學識淹博講易春秋最

善應教爲文才思泉湧一時莫與並　丁卯置起居注以宋濂楊思義爲之　庚午罷諸翼元帥府置武德龍驤豹韜飛熊威武廣武興武英武鷹揚驍騎神武雄武鳳翔天策振武宣武羽林十七衞親軍指揮使司　議律令設各道提刑僉事分巡錄囚　令中書省曰今士守曰廣文武並用卓犖奇偉之才世豈無之或隱於山林或藏於士伍非在上者開導引拔之無以自見自今有能上書陳言敷宣治道武略出衆者參軍及都督府具以名聞或不能文章而識見可取詣闕面陳其事郡縣官年五十以上者雖練達政事而精力既衰宜令有司選民間俊秀年二十五以上資性明敏有學識才幹者辟赴中書與年老者參用之十年以後老者休致而少者已熟於事如此則人才不乏而官使得人其下有司宣布此意於是州縣歲舉賢才及武勇謀略通曉天文之士閒及兼通音律者　初征酒醋之稅收官店錢及是減收官店錢改在京官店爲宣課司府縣官店爲通課

司凡商稅三十取一過者以違令論　追封胡大海越國公花雲東
邱郡侯許瑗東陽郡侯王鼎太原郡侯於是死事諸臣以次封爲公
侯伯子男夏四月建祠祀丁普郎等三十五人於康郎山趙德勝等
十四人於南昌　陳友諒既滅太祖志圖中原謂孔克仁曰元運既
隳豪傑互爭其釁可乘吾欲督兩淮江南諸郡之民及時耕種加以
訓練兵農兼資進取退守仍於兩淮閒饋運可通之處儲糧以俟兵
食既足中原可圖卿以爲何如克仁對曰積糧訓兵觀釁待時此長
策也　時江左兵勢日盛太祖以漢高自期嘗謂孔克仁曰秦政暴
虐漢高帝起布衣以寬大馭羣雄遂爲天下主今羣雄蠭起皆不知
修法度以明軍政此其所以無成也因感歎久之又曰天下用兵河
北有孛羅帖木兒河南有擴廓帖木兒關中有李思齊張良弼然有
兵而無紀律者河北也稍有紀律而兵不振者河南也道途不通饋
餉不繼者關中也江南則惟我與張士誠耳士誠多奸謀尚閒諜御

衆無紀律我以數十萬衆修軍政任將帥相時而動其勢有不足平者嘗閱漢書宋濂與克仁侍太祖曰漢治道不純者何克仁對曰王霸雜故也太祖曰誰執其咎克仁曰責在高祖太祖曰高祖創業遭秦滅學民憔悴甫蘇禮樂之事固所未講孝文爲令主正當制禮作樂以復三代之舊乃逡巡未遑使漢業終於如是帝王之道貴不違時三代之王有其時而能爲之漢文有其時不爲周世宗則無其時而爲之者也又嘗問克仁漢高起徒步爲萬乘主所操何道克仁對曰知人善任使太祖曰項羽南面稱孤仁義不施而自矜功伐高祖知其然承以柔遜濟以寬仁卒以勝之今豪傑非一我守江左任賢撫民以觀天下之變若徒與角力則猝難定也　元孛羅帖木兒反太子奔太原　俞通海略劉家港進偪通州敗張士誠兵禽其將朱瓊陳勝　六月湖廣安定宣撫使向思明遣長官硬徹律等以元所授宣撫敕印來上請改授置安定等處宣撫司二以思明及其弟思

勝爲之又置懷德軍民宣撫司一以向大旺爲之統軍元帥二以南木潘仲玉爲之抽攔不用黃石三洞各置長官一以沒葉大蟲硬徹律爲之幹坪洞設元帥府一以向顯祖爲之梅梓麻寮二洞各置長官一以向思明唐漢明爲之皆新降者　徐達復引兵圍廬州秋七月丁丑克之改路爲府置江淮行省焉尋罷元樞密同知朱守仁以舒城來歸　戊寅常遇春徇江西鄧克明之弟志清據永豐有卒二萬鄧愈擊破之禽其大帥五十餘人遂從遇春平臨江之沙坑麻嶺牛陂諸寨禽克明八月戊戌復吉安將殺脅從者千餘人吉安人胡子祺走謁諸帥力言不可得免進圍贛州熊天瑞固守不下太祖使使諭遇春克城無多殺苟得地無民何益於是遇春浚壕立柵以困之　進鄧愈江西行省右丞時年二十八兵興諸將早貴未有如愈與李文忠者愈爲人簡重愼密不憚危苦將軍嚴善撫降附其徇安福也部卒有虜掠者判官潘樞入謁面責之愈驚起謝趣下令掠民

者斬索軍中所得子女盡出之樞因閉置空舍中自坐舍外作糜食之卒有謀乘夜劫取者愈鞭之以徇樞悉護遣還其家民大悅　徐達徇荆湖諸路九月甲申下中興峽州天臨諸路改中興曰荆州峽州曰夷陵天臨曰潭州並爲府夷陵尋降爲州　張士誠大發兵遣士信攻長興耿炳文費聚敗之獲其元帥宋興祖士信憤甚益兵圍城炳文與聚出戰又大敗之長興爲士誠必爭地炳文拒守凡十年以寡禦衆大小數十戰戰無不勝士誠迄不得逞　温州豪周宗道聚衆據平陽數爲方國珍從子明善所偪以城來歸明善怒攻之參軍胡深遣兵擊走明善遂下瑞安進兵温州國珍恐請歲輸白金三萬兩給軍俟杭州下卽納土來歸太祖命深班師　冬十月以中書省之都鎮撫司隷大都督府　太祖壯廖永安不屈遥授行省平章政事封楚國公　十一月追封俞廷玉河間郡公　十二月庚寅徐達克辰州傅友德下衡州

二十五年春正月己巳徐達下寶慶湖湘平　贛州圍守六月熊天瑞力盡乃帥其養子元震肉袒詣軍門降常遇春果不殺太祖大喜賜書褒勉宥天瑞以爲指揮使以汪廣洋爲江西參政守贛州遇春遂趨南安因兵威招諭嶺南諸路下韶州南雄　初太祖定應天問朱文正欲何官文正對曰叔父成大業何患不富貴爵賞先私親非所以服衆也太祖善其言愛之及江西平文正功居多太祖賜常遇春廖永忠及諸將士金帛甚厚念文正前言知大體錫功尚有待也而文正不能無少望性素卞急至是暴怒遂失常度任掾吏衛可達奪部中子女按察使李飲冰奏其驕侈觖望太祖遣使詰責文正懼飲冰益言其有異志太祖即日登舟甲申至南昌遣人召文正文正倉卒出迎太祖數曰汝何爲者遂載與俱歸欲竟其事孝慈皇后力解之曰兒特性剛耳無他也宋濂亦曰文正固當死殿下體親親之誼置之遠地則善矣遂免官安置桐城誅其參謀郭奎文正子鐵柱

甫四歲太祖撫其頂曰兒無恐爾父倍訓教貽我憂我終不以爾父故廢爾育之宮中文正尋卒飲冰亦以他事伏誅鐵柱後改名守謙

二月己丑元福建行省平章陳友定侵處州胡深擊敗之追至浦城又敗其守兵城遂下　丙午李伯昇復以二十萬衆攻諸全新城胡德濟固守乞師於李文忠文忠帥廣信衞指揮朱亮祖等馳救去新城十里而軍德濟使人告賊勢盛宜少駐以俟大軍文忠曰兵在謀不在衆乃下令曰彼衆而驕我少而銳以銳遇驕必克之矣彼軍輜重山積此天以富汝曹也勉之會有白氣自東北來覆軍上占之曰必勝詰朝會戰天大霧晦冥文忠集諸將仰天誓曰國家之事在此一舉文忠不敢愛死以後三軍乃使元帥徐大興湯克明等將左軍嚴德王德等將右軍而自以中軍當敵衝會處州援兵亦至奮前搏擊霧稍開文忠橫槊引鐵騎數十乘高馳下衝其中堅敵以精騎圍文忠數重文忠手所格殺甚衆縱橫馳突所向皆披靡大軍乘之

城中兵亦鼓譟出亮祖燔其營落數十敵遂大潰逐北數十里斬首
數萬級溪水盡赤獲同僉元帥等六百餘人軍士三千馬八百匹鎧
仗芻粟收數日不盡伯昇僅以身免捷聞太祖大喜召文忠歸宴勞
彌日賜御衣名馬遣還鎮　初胡德濟所部有潛移家入新城者李
文忠疑德濟使然誅其都事羅彥敬欲儆戒德濟將士皆怒走告德
濟怡然曰右丞殺彥敬自爲廣信作戰衣有弊耳再言者斬於是太
祖召德濟褒諭之而責文忠失將士心且曰胡德濟之量汝不及也
　三月宋濂乞歸省太祖與世子並加勞賜濂上箋謝幷奉書世子
勉以孝友敬恭進德修業太祖覽書大悅召世子爲語書意賜札褒
答幷令世子致書報焉　夏四月庚寅常遇春徇襄漢諸路　胡深
下松溪獲其守將張子玉因請發廣信撫州建昌三路兵規取八閩
太祖喜曰子玉驍將禽之則友定膽落乘勢攻之理無不克因命朱
亮祖由鉛山建昌左丞王溥由杉關會深齊進　五月乙亥吳復傳

友德破安陸禽元同僉任亮復遂守之尋克汝州魯山己卯常遇春
下襄陽以鄧愈爲湖廣行省平章鎮其地又以章溢爲按察僉事時
荆襄初平多廢地議分兵屯田且以控制北方從之賜愈書曰爾戍
襄陽宜謹守法度山寨來歸者兵民悉仍故籍小校以下悉令屯種
且耕且戰爾所戍地鄰擴廓若爾愛加於民法行於軍則彼所部皆
將慕義來歸如脫虎口就慈母我賴爾如長城爾其勉之愈披荆棘
立軍府營屯練卒拊循招徠威惠甚著　六月朱亮祖等克崇安進
攻建寧守將阮德柔固守胡深視氛祲不利欲緩之亮祖曰師已至
此庸可緩乎且天道幽遠山澤之氣變態無常何足徵也壬子德柔
兵四萬屯錦江偪深陳後亮祖督戰益急深引兵還擊破其二柵德
柔軍力戰陳友定自以銳師夾擊日已暮深突圍走馬蹶被執遂遇
害年五十二太祖嘗問宋濂曰胡深何如人對曰文武材也太祖曰
誠然浙東一障吾方賴之而深以久任鄉郡志圖平閩以報効竟以

死徇深御衆寬厚用兵十餘年未嘗妄戮一人守處州興學造士縉雲田稅重以新沒入田租償其數鹽稅什一請半取之以通商賈軍民皆懷其惠　浙東按察使宋思顏孔克仁等以職事被逮詞連章溢太祖遣太史令劉基諭之曰素知溢守法毋疑也會胡深陷沒處州動搖命溢爲浙東按察副使往鎮之以溢子存道爲游擊代領深衆溢以獲罪蒙宥不應遷秩辭副使許之又以父子相統於律不宜請罷存道官不許溢至處州宣布令旨誅首叛者餘黨悉定　秋七月令從渡江士卒被創廢疾者養之死者贍其妻子　廖永安卒於平江被囚凡八年矣　元擴廓帖木兒以太子令舉兵討孛羅帖木兒入大同進薄大都元帝乃襲殺孛羅於朝擴廓從太子入覲以爲太傅左丞相　九月丙辰建國子學　明玉珍遣萬勝取興元使參政江儼通好於太祖太祖遣都事孫養浩報聘遺玉珍書曰足下處西蜀予處江左蓋與漢季孫劉相類近者王保保以鐵騎勁兵虎踞

中原其志殆不在曹操下使有謀臣如攸或猛將如遼郃予兩人能
高枕無憂乎予與足下實唇齒邦願以孫劉相吞噬爲鑒自後信使
往返不絕　冬十月戊戌下令討張士誠命徐達常遇春等先規取
淮東閏月克海安壩進取泰州遇春軍海安以遏士誠兵孫興祖守
海陵海陵士誠兵入淮要地與祖沈毅有謀整軍令練士伍防禦甚
嚴士誠兵自海口來侵擊敗之禽彭元帥　元擴廓帖木兒功雖高
起行閒驟至相位中朝舊臣多忌之者而擴廓久典軍亦不樂在內
請出治兵南平江淮詔許之封河南王俾總天下兵代皇太子出征
分省中官屬之半隨之鹵簿甲仗亘數十里軍容甚盛　徐達圍高
郵未下十一月士誠兵陷宜興達還師救之留馮勝督高郵軍高郵
守將詐降勝令指揮康泰帥數百人先入城敵閉門盡殺之太祖怒
召勝決大杖十令步詣高郵勝慚憤攻甚力達亦復宜興復渡江益
兵攻　是歲思南宣慰使田仁智思州宣撫使田仁厚並來歸附並

以爲宣慰使
二十六年春正月癸未朔士誠以舟師出馬馱沙巨艦數百溯江而上侵鎮江以援高郵吳良戒嚴以待太祖親督大軍救之比至士誠焚瓜州而遁康茂才追北至浮子門士誠軍遮海口乘潮來薄茂才力戰良出兵夾擊大敗之獲卒二千太祖詣江陰勞軍周巡壁壘歎曰良今之吳起也遂還應天　吳良守江陰十年仁恕儉約聲色貨利無所好夜宿城樓枕戈達旦訓將練兵常如寇至暇則延儒生講論經史新學宮立社學大開屯田均徭省賦封疆晏然太祖嘗召至應天勞曰吳院判保障一方我無東顧憂功甚大車馬珠玉不足旌其勞命學士宋濂等爲詩文美之　改維揚府曰揚州府宣城府曰宣州府　二月明玉珍卒子昇嗣改元開熙尊母彭氏爲皇太后同聽政昇甫十歲諸大臣皆粗暴不相下萬勝惡張文炳殺之文炳所善明昭復矯彭氏旨縊殺勝吳友仁自保寧移檄清君側戴壽等共

誅昭諸大臣用事國柄旁落遂益不振後三年劉楨亦卒昇遣使告哀已又遣使入聘太祖遣侍御史蔡哲報之　容美洞宣撫使田光寶保靖安撫使彭世雄等皆遣使歸附　元擴廓帖木兒駐軍河南檄李思齊張思道孔興脫列伯會師大舉思齊羅山人與察罕帖木兒同起兵齒位略相埒得檄大怒曰吾與若父交若髮未燥敢檄我耶令其下一甲不得出武關思道等亦皆不聽調擴廓歎曰吾奉詔總天下兵而鎮將不受節制何討賊爲三月甲午遣其弟脫因帖木兒以一軍屯濟南防遏南軍而自引兵西入關攻思齊等思齊等會兵長安盟於含元殿舊基併力拒擴廓　丙申令中書嚴選舉有濫舉者逮治之　徐達等克高郵俘將士千餘人遂會常遇春攻淮安夏四月乙卯襲破徐義水軍於馬騾港梅思祖以淮安降並獻四州初思祖爲元義兵元帥叛從劉福通擴廓帖木兒醢其父至是士誠殺其兄弟數人　初李濟據濠州名爲士誠守實觀望太祖使李善

長以書招之不報太祖曰濠吾家也濟如此我有國無家可乎命平章韓政指揮顧時以雲梯礮石四面攻濟度不能支始出降政歸濟於應天太祖大悅元徐州守將陸聚亦以徐宿二州降　甲子太祖如濠州省墓初太祖父母沒貧不克葬里人劉繼祖與之地乃克葬至是議改卜不果增土以培其封令陵旁故人汪文劉英等二十家守視賜以粟帛召父老飲極歡曰吾去鄉十餘年艱難百戰乃得歸省墳墓與父老子弟復相見今苦不得久留歡聚爲樂父老幸教子弟孝弟力田毋遠賈濱淮郡縣尚苦寇掠父老善自愛令有司除租賦皆頓首謝　徐達等攻安豐扼其四門韓政潛穴城東龍尾壩入其城二十餘丈城壞辛未破之元將忻都竹貞左君弼皆走追奔四十餘里禽都餓而貞引兵來爭與戰城南門再破走之元擴廓帖木兒遣兵侵徐州達分兵擊敗之俘斬萬計傅友德同陸聚守徐州唐勝宗守安豐改安豐曰壽春府淮南北悉平　五月壬午朔太祖至

自濠　庚寅求遺書　太祖謂孔克仁曰壬辰之亂生民塗炭中原諸將孛羅擁兵犯闕亂倫干紀行已夷滅擴廓挾太子以稱戈急私讎無敵愾之志思齊輩碌碌竊據一方民受其害士誠外假元名反覆兩端明玉珍父子據蜀僭號喜於自用而無遠謀觀其所爲皆不能有成予揆天時審人事有可定之機今師西出襄樊東踰淮泗首尾相應擊之必勝大事可成天下不難定既定之後生息猶難方勞思慮耳　秋八月庚戌改築應天城作新宮鍾山之陽　徐達等師還太祖議進取張士誠李善長請緩之達曰張氏汰而苛李伯昇輩徒擁子女玉帛易與耳用事者黃蔡葉三參軍書生不知大計臣奉主上威德以大軍蹙之三吳可計日定太祖大悅辛亥拜達大將軍常遇春爲副帥舟師二十萬伐士誠御戟門誓師曰城下之日毋殺掠毋毀廬舍毋發邱壟士誠母葬平江城外毋侵毀既而召問達遇春用兵當何先遇春欲直擣平江太祖曰湖州張天麒杭州潘原明

爲士誠臂指平江窮蹙而人悉力赴援難以取勝不若先攻湖州使疲於奔命羽翼旣披平江勢孤立破矣遂移檄數士誠八罪達遇春帥兵自太湖趨湖州遇春敗士誠兵於太湖於毗山甲戌至三里橋張天麒分兵三道出戰達亦分三軍應之別遣兵扼其歸路敵戰敗返走不得入城還戰大破之禽將吏二百人遂圍湖州士誠遣朱暹五太子等以六萬衆來援屯於舊館出大軍後築五砦自固遇春及吳楨等將奇兵由大全港營東阡更出其後築十壘以遮之斷其糧道士誠知事急親督兵來戰敗於皁林薛顯別將取德清　大軍之伐士誠也令李文忠攻杭州以牽制之九月文忠帥朱亮祖等克桐廬新城遂攻餘杭　文忠屢出攻伐太祖命李貞權掌軍務桐廬旣下以所俘卒送嚴州嚴城空虛俘卒謀叛去貞饗其衆醉而縛之以歸應天太祖嘉之貞文忠父也　常遇春敗張士誠將徐志堅於東阡襲徐義於平望盡燔其赤龍船冬十月壬子敗潘元紹於烏鎮逐

北至昇山攻其水寨顧時引小舫繞敵舟舟中多俯視而笑時乘其懈帥壯士數人大呼躍入舟衆大亂餘舟競進五太子盛兵來援遇春與戰小卻薛顯帥舟師奮擊燒其船衆大潰昇山水陸寨皆破五太子朱暹呂珍以舊館降得兵六萬人遇春謂顯曰今日之戰將軍功遇春弗如也五太子者士誠養子短小精悍能平地躍丈餘又善沒水珍暹皆宿將善戰至是降徐達等以徇於湖州吳人震恐十一月甲申張天麒及李伯昇等以湖州降　餘杭守將謝五再興弟也李文忠諭之降許以不死辛卯五與再興子五人出降諸將請戮之文忠不可遂趨杭州丙申潘原明亦執蔣英以降文忠整衆入原明以女樂迎麾去之營於麗譙下令曰擅入民居者死一卒借民釜斬以徇城中帖然得兵三萬糧二十萬以王興福知杭州府杭初附人心未安興福善撫輯民甚德之太祖命誅蔣英刺其血以祭胡大海　取紹興路　華雲龍攻嘉興降其將宋興湯和克太湖水寨下吳

江州士誠遣銳卒迎鬬大戰尹山橋康茂才持大戟督戰盡覆敵衆
癸卯徐達從太湖進圍平江達軍葑門常遇春軍虎邱郭興軍婁門
雲龍軍胥門湯和軍閶門王弼軍盤門張溫軍西門康茂才軍北門
耿炳文軍城東北仇成軍城西南何文輝軍城西北築長圍困之架
木墖與城中浮屠等別築臺三成瞰城中置弓弩火筒臺上又置巨
礮所擊輒糜碎城中大震　俞通海下太倉秋豪不犯民大悅　徐
達攻婁門士誠出兵戰茅成擊敗之突至外郛中矢死楊國興攻閶
門亦戰死熊天瑞降於士誠教士誠飛礮擊外軍城中木石俱盡外
軍多傷者　十二月韓林兒卒僭號凡十二年或曰太祖命廖永忠
迎林兒歸應天至瓜步覆其舟沈於江太祖以咎永忠云初太祖駐
和陽以孤軍保一城而林兒稱宋後四方響應遂用其年號以令軍
中林兒沒始以明年爲吳元年建圜丘於正陽門外鍾山之陽方丘
於太平門外鍾山之陰太社稷壇於宮城西南四親廟於宮城東南

祭告山川所司進宮殿圖命去雕琢奇麗者　罷浙江分省置行中書省治杭州府改紹興路爲府諸全州爲諸暨縣又改龍游府爲衢州府以嘉興湖州二府直隸京師

二十七年太祖吳元年也春正月戊戌諭中書省曰東南久罹兵革民生凋敝吾甚憫之且太平應天諸郡吾渡江開創地供億煩勞久矣今比戸空虛有司急催科重困吾民將何以堪其賜太平田租二年應天鎮江寧國廣德各一年　以濠州爲臨濠府壽春府爲壽州屬之命世子標省臨濠墓諭曰商高宗舊勞於外周成王早聞無逸之訓皆知小民疾苦故在位勤儉爲守成令主兒生長富貴習於宴安今出旁近郡縣遊覽山川經歷田野其因道途險易以知鞍馬勤勞觀閭閻生業以知衣食艱難察民情好惡以知風俗美惡卽祖宗所居訪求父老問吾起兵渡江時事識之於心以知吾創業不易又命中書擇官輔行凡所過郡邑城隍山川之神皆祭以少牢時世子

年十三矣　庚子取松江府　元福建行省郎中秦裕伯避地上海
太祖命中書省檄起之裕伯對使者曰食元祿二十餘年而背之不
忠也母喪未終忘哀而出不孝也乃上書中書固辭　癸卯取沅州
路　二月元擴廓帖木兒遣左丞李二攻徐州次陵子村傅友德禦
之兵寡堅壁不戰詗其衆方散掠乃以二千人泝河至呂梁登陸擊
之單騎奮槊刺其將韓乙敵敗去度且復至亟還開城門而陳於野
臥戈以待約聞鼓卽起李二果至鳴鼓士騰躍搏戰破禽二陸聚又
敗元兵於宿州禽僉院邢端等　徐達遣使請事太祖敕勞之曰將
軍謀勇絕倫故能遏亂略削羣雄今事必稟命此將軍之忠吾甚嘉
之然將在外君不御軍中緩急將軍其便宜行之吾不中制　三月
丁丑始設文武二科取士使有司勸諭民間秀士及智勇之人以時
勉學俟開舉之歲充貢京師　杭州既下方國珍據境自如遣閒諜
假貢獻名覘勝負又數通好於擴廓帖木兒及陳友定圖爲掎角太

祖聞之怒夏四月貽書數其十二罪　俞通海會圍平江戰滅渡橋
擣桃花塢中流矢創甚歸應天太祖幸其第問曰平章知予來問疾
乎通海不能語太祖揮涕而出翼日卒年三十八太祖臨哭甚哀從
官衞士皆感涕湯和亦以飛礮傷左臂召還應天創愈復往攻　張
士誠拒守數月太祖貽書招之曰古之豪傑以畏天順民爲賢全身
保族爲智漢竇融宋錢俶是也爾宜三思勿自取夷滅爲天下笑士
誠不報　置太倉州改江陰州爲縣宣州府仍曰寧國與安府曰徽
州　五月己亥初置翰林院以陶安潘庭堅爲學士朱升爲侍講學
士升年老特免朝謁　是月以旱減膳素食復徐宿濠泗壽邳東海
安東襄陽安陸及新附地田租三年劉基請決滯獄卽命基平反六
月戊申大雨羣臣請復膳太祖曰雖雨傷禾已多其賜民今年田租
張士誠親帥銳士突圍出西門搏戰將奔常遇春軍遇春分兵北
濠截其後而別遣兵與戰士誠軍殊死鬬遇春拊王弼臂曰軍中皆

稱爾健將能爲我取此乎鄧應曰諾馳騎揮雙刀奮擊敵小卻遇春
帥衆乘之士誠兵大敗人馬溺死沙盆潭者甚衆士誠故有勇勝軍
號十條龍者皆驍猛善鬬每被銀鎧錦衣出入陳中至是亦悉敗溺
萬里橋下死士誠馬逸墮水幾不救肩輿入城自是不敢復出　李
伯昇知士誠困甚遣所善客踰城說之曰始公所恃者湖州嘉興杭
州耳今皆失矣獨守此城恐變從中起公雖欲死不可得也莫若順
天命遣使金陵稱公所以歸義救民之意開城門幅巾待命當不失
萬戶侯且公之地譬如博者得人之物而復失之於公何損士誠仰
觀良久曰吾將思之乃謝客竟不降　癸酉命自今朝賀不用女樂
　太祖御戟門召學士朱升范權引樂舞生入見閱試之太祖親擊
石磬命升辨五音升不能審以宮爲徵太祖審其誤命樂生登歌一
曲而罷　秋七月丙子給府州縣官之任費賜綺帛及其父母妻長
子有差著爲令　己丑雷震宮門獸吻赦罪囚　庚寅遣使責方國

珍貢軍糧二十萬石國珍集衆議郎中張本仁左丞劉庸等皆言不可從有邱楠者獨爭曰彼所言均非公福也惟智可以決事惟信可以守國惟直可以用兵公經營浙東十餘年矣遷延猶豫計不早定不可謂智既許之降抑又倍焉不可謂信彼之徵師則有詞矣我實負彼不可謂直幸而扶服請命庶幾可視錢俶乎國珍不聽日夜運珍寶治舟楫爲航海計　八月癸丑圜丘方丘社稷壇成　張士信中礮死城中洶洶無固志　九月甲戌太廟成　參政朱亮祖帥馬步舟師數萬討方國珍　戊寅令曰先王之政罪不及孥自今除大逆不道毋連坐　平江圍急士誠語其妻劉氏曰吾敗且死矣若曹何爲劉答曰君毋憂妾必不負君城將破徐達與常遇春約曰師入我營其左公營其右又令將士曰掠民財者死毀民居者死離營二十里者死辛巳諸將破葑門遇春亦破閶門以入士誠收餘衆戰於萬壽寺東街衆散走倉皇歸府第拒戶自縊故部將趙世雄解之達

數遣李伯昇潘元紹等諭意士誠瞑目不答昇出葑門劉氏積薪齊
雲樓下驅羣妾登樓令養子辰保縱火焚之亦自縊有二幼子匿民
間不知所終吳地平居民安堵如故改平江路曰蘇州府吳夏自江
陰移守之士誠至舟中不復食至應天竟自縊死命具棺葬之初平
江被圍城中多列礮石王行私語所知曰兵法柔能制剛若植大竹
於地繫布其端礮石至布隨之低昂則人不能害而礮石無所用矣
及遇春等克平江果如行言初黃敬夫等三人用事吳人知士誠必
敗有黃菜葉十七字之謠至是卒驗　熊天瑞伏誅　初士誠與太
祖相持陳基在其幕府書檄多指斥及士誠亡其臣多見誅基獨免
　廖永安喪還太祖迎祭於郊　乙酉孫興祖攻通州其守將詰徐
達降　丁亥胡美取無錫降莫天祐平江之圍也他城皆下惟天祐
堅守士誠破美急攻之天祐猶不下縣人張翼帥父老爭之天祐意
沮翼縋城謁美請勿戮降人美許諾乃降太祖以天祐多傷我兵殺

之　戊戌遣使致書於元帝送其宗室神保大王等北歸　張昶之被留也累官中書省參知政事有才辨明習故事裁決如流甚見信任自以元故臣心常戀戀會縱降人北還昶附私書訪其子存士楊憲得書槀以聞下吏按問昶大書牘背曰身在江南心思塞北太祖殺之　辛丑論平張士誠功封李善長爲宣國公徐達信國公常遇春鄂國公將士賜賚有差　朱亮祖下天台進攻台州方國瑛迎戰敗走指揮嚴德亦戰死追至黃巖降其守將哈兒魯徇下仙居諸縣　癸卯新宮成　冬十月甲辰朔遣起居注吳琳魏觀以幣求遺賢於四方　丙午令百官禮儀尚左改李善長左相國徐達右相國　辛亥祀元臣福壽於應天余闕於安慶李黼於江州　壬子置御史臺以鄧愈湯和爲御史大夫劉基兼太史令與章溢同爲御史中丞諭之曰國家立三大府中書總政事都督掌軍旅御史掌糾察朝廷紀綱盡繫於此而臺察之任尤清要卿等當正己以率下忠勤以事

上毋委靡因循以縱奸毋假公濟私以害物　癸丑湯和爲征南將
軍吳禎副之帥常州長興江陰諸軍討方國珍　甲寅定律令以李
善長爲總裁官參知政事楊憲傅瓛江西按察使潘黼及劉基陶安
等爲議律官與大理卿周禎少卿劉惟謙丞周湞等共定其書諭之
曰法貴簡當使人易曉若條緒繁多或一事兩端可輕可重吏得因
緣爲奸非法意也夫網密則水無大魚法密則國無全民卿等悉心
參究日具刑名條目以上吾親酌議焉善長等言歷代之律皆以漢
九章爲宗至唐始集其成惟元以一時行事爲條格胥吏易爲奸今
宜遵唐舊又以法有連坐三條請自大逆而外除不用皆從之時御
西樓召諸臣賜坐從容講論律義　戊午正郊社太廟雅樂命太常
司協律郎冷謙協樂章聲譜取石靈壁以制磬采桐梓湖州以製琴
瑟較定音律及編鐘編磬等器定樂舞之制又置教坊司掌宴會大
樂　庚申召諸將議北伐太祖曰山東則王宣反側河南則擴廓跋

扆關隴則李思齊張思道梟張猜忌元祚將亡中原塗炭今將北伐
拯斯民於水火何以决勝常遇春對曰以我百戰之師敵彼久逸之
卒直擣元都破竹之勢也太祖曰元建國百年守備必固懸軍深入
饋饟不前援兵四集危道也吾欲先取山東撤彼屏蔽移師兩河破
其藩籬拔潼關而守之扼其戶檻天下形勢入我掌握然後進兵元
都勢孤援絕不戰自克鼓行而西雲中九原關隴可席卷也諸將皆
曰善甲子徐達爲征虜大將軍常遇春爲副將軍帥步騎二十五萬
由淮入河北取中原胡美爲征南將軍何文輝爲副將軍帥師由江
西取福建湖廣行省平章楊璟左丞周德興參政張彬將武昌諸衛
軍取廣西太祖親禡於龍江召諸將諭之曰御軍有紀律戰勝攻取
得爲將之體者莫如大將軍當百萬衆摧堅陷陣莫如副將軍不慮
不能戰慮輕戰耳身爲大將顧好與小校角甚非所望也遇春拜謝
太祖又謂薛顯傅友德勇略冠軍可當一面又諭美曰汝以陳氏丞

相來歸事吾數年忠實無過故命汝總兵取閩左丞何文輝爲爾副
參政戴德聽調發二人雖皆我親近勿以其故廢軍法聞汝嘗攻閩
中宜深知其地利險易今總大軍攻圍城邑必擇便宜可否爲進退
無失機宜是時稱名將必推達遇春遇春剽疾敢深入而達尤長於
謀略遇春下城邑不能無誅僇達所至不擾即獲壯士與諜結以恩
義俾爲己用由此人多樂附　元擴廓帖木兒與李思齊等相持經
年數百戰未能決元帝使使諭令罷兵專事江淮擴廓欲遂定思齊
等然後引軍東乃遣其驍將貊高趨河中欲出不意擣鳳翔覆思齊
巢穴貊高至衛輝軍變襲衛輝彰德據之罪狀擴廓於朝初太子奔
太原欲用唐肅宗靈武故事自立擴廓不可及還京師皇后諭指令
以重兵擁太子入城脅元帝禪位擴廓留軍三十里外以數騎入朝
由是太子銜之而元帝亦心忌擴廓廷臣譁言擴廓受命平江淮乃
西攻關中令罷兵不奉詔跋扈有狀及貊高奏至元帝乃削擴廓太

傳中書左丞相令以河南王就食邑汝南分其軍隸諸將以貊高總河北軍賜號忠義功臣太子開撫軍院於京師總制天下兵馬專備擴廓　己巳朱亮祖進兵温州方明善拒戰擊敗之克其城時軍中頗掠子女章溢悉籍還其家溢尋入朝以其子存道守處州太祖謂羣臣曰溢雖儒臣父子宣力一方寇盜盡平功不在諸將後復問溢征閩諸將何如對曰湯和由海道胡美由江西必勝然閩中尤服李文忠威信若令文忠從浦城取建寧此萬全計也太祖立命文忠出師屯浦城如溢策　時廷臣伺太祖意多嚴苛溢獨持大體或以為言溢曰憲臺百司儀表當養人廉恥豈恃搏擊為能哉　湯和渡曹娥江下餘姚上虞吳禎毀壩通道出不意直抵軍廏十一月辛巳方國珍帥所部遁入海禎及朱亮祖追擊之盤嶼自申至戌敗之獲其大帥二人海舟二十五艘斬馘無算還定諸屬城國珍部將相次降　壬午徐達克沂州降守將王宣進克嶧州王宣復叛擊斬之莒密

海諸州悉下　己丑廖永忠爲征南副將軍自海道會湯和討方國珍　太祖觀郊壇世子標從令左右導之農家徧觀服食器具又指道旁荆楚曰古用此爲扑刑以其能去風雖傷不殺人古人用心仁厚如此兒念之　乙未冬至御史中丞兼太史院使劉基等上戊申大統曆太祖諭曰古者季冬頒曆太遲今於冬至亦未善宜以十月朔著爲令　徐達使韓政分兵扼河斷援軍汪興祖別將衛軍取東平　辛丑達自帥大軍拔益都元平章普顏不花不屈死丞相也速來援傅友德以輕騎誘敵入伏奮擊敗走之遂取萊陽　十二月甲辰頒律令凡律二百八十五條令一百四十五條初太祖用法嚴奉行者重足立律令既具吏士始知循守又恐小民不能周知命周楨等取所定律令自禮樂制度錢糧選法之外凡民間所行事宜類聚成編訓釋其意頒之郡縣名曰律令直解太祖覽其書而喜曰吾民可以寡過矣　湯和數遣使招方國珍示以順逆丁未遣子關奉表

乞降曰臣聞天無所不覆地無所不載王者體天法地於人無所不
容臣荷主上覆載之德舊矣不敢自絕於天地故一陳愚衷臣本庸
才遭時多故起身海島非有父兄相藉之力又非有帝制自爲之心
方主上霆擊電掣至於婺州臣愚卽遣子入侍固已知主上有今日
矣將依日月之末光望雨露之餘潤而主上推誠布公俾守鄉郡如
故吳越事臣遵奉條約不敢妄生節目子姓不戒潛搆釁端猥勞問
罪之師私心戰兢用是俾守者出迎然而未免浮海何也孝子之於
親小杖則受大杖則走臣之情事適與此類卽欲面縛待罪闕庭復
恐嬰斧鉞之誅使天下後世不知臣得罪之深將謂主上不能容臣
豈不累天地大德哉蓋幕下士詹鼎詞也太祖覽而憐之賜書曰汝
違吾諭不卽斂手歸命次且海外負恩實多今者窮蹙無聊情詞哀
懇吾當以汝此誠爲誠不以前過爲過汝勿自疑遂促國珍入朝面
讓之曰若來得毋晚乎國珍頓首謝授廣西行省左丞食祿不之官

數歲卒數張本仁罪鞭其背潰爛死餘官屬從國珍降者皆徙滁州獨赦邱楠以爲饒州知府詹鼎至京草封事萬言候駕出獻之太祖爲立馬受讀命丞相官鼎楊憲忌其才沮之後坐累死　汪興祖克東平乘勝至東阿降元參政陳璧及所部五萬餘人孔子五十六世孫衍聖公希學帥曲阜知縣希舉鄒縣主簿孟思諒迎謁於軍門興祖禮之兗東州縣聞風皆下遂取濟寧徐達徇下濰膠諸州縣己酉濟南降分兵取登萊齊地悉定　諸軍之伐陳友定也太祖別遣使至延平招諭之友定置酒大會諸將及賓客殺明使者瀝其血酒甕中與衆酌飲之酒酣誓於衆曰吾曹並受元厚恩有不以死拒者身磔妻子戮遂往福州環城築壘爲拒守計而胡美已渡杉關下光澤邵武守將李宗茂以城降次建陽守將曹復疇亦降友定聞杉關破急分軍爲二以一軍守福州而自帥一軍守延平以相犄角　癸丑李善長帥百官勸進表三上乃許甲子告於上帝善長帥禮官具登

極儀祭酒許元出入左右垂十年自稽古禮文事至進退人才無不與論議及是告歸司業劉丞直曰主上方應天順人公宜少待元不聽果忤旨僉事程孔昭劾其隱事逮死獄中　湯和廖永忠舟師由海道抵福州之五虎門駐師南臺使人諭降不應圍之元平章曲出引兵逆戰敗參政袁仁請降庚午諸軍緣南臺蟻附登城守將遁去參政尹克仁宣政使朶耳麻不屈死僉院柏帖木兒積薪樓下殺妻妾及二女縱火自焚死　是月以益都路爲青州府般陽路爲淄川州慶元路爲明州府

二十八年太祖洪武元年也春正月乙亥太祖祀天地於南郊卽皇帝位定有天下之號曰明建元洪武追尊高祖考曰元皇帝廟號德祖曾祖考曰恆皇帝廟號懿祖祖考曰裕皇帝廟號熙祖考曰淳皇帝廟號仁祖妣皆皇后立妃馬氏爲皇后世子標爲皇太子　后仁慈有智鑒好書史嘗語帝定天下以不殺人爲本帝善之初從帝軍

中値歲大歉帝又爲郭氏所疑嘗乏食后竊炊餠懷以進肉爲焦居
常貯糗糒脯修供帝無所乏絶而己不宿飽及貴帝比之豆粥麥飯
每對羣臣述后賢同於唐長孫皇后退以語后后曰妾聞夫婦相保
易君臣相保難陛下不忘妾同貧賤願無忘羣臣同艱難帝前殿決
事或震怒后伺帝還宮輒隨事微諫帝爲數緩刑戮帝嘗怒責宮人
后亦陽怒令執付宮正司議罪帝曰何爲后曰帝王不以喜怒加刑
賞當陛下怒時恐有畸重付宮正則酌其平矣卽陛下論人罪亦詔
有司耳一日問帝今天下民安乎帝曰此非爾所宜問也后曰陛下
天下父妾母天下子之安否何可不問遇歲旱輒帥宮人蔬食助
祈禱歲凶則設麥飯野羹帝或告以振卹后曰振卹不如蓄積之先
備也后嘗曰法屢更必弊法弊則奸生民數擾必困民困則亂生帝
歎曰至言也命女史書之平居服大練浣濯之衣雖敝不忍易聞元
世祖后煑故弓絃事亦命取練織爲衾裯以賜高年煢獨餘帛纇絲

緝成衣裳賜諸王妃公主使知蠶桑艱難　李善長徐達爲左右丞
相常遇春平章政事錄軍國重事胡美廖永忠李伯昇並爲平章政
事趙庸王溥爲左右丞楊憲傅瓛爲參知政事　丙子頒卽位詔於
天下　追封叔父爲壽春王兄爲南昌王盱眙王臨淮王從兄弟爲
霍邱王下蔡王安豐王蒙城王兄子爲山陽王昭信王從子爲寶應
王六安王來安王都梁王英山王所謂宗室十五王也　帶刀舍人
周宗上書乞教太子帝嘉納中書省都督府請倣元制以太子爲中
書令帝以元制不足法令詹同考歷代東宮官制設少師少傅少保
詹事率府使諭德贊善賓客等官辛巳以李善長等兼領之諭之曰
朕於東宮不別設府僚而以卿等兼領者蓋軍旅未息朕若有事於
外必太子監國若設府僚卿等在內事當啓聞太子或聽斷不明與
卿等意見不合卿等必謂府僚導之嫌隙易生又所以特置賓客諭
德者欲輔成太子德性且選名儒爲之職此故也昔周公教成王克

誥戒兵召公教康王張皇六師此居安慮危不忘武備蓋繼世之君生長富貴昵於安逸不諳軍旅一有緩急罔知所措二公之言其并識之　初定天下官田畝稅五升三合民田減二升重租田八升五合五勺沒官田一斗二升惟蘇松嘉湖怒其為張士誠守籍諸豪族及富民田以為官田按私租簿為稅額而楊憲為司農卿又以浙西膏腴增其賦畝加二倍故浙西官民田賦視他方倍蓰甲申遣使覈之　命陶安知制誥兼修國史帝嘗御東閣與安及章溢等論前代興亡本末安言喪亂之源由於驕侈帝曰居高位者易驕處佚樂者易侈驕則善言不入而過不聞侈則善道不立而行不顧如此者未有不亡卿言甚當又論學術安曰道不明邪說害之也帝曰邪說害道猶美味之悅口美色之眩目邪說不去則正道不興天下何從治安頓首曰陛下所言可謂深探其本矣安事帝十餘歲視諸儒最舊及官侍從寵愈渥御史或言安隱過帝詰曰安寧有此且若何從知

曰聞之道路帝大怒立黜之　庚寅彗星見於昴畢　胡美進圍建寧守將同僉達里麻參政陳子琦謀堅守以老我師美數挑戰不出與何文輝環攻之踰十日達里麻不能支辛卯夜潛至文輝營乞降壬辰旦總管翟也先不花亦以衆降於文輝美怒兩人不詣己欲屠其城文輝馳告美曰與公同受命至此爲安百姓耳今既降奈何以私忿殺人美乃止整軍入城秋豪無所犯執子琦等送京師獲將士九千七百餘人糧糗馬畜稱是　庚子鄧愈爲征戍將軍帥襄漢兵取南陽以北未附州郡　湯和分兵徇興化漳州福寧進攻延平陳友定欲持久困之諸將請出戰不許數請不已友定疑所部將叛殺蕭院判軍士多出降者會軍器局災城中礮聲震地我師知有變急攻城友定呼其屬訣曰大事已去吾一死報國諸君努力因退入省堂衣冠北面再拜仰藥死所部爭開城門納我師師入友定猶未絕舁出水東門天大雷雨復甦友定子海聞父被執自將樂歸於軍門

達魯花赤白哈麻副樞陳英輔皆自經死興化望風納款胡美亦遣
降將諭降汀泉諸郡獨漳州路達魯花赤迭里彌實具公服北面再
拜引佩刀剸喉而死福建平時以友定柏帖木兒迭里彌實爲三忠
友定至京師帝詰之厲聲曰國破家亡死耳尙何言遂殺之海亦從
死元末所在盜起民間起義兵保障鄉里稱元帥者不可勝數元輒
因而官之其後或去爲盜或事元不終惟友定父子死義稱完節焉
是月天下府州縣官來朝諭曰天下始定百姓財力俱困如鳥初
飛木初植勿拔其羽勿撼其根惟廉者能約己而愛人貪者必朘人
以肥己爾等戒之　二月壬寅朔定郊社宗廟禮李善長等撰進郊
祀儀考功郎中直起居注詹同定祫禘禮御史臺經歷錢用壬定釋
奠耤田禮翰林學士朱升定時享齋戒禮翰林直學士兼太常卿范
常參合衆言陶安等裁定之　癸卯湯和提督海運造舟明州運糧
輸直沽海多颶風輸鎭江而還　廖永忠爲征南將軍朱亮祖副之

由海道取廣東　征閩師還金子隆等復聚衆剽掠李文忠討禽之遂定建延汀三州命軍中收養道上棄兒全活無算　費聚吳禎次昌國勦海寇葉陳二姓於蘭秀山平之　丁未以太牢祀先師孔子於國學仍遣使詣曲阜致祭臨行諭曰仲尼之道廣大悠久與天地並有天下者莫不虔修祀事朕爲天下主期大明教化以行先聖之道今既釋奠成均仍遣爾修祀事於闕里爾其敬之　戊申祀社稷配以后土后稷初帝命中書省翰林院議創屋備風雨陶安言天子太社必受風雨霜露建屋非宜若遇風雨請於齋宮望祭從之　壬子詔衣冠如唐制　癸丑常遇春克東昌元平章申榮自經死山東平　甲寅楊璟遣千戶王廷取寶慶　封李貞爲恩親侯　李文忠之征閩也章存道以所部鄉兵萬五千人從閩平詔存道以所部從海道北征章溢持不可曰鄉兵皆農民許以事平歸農今復調之是不信也帝不懌既而奏曰兵已入閩者俾還鄉里昔嘗叛逆之民宜

籍爲軍使北上一舉而恩威著矣帝喜曰孰謂儒者迂闊哉然非先生一行無能辦者溢行至處州遭母喪乞守制不許鄉兵既集命存道由永嘉浮海而北再上章乞終制報可　元擴廓帖木兒既受詔就食邑退軍澤州其部將關保亦歸於朝朝廷知擴廓勢孤乃詔李思齊等東出關與貊高合攻擴廓而令關保以兵戍太原擴廓憤甚引軍據太原盡殺朝廷所置官吏於是元帝下詔盡削擴廓官爵令諸軍四面討之　三月辛未詔儒臣修女誡諭翰林學士朱升曰治天下者正家爲先正家之道始於謹夫婦后妃雖母儀天下然不可俾預政事至於嬪嬙之屬不過備職事侍巾櫛恩寵或過則驕恣犯分上下失序歷代宮闈政由內出鮮不爲禍惟明主能察於未然下此多爲所惑卿等其纂女誡及古賢妃事可爲法者使後世子孫知所持守升等乃編錄上之　楊璟進攻永州守將鄧祖勝迎戰敗歛兵固守璟進圍之元兵來援駐東鄉倚湘水列七營軍勢甚盛璟擊

敗之俘獲千餘人胡海生得千萬戶四人全州守將阿思蘭及周文貴再以兵來援周德興再擊敗之斬朱院判追奔至全州遂克之道州寧州藍山皆下進克武岡州分兵據險絕靖江聲援　鄧愈克唐州進攻南陽敗元兵於瓦店逐北抵城下丁酉克之禽史國公等二十六人隨葉舞陽魯山諸州縣相繼降攻下牛心光石洪山諸寨均房金商之地悉定　徐達與常遇春會師濟南擊斬樂安反者還軍濟寧引舟師泝河趨汴梁己亥守將李克彝遁左君弼竹貞等降　孔希學入朝帝敕諭其父克堅未言稱疾則不可會克堅亦來朝遇使者淮安惶恐兼程進見於謹身殿問其年曰爾年未邁而病嬰之今不煩爾以官爾家先聖後子孫不可不學爾子溫厚可俾進學克堅頓首謝即日賜宅一區馬一匹米二十石明日復召見命以訓厲族人因顧侍臣曰先聖後特優禮之養以祿而不任以事也　夏四月辛丑朔蘄州進竹簟卻之命四方毋妄有所獻　廖永忠之發福

州也以書諭元左丞何真曉譬利害遂航海趨潮州旣至真遣都事
劉克佐詣軍門上印章籍所部郡縣戶口兵糧奉表以降永忠聞於
朝賜詔褒真以寶融李勣爲比永忠抵東莞真帥官屬出迎至廣州
降盧左丞禽海寇邵宗愚數其殘暴斬之廣人大悅　丁未祫享太
廟德祖居中南向懿祖居東第一位熙祖西第一位仁祖東第二位
東西向初製太廟祭器帝曰近世泥古好用古籩豆之屬以祭其先
生旣不用死而用之甚無謂也其製宗廟器用服御皆如事生之儀
　徐達常遇春自虎牢關進軍河南元脫因帖木兒以兵五萬陳於
洛水北戊申遇春單騎突其陳敵二十餘騎攢槊刺之遇春一矢殪
其前鋒大呼馳入麾下壯士從之敵大潰追奔五十里遂圍河南元
梁王阿魯温降嵩陝陳汝諸州以次略定河南平阿魯温察罕帖木
兒之父也　永州久不下楊璟令裨將分營諸門築壘困之造浮橋
西江上急攻之鄧祖勝力盡仰藥死百戶夏昇約降丁巳胡海以夜

半先登諸軍踰城入元參政張子賢巷戰兵潰被執遂克汴州　甲子帝如汴梁李善長劉基居守一切便宜行事基謂宋元寬縱失天下今宜肅紀綱令御史糾劾無所避宿衞宦侍有過者皆啓皇太子置之法人憚其嚴　元李思齊聞明師已取河南乃解而西與張思道拒守潼關會火焚思道營思齊遽退軍葫蘆灘遣部將張德欽薛穆飛等守關都督同知馮勝進攻之丙寅守將宵遁遂奪關取華州思齊奔鳳翔思道奔鄜城　康茂才留守陝州規運饋饟造浮橋渡師招徠絳解諸州扼潼關秦兵不敢東向茂才善撫綏民立石頌德焉　馮勝取陝州請益兵守潼關徐達曰無如郭興者遂調守之以金興旺爲副潼關三秦門戶時哈麻圖據奉元李思齊張思道等與爲掎角日窺伺欲東向興悉力捍禦王左丞來攻大敗之　置山東等處行中書省治濟南府　陶安爲江西行省參政諭之曰朕渡江卿首謁軍門敷陳王道及參幕府裨益良多繼入翰林益聞讜論江

西上游地撫綏莫如卿安辭不許　廖永忠進取廣西五月己卯克梧州元吏部尚書普顏帖木兒戰死張翱赴水死達魯花赤拜住降尋貴容鬱林諸州皆下　辛卯改汴梁路爲開封府置中書分省治焉以楊憲署省事　六月庚子召徐達常遇春等會行在所置酒勞之且謀北伐達曰大軍平齊魯掃河洛王保保逡巡觀望潼關既克思齊輩狼狽西奔元聲援已絕今乘勢直擣元都可不戰有也帝曰善　廖永忠馳諭海南海北諸道三十餘城甲辰皆納印請吏　朱亮祖以兵會楊璟進攻靖江不下璟謂諸將曰彼所恃西濠水耳決其隄岸破之必矣乃遣指揮邱廣攻牐口關殺守隄兵盡決濠水築土隄五道傅於城城中猶固守急攻閱兩月會其總制張榮來降璟與之白幡爲識壬戌胡海以夜四鼓自北門八角亭先登克之元都事趙元隆陳瑜劉永錫廉訪司僉事帖木兒不花元帥元禿蠻萬戶董丑漢府判趙世傑皆自殺執平章也兒吉尼先是張彬攻南關爲

守城者所詬怒欲屠其民璟甫入立下令禁止之民乃安復移師徇郴州降兩江土官黃英衍岑伯顏等　秋七月廖永忠引兵克南寧戊子降象州兩廣悉平永忠善撫綏民懷其惠爲之立祠　庚寅振卹中原貧民辛卯諭徐達曰中原之民久爲羣雄所苦流離相望故命將北征拯民水火元祖宗功德在人其子孫罔卹民隱天厭棄之君實有罪民則何辜前代革命之際肆行屠戮違天虐民朕實不忍諸將克城毋肆焚掠妄殺人元之宗戚咸俾保全庶幾上答天心下慰人望以副朕伐罪安民之意不恭命者罰無赦達復進曰元都克而其主北走將窮追之乎帝曰元運衰矣行自澌滅不煩窮兵出塞之後固守封疆防其侵軼可也丙申馮勝爲征虜右副將軍留守開封又立河南行都督府以陳德署府事　閏月己亥朔元擴廓帖木兒禽關保貊高以聞元帝大恐歸罪於太子罷撫軍院悉復擴廓官爵命殺關保貊高與李思齊等分道南討　丁未帝至自開封　徐

達與常遇春會師河陰遣裨將分道徇河北梅思祖至衞輝元平章
龍二棄城走彰德師從之龍二復出走遂降其城他將下廣平己酉
師次臨清使傅友德開陸道通步騎顧時浚河通舟師遇春先驅而
北壬子克德州合兵取長蘆扼直沽作浮橋以濟師水陸並進大敗
元軍於河西務丙寅進克通州元帝帥后妃太子奔上都　是月徵
天下賢才至京授以守令　免吳江廣興太平寧國滁和被災田租
八月己巳朔詔曰朕觀中原土壤四方朝貢道里適均其以應天
爲南京開封爲北京　庚午徐達陳兵齊化門塡濠登城元監國淮
王帖木兒不花左丞相慶童平章迭兒必失朴賽因不花右丞張康
伯御史中丞滿川等不降斬之其餘不戮一人封府庫籍圖書寶物
令指揮張勝以兵千人守宮殿門使宦者護視諸宮人妃主禁士卒
毋所侵暴吏民安居市不易肆傅友德薛顯顧時分邏古北諸隘口
守盧溝橋元翰林待制黃殷仕投井死左丞丁敬可總管郭允中皆

死之眞定路達魯花赤鈒納錫彰聞王師取元都朝服登城西崖北面再拜投崖死翰林學士承旨危素趨報恩寺將投井寺僧大梓輓之曰國史非公莫知公死是死國史也素遂止兵迫史庫素往告鎭撫吳勉輦實錄而出之　壬申以京師火四方水旱詔中書省集議便民事　丁丑始置吏戶禮兵刑工六部設尙書侍郞郞中員外郞主事等官仍隸中書省革考功所罷司農卿以將作司隸工部滕毅爲吏部尙書楊思義爲戶部尙書錢用壬爲禮部尙書陳寧爲兵部尙書周楨爲刑部尙書單安仁爲工部尙書時六部權輕多仰承丞相意指諸尙書亦多不久於位毅首長吏部佐省臺裁定銓除考課諸法思義以農桑積貯爲急請令民田五畝至十畝者栽桑麻木棉各半畝十畝以上倍之麻畝徵八兩木棉畝四兩栽桑以四年起科輸絹布詔可　大軍平河洛元擴廓帖木兒走汪河始得歸被拘凡六年帝甚嘉之進吏部侍郞備陳西征方略　帝之未還也中書省

都事李彬坐貪縱抵罪李善長素暱之請緩其獄劉基不聽馳奏報
可方祈雨卽斬之由是與善長忤帝歸愬基僇人壇壝下不敬諸怨
基者亦交譖之會以旱求言基奏士卒物故者其妻悉處别營凡數
萬人工匠死胔骸暴露吳將吏降者皆編軍戶足干和氣帝納其言
旬日仍不雨帝怒基有妻喪遂請告歸　己卯詔赦殊死以下將士
從征者䘏其家逋逃許自首新克州郡毋妄殺輸賦道遠者官爲轉
運災荒以實聞免鎭江租稅避亂民復業者聽墾荒地復三年有司
以禮聘致賢士學校毋事虛文平刑毋非時決囚除書籍田器稅民
間逋負免徵蒙古色目人有才能者許擢用鰥寡孤獨廢疾者存䘏
之民年七十以上一子復他利害當興革不在詔內者有司具以聞
　壬午帝如北京改大都路曰北平府置燕山六衞留兵三萬人命
都督副使孫興祖僉事華雲龍守之　癸未詔徐達常遇春取山西
　大都旣下韓政分兵守廣平諭降白土諸寨移守彰德下蟻尖寨

蟻尖在林慮西北二十里爲元右丞吳庸王居義小鎖兒所據大將軍之北伐也遣將略諸山寨降者相繼蟻尖獨恃險不下至是兵偪之庸誘殺居義及小鎖兒以降得士卒萬餘人　元湖廣平章郭雲保裕州白泉寨堅守不下徐達遣指揮曹諒圍之雲出戰被執達呵之跪雲植立謾罵求死脅以刃不動達壯之繫送京師帝奇其狀貌釋之方閱漢書問識字否對曰識因以漢書授之雲誦之甚習帝大喜用爲溧水知縣有政聲　傅瓛免　甲午遣內官往北平放元宮人諭之曰宮人皆良家子幽閉深宮誠有可憫至卽放遣適人勿使失所　漳州府通判王禕上疏言祈天永命之要在忠厚以存心寬大以爲政法天道順人心雷霆霜雪可暫不可常浙西既平科斂當減帝嘉納之然不能盡從也　九月癸亥詔曰天下之治天下之賢共理之今賢士多隱巖穴豈有司失於敦勸歟朝廷疎於禮待歟抑朕寡昧不足致賢將在位者壅蔽使不上達歟不然賢士大夫幼學

壯行豈甘沒世而已哉朕願與諸儒講明治道有能輔朕濟民者有司禮遣　乙丑常遇春下保定薛顯取七垜寨追敗脫因帖木兒遇春遂下真定　陸聚克車子山鳳山城山鐵山諸寨分守井陘故關陶安卒於官疾劇草上時務十二事帝親爲文以祭追封姑孰郡公　改乾寧安撫司爲瓊州府　冬十月庚午馮勝與偏將軍湯和由武陟取懷慶踰太行克碗子城取澤潞禽元右丞賈成於猗氏陳德破磨盤寨獲參政喻仁遂克平陽絳州禽元左丞田保保等獲將士五百餘人帝悅詔勝居常遇春下和居勝下偏將軍楊璟居和下

丁丑帝至自北京　戊寅以元都平詔天下　先是徵元故臣旣至帝御奉天門召問元政得失馬翼對曰元有天下以寬得之亦以寬失之帝曰以寬得之則聞之矣以寬失之未之聞也元季君臣耽於逸樂馴至淪亡其失在縱弛實非寬也聖王之道寬而有制不以廢事爲寬簡而有節不以慢易爲簡施之適中則無弊矣　建大本

堂命魏觀侍太子說書及授諸王經又選國子生國琦王璞張傑等十餘人侍太子讀書禁中琦等入對謹身殿帝謂殿中侍御史郭淵友等曰諸生於文藝習矣然與太子處當端其心術不流浮靡庶儲德亦獲裨助　以北平府屬山東行省保定河間真定順德廣平大名等府屬河南分省　十一月己亥復遣魏觀及文原吉詹同吳輔趙壽等分行天下訪求遺才所舉多擢用　庚子冬至始祀上帝於圜丘從李善長等分祭之議也以大明夜明星辰太歲從祀有司議配祀帝謙讓不許前期親爲文告太廟曰歷代有天下者皆以祖配天臣獨不敢者以臣功業有未就政治有闕失去年上天垂戒有聲東南雷火焚舟擊殿吻早暮兢惕恐無以承上帝好生之德故不敢輒奉以配惟祖神與天通上帝有問願以臣所行奏帝前善惡無隱及南郊竣事詣太廟告禮成還御奉天殿受賀翌日宴羣臣於奉天殿以孔希學襲封衍聖公立孔顏孟三氏教授復孔氏子孫及顏孟

大宗子孫徭役又命孔希大爲曲阜世襲知縣進衍聖公秩二品賜之誥曰古之聖人自羲農至於文武法天治民明並日月德化之盛莫有加焉然皆隨時制宜世有因革至於孔子會前聖之道而通之垂教萬世爲帝者師其孫子思子又能傳述而名言之以極其盛有國家者求其統緒尊其爵號所以崇德報功歷代以來膺襲封者或不能繩其祖武朕實憫焉爾其領袖世儒益展聖道之用於當世豈不偉歟　癸亥帝手詔敘劉基勳伐及彭蠡同舟之難召還京師贈基祖父皆永嘉郡公欲進基爵基固辭不受　楊璟之自廣西還也帝問黃岑二氏所轄情形璟言蠻獠頑獷散則爲民聚則爲盜難以文治當臨之以兵帝曰蠻猺性習雖殊其好生惡死之心則一若撫之以安靖待之以誠諭之以理彼豈有不從化者哉是月遣中書照磨蘭以權齎詔往諭左右兩江溪峒官民　湯和楊璟之下澤州也元擴廓帖木兒遣平章韓札兒拒之戰於韓店和等敗績會元帝自

開平命擴廓復大都擴廓乃北出雁門將由保安徑居庸以攻北平
徐達聞之與諸將謀曰擴廓遠出太原必虛北平有孫都督在足以
禦之今乘敵不備直擣太原使進不得戰退無所守所謂批亢擣虛
者也彼若西還自救此成禽耳諸將皆曰善乃引兵趨太原薛顯傅
友德將鐵騎三千略平定擴廓至保安果還救萬騎突至傅友德以
五十騎卻之常遇春言於達曰我騎雖集步卒未至驟與戰必多殺
傷夜劫之可得志達曰善會擴廓部將豁鼻馬潛約降請爲內應乃
選精騎夜銜枚往襲擴廓方然燭治軍書倉卒不知所出跣一足乘
孱馬以十八騎走大同豁鼻馬降得甲士四萬十二月丁卯克太原
遇春追擴廓至忻州而還　己巳置登聞鼓於午門外一御史日監
之非大寃及機密重情不得擊擊卽引奏　明昇聞太祖克元都奉
書稱賀壬辰以書諭之　汪廣洋劉惟敬爲參知政事　大本堂既
建帝時臨幸評論古今一日御文樓太子侍問近與儒臣講何史對

曰漢七國事問曲直安在對曰曲在七國帝曰此講官一偏之說景帝爲太子時以博局殺吳世子及爲帝又輕聽鼂錯黜削諸侯七國之變實由於此若爲諸子講此則當言藩王當上尊天子毋撓天下公法如此則爲太子者知敦睦九族隆親親之恩爲諸子者知夾輔王室盡君臣之義矣　命漢陽知府易濟招諭安南　御史高元侃言京師人民循習舊俗凡有喪葬設宴會親友作樂娛尸無哀戚之情請禁止以厚風俗乃令禮官定民喪服之制

明紀卷第二

明紀卷第三

賜進士出身工部候補主事虞衡司行走陳鶴纂

卹贈知府銜給雲騎尉世職內閣候補中書孫男克家參訂

太祖紀三 起洪武二年己酉訖洪武八年乙卯凡七年

洪武二年春正月乙巳立功臣廟於雞籠山論次功臣死者肖像生者虛其位初胡大海等沒命肖像於卞壼蔣子文之廟及新廟成移祀焉　丁未享太廟以廖永安俞通海張德勝桑世傑耿再成胡大海趙德勝配　追封淳皇后父陳公爲楊王皇后父馬公爲徐王妃皆王夫人建祠太廟東皇后親奉安徐王神主祝文稱孝女皇后馬氏謹奉皇帝命致祭帝欲訪后族人官之后謝曰爵祿私外家非法力辭而止　庚戌詔曰朕淮右布衣因天下亂率衆渡江保民圖治今十有五年荷天眷佑悉皆戡定用是命將北征齊魯之民饋糧給軍不憚千里朕軫厥勞已免元年田租遭旱民未甦其更賜一年頃

者大軍平燕都下晉冀民被兵燹困徵斂北平燕南河東山西今年田租亦與蠲免河南諸郡歸附久欲惠之西北未平師過其地是以未遑今晉冀平矣西抵潼關北界大河南至唐鄧光息今年稅糧悉除之又詔曰應天太平鎮江宣城廣興供億浩穰去歲蠲租遇旱惠不及下其再免諸郡及無爲州今年租稅　庚申常遇春取大同汪興祖將三衛卒守之華雲龍攻下雲州傅友德敗賀宗哲於石州脫列伯於宣府諸軍分徇未下州縣金朝興取東勝州山西悉平　鄭人傳恕詣闕陳治道十二策曰正朝廷重守令馭外蕃增祿秩均民田更役法黜異端易服制興學校愼選舉罷榷鹽停榷茶帝嘉納之

蔡哲爲參知政事　方國珍張士誠相繼誅服諸豪亡命海島與島人相糾結是月倭寇山東瀕海郡縣　二月丙寅朔詔修元史命李善長爲監修宋濂王禕爲總裁徵山林遺逸之士汪克寬胡翰宋僖陶凱陳基趙壎曾魯高啓趙汸張文海徐尊生黃篪王錡傅著謝

徽及傅恕俱爲纂修開局天界寺取元經世大典諸書資參考帝諭之曰元初君臣樸厚政事簡略與民休息時號小康季世嗣君荒淫權臣跋扈兵戈四起民命顛危間有賢哲之臣言不見用用不見信遂至土崩其間君臣行事有善有否賢人君子或隱或顯其言行亦多可稱者爾等務直述其事毋溢美毋隱惡以垂鑒戒　時大兵出山西北平守備單弱平章曹良臣守通州所部不滿千人元丞相也速將萬騎營白河良臣曰吾兵少不可與戰彼衆雖多亡國之餘敗氣不振當以計走之乃密遣指揮仵勇等於瀕河舟中多立赤幟亙三十餘里鉦鼓聲相聞也速大駭遁去良臣出精騎逐北百餘里元兵自是不敢窺北平　帝建先農壇於南郊在耤田北壬午親祭以后稷配祀畢行耕耤禮應天府尹及上元江寧知縣帥庶人終畝宴勞百官耆老於壇所　徐達引兵西渡河至鹿臺張思道遁郭興將輕騎直擣奉元大軍繼進三月庚子克之元西臺御史桑哥失里與

妻子俱投崖死左丞拜泰古逃入終南山郎中王可仰藥死檢校阿
失不花自經死三原縣尹朱春謂其妻曰吾當以死報國妻曰君能
盡忠妾豈不能盡節亦俱投繯死改奉元路爲西安府耿炳文鎮之
浚涇陽洪渠十萬餘丈民賴其利徙咸陽縣治於渭河之南　振陝
西饑戶米三石　丙午常遇春與馮勝合軍西拔鳳翔李思齊奔臨
洮　置北平等處行中書省治北平府先屬山東河南者皆復其舊
　遣行人楊載使倭且詰以入寇之故謂宜朝則來庭不則修兵自
固儻必爲寇盜卽命將徂征耳日本王良懷不奉命　劉惟敬出爲
廣西參政　夏四月丙寅也速攻通州詔常遇春還備北平平章李
文忠副之　己巳命博士孔克仁授諸子經功臣子弟並令入學
乙亥編祖訓錄定封建諸王之制　置山西等處行中書省治太原
府又置陝西等處行中書省治西安府改廣東道宣慰司爲廣東行
中書省　徐達會諸將議所向皆曰張思道之才不如李思齊而慶

陽易於臨洮洮請先慶陽達曰不然慶陽城險而兵精猝未易拔也臨洮北界河湟西控羌戎得之其人足備戰鬬物產足佐軍儲蹙以大兵思齊不走則束手縛矣臨洮既克於旁郡何有遂度隴克秦州下伏羌寧遠入鞏昌遣馮勝偪臨洮　金興旺移守鳳翔　丙子賜秦隴新附州縣稅糧　丁丑馮勝至臨洮李思齊降甯正守之徐達分兵克蘭州薛顯別將攻馬鞍山番寨大獲其畜產乙酉達襲破元豫王於西寧走之盡收其部落輜重　汪廣洋出爲陝西參政　五月甲午朔日有食之　丁酉徐達還出蕭關下平涼唐勝宗克延安張思道走寧夏爲擴廓帖木兒所執湯和取涇州使部將招思道弟良臣良臣以慶陽降達遣薛顯受之良臣蒲伏道迎夜復出兵襲顯營顯傷突圍免良臣據城叛　癸卯夏至祀地於方丘羣臣復請配祀帝堅不允曰俟慶陽平議之　章溢居喪哀毀營葬親負土石感疾卒年六十五帝痛悼親撰文卽其家祭之　張良臣之叛也徐達命

諸將分兵蹙之俞通源自臨洮疾趨至涇略其西顧時略其北傅友德略其東陳德略其南良臣耀兵城下時擊敗之獲其勁將九人良臣不敢復出良臣恃其兄思道爲外援間使往來德悉禽獲　蔡哲出爲福建參政　常遇春李文忠帥步騎九萬發北平徑會州敗敵將江文清於錦州敗也速於全寧進攻大興州分千騎爲八伏守將夜遁盡禽之六月己卯克上都元帝北走追奔數百里獲其宗王慶生及平章鼎住等將士萬人車萬輛馬三千四牛五萬頭子女寶貨稱是改元上都路爲開平府尋廢府置衞又以永平路爲平灤府

安南國王陳日煃遣少中大夫同時敏等奉表來朝貢方物帝喜賜宴壬午命侍讀學士張以寧典簿牛諒往封日煃爲安南國王　秋七月己亥常遇春師還次柳河川暴疾卒年四十帝聞震悼命禮官議天子爲大臣發哀禮用宋太宗喪韓王趙普故事喪至龍江親出奠賜葬鍾山追封開平王謚忠武配享太廟肖像功臣廟位皆第二

遇春沈鷙果敢善撫士卒摧鋒陷陳未嘗敗北長於大將軍達二歲數從征伐聽約束惟謹嘗自言能將十萬衆橫行天下軍中稱常十萬云遇春既卒命李文忠代將其軍左丞趙庸爲副　辛亥擴廓帖木兒遣韓扎兒破原州涇州以爲慶陽聲援　丙辰明昇遣使來獻大木及方物答以璽書　辛酉馮勝扼驛馬關韓扎兒敗走傅友德薛顯駐兵靈州甯正駐邠州絶慶陽聲援　中書省臣言廣西諸峒雖平宜遷其人入內地可無邊患帝曰溪峒蠻獠雜處其人不知禮義順之則服逆之則變未可輕動惟以兵分守要害以鎮服之俾日漸教化數年後可爲良民何必遷也　黄英衍岑伯顏及思明土官黄忽都等相繼貢馬詔皆以爲世襲知府　以廣西地接猺獞始於關隘衝要之處設巡檢司以警奸盜　元帝屯蓋里泊令孔興脫列伯以重兵攻大同欲圖恢復李文忠奉詔會攻慶陽行次太原聞大同圍急謂趙庸曰我等受命而來閫外之事苟利於國專之可也今

大同甚急援之便遂出雁門次馬邑敗元游兵禽平章劉帖木八月乙丑進至白楊門天雨雪已駐營文忠令移前五里阻水自固元兵乘夜來劫文忠堅壁不動質明敵大至以二營委之殊死鬬度敵疲乃出精兵左右擊大破之禽其將脫列伯俘斬萬餘人窮追至莽哥倉而還脫列伯既被禽孔興與走綏德其部將斬之來降元帝知事無濟不復南向矣　己巳定內侍官制諭吏部曰內臣但備使令毋多人古來若輩擅權可為鑒戒又曰此曹善者千百中無一二若用為耳目即耳目蔽用為心腹即心腹病馭之之道在使之畏法勿令有功有功則驕恣矣　癸酉元史成諸儒皆賜賚遣歸而元統以後史猶未備乃命儒士歐陽佑等往北平采遺事　高麗國王王顓修貢請封丙子遣符璽郎偰斯齎詔及金印往封之　徐達進軍偪慶陽張良臣糧盡癸未克之良臣父子投於井引出斬之陝西平　賀宗哲攻鳳翔金興旺與知府周煥嬰城守敵編荊為大箕形如半舫每

箕五人負之攻城矢石不能入投藁焚之輒颺起乃置鉤藁中擲著其隙火遂熾敵棄箕走復爲地道薄城城中以矛迎刺敵死甚衆而攻不已興旺與煥謀曰彼謂我援師不至必不敢出乘其不意擊之可敗也潛出西北門奮戰敵少卻會百戶王輅自臨洮收李思齊降卒東還卽以其衆入城共守敵拔營去衆欲追之輅曰未敗而退誘我也遣騎偵之至五里坡伏果發還師復圍城衆議欲走興旺叱曰天子以城畀我寧可去耶以輅所將皆新附慮生變乃括城中貲畜積庭中令曰敵少緩當大犒新兵新兵喜協力固守相持十五日敵聞慶陽下乃引去　詔舉素志高潔博通古今練達時宜之士年四十以上者禮送至京纂修禮樂諸書曾魯及梁寅宋訥徐一夔劉于周子諒胡行簡劉宗弼董彝蔡深滕公琰等咸與焉　九月辛丑召徐達湯和等還命馮勝留駐慶陽節制諸軍勝以關陝既定輒引兵還帝怒切責之以其功大赦勿治　顧時將騎兵略靜寧川走賀宗

哲郭英追敗之於亂山　初帝將營中都劉基曰臨濠雖帝鄉非建都地也既帝召諸老臣問建都事或言關中險固或言洛陽天下中汴梁爲宋舊京或又言北平故元宮室就之可省民力帝曰所言皆善惟時有不同耳長安洛陽汴梁實周漢唐宋故都但平定之初民未甦息若建都於彼供給力役悉資江南重勞其民若就北平宮室亦不無更作建業長江天塹龍蟠虎踞足以建國臨濠前江後淮有險可恃有水可漕朕欲建爲中都何如皆曰善癸卯以臨濠爲中都置留守司營城郭宮殿如京師制改鍾離縣曰中立縣　帝嘗以事責李善長劉基言善長勳舊能調和諸將帝曰是數欲害君君乃爲之地耶吾行相君矣基頓首曰是如易柱須得大木若束小木爲之且立覆帝欲相楊憲憲素善基基力言不可曰憲有相才無相器夫宰相者持心如水以義理爲權衡而己無與者也憲則不然帝曰汪廣洋何如曰此褊淺殆甚於憲曰胡惟庸何如曰譬之駕懼其僨轅

也帝曰吾之相誠無逾先生基曰臣疾惡太甚又不耐繁劇爲之且孤上恩天下何患無才惟明主悉心求之目前諸人誠未見其可也　帝嘗與侍臣論待大臣禮基曰古者公卿有罪盤水加劍詣請室自裁未嘗輕折辱之所以存大臣之體侍讀學士詹同因取大戴禮及賈誼疏以進且曰古者刑不上大夫以勵廉恥也必如是君臣恩禮始兩盡帝深然之帝嘗言聲色之害甚於鴆毒創業之君爲子孫所承式尤不可不謹同因舉成湯不邇聲色垂裕後昆以對其因事納忠如此　戊午廖永忠等師還命太子帥百官迎勞於龍江永忠尋復出撫定漳泉　始建南京新城　楊憲爲右丞　冬十月壬戌遣楊璟諭明昇　甲戌甘露降於鍾山羣臣請告廟不許　辛卯諭中書省曰兵變以來人習戰爭惟知干戈莫識俎豆朕惟治國以教化爲先教化以學校爲本京師雖有太學而天下學校未興宜令天下府州縣皆立學延師儒授生徒講論聖道使人日漸月化以復先

王之舊於是大建學校設教授學正教諭訓導等官生員府學四十人州縣以次減十專治一經以禮樂射御書數設科分教務求實才頑不率者黜之　時詔孔廟春秋釋奠止行於曲阜天下不必通祀刑部尚書錢唐疏言孔子垂教萬世天下共尊其教故天下得通祀孔子報本之禮不可廢侍郎程徐亦言古今祀典獨社稷三皇與孔子通祀天下民非社稷三皇則無以生非孔子之道則無以立堯舜禹湯文武周公皆聖人然發揮三綱五常之道載之於經儀範百王師表萬世使世愈降而人極不墜者孔子力也孔子以道設教天下祀之祀其教也祀其道也今使天下之人讀其書由其教行其道而不得舉其祀非所以維人心扶世教也皆不聽久之乃用其言　陳寧睢稼爲參知政事　張以寧等抵安南境陳日煃卒國人乞以印詔授其世子以寧不可留居洱江上諭世子告哀於廟且請襲爵命潭州衛指揮同知邱廣爲總兵官寶慶指揮僉事胡海廣東衛指

揮僉事左君弼爲副帥兵討左江上思州蠻賊黃英傑等平之　高麗使臣成惟得等辭歸帝從容問王居國何爲城郭修乎兵甲利乎宮室壯乎對曰東海波臣惟知崇信釋氏他未遑也遂以書諭其王曰古者王公設險未嘗去兵民以食爲天而國必有出政令之所今有人民而無城郭人將何依武備不修則威弛地不耕則民艱於食且有居室無廳事無以示尊嚴此數者朕甚不取夫國之大事在祀與戎苟闕斯二者而徒事佛求福梁武之事可爲明鑑王國北接契丹女直而南接倭備禦之道王其念之　是月遣使貽元帝書　十一月乙巳祀上帝於圜丘以仁祖淳皇帝配　明昇幼母彭及諸大臣用事楊璟既至數諭以禍福俾從入覲昇集其下共議諸大臣方專恣不利昇歸朝皆持不可璟還復遺昇書曰古之爲國者同力度德同德度義故能身家兩全流譽無窮反是者輒敗足下幼沖席先人業據有巴蜀不咨至計而聽羣下之議以瞿塘劍閣之險一夫負

戈萬人無如之何此皆不達時變以誤足下之言也昔據蜀最盛者莫如漢昭烈且以諸葛武侯佐之綜核官守訓練士卒財用不足皆取之南詔然猶朝不謀夕僅能自保今足下疆場南不過播州北不過漢中以此準彼相去萬萬而欲藉一隅之地延命頃刻可謂智乎我主上仁聖威武神明響應順附者無不加恩負固者然後致討以足下先人通好之故不忍加師數使使諭意又以足下年幼未歷事變恐惑於狂瞽失遠大計故復遣璟面諭禍福深仁厚德所以待明氏者不淺足下可不深念乎且如向者陳張之屬竊據吳越造舟塞江湖積糧過山岳彊將勁兵自謂無敵然鄱陽一戰友諒授首旋師東討張氏面縛此非人力實天命也足下視此何如友諒子竄歸江夏王師致伐勢窮銜璧主上宥其罪宥剖符錫爵恩榮之盛天下所知足下無彼之過而能翻然覺悟自求多福則必享茅土之封保先人之祀世世不絕豈不賢智矣哉若必欲崛彊一隅假息頃刻魚游

沸鼎燕巢危幕禍害將至恬不自知恐天兵一臨凡今爲足下謀者他日或各爲身計以取富貴當此之時老母弱子將安所歸禍福利害瞭然可覩在足下審之而已昇終不聽　侯至善爲參知政事占城入貢十二月甲戌遣中書省管句甘桓會同館副使路景賢齎詔封阿答阿者爲占城國王　甲申振西安諸府饑戶米二石　己丑大賚平定中原及征南將士　庚寅擴廓帖木兒攻蘭州諸將欲固守以待援天策衞指揮僉事張溫曰彼遠來未知我虛實乘暮擊之可挫其銳儻彼不退固守未晚也於是整兵出戰元兵少卻已而圍城數重鷹揚衞指揮于光自鞏昌赴援至馬蘭灘戰敗被執以徇城下光大呼曰公等但堅守徐將軍將大軍旦夕至矣敵怒批其頰遂被殺溫斂兵固守元兵乘夜梯城而登千戶郭佑被酒臥他將巡城者擊退之　時元帝尚在近塞帝再致書不報而擴廓帖木兒擁兵塞上爲西北邊患

三年春正月癸巳徐達爲征虜大將軍李文忠馮勝鄧愈湯和副之分道北伐　吏部請謫有罪於儋崖帝曰前代謂儋崖爲化外以處罪人今天下一家若有風俗未醇宜更擇良吏治之豈宜居罪人耶　先是西安諸府旱饑詔有司正月二月戶給米一石至是耆民宋昇等來言民多饑死戶部請運粟濟之帝曰民旦夕待哺若待運粟死者多矣丁巳命戶部主事李亨馳驛往西安鳳翔振之戶加粟一石　胡惟庸爲參知政事　禮書成賜名大明集禮其書準五禮而益以冠服車輅儀仗鹵簿字學音樂凡升降儀節制度名數纖悉畢具　二月癸未追封郭子興爲滁陽王立廟滁州祀之妻張氏爲王夫人以其三子從祀復其鄰宥氏世世守王墓　戊子詔曰六部總領天下之務非學問博洽才德兼美之士不足以居之慮有隱居山林或屈在下僚者其令有司悉心推訪求賢才可任六部者　是月李文忠由居庸出野狐嶺至興和降其守將進兵察罕腦兒禽元平

章竹貞　歐陽佑等還朝仍以宋濂王禕爲總裁徵四方文學士朱右貝瓊朱廉王彝張孟兼高遜志李懋李汶張宣張簡杜寅殷弼俞寅及趙壎爲纂修續修元史　三月庚寅詔曰成武功者必資民力各郡邑供給有先後豐歉有不同彫敝之餘未能蘇息其蠲應天鎮江徽州寧國池州太平廬州廣信饒州金華嚴州衢州處州廣德滁和十六府州及河南山東北平今年田租又免徐邳二州夏稅　擴廓帖木兒聞大兵擣定西趨赴之蘭州解圍張温將斬郭佑天策衞知事朱有聞爭曰當賊犯城時將軍斬佑以令衆軍法也賊旣退始追僇之無及於事且有擅殺名温謝曰非君不聞此言杖佑釋之帝聞而兩善焉　陳寧出爲蘇州知府　遣萊州同知趙秩泛海如日本責讓之　夏四月乙丑封皇子樉爲秦王棡晉王棣燕王橚吳王楨楚王榑齊王梓潭王杞趙王檀魯王從孫守謙靖江王帝懲宋元孤立失古封建意於是擇名城大都豫王諸子待其壯而遣就藩服

外衛邊陲內資夾輔制歲祿萬石置官屬冕服車旂邸第下天子一等公侯大臣伏而拜謁無敢鈞禮惟列爵而不臨民分藩而不錫土與周漢封國稍異焉　擴廓帖木兒屯車道峴鄧愈直抵其壘立柵逼之擴廓退屯洮兒峪徐達至安定進軍薄之隔溝而壘日數交擴廓遣精兵從間道劫東南壘左丞胡德濟倉卒失措軍驚擾達帥兵擊卻之以德濟功臣子械送之京師而斬其下指揮等數人以徇明日整兵奪溝殊死戰大破擴廓兵禽郯王濟王及國公平章以下文武僚屬千八百六十餘人將士八萬四千五百餘人馬駝雜畜以巨萬計擴廓僅挾妻子數人北走至黃河得流木以渡遂奔和林是役也孫興祖至三不剌川遇敵力戰死追封燕山侯諡忠愍配享通州常遇春祠未幾中書省以都督汪興祖兼俸事入奏帝聞興祖名歎息命以月俸給故燕山侯興祖家　丙戌元帝殂於應昌子愛猷識理達臘嗣改元宣光　慈利安撫使覃垕連茅岡諸寨爲亂長沙洞

苗俱煽動　廣西行省言廣西地接雲南交阯所治皆谿洞苗蠻俗素獷戾動相讎殺府衛兵遠在桂林猝有警難相援而郡縣無兵以馭之乞立衛置兵令邊境郡縣輯民丁之壯者爲兵又慶遠安撫莫天護素庸弱宗族強者動肆跋扈不宜姑息以貽禍乞罷安撫司仍設府守其地詔從之置南寧柳州二衛益兵守禦命天護赴京復置慶遠府　安南使臣林舜欽等至京帝素服御西華門引見命編修王廉往祭別遣吏部主事林唐臣封日煃爲王　先是安南占城構兵帝命編修羅復仁兵部主事張福諭令罷兵兩國皆奉詔張以寧教世子服三年喪令其國人效中國行頓首稽首禮帝聞而嘉之賜璽書比之陸賈馬援復仁等亦卻贐不受　五月己丑徐達取與元分遣鄧愈招諭吐蕃　丁酉詔守令舉學識篤行之士　己亥詔曰漢唐及宋取士各有定制然但貴文學而不求德藝之全前元待士甚優而權豪勢要每納奔競之人夤緣阿附輒竊仕祿其懷材抱道

者恥與並進甘隱山林而不出風俗之弊一至於此自今年八月始特設科舉務取經明行修博通古今名實相稱者朕將親策於廷第其高下而任之以官使中外文臣皆由科舉而進非科舉者毋得與焉尋令初場試經義二道四書義一道二場論一道三場策一道中式後十日復以騎射書算律五事試之　李文忠次駱駝山走元平章沙不丁進次開平降平章上都罕等諜知元帝已殂兼程趨應昌甲辰克之元嗣君北走獲其嫡子買的里八剌暨后妃宮人諸王將相官屬數百人宋元玉璽金寶十五玉冊二鎮圭大圭玉帶玉斧各一出精騎窮追至北慶州而還道興州禽國公江文清等降三萬七千人至紅羅山又降楊思之衆萬六千餘人獻捷京師　帝以射禮久廢弧矢之事專習於武夫而文士多未解丁未詔國學及郡縣生員皆習射頒大射儀於天下朔望則於公廨或閑地習之　戊申祀地於方丘以仁祖淳皇帝配　徐達帥師自徽州出一百八渡傅友

德領前鋒奪略陽關馮勝禽元平章蔡琳遂克沔州遣金興旺張龍別將一軍由鳳翔入連雲棧友德等合攻興元辛亥克之降其守將劉思忠興旺龍及章存道留守之友德還軍西安鄧愈自臨洮進克河州招諭吐番諸酋長宣慰鎖南普等皆納印請降追豫王至西黃河抵黑松林坡斬其大將河州以西朵甘烏斯藏諸部悉歸附出甘肅西北數千里而還湯和定寧夏逐北至察罕腦兒禽猛將虎陳獲馬牛羊十餘萬徇東勝大同宣府皆有功　丁巳詔開國時將帥無嗣者祿其家　胡德濟至京帝念其守廣信諸暨功釋之而以書諭達將軍效衛青不斬蘇建耳獨不見穰苴之於莊賈乎繼自今將軍毋事姑息　汪廣洋爲左丞　元擴廓帖木兒至和林元嗣君復任以國事　甯正爲河州衞指揮使上言西民轉粟饟軍甚勞而茶布可易粟請以給軍令自相貿易省輓運之苦從之　是月旱帝齋戒后妃親執爨爲農家食皇太子諸王饋於齋所六月戊午朔素服草

屨步禱山川壇席藁露坐晝曝日中夜臥於地凡三日還齋於西廡
辛酉賚將士省獄囚命有司訪求通經術明治道者壬戌大雨　壬
申李文忠捷奏至羣臣稱賀帝謂治書侍御史劉柄曰爾本元臣今
日之捷爾不當賀因命禮部榜示凡嘗仕元者勿賀諡元主曰順帝
癸酉買的里八剌至京師羣臣請獻俘帝曰武王伐殷用之乎省臣
以唐太宗嘗行之對帝曰太宗是待王世充耳若遇隋之子孫恐不
爾也令服本俗衣朝見畢賜中國衣冠就謝復謂省臣曰故國之妃
朝於君者元有此禮不必效之亦令衣本俗服入見中宮賜中國服
就謝中書省草詔多侈辭帝責之曰元主中國將百年朕與卿等父
母皆賴其生養元之興亡自是氣運於朕何預而以此張之四方有
識之士口雖不言心未必以爲是也亟改之乙亥封買的里八剌爲
崇禮侯賜第龍光山帝曰前代革命之際獲其后妃往往不以禮遇
欺孤虐寡朕甚不取今元脫忽思后在此飲食居處務適其宜丙子

告捷於南郊丁丑告太廟詔示天下尋遣使齎詔撫諭海外真臘暹羅瓜哇三佛齊西洋瑣里諸國　改元興和路爲府屬北平布政司尋廢府置衞屬北平都司　初元至元間楊璉真伽爲江南總攝發宋會稽諸陵以諸帝后遺骨瘞於杭之故宮築浮圖其上又截理宗顱骨爲飲器楊璉真伽敗籍入宣政院以賜所謂帝師者帝與侍講學士危素論宋元興替素備言始末帝歎息良久命北平守將購得於西僧汝納所諭有司瘞於京城高坐寺西北至是紹興府以永穆陵圖來獻遂敕葬於故陵　山西行省言大同糧儲自陵縣運至太和嶺路遠費繁請令商人於大同倉入米一石太原倉入米一石三斗給淮鹽一小引商人鬻畢卽以原給引目赴所在官司繳之如此則轉運費省而邊儲充帝從其請開中鹽法自此始　辛巳徙蘇州松江嘉興杭州湖州民無業者田臨濠給資糧牛種復三年徙者凡四千餘戶　改興元府曰漢中府　倭寇山東轉掠溫台明州旁海

民遂寇福建濱海州縣　汪廣洋免秋七月楊憲爲左丞　明昇將吳友仁帥衆三萬寇漢中金興旺悉城中兵禦敵面中流矢拔矢復戰斬數百人敵益衆乃斂兵入城友仁決濠塡塹爲必克計徐達聞之令傅友德以三千騎夜襲木槽關攻斗山寨令軍中人燃十炬連亙山上友仁驚遁張龍從北門突出繞友仁軍後興旺悉兵躡之墜崖谷死者無算友仁自是氣奪　楊憲有才辯裁決明敏然刻深多忌有不足於己者輒中傷之事帝久能逆知帝意又熟於典故謂人莫己若多紛更省中事罷舊吏徧置所私汪廣洋庸懦不敢違憲意憲猶忌之嗾御史劉炳等劾廣洋奉母無狀帝切責放還鄉憲再奏徙海南又教炳劾刑部侍郎左安禮等八人帝覺其誣下炳獄知爲憲所使於是李善長劾憲排陷大臣恣爲奸詔窮竟其罪併誅之召廣洋還　陶凱與崔亮並爲禮部尚書　八月乙酉遣使瘗中原遺骸　續修元史成　康茂才還自漢中道卒　青州民孫古朴爲亂

襲莒州執同知牟魯欲降之魯曰國家混一海宇民皆樂業若等悔過自新可轉禍爲福不然官軍旦夕至無遺種矣我守土臣義惟一死所惜者百姓耳賊不敢害擁至城南鄒家莊魯大罵遂殺之事聞詔卹其家　九月李謙爲參知政事　時武臣恃功驕恣得罪者漸衆御史袁凱言諸將習兵事恐未悉君臣禮請於都督府延通經學古之士令諸武臣赴都堂聽講庶得保族全身之道冬十月丙辰詔儒臣更直午門爲武臣講經史　楊璟討覃垕連敗之垕詐降璟使部卒往報爲所執帝切責璟癸亥周德興爲征蠻將軍帥師討垕璟亦督戰士力攻垕乃遁　辛巳遺元嗣君書　十一月壬辰北征師至京帝迎勞於龍江甲午告武成於郊廟召宋濂議五等封爵宿大本堂討論達旦丙申大封功臣進徐達魏國公李善長韓國公李文忠曹國公馮勝宋國公鄧愈衞國公封常遇春子茂鄭國公湯和中山侯唐勝宗延安侯陸仲亨吉安侯周德興江夏侯華雲龍淮安侯

顧時濟寧侯耿炳文長興侯陳德臨江侯郭興鞏昌侯王志六安侯
鄭遇春滎陽侯費聚平涼侯吳良江陰侯吳禎靖海侯趙庸南雄侯
廖永忠德慶侯俞通源南安侯華高廣德侯楊璟營陽侯康茂才子
鐸蘄春侯朱亮祖永嘉侯傅友德穎川侯胡美豫章侯韓政東平侯
黃彬宜春侯曹良臣宣寧侯梅思祖汝南侯陸聚河南侯戊戌大宴
己亥達等入謝帝從容語曰朕遭時喪亂初起鄉土本圖自全及渡
江以來觀羣雄所爲徒爲生民之患而張士誠陳友諒尤爲巨蠹士
誠恃富友諒恃彊朕獨無所恃惟不嗜殺人布信義行節儉與卿等
同心共濟初與二寇相持士誠尤偪近或謂宜先擊之朕以友諒志
驕士誠器小志驕則好生事器小則無遠圖故先攻友諒鄱陽之役
士誠卒不能出姑蘇一步以爲之援向使先攻士誠浙西負固堅守
友諒必空國而來吾腹背受敵矣二寇既除北定中原所以先山東
次河洛止潼關之兵不遽取秦隴者蓋擴廓帖木兒李思齊張思道

皆百戰之餘未肯遽下急之則併力一隅猝未易定故出其不意反
旆而北燕都旣舉然後西征張李望絕勢窮不戰而克然擴廓猶力
抗不屈向令未下燕都驟與角力勝負未可知也又謂善長雖無汗
馬勞然事朕久給軍食功甚大故進封大國承忠戰鄱陽時忘軀拒
敵可謂奇男子然使所善儒生窺朕意邀封爵湯和以征閩時放遣
餘孽八郡復擾師還爲蘭秀山賊所襲失二指揮郭興以不守紀律
趙庸以在應昌私納奴婢故皆侯而不公是日設壇親祭戰沒將士
初寧國知府陳灌創戶帖以便稽民帝取爲式頒行天下辛亥詔
戶部置戶籍歲計登耗以聞著爲令　乙卯封汪廣洋忠勤伯劉基
誠意伯　十二月癸亥復遺元嗣君書並諭和林諸部　帝以太廟
時享未足以展孝思甲子建奉先殿於宮門內之東以太廟象外朝
奉先殿象內朝每日朝晡帝及皇太子諸王再朝享后妃進膳羞月
朔薦新忌日及諸節致祭以爲常　戊辰封薛顯永城侯汪興祖東

勝侯以顯嘗擅殺胥吏獸醫火者馬軍及千戸吳富面數其罪勿與

券謫居海南分其祿爲三一以贍所殺吳富等之家一以給其母妻

令功過毋相掩與祖亦以過奪誥券謫海南旋召還　初遣使訪歷

代帝王陵寢命各行省具圖以進凡七十有九禮官考其功德昭著

者遣祕書監丞陶誼等往修祀禮陵寢發者掩之壞者完之廟廠者

葺之無廟者設壇以祭仍命有司禁樵采　己卯賜勳臣莊田又賜

公侯暨武臣公田　壬午以正月至是月日中屢有黑子詔廷臣言

得失起居注萬鎰言日者陽精而有黑子陰奸乎陽也德爲陽刑爲

陰君子爲陽小人爲陰宜愼刑黜姦吏部尙書郎本中言日者君象

君德修則天變消河南中原民未安堵天下才俊學行之士隱於山

林天之仁愛人君無所不在則人君體天心而施於政者亦當無所

不用其情也　李謙出爲廣東參政　初軍衞有軍儲倉是年增置

至二十所且建臨濠臨清二倉以供轉運各行省有倉官吏取給焉

邊境有倉收屯田所入以給軍州縣則設豫備倉東西南北四所以振凶荒　李善長外寬和而內忮刻參議李飲冰楊希聖稍侵善長權即按其罪奏黜之與劉基爭法而訽基由是請告帝所任張昶楊憲以事誅汪廣洋亦被譴善長事寄如故富貴極意稍驕帝始微厭之

四年春正月丙戌以疾致仕賜臨濠地若干頃置守冢戶百五十給佃戶千五百家儀仗士二十家汪廣洋爲右丞相胡惟庸爲左丞

丁亥徐達帥戚熙等赴北平練軍馬修城池　湯和爲征西將軍周德興廖永忠副之帥舟師由瞿塘傅友德爲征虜前將軍顧時副之帥步騎由秦隴伐明昇帝謂友德曰蜀人聞我西伐必悉精銳東守瞿塘北阻金牛以抗我師若出不意直擣階文門戶既隳腹心自潰兵貴神速患不勇耳戊子鄧愈督饟襄陽給征蜀軍初戴壽言於昇曰以王保保李思齊之彊猶莫能與明抗況吾蜀乎一旦有警計將

安出吳友仁曰不然吾蜀襟山帶江非中原比莫若外交好而內備
禦昇以爲然遣莫仁壽斷瞿塘峽口北倚羊角山南倚南城砦鑿兩
崖石壁引鐵索爲飛橋用木板置礮爲拒敵計及聞有明師又遣壽
友仁鄒興等益兵爲助　庚寅建郊廟於中都　丁未以天下初定
令各行省試士連舉三年嗣後三年一舉　戊申免山西浙江被災
田租　以鎖南普爲河州衛指揮同知卜納利爲靖南衛指揮同知
桑加朵兒只爲高昌衛指揮同知朵兒只等爲僉事千百戶有差
二月免太平鎮江寧國田租　甲戌帝如中都壬午至自中都諭中
書省曰臨濠朕興王之地今置中都宜以傍近州縣通漕運者隸之
遂以壽邳徐宿潁息光六安信陽九州五河懷遠定遠中立蒙城霍
邱英山宿遷睢陽碭山靈壁潁上太和固始光山豐沛蕭十八縣隸
焉尋改中立縣曰臨淮縣　初元主北走其遼陽行省參政劉益與
平章高家奴相爲聲援保金復諸州至是益爲平章帝遣斷事黃儔

齎詔諭之兪籍所部兵馬錢糧輿地之數來歸乃立遼陽指揮使司以兪爲指揮同知　復以平灤府爲永平府　會試天下舉人以陶凱潘庭堅爲主考官取中一百二十人三月乙酉朔帝親製策問試於奉天殿擢吳伯宗第一授禮部員外郎餘以次授官有差　乙巳徙山後民萬七千戶屯北平　丁未劉基致仕基佐定天下料事如神帝嘗手書問天象基條答甚悉而焚其草大要言霜雪之後必有陽春今國威已立宜少濟以寬大至是還隱山中惟飲酒弈棊口不言功邑令求見不得微服爲野人謁基基方濯足令從子引入茅舍炊黍飯令令告曰某青田知縣也基驚起稱民謝去終不復見其韜迹如此　閏月宋冕爲參知政事　湯和師至夔州蜀人以兵扼險楊璟攻之戰於瞿塘不利江水暴漲駐師大溪口久不進而傅友德受命疾馳至陝集諸軍聲言出金牛而潛引兵趨陳倉攀援巖谷晝夜行抵階州敗蜀將丁世珍夏四月丙戌克其城蜀人斷白龍江橋

友德修橋以渡進至五里關世珍據險力戰都督同知汪興祖中飛石死友德攻破其關遂克文州指揮僉事朱顯忠守之隆州亦下友德渡白水江破綿州指揮史鑑戰死時漢江水漲不得渡伐木造戰艦欲以軍聲通瞿塘乃削木為牌數千書克階文綿日月投漢水順流下蜀守者見之皆解體　帝以諸將久無功命朱亮祖為征虜右副將軍濟師伐蜀　冊皇太子妃常氏開平王遇春女也　廣德侯華高繕廣東邊海城堡事竣至瓊州卒無子納誥券墓中贈巢國公謚武壯　廢順寧府及所領縣　五月免江西浙江秋糧　戴壽聞傅友德破階文擣江油乃留鄒興等守瞿塘而自與吳友仁撤精兵西救漢川未至友德已破其守將向大亨於城下謂將士曰援師遠來聞大亨破已膽落無能為也迎擊大敗之六月壬午朔遂拔漢州壽大亨走成都友仁走保寧友德之攻漢州也湯和尚頓軍大溪口既於江流得木牌乃進師廖永忠先發及舊夔府破鄒興等兵進至

瞿塘關山峻水急鐵鎖橋橫據關口舟不得進承忠密遣數百人持
糗糧水筒舁小舟踰山渡關出其上流蜀山多草木令軍士皆衣青
蓑衣魚貫走崖石間度已至帥精銳出墨葉渡夜五鼓分兩軍攻其
水陸寨水軍皆以鐵裹船頭置火器而前黎明蜀人始覺盡銳來拒
承忠已破其六寨會將士舁舟出江者一時並發上下夾攻大破之
鄒興中矢死遂焚三橋斷橫江鐵索禽同僉蔣達等八十餘人飛天
張鐵頭張等皆遁去辛卯遂入夔州壬辰和始至乃分道進期會於
重慶丁世珍以番數萬攻文州朱顯忠食盡無援或勸走避叱不聽
戊戌城破顯忠死之千戶王均諒不屈被磔友德救旋至世珍走承
忠帥舟師直擣重慶次銅鑼峽昇大懼右丞劉仁勸奔成都昇母彭
泣曰成都可到亦僅延旦夕耳大軍所過勢如破竹不如早降以活
民命乃遣使齎表乞降承忠以和未至辭癸卯和至昇面縛銜璧輿
櫬與母彭及官屬降於軍門和受璧承忠解縛承旨撫慰下令諸將

不得有所侵擾卒取民七茄立斬之慰安壽大亨等家令其子弟持
書往成都招諭　戊申倭寇膠州　徙山後民三萬五千戶於內地
又徙沙漠遺民三萬二千戶屯田北平　宋冕出爲江西按察司副
使　秋七月辛亥朔徐達練兵山西　傅友德進圍成都戴壽等以
象戰友德令彊弩火箭衝之身中流矢不退將士殊死戰象反走躪
藉死者甚衆辛酉壽等聞昇已降乃籍府庫倉廩面縛詣軍門成都
平朱亮祖亦至分徇州縣未下者　乙丑明昇至京師禮臣請帝御
奉天殿昇等俛伏待罪午門外有司宣制赦如孟昶降宋故事帝曰
昇幼弱事由羣下與孟昶異宜免其伏地上表待罪之儀是日授昇
爵歸義侯賜第京師　置四川等處行中書省治成都府　元平章
洪保保馬彥翬合謀殺劉益右丞張良佐左丞商暠禽彥翬殺之保
保挾黃儔走納哈出營良佐因權衞事以狀聞且言遼東僻處海隅
肘腋皆敵境平章高家奴守遼陽山寨知院哈剌章屯瀋陽古城開

元則右丞也先不花金山則太尉納哈出彼此相依時謀入犯今保保逃往釁必起乞留斷事吳立鎭撫軍民而以所禽平章八丹知院僧儒等械送京師帝命立良佐暠俱爲蓋州衞指揮僉事旣念遼陽重地設定遼都衞以葉旺馬雲並爲指揮使往鎭之　徵方克勤爲濟寧知府時始詔民墾荒閱三歲乃稅吏徵率不俟期民謂詔旨不信輒棄去田復荒克勤約稅如期區田爲九等以差等徵發吏不得爲奸野以日闢又立社學數百區葺孔子廟堂教化興起盛夏守將督民夫築城克勤曰民方耕耘不暇奈何重困之畚鍤請之中書省得罷役先是久旱遂大澍濟寧人歌之曰孰罷我役使君之力孰活我黍使君之雨使君勿去我民父母　八月甲午免中都淮陽及泰滁無爲田租　己酉振陝西饑　高州海寇濳入城爲亂通判王名善被執不屈死之　湯和等悉定四川諸郡縣周德興克保寧執吳友仁送京師丁世珍集餘衆圍泰州五十日兵敗夜宿梓潼廟爲其

下所殺戴壽向大亨莫仁壽皆鑿舟自沈死友仁至京師帝以其寇漢中首造兵端令明氏失國僇於市戍他將校於徐州　命李文忠拊循四川築成都新城發軍戍諸郡要害乃還何文輝留守成都

九月庚戌朔日有食之　改廣興府為廣德州　冬十月丙申征蜀師還帝以湯和逗撓責數之製平蜀文稱傅友德功居第一廖永忠次之褒賚甚厚予汪興祖子東勝侯世券　帝以郡縣吏每額外徵收命有司科民田以田多者為糧長督其鄉賦稅糧萬石長副各一人輸以時至得召見語合輒擢用糧長之設自此始　鄭濂以糧長詣京師帝問治家長久之道對曰謹守祖訓不聽婦言帝稱善　趙秩之使倭也汎海至析木崖入其境守關者拒弗納秩以書抵其王良懷良懷延秩入諭以中國威德責其不臣良懷桀驁不受命欲殺秩秩不為動徐以言折之良懷氣沮下堂延秩禮遇甚優乃遣僧祖來奉表稱臣貢馬及方物且送還明台二郡被掠人口七十餘帝復

命僧祖闡克勤等八人還賜之　十一月庚申命官吏犯贓者罪勿
貸　免陝西河南被災租田　十二月召徐達還凡置二百五十四
屯墾田一千三百餘頃　命吳禎籍方國珍所部溫台慶元三府軍
士及蘭秀山無田糧之民凡十一萬餘人隸各衞爲軍禁沿海民私
出海　陳修爲吏部尙書與侍郞李仁詳考舊典參以時宜按地衝
僻爲設官繁簡凡庶司黜陟及課功覈實之法皆精心籌畫銓法秩
然未幾卒官時六部屬中書省權輕修及滕毅詹同吳琳趙好德居
吏部稱賢亦無大建樹也　薛顯居海南踰年帝念之召還與世券
安南陳叔明弒其主日熞而自立　占城入貢言安南侵擾因求
兵器樂器樂人帝命禮部諭之曰占城安南同奉正朔乃擅自搆兵
妄害生靈既失事君之禮又乖交鄰之道已咨安南國王令卽日罷
兵王亦宜講信修睦各保疆土所請兵器於王何吝但兩國互搆而
賜占城是助王相攻甚非撫安之義樂器樂人語音殊異難以發遣

王其選擇曉華言者以來當令肄習因命福建省臣勿徵其稅　吉水知州費震寬惠得民擢爲漢中知府時陝西洊饑漢中尤甚鄉民聚爲盜震發倉粟十餘萬石貸民俾秋成還官盜聞皆來歸鄰境民亦爭赴震令占宅自爲保伍籍之得數千家帝聞而嘉之　降思州安撫司之鎮遠府爲州改屬思南壽直隸湖廣布政司

五年春正月置親王護衞指揮使司每王府設三護衞甲士多者至萬九千人　初元梁王把匝剌瓦爾密鎮雲南大都不守王歲遣使自塞外達元帝行在執臣節如故四川平天下大定帝以雲南險僻不欲用兵會北平守將以所獲王使者蘇成來獻癸丑命待制王禕齎詔偕成往招諭　陳理居京師邑邑出怨望語帝曰此童孺小過耳恐細人蠱惑不克全朕恩宜處之遠方乙丑及明昇並徙高麗遣元降臣樞密使延安答理護行賜高麗王羅綺俾善視之亦徙陳普才等於滁州　元擴廓帖木兒在和林數擾邊帝患之甲戌徐達爲

征虜大將軍出雁門關趨和林李文忠爲左副將軍出應昌馮勝爲征西將軍取甘肅各將五萬騎擊擴廓鄧愈爲征南將軍周德興吳良副之分道討湖南廣西洞蠻　仇成戍遼陽命吳禎總舟師數萬由登州饟之海道險遠禎經理有方兵食無乏完城練卒盡收遼海未附之地降平章高家奴等　播州宣慰使楊鏗同知羅琛順元宣慰使靄翠同知宋蒙古歹來歸皆予以原官世襲以其地屬四川行省靄翠後爲安氏蒙古歹尋賜名欽　呂宋瑣里諸國來貢帝謂中書省臣曰西洋諸國素稱遠番涉海而來難計歲月無論疏數厚往而薄來可也　二月丙戌陳叔明遣使入貢主客曹已受表曾魯取副封視之白尚書詰使者曰前王日煃今何驟更名使者不敢諱具言其實帝曰島夷乃狡獪如此耶卻其貢問丞相魯何官對曰主事耳即日超六階拜中順大夫禮部侍郎魯以順字犯其父諱辭就朝請下階吏部持典制不許　戶部言陝西漢中金州石泉漢陰平利

西鄉諸縣茶園四十五頃四川巴茶三百十五頃宜定令十取其一
無主茶園令軍士薅采十取其八以易番馬從之諸產茶地設茶課
司定稅額設茶馬司於秦洮河雅諸州聽西番納馬易茶賜金牌信
符以防詐僞於是自碉門黎雅抵朵甘烏斯藏行茶之地五千餘里
西方諸部落無不以馬售者　三月都督僉事藍玉先出雁門丁卯
敗擴廓帖木兒於土刺河　應天府言運輸官物悉役京民帝曰京
民自開國以來勞費倍於外郡今兵革漸息正宜休養命免其役
廷臣薦魏觀才出爲蘇州知府前守陳寧苛刻人呼陳烙鐵觀盡改
寧所爲以明教化正風俗爲治建黌舍聘周南老王行徐用誠與教
授貢穎之定學儀王彝高啓張羽訂經史政化大行　高麗王請遣
子弟入學帝曰入學固美事但涉海遠不欲者勿強時貢使失風洪
師範等二十九人溺焉帝憫之謂中書省曰高麗貢獻繁數旣困㢢
其民而涉海復虞覆溺宜遵古諸侯之禮三年一聘貢物惟所產毋

過侈其明諭朕意　酉陽宣慰使冉如彪來貢置酉陽州以如彪爲知州　夏四月己卯山東行省言濟南萊州連歲旱澇傷禾麥民食草實樹皮命於淮安運粟振之　戊戌始行鄉飲酒禮有司與學官帥士大夫之老者行於學校民間里社亦行之　鄧愈帥楊璟黃彬出澧州庚子平散毛等四十八洞蠻尋捕斬房州反者　徐達至嶺北擴廓帖木兒與賀宗哲合兵力拒五月壬子達戰敗績死者數萬人　詔曰天下大定禮儀風俗不可不正諸遭亂爲人奴隸者復爲民凍餒者里中富室假貸之孤寡殘疾者官養之毋失所鄉黨論齒相見揖拜毋違禮婚姻毋論財務崇節儉喪事稱家有無毋惑陰陽拘忌停柩暴露流民復業者各就丁力耕種毋以舊田爲限僧道齋醮雜男女恣飲食有司嚴治之閩粵豪家毋閹人子爲火者犯者抵罪又諭禮部曰古有掩骼埋胔之令近世狃元俗死者或以火葬而投其骨於水傷恩敗俗莫此爲甚其禁止之若貧無地者所在官司

擇寬閒地為義塚俾之葬埋或有宦游遠方不能歸葬者官給力費以歸之　有事於北郊尚書吳琳主事宋濂帥文學士以從國子學錄蕭執等十二人入見齋所帝患心不寧濂從容言曰養心莫善於寡欲審能行之則心清而身泰矣帝稱善者良久問帝王之學何書為要濂舉大學衍義乃命大書揭之殿兩廡壁頃之御西廡諸大臣皆在帝指衍義中司馬遷論黃老事命濂講析濂因曰漢武溺方技繆悠之學改文景恭儉之風民力既敝然後嚴刑督之人主誠以禮義治心則邪說不入以學校治民則禍亂不興刑罰非所先也問三代曆數及封疆廣狹濂備陳之曰三代治天下以仁義故多歷年所又問三代以上所讀何書對曰上古載籍未立人不專講誦君人者兼治教之責率以躬行則衆自化嘗奉制詠鷹令七舉足即成有自古戒禽荒之句帝曰卿可謂善陳矣　六月丙子定宮官禁令及親屬相容隱律　丁丑定宮官女職立六局一司局曰尚宮尚儀尚服

尚食尚寢尚功司曰宮正官七十五人女史十八人令自后妃以下
至嬪御女史巨細衣服之費金銀幣帛器用百物之供皆自尚宮取
旨牒內使監覆奏移部臣取給焉以私書出外者死宮嬪以下有疾
醫者不得入宮以證取藥　馮勝至蘭州傅友德以驍騎前驅敗失
剌罕於西涼至永昌敗太尉朶兒只巴獲馬牛羊十餘萬勝復敗元
兵於掃林山友德射殺平章不花降太尉瑣納兒戊寅至甘肅元將
上都驢迎降進至亦集乃路守將卜顏帖木兒亦降次別篤山陳德
帥兵奮擊俘斬萬計岐王朶兒只班遁去追獲其平章長加奴等二
十七人及馬駝牛羊十餘萬友德復追至瓜沙州獲金銀印及雜畜
二萬留兵扼關而還　癸巳定六部職掌及歲終考績法　壬寅吳
良李伯昇平靖州蠻　李文忠至口温元人遁進至臚朐河收其部
落令部將韓政等守輜重而自率大軍齎二十日糧兼程進至土剌
河元太師蠻子哈剌章悉衆渡河列騎以待甲辰文忠引軍薄之敵

稍卻至阿魯渾河敵來益衆文忠馬中流矢下馬持短兵鬭宣寧侯

曹良臣指揮使周顯常榮張耀俱戰死指揮李榮以所乘馬授文忠

而自奪敵馬乘之文忠得馬益殊死戰遂破敵虜獲萬計追奔至稱

海敵兵復大集文忠乃斂兵據險椎牛饗士縱所獲馬畜於野敵疑

有伏稍稍引去文忠亦引還失故道至桑哥兒麻乏水渴甚禱於天

所乘馬跑地泉湧出三軍皆給乃刑牲以祭顧時出他道遇敵糧且

盡士疲不能戰時帥麾下數百人躍馬衝擊敵衆引去獲其輜重糧

畜遂還　乙巳作鐵榜戒功臣一曰內外各指揮千戶等不得私受

公侯金帛衣物二曰公侯不得私役官軍三曰不得强占官民塲泊

園冶四曰內外官軍不得於公侯門首侍立聽候五曰管莊人不得

依勢欺毆人民六曰屯田奴僕及其親屬不得倚勢侵奪田產財物

七曰不得私託門下影蔽差徭八曰公侯之家欺壓良善侵奪人者

四犯與庶人同罪九曰不得受諸人投獻物業　山東饑敕吏部尙

書趙孚堅往振之免被災郡縣田租　改靖江府曰桂林府　秋七月丙辰湯和及元兵戰於斷頭山敗績指揮同知章存道死焉　吳良盡平左右兩江及五溪之地移兵入銅鼓五開八月丙申收潭溪開太平殲清洞崖山之衆於銅關鐵寨諸蠻皆震懾內附粵西遂平倭寇福寧明州衞指揮僉事張億討之中流矢卒福州衞指揮同知張赫追寇至琉球大洋與戰禽其魁十八人斬首數十級獲倭船十餘艘收弓刀器械無算是時倭寇出沒海島中乘閒輒傅岸剽掠沿海居民患苦之赫在海上久所捕不可勝計　甲辰元兵侵雲內州同知黃里帥兵巷戰死之　倭至善罷　九月戊午周德興帥趙庸左君弼出南寧平婪鳳安田諸州蠻克泗城州　李善長湯和營中都宮殿俞通源徙江南富民十四萬佃臨濠　甘露屢降帝問宋濂災祥之故對曰受命不於天於其人休符不於祥於其仁春秋書異不書祥爲是故也　冬十月丁酉馮勝師還是役也徐達戰大敗

李文忠殺傷相當獨勝與傅友德全勝斬獲甚衆會有言勝私匿駝
馬者賞不行初帝銳意欲滅擴廓帖木兒劉基嘗言於帝曰王保保
未可輕也至是帝思其言謂晉王曰吾用兵未嘗敗北今諸將自請
深入敗於和林輕信無謀致多殺士卒不可不戒　免應天太平鎮
江寧國廣德田租　十一月甲子征南師還　壬申納哈出犯遼東
　召徐達李文忠還　十二月甲戌詔有司考課首農桑學校諸實
政日照知縣馬亮善督運無課農興士效立命黜之　辛巳命百官
奏事啓皇太子宋濂爲贊善大夫濂傅太子先後十餘年凡一言動
皆以禮法諷勸使歸於道至有關政教及前代興亡事必拱手曰當
如是不當如彼太子每斂容嘉納言必稱師傅云　庚子鄧愈爲征
西將軍征吐蕃　壬寅遺元嗣君書　陶凱言漢唐宋皆有會要紀
載時政今起居注雖設其諸司所領諭旨及奏事簿籍宜依會要編
類爲書庶可以垂法後世下臺省府者宜各置銅櫃藏之以備稽考

俾無遺闕從之　陳觀爲陝西參政以廉謹稱或問陝產金何狀觀大驚曰吾備位藩寮何金之問　陝西行省員外郎許允德招諭西域烏斯藏攝帝師喃加巴藏卜遣使朝貢
六年春正月諭天下朝覲官曰慈祥愷悌身之德也刻薄殘酷德之賊也若僞爲慈祥必無仁愛之實僞爲愷悌必無樂易之誠爾等勉之　選朝天宮道士供事郊壇　免遼東金復二州旱災稅糧　汪廣洋無所建白甲寅謫廣東行省參政當以置相難其人命胡惟庸以左丞掌省事　以官多缺員舉人俱免會試赴京聽選又擢其年少俊異者張唯王耀等爲翰林院編修蕭韶爲祕書監直長又選國子生蔣學等爲給事中令並入禁中文華堂肄業宋濂及修撰孔克表正字桂彥良爲之師帝聽政之暇輒幸堂中評其文字優劣寵遇甚厚　置河州府　二月乙未詔曰賢才國之寶也古聖王勞於求賢若高宗之於傅說文王之於呂尚彼二君者豈其智不足哉顧皇

皇於版築鼓刀之徒者蓋賢才不備不足以爲治也山林之士德行
文藝可稱者有司采舉備禮遣送至京朕將任用之以圖至治帝以
科舉所得多後生少年能以所學措諸行事者寡別令有司察舉賢
才以德行爲本文藝次之禮送京師不次擢用於是罷科舉者十年
壬寅令御史及各道按察司察舉有司官有無過犯奏報黜陟帝
諭臺臣曰君子有犯或出於過誤可以情恕小人不去則貽民患故
朕於廉能之官雖或有過常加宥免若貪虐之徒雖小罪不赦也
喃加巴藏卜及故國公南哥思丹八亦監藏等入朝上所舉六十人
名帝喜置指揮使司二曰朵甘曰烏斯藏宣慰司二元帥府一招討
司四萬戶府十三千戶府四即以所舉官任之大臣言來朝者授職
不來者宜弗予帝曰吾以誠心待人彼不誠曲在彼矣萬里來朝俟
其再請豈不負遠人歸嚮之心遂皆授之　三月癸卯朔日有食之
始分給事中爲吏戶禮兵刑工六科每科二人鑄給事中印一推

年長者一人掌之　初命禮部主事張籌與陶凱編集漢唐以來藩王善惡可爲勸戒者會凱出參行省乃命文原吉王僎續修之書成二卷賜名昭鑒錄頒賜諸王　戊申大閱　壬子徐達爲征虜大將軍李文忠鄧愈馮勝湯和副之備邊山西北平　甲子指揮使於顯爲總兵官備倭　夏四月己丑令有司上山川險易圖　帝念天下大定諸功臣廖永安俞通海張德勝耿再成胡大海趙德勝桑世傑皆已前沒猶未有諡號下禮部議遂諡永安武閔通海忠烈張德勝忠毅大海武莊再成武壯趙德勝武桓世傑封永義侯與漢封寇恂景丹相類卽以爲諡　華雲龍上言北平邊塞東自永平薊州西至灰嶺下隘口一百二十一相去可二千二百里其王平口至官坐嶺隘口九相去五百餘里俱衝要宜設兵紫荊關及蘆花山嶺尤要害宜設千戶守禦所又言前大兵克永平留故元八翼軍士千六百人屯田月支糧五斗所得不償費宜入燕山諸衛補伍操練俱從之

初劉基言甌括閒有隙地曰談洋南抵閩界爲鹽盜藪方氏所由亂請設巡檢司守之奸民弗便也合茗洋逃軍反吏匿不以聞基令長子璉奏其事不先白中書省胡惟庸挾前憾使吏訐基謂談洋地有王氣圖爲墓民弗與則請立巡檢逐民帝頗爲動奪基祿基懼入謝留京不敢歸　六月壬午盱眙獻瑞麥薦宗廟　京師城成周九十六里門十有三初吳興富民沈秀者助築都城三之一又請犒軍帝怒曰匹夫犒天子軍亂民也宜誅皇后諫曰妾聞法者誅不法也非以誅不祥民富敵國民自不祥不祥之民天將災之陛下何誅焉乃釋秀戍雲南帝令重囚築城后曰贖罪罰役國家至恩但疲囚加役恐仍不免死亡乃悉赦之　壬辰擴廓帖木兒遣兵攻雁門守關指揮吳均帥衆拒之自卯至午大呼曰援兵至矣衆皆踴躍欲戰元兵聞之解去均追擊敗之　免河閒開封延安汾州被災田租　丁玉馮冕爲參知政事　刊律令憲綱頒之諸司御史中丞陳寧曰法重

則人不輕犯吏察則下無遁情帝曰不然古人制刑以防惡衞善故唐虞畫衣冠異章服以爲戮而民不犯秦有鑿顚抽脅之刑參夷之誅而囹圄成市天下怨叛未聞用商韓之法可致堯舜之治也寧慚而退　廣東指揮使司言近儋州賊亂已調兵討平其儋萬二州山深地曠宜設兵衞鎮之詔置儋萬二州守禦千戶所　析山東樂安州地置慶雲縣屬河間府又置海豐縣屬濱州　置遼陽府縣　改潭州府曰長沙府　秋七月壬寅命戶部稽渡江以來各省水旱災傷分數優卹之　壬子胡惟庸爲右丞相劉基大慼曰使吾言不驗蒼生福也憂憤疾作　御史答祿與權請祀三皇帝以五帝三王及漢唐宋創業之君俱宜致祭八月乙亥建歷代帝王廟於欽天山之陽爲正殿五室祀三皇五帝夏禹商湯周文王武王漢高祖世祖唐高祖太宗宋太祖元世祖每歲春秋仲月上旬甲日致祭已而以周文王終守臣服唐高祖由太宗得天下遂寢其祀增祀隋高祖　學

士承旨詹同以渡江以來征討平定之蹟禮樂治道之詳紀載尙未成書請編日曆帝從之命同與宋濂爲總裁官吳伯宗等爲纂修官賜指揮戰沒者公田　陳德郭興敗元兵於答剌海口斬首六百級獲其同僉忻都等三戰三捷　初府州縣戶口錢糧學校獄訟每月具書於冊縣達州州達府府達行省類咨中書吏牘煩碎公私多縻費又有司決獄笞五十者縣決之杖八十者州決之一百者府決之徒以上具獄送行省移駮繁而賄賂行九月帝命中書省御史臺詳議革月報爲季報以季報之數類爲歲報凡府州縣獄一依律斷決毋俟轉發其有違枉御史按察使糾劾　帝欲任宋濂以政事辭曰臣無他長待罪禁近足矣帝益重之　改臨濠府爲中立府　冬十月辛巳召徐達馮勝還十一月壬子擴廓帖木兒攻大同達遣將擊破之於懷柔時元兵先後攻白登保德河曲輒爲守將所敗獨撫寧瑞州被殘帝乃徙其民於內地命達仍留鎭　潞州人貢人參帝

曰人參得之甚艱毋重勞民往者金華進香米太原進葡萄酒俱止之國家以養民爲務奈何以口腹累人　真定饑饒陽知縣郭積以聞甲子遣兵部尚書劉仁振之　丙寅冬至帝不豫改卜郊　閏月乙亥詔故功臣早世恩未及嗣者錄其子孫凡二百九人授指揮千百戸等官有差　壬午有事於圜丘　帝嘗謂刑部尚書劉惟謙曰仁義者養民之膏粱也刑罰者懲惡之藥石也舍仁義而專用刑罰是以藥石養人豈得謂善治乎庚寅命惟謙詳定大明律每奏一篇命揭兩廡親加裁酌　十二月唐鐸爲刑部尚書　王褘之至雲南也諭梁王把匝剌瓦爾密宜奉版圖歸職方不然天討旦夕至王不聽館別室他日又曰朝廷以雲南百萬生靈不忍其殲於鋒刃曾不聞元綱解紐陳友諒據荊湖張士誠據吳會陳友定據閩關明玉珍據巴蜀天兵下征不四五年悉膏斧鉞爾元君北走擴廓帖木兒之屬或降或竄曾無用武之地乃今自料勇悍強獷孰與陳張土地甲

兵孰與中國天之所廢誰能興之若恃險遠抗明命龍驤百萬會戰昆明爾時雖悔亦無及矣梁王駭服改館禕禮待之會元嗣君遣脫脫徵饟雲南知禕在王所疑王有他意脅以危語王不得已出禕見之脫脫欲屈禕禕叱曰天旣訖汝元命爝火餘燼敢與日月爭明耶我奉使遠來豈爲汝屈遂遇害梁王具衣冠斂之　占城王遣使獻安南之捷帝謂省臣曰安南占城交爭未知曲直可遣人往諭各罷兵息民毋相侵擾是年命安南陳叔明權知國事　太僕丞梁埜僊帖木兒言寧夏境內及四川西南至船城東北至塩灘相去八百里土膏沃宜招集流亡屯田從之　是年更置羣牧監於滁州旋改爲太僕寺

七年春正月甲戌以河南山東北平建置兵衛而饟勞民供乃命都督僉事王簡往彰德王誠往濟寧平章李伯昇往真定經理屯務海上有警吳禎充總兵官同都督僉事於顯出海捕倭　二月丁酉

朔日有食之　衍聖公孔希學言先聖廟堂廊廡圮壞祭器樂器法服不備乞命有司修治先世田兵後多蕪而徵賦如故乞減免從之戊午修曲阜孔子廟設孔顏孟三代學　平陽太原汾州歷城汲縣旱蝗並免田租　大明律成篇目一準於唐曰衞禁曰職制曰戶婚曰廐庫曰擅興曰賊盜曰鬭訟曰詐僞曰雜律曰捕亡曰斷獄曰名例采用舊律二百八十八條續律百二十八條舊令改律三十六條因事制律三十一條掇唐律以補遺百二十三條合六百有六條分爲三十卷　夏四月己亥都督藍玉敗元兵於白酒泉遂拔興和獲其國公帖里密出等五十九人　永道桂陽諸州蠻竊發壬寅金吾指揮陸齡帥兵討平之　李文忠遣部將分道出塞至三不剌川俘平章陳安禮至順寧楊門斬眞珠驢至白登禽太尉不花　丁玉爲右丞　太常司卿呂本罰役功臣廟已釋爲北平按察司僉事帝召本及同時被命楊基答祿與權諭之曰風憲之設在肅紀綱清吏治

非專理刑名爾等往修厥職務明大體毋傚俗吏拘繩墨善雖小爲之不已將成全德過雖小積之不已將爲大慝不見干雲之臺由寸土之積燎原之火由一爝之微可不慎哉　五月丙子免真定等四十二府州縣被災田租　辛巳振蘇州饑民三十萬戶　癸巳減蘇松嘉湖極重田租之半　侯善爲參知政事　日曆成自起兵臨濠至洪武六年共一百卷詹同等又言日曆秘天府人不得見請仿唐貞觀政要分輯聖政宣示天下帝從之乃分四十類爲書五卷名曰皇明寶訓嗣後凡有政蹟史官日記錄之隨類增入焉　茹太素爲刑部侍郎上言自中書省內外百司聽御史按察司檢舉而御史臺未有定考宜令守院御史一體察核磨勘司官吏數少難以檢覈天下錢糧請增置若干員各分爲科在外省衞凡會議軍民事各不相合致稽延請用按察司一員糾正帝皆從之　六月陝西平涼延安靖寧鄜州雨雹山西山東北平河南蝗並蠲田租　帝以北方郡縣

民稀事簡命吏部量減河南北平山東府州縣官凡三百八人　秋七月甲子朔李文忠帥師攻大寧高州克之斬宗王朵朵失里禽承旨百家奴追奔至氈帽山擊斬魯王獲其妃蒙哥秃及司徒答海等進師豐州禽元故官十二人馬駝牛羊甚衆窮追至百干兒乃還　壬申倭寇登萊　八月甲午朔帝躬祀歷代帝王於新廟自伏羲至元世祖凡十七帝已而罷隋高祖之祀　辛丑詔軍士陣沒父母妻子不能自存者官爲存養百姓避兵離散或客死遺老幼並資遣還遠宦謫官妻子不能歸者有司給舟車資送　申定兵衞之政征調則統於諸將事平則散歸各衞管軍官無得擅自調用操練撫綏務在得宜　庚申振河間廣平順德真定饑蠲租稅　改中立府爲鳳陽府　九月丁丑遣崇禮侯買的里八剌北歸遺元嗣君書　貴妃孫氏卒無子敕禮官定諸王服制尚書牛諒等以儀禮喪服奏帝不聽曰父母之恩一也而低昂若是不情甚矣乃敕宋濂等考定喪禮

濂等考得古人論母喪願服三年者二十八人願服期年者十四人
乃命吳王橚主喪事服慈母服斬衰三年皇太子諸王皆服齊衰杖
期太子諫曰在禮惟士爲庶母服緦大夫以上則無服今陛下貴爲
天子臣忝居嫡長而爲庶母服期非所以敬宗廟重繼體也帝大怒
羣臣震讋不知所出桂彥良曰殿下當緣君父之情不可執小禮以
虧大孝因持衰服之太子不得已服以拜謝帝遂作孝慈錄使內外
遵守爲母斬衰庶子爲生母服三年衆子爲庶母期自妃始　冬十
一月壬戌納哈出犯遼陽千戶吳壽擊走之　高麗王顓無子以寵
臣辛旽之子禑爲己子權相李仁人弒顓而立禑　冬至詞臣撰南
郊祝文用予我字帝以爲不敬桂彥良曰成湯祭上帝曰予小子履
武王祀文王之詩曰我將我享古有此言帝色霽曰正字言是也時
御史臺具獄令詞臣覆讞彥良所論釋者數十人　十二月戊戌召
鄧愈湯和還　漢中知府費震坐事被逮帝以其有善政特釋爲寶

鈔提舉
八年春正月辛未增祀雞籠山功臣廟一百八人　癸酉命有司察
窮民無告者給屋舍衣食諭中書省曰昔吾在民間目擊鰥寡孤獨
饑寒困踣之徒常自厭生恨不即死心常惻然今代天理物已十餘
年若天下之民有流離失所者非惟昧朕之初志於代天之工亦不
能盡爾等爲輔相當體朕懷不可使天下有一夫不獲也　辛巳鄧
愈湯和等十三人屯戍北平陝西河南時海運饟遼有溺死者遂益
講屯政天下衞所州縣軍民皆事墾闢凡移民就寬鄉或召募或罪
徙者爲民屯領之有司軍屯則領之衞所邊地三分守城七分耕作
內地二分守城八分屯種每軍受田五十畝爲一分給耕牛農具教
樹植復租賦遣官勸諭誅侵暴之吏　丁亥詔天下立社學延師以
教民間子弟兼讀本朝律令　河決開封大黃寺隄詔河南參政安
然發民夫三萬人塞之　初元寧王卜烟帖木兒居撒里畏兀兒之

地帝招之卜烟帖木兒入貢請置安定阿端二衛從之封卜烟帖木兒爲安定王以其部人沙剌等爲指揮　二月甲午宥雜犯死罪以下及官犯死罪者謫鳳陽輸作屯種贖罪　癸丑耕耤田　召徐達李文忠馮勝還傅友德等留鎮北平友德陳便宜五事皆從之達性恭慎數出鎮還輒上將印賜休沐宴見歡飲有布衣兄弟稱帝嘗從容言徐兄功大未有寧居可賜以舊邸舊邸者帝爲吳王時所居也達固辭一日帝與達之邸彊飲之醉蒙以被舁臥正寢達醒驚趨下階俯伏稱死罪帝覘之大悅乃命有司即舊邸前治甲第表其坊曰大功　時有司責民出銅民毀器皿輸官頗以爲苦而商賈沿元之舊習用鈔多不便用錢帝乃設寶鈔提舉司三月辛酉立鈔法詔中書省造大明寶鈔以桑穰造紙爲之自一貫至一百文凡六等命民間通行禁不得以金銀物貨交易違者罪之以金銀易鈔者聽　辛巳罷寶源局鑄錢　劉基病胡惟庸挾醫視之飲其藥有物積腹中如

拳石帝遣使護之歸親製文賜之　免河間府旱災田租　德慶侯廖永忠坐僭用龍鳳諸不法事賜死　詔以天下驛傳馬夫供億倍他役免其田租以地閒劇定其等有差　夏四月辛卯帝如中都時中都方營宮殿帝坐殿中若有人持兵鬭殿脊者李善長奏諸工匠用厭鎮法帝將盡殺之工部尚書薛祥面折善長曰太師一言壞天下人命若此恐不利於子孫乃分別交替不在工者並鐵石匠皆不與活者千數　丁巳至自中都免彰德大名臨洮平涼河州被災田租　罷營中都　劉基抵家疾篤以天文書授子璉曰亟上之無令後人習也又謂次子璟曰夫爲政寬猛如循環當今之務在修德省刑祈天永命諸形勝要害之地宜與京師聲勢連絡我欲爲遺表惟庸在無益也敗後上必思我有所問以是密奏之遂卒年六十五基虬髯貌修偉慷慨有大節論天下安危義形於色帝察其至誠任以心膂每屏人密語移時基亦自謂不世遇知無不言遇急難勇氣奮

發計畫立定人莫能測暇則敷陳王道帝恭己以聽呼老先生而不
名曰吾子房也又曰數以孔子之言導予帷幄語祕莫能詳而世所
傳爲神奇多陰陽風角之說非其至也　時胡惟庸用事欲人附己
吳伯宗不爲屈惟庸銜之坐事謫居鳳陽伯宗上書論時政因言惟
庸專恣不法不宜獨任久之必爲國患帝得奏召伯宗還賜衣鈔
惟庸欲結好於徐達達薄其人不答則賂達閽者福壽使圖達福壽
發之達亦不問　惟庸及御史大夫陳寧中丞涂節皆有寵於帝嘗
侍坐從容燕語監察御史韓宜可直前出懷中彈文劾三人險惡似
忠奸佞似直恃功怙寵內外反側擢置臺端擅作威福乞斬其首以
謝天下帝怒曰快口御史敢排陷大臣耶命下錦衣衞獄尋釋之
帝以西番產馬與之互市而其所用貨與中國異自更鈔法馬至者
少患之五月命中官趙成齎羅綺綾絹幷巴茶往河州市之馬稍集
率厚其值以償成又宣諭德意番人感悅山後歸德等州西番諸部

落皆以馬來市　己巳傅友德朱亮祖同鎭北平　貴州江力江松刺回四十餘寨苗把具播共桶等連結苗獠二千作亂平越安撫司乞兵援六月壬寅指揮同知胡汝討平之　秋七月己未朔日有食之　辛酉改作太廟前正殿後寢殿殿翼皆有兩廡寢殿九間間一室奉藏神主爲同堂異室之制　壬戌召傅友德朱亮祖還李文忠顧時鎭山西北平　北平按察司僉事呂本言近制士大夫出仕在外聞父母喪必待移文原籍審覆俟其還報然後奔喪近者彌月遠者半年請自今官吏若遇親喪其家屬陳於官移文任所卽令奔赴然後覈實帝深然之戊辰詔百官奔喪毋俟覈報　京師地震　丁丑免應天太平寧國鎭江及蘄黃諸府被災田租　元擴廓帖木兒從嗣君徙金山八月己酉卒於哈剌那海之衙庭妻毛氏自經以殉初帝七致書擴廓皆不報遣人招諭亦不應最後使李思齊往擴廓待之以禮及還遣騎士送之塞下曰主帥有命請君留一臂爲別思

齊知不免斷與之帝一日大會諸將問曰天下奇男子誰也皆對曰
常遇春將不過萬人橫行無敵真奇男子帝笑曰遇春雖人傑吾得
而臣之吾不能臣王保保此真奇男子也　九月帝議再遣使招諭
元梁王把匝剌瓦爾密召湖廣參政吳雲語之曰今天下一家獨雲
南未奉正朔殺我使臣卿能爲朕作陸賈乎雲請行時梁王遣鐵知
院輩二十餘人使漠北爲大軍所獲送京師帝赦之令與雲偕行
冬十月丁亥詔舉富民素行端潔達時務者　壬子命皇太子及秦
晉楚靖江四王講武中都宋濂從帝得輿圖濠梁古蹟一卷遣使賜
太子令濂詢訪隨處言之太子以示濂因歷歷舉陳隨事進說甚有
規益　改各都衛爲都指揮使司凡改設都司十有三行都司三
十二月戊子京師地震　甲寅遣使振蘇州湖州嘉興松江常州太
平寧國杭州水災　帝聞黃儔被殺納哈出將內犯敕葉旺等豫爲
備未幾納哈出果以衆至見備禦嚴不敢攻越蓋州至金州金州城

未完指揮韋富王勝等督士卒分守諸門乃刺吾者敵驍將也帥精
騎數百挑戰城下中伏弩爲我兵所獲敵大沮富等縱兵擊敵引退
不敢由故道從蓋城南十里沿柞河遁旺先以兵扼柞河自連雲島
至駝寫寨十餘里緣河壘冰爲牆沃以水經宿凝沍如城布釘版沙
中旁設坑穽伏兵以伺馬雲及指揮周鶚吳立等建大旗城中嚴兵
不動寂若無人已敵至城南伏四起兩山旌旗蔽空矢石雨下納哈
出倉皇趨連雲島遇冰城旁走悉陷於穽遂大潰雲自城中出合兵
追擊至將軍山畢栗河斬獲及凍死者無算乘勝追至猪兒峪納哈
出僅以身免　陝州人獻天書誅之　吳雲至雲南境鐵知院等謀
曰吾輩奉使被執罪且死乃誘雲令詐爲元使改制書共紿梁王雲
誓死不從鐵知院等遂殺雲梁王聞其事收雲骨送蜀給孤寺殯之
元伯顏帖木兒爲邊患

明紀卷第三

明紀卷第四

賜進士出身工部候補主事虞衡司行走陳鶴纂
卹贈知府銜給雲騎尉世職內閣候補中書孫男克家參訂

太祖紀四 起洪武九年丙辰訖洪武十六年癸亥凡八年

九年春正月湯和傅友德丁玉藍玉及都督僉事王弼備邊延安比至伯顏帖木兒乞降帝召和等還留友德備之　二月乙巳太白晝見　三月己卯詔曰比年西征燉煌北伐沙漠軍需甲仗皆資山陝又以秦晉二府宮殿之役重困吾民平定以來閭閻未息國都始建土木屢興畿輔旣極煩勞外郡疲於轉運今儲蓄有餘其淮揚安徽池五府及山西陜西河南福建江西浙江北平湖廣今年租賦悉免之　以火你赤爲翰林蒙古編修更其姓名曰霍莊　以臨安公主下嫁李祺韓國公善長子也始定公主婚禮先期賜祺駙馬都尉官誥並朝服儀從甚盛公主執婦道甚備後一月御史大夫汪廣洋陳

寧言善長狎寵自恣陛下病不視朝幾及旬不問候祺六日不朝宣
至殿前又不引罪大不敬削善長歲祿千八百石　京師自去年八
月不雨至夏四月庚戌始雨自庚戌至五月癸酉雨二十四日始霽
　六月甲午改行中書省爲承宣布政使司浙江江西福建北平廣
西四川山東廣東河南陝西湖廣山西凡十二布政司罷行省平章
政事左右丞等官改參知政事爲布政使　辛丑李文忠還　都督
同知何文輝鎮北平以疾召還卒年三十六　秋七月癸丑朔日有
食之　免蘇松嘉湖水災田租振永平旱　伯顏帖木兒侵延安傅
友德破禽之降其衆　八月己酉遣官省歷代帝王陵寢禁芻牧置
守陵戶忠臣烈士祠有司以時葺治分遣國子生修嶽鎮海瀆祠
西番朵兒只巴寇罕東河州指揮甯正擊走之正初至衛城邑空虛
勤於勞徠不數年河州遂爲樂土璽書嘉勞兼領寧夏衛事修漢唐
舊渠引水溉田開墾數萬頃兵食饒足　時都指揮徐司馬鎮河南

馮勝練兵其地會有星變占在大梁帝使使密敕勝且曰幷以此語馬兒知之既復敕二人曰天象屢見大梁軍民錯處尤宜慎防今秦晉二王還京當嚴兵宿衛王抵汴時若宋國公出迓則都指揮居守都指揮出迓則宋國公亦然爾其夙夜小心無忽　閏九月庚寅以災異詔求直言　癸巳定百官品秩汰中書省平章政事參知政事御史臺侍御史治書殿中侍御史等官　刑部主事茹太素陳時務累萬言帝令中書郎王敏誦而聽之中言才能之士數年來幸存者百無一二今所任率迂儒俗吏帝怒召太素面詰杖於朝以其書示廷臣或曰此不敬此誹謗非法問宋濂對曰彼盡忠於陛下耳陛下方開言路何可深罪次夕帝復於宮中令人誦之得其可行者四事慨然曰爲君難爲臣不易朕所以求直言欲其切於情事文詞太多便至熒聽太素所陳五百餘言可盡耳因令中書定奏對式俾陳得失者無繁文摘太素疏中可行者下所司悉召廷臣詰責因字呼濂

曰微景濂幾誤罪言者於是帝廷譽濂曰朕聞太上爲聖其次爲賢宋景濂事朕十九年未嘗有一言之僞誚一人之短始終無二可謂賢矣　海州學正曾秉正上疏數千言大略曰古之聖君不以天無災異爲喜惟以祇懼天譴爲心陛下聖文神武統一天下天之付與可謂盛矣兵動二十餘年始得休息天之有心於太平亦已久矣民之思治亦切矣創業與守成之政大抵不同開創之初則行富國強兵之術用趨事赴功之人大統既立邦勢已固則普天之下水土所生人力所成皆邦家倉庫之積乳哺之童垂白之叟皆邦家休養之人不患不富庶惟保成業於永久爲難耳於此之時當盡革向之所爲何者足應天心何者足慰民望感應之理其效甚速又言天既有警則變不虛生極論大易春秋之旨帝嘉之召爲思文監丞　冬十月己未太廟成自是行合享禮　丙子秦晉燕吳楚齊六王治兵鳳陽　十一月戊子徙山西及真定民無產者田鳳陽　平遙訓導葉

伯巨應詔言三事略曰臣觀當今之事太過者三分封太侈也用刑太繁也求治太急也先王之制大都不過三國之一上下等差各有定分所以彊榦弱枝遏亂源而崇治本爾今裂土分封使諸王各有分地蓋懲宋元孤立宗室不競之弊而秦晉燕吳楚齊諸國無不連邑數十城郭宮室亞於天子之都優之以甲兵衞士之盛臣恐數世之後尾大不掉然後削其地而奪之權則必生觖望甚者緣間而起防之無及矣議者曰諸王皆天子骨肉分地雖廣立法雖侈豈有抗衡之理臣竊以爲不然何不觀於漢晉之事乎孝景高帝之孫七國諸王皆景帝之同祖父兄弟子孫也一削其地則遽構兵西向晉之諸王皆武帝親子孫也易世之後迭相攻伐遂成劉石之患由此言之分封逾制禍患立生援古證今昭昭然矣此臣所爲太過者也昔賈誼勸漢文帝分諸國之地空置之以待諸王子孫向使文帝早從誼言則必無七國之禍願及諸王未之國之先節其都邑之制減其

衛兵限其疆理亦以待封諸王之子孫此制一定然後諸王有賢且才者入爲輔相其餘世爲藩屏與國同休劃一時之恩制萬世之利消天變而安社稷莫先於此臣又觀歷代開國之君未有不以任德結民心以任刑失民心者國祚長短悉由於此古者之斷死刑也天子撤樂減膳誠以天生斯民立之司牧固欲其並生非欲其即死不幸有不率教者入於其中則不得已而授之以刑耳議者曰宋元中葉專事姑息賞罰無章以致亡滅主上痛懲其弊故制不宥之刑權神變之法使人知懼而莫測其端也臣又以爲不然開基之主垂範百世一動一靜必使子孫有所持守況刑者民之司命可不慎歟夫笞杖徒流死今之五刑也用此五刑既無假貸一出乎大公至正可也而用刑之際多裁自聖衷遂使治獄之吏務趨求意旨深刻者多功平反者得罪欲求治獄之平豈易得哉近者特旨雜犯死罪免死充軍又删定舊例諸則減宥有差矣然未聞有戒敕治獄者務從平

恕之條是以法司猶循故例雖聞寬宥之名未見寬宥之實所謂實
者誠在主上不在臣下也故必有罪疑惟輕之意而後好生之德洽
於民心此非可以淺淺期也何以明其然也古之爲士者以登仕爲
榮以罷職爲辱今之爲士者以溷跡無聞爲福以受玷不錄爲幸以
屯田工役爲必獲之罪以鞭笞捶楚爲尋常之辱其始也朝廷取天
下之士網羅捃摭務無餘逸有司敦迫上道如捕重囚比到京師而
除官多以貌選所學或非其所用所用或非其所學洎乎居官一有
差跌苟免誅戮則必在屯田工役之科率是爲常不少顧惜此豈陛
下所樂爲哉誠欲人之懼而不敢犯也竊見數年以來誅殺亦可謂
不少矣而犯者相踵良由激勸不明善惡無別議賢議能之法既廢
人不自勵而爲善者怠也有人於此廉如夷齊智如良平少戾於法
上將錄長棄短而用之乎將舍其所長苛其所短而置之罪乎苟取
其長而舍其短則中庸之材爭自奮於廉智儻苛其短而棄其長則

爲善之人皆曰某廉若是某智若是朝廷不少貸之吾屬何所容其身乎致使朝不謀夕棄其廉恥或事掊克以備屯田工役之資者率皆是也若是非用刑之煩者乎漢嘗徙大族於山陵矣未聞實之以罪人也今鳳陽皇陵所在龍興之地而率以罪人居之怨嗟愁苦之聲充斥園邑殆非所以恭承宗廟意也且夫彊敵在前則揚精鼓銳攻之必克擒之必獲可也今賊突竄山谷以計求之庶可或得顧勞重兵彼方驚散入不可蹤跡之地捕之數年既無其方而乃歸咎於新附戶籍之細民而遷徙之騷動數千里之地室家不得休居雞犬不得寧息況新附之衆向者流移他所朝廷許其復業今附籍矣而又復遷徙是法不信於民也夫戶口盛而後田野闢賦稅增今責守令年增戶口正爲是也近者已納稅糧之家雖承旨分釋還家而其心猶不自安已起戶口雖蒙憐卹而猶見在開封祗候訛言驚動不知所出況太原諸郡外界邊境民心如此甚非安邊之計也臣願自

今朝廷宜存大體赦小過明詔天下修舉八議之法嚴禁深刻之吏斷獄平允者超遷之殘酷裒斂者罷黜之鳳陽屯田之制見在居屯者聽其耕種起科已起戶口見留開封者悉放復業如此則足以隆好生之德樹國祚長久之福而兆民自安天變自消矣昔者周自文武至於成康而教化大行漢自高帝至於文景而始稱富庶蓋天下之治亂氣化之轉移人心之趨向非一朝一夕故也今國家紀元九年於茲偃兵息民天下大定紀綱大正法令修明可謂治矣而陛下切切以民俗澆漓人不知懼法出而奸生令下而詐起故或朝信而暮猜者有之昨日所進今日被戮者有之乃至甫令而尋改已赦而復收天下臣民莫知適從臣愚謂天下之趨於治猶堅冰之泮也冰之泮非太陽所能驟致陽氣發生土脈微動然後得以融釋聖人之治天下亦猶是也刑以威之禮以導之漸民以仁摩民以義而後其化熙熙孔子曰如有王者必世而後仁此非空言也求治之道莫

先於正風俗正風俗之道莫先於守令知所務使守令知所務莫先
於風憲知所重使風憲知所重莫先於朝廷知所尚古郡守縣令以
正帥下以善導民使化成俗美征賦期會獄訟簿書固其末也今之
守令以戸口錢糧獄訟爲急務至於農桑學校王政之本乃視爲虛
文而置之將何以教養斯民哉以農桑言之方春州縣下一白帖里
甲回申文狀而已守令未嘗親視種藝次第旱澇戒備之道也以學
校言之廩膳諸生國家資之以取人才之地也今四方師生缺員甚
多縱使具員守令亦鮮有以禮讓之實作其成器者朝廷切切於社
學屢行取勘師生姓名所習課業乃今社鎮城郭或但置立門牌遠
村僻處則又徒存其名守令不過具文案備照刷而已上官分部按
臨亦但循習故常依紙上照刷未嘗巡行點視也興廢之實上下視
爲虛文小民不知孝弟忠信爲何物而禮義廉恥掃地矣風紀之司
所以代朝廷宣導德化訪察善惡聽訟讞獄其一事耳今專以獄訟

爲要忠臣孝子義夫節婦視爲末節而不暇舉所謂宣導風化者安在哉其始但知以去一贓吏決一獄訟爲治而不知勸民成俗使民遷善遠罪乃治之大者此守令風憲未審輕重之失也王制論鄉秀士升於司徒曰選士司徒論其秀士而升於太學曰俊士大樂正又論造士之秀升之司馬曰進士司馬辨論官材論定然後官之任官然後爵之其考之詳若此故成周得人爲盛今使天下諸生考於禮部升於太學歷練衆職任之以事可以洗歷代選舉之陋上法成周然而升於太學者或未數月遽選入官間或委以民社臣恐其人未諳時務未熟朝廷禮法不能宣導德化上乖國政而下困黎民也開國以來選舉秀才不爲不多所任名位不爲不重自今數之在者有幾臣恐後之視今亦猶今之視昔昔年所舉之人豈不深可痛惜乎凡此皆所爲求治太速之過也昔者宋有天下蓋三百餘年其始以禮義教其民當其盛時閭閻里巷皆有忠厚之風至於恥言人之過

失洎乎末年忠臣義士視死如歸婦人女子羞被汚辱此皆教化之效也元之有國其本不立犯禮義之分壞廉恥之防不數十年棄城降敵者不可勝數雖老儒碩臣甘心屈辱此禮義廉恥不振之弊遺風流俗至今未革深可怪也臣謂莫若敦仁義尙廉恥守令則責其以農桑學校爲急風憲則責其先教化審法律以平獄緩刑爲急如此則德澤下流求治之道庶幾得矣郡邑諸生升於太學者須令在學肄業或三年或五年精通一經兼習一藝然後入選或宿衞或辦事以觀公卿大夫之能而後任之以政則其學識兼懋庶無敗事且使知祿位皆天之祿位而可以塞覬覦之心也治道既得陛下端拱穆清待以歲月則陰陽調而風雨時諸福吉祥莫不畢至尙何天變之不消哉書上帝大怒曰小子間吾骨月速逮來吾手射之既至丞相乘帝喜乃敢奏下刑部獄死獄中先是伯巨將上書語其友曰今天下惟三事可患耳其二事易見而患遲其一事難見而患速縱無

明詔吾猶將言之況求言乎其意蓋謂分封也迨洪武末年燕王屢奉命出塞後因削奪稱兵遂有天下人皆以伯巨爲先見云　蘄水人王燾七世同居詔旌爲孝義之門　十二月甲寅振畿內浙江湖北水災　己卯遣都督同知沐英乘傳詣關陝抵熙河問民疾苦事有不便更置以聞　初永寧人蔡子英舉元至正中進士察罕帖木兒開府河南辟參軍事累薦至行省參政元亡從擴廓帖木兒走定西明兵克定西子英單騎走關中亡入南山帝聞其名使人繪形求得之傳詣京師至江濱亡去變姓名賃舂關中久之復被獲械過洛陽見湯和長揖不拜抑之跪不肯和怒爇火焚其鬚不動其妻適在洛請與相見子英避不肯見至京帝命脫械以禮禮之授以官不受退而上書曰陛下乘時應運削平羣雄薄海內外莫不賓貢臣鼎魚漏網假息南山曩者見獲復得脫亡七年之久重煩有司追跡而陛下以萬乘之尊全匹夫之節不降天誅反療其疾易冠裳賜酒饌授

以官爵陛下之量包乎天地臣感恩無極非不欲自竭犬馬但名義所存不敢輒渝初志自惟身本韋布智識淺陋過蒙主將知薦仕至七命躍馬食肉十有五年愧無尺寸以報國士之遇及國破家亡又復失節何面目見天下士哉臣日夜思維咎往昔之不死至於今日分宜自裁陛下待臣以恩禮臣不敢賣死立名亦不敢偷生苟祿若察臣之愚全臣之志禁錮海南畢其餘命則雖死之日猶生之年昔王蠋閉戶以自縊李芾闔門以自屠彼非惡榮利而樂死亡顧義之所在雖湯鑊有不得避也眇焉之軀上愧古人惟陛下裁察帝覽其書益重之館之儀曹忽一日大哭不止人問其故曰無他思舊君耳帝知不可奪命有司送出塞從元嗣君於和林　初布政司府州縣吏詣戶部覈錢糧軍需諸事以道遠預持空印冊遇部駁即改以爲常已而事露帝威怒疑有奸論諸長吏死佐貳榜百戍邊寧海人鄭士利上書曰陛下欲深罪空印者恐奸吏得挾空印紙爲文移虐民

耳夫文移必完印乃可今考較書冊乃合兩縫印非一印一紙比縱
得之亦不能行況不可得乎錢穀之數府必合省省必合部數難懸
決至部乃定省府去部遠者六七千里近亦三四千里冊成而後用
印往返非期年不可以故先印而後書此權宜之務所從來久何足
深罪且國家立法必先明示天下而後罪犯法者以其故犯也自立
國至今未嘗有空印之律有司相承不知其罪今一旦誅之何以使
受誅者無詞朝廷求賢士置庶位得之甚難位至郡守皆數十年所
成就通達廉明之士非如草菅然可刈而復生也陛下奈何以不足
罪之罪而壞足用之材乎臣竊爲陛下惜之帝覽書大怒下丞相御
史雜問究主使者士利笑曰顧吾書足用否耳吾業爲國家言事自
分必死誰爲我謀獄具輸作江浦而空印者誅死甚衆　帝以思南
土官世居荒服未嘗詣闕詔令帥其部長入朝田仁智及思州宣慰
使田宏正先後來朝並優賜之仁智歸道卒命有司歸其柩尋命其

子大雅襲職宏正仁厚之子也
十年春正月辛卯以羽林等衞軍益秦晉燕三府護衞各二千二百餘人　翰林學士承旨宋濂致仕　懷慶知府方徵言風憲官以激濁揚清爲職今不聞旌賢拔能專務羅織人罪多徵贓罰此大患也朝廷賞罰明信乃能勸懲去年各行省官吏以用空印罹重罪而河南參政安然山東參政朱芾俱有空印反遷布政使何以示勸懲帝問羅織及多徵贓罰者爲誰徵指河南僉事彭京以對貶沁陽驛丞
振蘇松嘉湖水災　三月帝與羣臣論天與七政之行皆以蔡氏左旋之說對帝曰朕仰觀乾象天左旋七政右旋曆家之論確然不易爾等猶守蔡氏之說豈所謂格物致知之學乎　吐番川藏爲梗剽貢使夏四月己酉鄧愈爲征西將軍沐英爲副將軍帥師討之
振太平寧國及宜興錢塘諸縣水災　五月庚子李善長李文忠總中書省大都督府御史臺議軍國重事　癸卯振湖廣水災　戶部

主事趙乾振荆蘄災遷延半載丙午誅之　六月丁巳詔臣民言事者實封達御前　丙寅令自今政事並啓皇太子處分然後奏聞諭曰自古創業之君歷涉勤勞達人情周物理處事咸當守成之君生長富貴若非平昔練達少有不謬者故吾特命爾日臨羣臣聽斷諸司啓事以練習國政惟仁不失於麤暴惟明不惑於邪佞惟勤不溺於安逸惟斷不牽於文法凡此皆心爲權度吾自有天下以來未嘗暇逸於諸事務惟恐豪髮失當以負上天付託之意戴星而朝夜分而寢爾所親見爾能體而行之天下之福也於是令儒臣爲太子講大學衍義　秋七月甲申置通政司以曾秉正爲通政使劉仁爲左通政諭之曰政猶水也欲其常通故以通政名官卿其審命令以正百司達幽隱以通庶務當執奏者勿避忌當駁正者勿阿隨當敷陳者毋隱蔽當引見者毋留難　始遣御史巡按州縣詢民間疾苦廉察風俗申明教化所按藩服大臣府州縣官諸考察舉劾尤專大事

奏裁小事立斷按臨所至必先審錄罪囚弔刷文卷有故出入者理辨之　帝感齋居陰雨覽京房災異之說謂分祭天地情有未安八月庚戌改建大祀殿於南郊卽圜丘舊制以屋覆之　帝慮武臣子弟但習武事鮮知問學癸丑命大都督府選入國子監讀書其在鳳陽者卽肄業於中都　九月丙申振金華紹興衢州水災　辛丑胡惟庸爲左丞相汪廣洋爲右丞相自楊憲誅帝以惟庸爲才寵任之惟庸亦自勵嘗以曲謹當上意寵遇日盛獨相數歲生殺黜陟或不奏徑行內外諸司上封事必先取閱害己者輒匿不以聞四方躁進之徒及功臣武夫失職者爭走其門饋遺金帛名馬玩好不可勝數廣洋頗耽酒與惟庸同相浮沈守位而已帝數誡諭之　丁玉爲御史大夫　鄧愈沐英分兵三道西略川藏耀兵崑崙山俘斬萬計獲馬牛羊十餘萬留兵戍碾北諸要害乃還冬十月戊午封英爲西平侯　辛酉賜百官公田以其租入充祿　鄧愈自吐蕃還道病十一

月癸未至壽春卒年四十一追封寧河王謚武順愈事母孝撫弟之幼孤有恩敬禮儒士簡重慎密有士君子之行焉　丁亥冬至合祀天地於奉天殿大祀殿未成故也　免河南陝西廣東湖廣田租四川威茂土酋董貼里叛以丁玉爲平羌將軍討之玉至威州貼里降承旨設威州千戶所　十二月乙巳朔日有食之　丁未錄故功臣子孫五百餘人授官有差　高麗使五至帝曰高麗王顓被弒奸臣竊命義所必誅第前後使者皆稱嗣王所遣中書省宜遣人往問嗣王如何政令安在若政令如前嗣王不爲羈囚則當依前王言歲貢馬千匹仍悉送還所拘遼東民方見王位眞而政令行否則弒君之賊必討無赦　是歲安定王卜烟帖木兒爲沙剌所弒王子板咱失里復讎誅沙剌沙剌部將復殺王子部內大亂

十一年春正月甲戌朔封皇子椿爲蜀王柏湘王桂豫王楧漢王植衞王改封吳王橚爲周王　己卯進封湯和信國公議軍國事初和

守常州嘗請事不得辭出怨言曰吾鎮此城如坐屋脊左顧則左右
顧則右帝聞而銜之至是猶數其過失鐫之券　徵天下布政使及
知府來朝　四川都司遣兵修灌縣橋梁至陶關汶川土酋孟道貴
集部落阻道二月指揮胡淵童勝等分道擊之一由石泉一由灌口
由灌口者進次陶關蠻衆伏兩山間投石從崖下兵不能進適汶川
土官來降得其間道乃選勇士捲旗甲乘夜潛出兩山後遲明從山
頂張旗幟發火礮蠻驚潰師進雁門關道險蠻復據之乃駐平野得
小舟渡至龍止鐵冶寨擊破之其由石泉者次泥池蠻悉衆拒千戶
薛文突陳射卻之士卒奮擊大敗其衆兩軍遂會於茂州權知州楊
者七迎降使仍領其州立茂州衛留指揮楚華守之　置威茂道開
府茂州分游擊駐疊溪　東平侯韓政卒帝親臨其喪追封鄆國公
子勳襲　三月秦王樉之國西安晉王棡之國太原棡中途笞膳夫
帝馳諭曰吾帥羣英平禍亂不爲姑息獨膳夫徐興祖事吾二十三

珍倣宋版印

年未嘗折辱怨不在大小子識之　燕周楚齊四王駐鳳陽　壬午
命奏事毋關白中書省　命吏部課朝覲官殿最稱職而無過者爲
上賜坐而宴有過而稱職者爲中宴而不坐有過而不稱者爲下不
預宴序立於門宴者出然後退朝覲考覈自此始　時賜諸司沒官
男女陝西僉事韓宜可獨不受且極論罪人不孥古之制也有事隨
坐法之濫也況男女人之大倫婚姻踰時尙傷和氣合門連坐豈聖
朝所宜帝是其言　夏四月元嗣君愛猷識理達臘卒國人謚曰昭
宗子脫古思帖木兒嗣改元天元　五月丁酉存問蘇松嘉湖被水
災民六萬二千八百餘戶戶賜粟一石蠲逋賦六十五萬有奇　賜
秦王樉璽書曰關內之民自元氏失政不勝其擾今吾定天下又有
轉輸之勞民未休息爾之國若宮室已完其不急之務悉已之　六
月壬子帝自爲文遣使弔祭故元嗣君　五開蠻吳面兒等作亂靖
州指揮僉事過興以兵三百往捕與其子皆爲賊所殺己巳以辰州

指揮楊仲名爲總兵官討之　秋七月丁丑振平陽饑　蘇松揚台
海溢人多溺死遣官存卹　八月免應天太平鎮江寧國廣德諸州
府秋糧　冬十月丙辰河決蘭陽　甲子大祀殿成　歸故元平章
完者不花於丞相驢兒諭以通好　遣內官吳誠往諭楊仲名且觀
兵　十一月庚午沐英爲征西將軍帥都督藍玉王弼討西番　楊
仲名破諸蠻吳面兒遠遁遣尙履奉御呂玉詣軍閱勝帝嘗讀唐書
至魚朝恩爲觀軍容使謂侍臣曰漢末宦官雖驕縱尙無兵權唐以
兵柄授之馴至劫脅天子廢興在其掌握朕深鑒前轍左右服役之
外重者傳命四方而已是役也獨兩使內官至軍云　大同白羊鎮
巡檢張文煥遇敵兵於焦山砦戰沒其妻聞之同日死一子貧寒十
指俱墮帝命取至京師月給米一石以終其身　太子妃常氏薨輟
朝三日初帝冊常遇春女爲太子妃繼冊太常卿呂本女爲次妃常
妃薨呂妃始獨居東宮而其時秦王樉亦以擴廓帖木兒妹爲妃又

以鄧愈女爲次妃皆前代故事所無也　十二月以蘇松嘉湖杭屢被水災罷五府河泊所以其利與民　帝以佛經遺佚遣僧宗泐偕其徒往西域求之

十二年春正月己卯始合祀天地於南郊　洮州十八族番叛命沐英移兵討之　丙申丁玉平松州蠻遣指揮高顯等城之請立軍衛帝謂松州山多田少耕種不能贍軍守之非策又敕玉曰松潘僻在萬山接西戎之境朕豈欲窮兵遠討羌戎屢寇邊不獲已也捷至知松州已克將資糧於容州進取潘州若盡三州之地則疊州不須窮兵自當來服須擇士勇者守納都疊溪路其驛道無阻遏者不守可也來降戎長遣入朝朕親撫諭之　置陜西行都指揮使司於莊浪衛　二月戊戌朔李文忠督理河岷臨鞏軍事　乙巳詔曰今春雨雪經旬天下貧民困於飢寒者多有其令有司給以鈔又命審京民孤寡者給以鹽　丙寅湯和陸仲亨周德興黃彬陸聚等練兵臨清

沐英敗西番於土門峽進至洮州舊城葉昇禽其長阿昌失納餘寇遁去追斬其魁數人盡獲畜產遂於東籠山南川度地築城置戍遣使來奏遂置洮州衞以指揮聶緯陳暉等六人守之己李文忠等言官軍守洮州饟艱民勞帝諭曰洮州西控番戎東蔽湟隴漢唐以來備邊要地今番寇既斥棄之不守數年後番人將復爲患慮小費而忘大虞豈良策哉所獲牛羊分給將士亦足充兩年軍食其如敕行之文忠等乃不敢違　丁玉言松州爲西羌要地軍衞不可罷夏四月遂併潘州於松州置松州衞設官築戍如玉議　五月癸未蠲北平田租　六月丁卯都督僉事馬雲征大寧　眉縣妖人彭普貴作亂殺知縣顧師勝焚掠十四州縣指揮普亮等不能克秋七月丙辰丁玉移師討平之　己未李文忠還言西安城中水鹹鹵不可飲請鑿地引龍首渠入城以便汲從之　八月辛巳詔凡致仕官復其家終身無所與　九月占城入貢中書省不以時奏帝聞之怒降敕

切責乃委其咎於禮部禮部又委之中書帝益怒盡囚諸臣窮詰主者　方鼎殷哲爲左右參政　己亥沐英等進擊番寇大破之盡禽酋長三副使瓚嗉子等平朵甘納兒七站拓地數千里俘斬數萬人獲馬牛羊二十餘萬冬十一月甲午班師　論藍玉等功當封帝念仇成勳舊先封爲安慶侯封玉永昌侯謝成永平侯張龍鳳翔侯吳復安陸侯金朝興宣德侯曹興懷遠侯葉昇靖寧侯曹震景川侯張溫會寧侯周武雄武侯王弼定遠侯　庚申大寧平召馬雲還京葉旺留鎭遼東如故　十二月徵天下博學老成之士至京師　初伯顏子中爲元建昌教授江西盜起授分省都事使守贛州而陳友諒已破贛州子中間道走閩陳友定素知之辟授行省員外郎出奇計以友定兵復建昌浮海如元都獻捷累遷吏部侍郎持節發廣東何眞兵救閩至則眞已降於廖永忠子中墮馬求死折一足永忠義而舍之乃變姓名冠黃冠游行江湖間帝求之不得簿錄其妻子子中

竟不出常齎鴆自隨久之事寖解乃還鄉里及詔郡縣舉元遺民布政使沈立本密言於朝以幣聘使者至子中慨然曰死晚矣爲歌七章哭其祖父師友飲鴆死　高麗貢黃金百斤白金萬兩以不如約卻之高麗又致書及禮物於葉旺而龍州鄭白等請內附旺以聞帝謂人臣無外交此閒諜之漸勿輕信彼特示弱於我以開邊釁還之使無所藉口　自劉基之死胡惟庸益無所忌與太師李善長相結以兄女妻其弟太僕丞存義之子佑其定遠舊宅井中忽生石筍去之復旁出者三諛者爭引符瑞又言其祖父三世冢上皆有火光燭天惟庸益喜自負有異謀陸仲亨自陝西歸擅乘傳費聚奉命招降蒙古無功帝皆切責之二人大懼惟庸陰以權利脅誘二人二人素戇勇見惟庸用事密相往來陳寧性嚴刻帝責之不能改其子孟麟數諫寧捶之死帝惡其不情曰寧於其子如此奚有君父耶寧聞之懼遂與惟庸通謀惟庸又令都督毛驤取衛士劉遇賢亡命魏文進

等爲心膂遣明州衞指揮林賢下海招倭又遣元故臣封績致書稱臣於元嗣君約爲外應事皆未發會惟庸子馳馬於市墜死車下惟庸殺輓車者帝怒命償其死惟庸請以金帛給其家不許惟庸懼乃與陳寧涂節謀起事陰告四方及武臣從己者占城之入貢也惟庸與汪廣洋皆被詰責至是節上言劉基爲惟庸毒死廣洋宜知狀帝問廣洋對曰無有帝怒責廣洋朋欺貶海南舟次太平帝追怒廣洋在江西曲庇文正在中書不發楊憲姦賜之死廣洋爲人寬和自守與奸人同位而不能去故及於禍廣洋死妾陳氏從死帝詢之乃入官陳知縣女也大怒曰沒官婦女止給功臣家文臣何以得給敕法司取勘於是惟庸及六部堂屬咸當坐罪

十三年春正月節遂上變告惟庸中書省吏商暠亦以惟庸陰事告帝大怒下廷臣更訊詞連寧節廷臣言節本預謀見事不成始上變告不可不誅戊戌誅惟庸寧節等惟庸初由善長薦及惟庸誅坐黨

死者甚衆丁玉李伯昇等皆與焉善長獨免惟庸之未敗也徐達時
時爲帝言惟庸不任相帝由是益重達　帝以歷代丞相多擅權癸
卯罷中書省分其職於六部以尚書任天下事侍郎貳之每部分四
屬部改大都督府爲中左右前後五軍都督府分領在京各衛所及
在外各都司衛所　始南北更調用人　二月壬戌朔詔舉聰明正
直孝弟力田賢良方正文學術數之士發丹符驗天下金穀之數
戊辰文武官年六十以上者聽致仕給以誥敕　復以薛祥爲工部
尚書初祥以尚書出爲北平布政使治行稱第一爲胡惟庸所惡坐
以營建擾民謫知嘉興府及是帝謂曰讒臣害汝汝何不言對曰臣
不知也　三月壬辰減蘇松嘉湖重賦額畝科七斗五升至四斗四
升者減十之二四斗三升至三斗六升者俱徵三斗五升其以下者
仍舊時蘇州一府秋糧二百七十四萬六千餘石歲額與浙江通省
埒其重如此　壬寅燕王棣之國北平　元國公脫火赤等屯和林

數擾邊帝命沐英總陝西兵擊之英至靈州偵知脫火赤等在亦集乃路遂渡黃河經寧夏登賀蘭山涉流沙七日夜至其境去敵營五十里壬子分軍爲四乘夜銜枚而進合圍之英自以驍騎衝其中堅禽脫火赤及樞密知院愛足等獲其全部以歸　夏四月己丑命羣臣各舉所知　五月甲午雷震謹身殿帝廷諭羣臣陳得失吏部尚書劉崧以修德行仁對乙未大赦山西民爲軍者二萬四千餘戶悉還爲民丙申釋在京及臨濠屯田輸作者己亥免天下今年田租吏以過誤罷者還其職從征士卒老疾者許以子代老而無子及寡婦有司資遣還　都督濮英練兵西涼請出師略地開哈梅里之路以通商旅帝賜璽書曰略地之請聽爾便宜然將以謀爲本爾愼毋忽英遂進兵元諸王兀納失里懼遣使降英進次白城獲平章忽都帖木兒壬寅至赤斤站獲豳王亦憐眞及其部曲千四百人乃還　御史中丞安然免以李善長理臺事數有所建白未幾罷御史臺　六

月丙寅雷震奉天門帝避正殿省愆丁卯罷王府工役　諭戸部曰
曩者奸臣聚斂稅及纖悉朕甚恥焉自今軍民嫁娶喪祭之物舟車
絲布之類皆勿稅罷天下抽分竹木場　丁丑置諫院設左右司諫
正言等官　秋八月命天下學校師生給廩膳米人日一升魚肉鹽
醯之屬皆官給之　帝以松州衞遠在山谷屯種不給饋饟甚難命
罷之未幾指揮耿忠經略其地奏言松州爲番蜀要害設衞事不可
罷命復置　初道同爲番禺知縣亢直不避彊禦軍擾民者一切裁
之以法會朱亮祖鎭廣東數以威福撼同同不爲動也土豪數十輩
抑買市中珍貨稍不快意卽巧詆以罪同械其魁通衢諸豪家爭賄
亮祖求免亮祖置酒召同從容言之同厲聲曰公大臣奈何受小人
役使亮祖不能屈他日亮祖出遇械者遽破械脫之借他事笞同富
民羅氏者納女於亮祖其兄弟怙勢爲奸同復按治亮祖又奪之去
同積不平奏之未至亮祖先劾同訕傲無禮狀帝使使誅同俄同奏

亦至帝悟以爲同職甚卑而敢斥大臣不法事其人骨鯁可用復使
使宥之兩使者同日抵番禺後使者到則同已死縣民悼惜之或刻
木爲主祀於家卜之輒驗遂傳其爲神九月帝召亮祖至與其子指
揮使暹俱鞭死御製壙誌仍以侯禮葬　辛卯曹震楊璟薛顯屯田
北平　乙巳天壽節始受羣臣朝賀賜宴於謹身殿後以爲常　帝
以密勿論思不可無人乃建四輔官以四時爲號詔天下舉賢才戶
部試尚書范敏薦耆儒王本等丙午告於太廟以本及杜佑龔斆爲
春官杜斆趙民望吳源爲夏官秋冬闕命本等攝之位都督之次屢
賜敕諭隆以坐論之禮命協贊政事均調四時又月分三旬人各司
之以雨暘時若驗其稱職與否居無何斆等四人相繼致仕召安然
代之本亦坐事誅　宋濂孫愼坐胡惟庸黨與其叔父璲皆死濂逮
至帝亦欲誅之皇后曰民家爲子弟延師尚以禮全始終況天子乎
且濂家居必不知情帝不聽會后侍帝食不御酒肉帝問故對曰妾

爲宋先生作福事也帝惻然投箸起翼日赦濂與家屬悉徙茂州

占城遣使賀天壽節帝聞其與安南水戰不利賜勅諭曰曩者安南

兵出敗於占城占城乘勝入安南安南之辱已甚王能保境息民則

福可長享如必驅兵苦戰勝負不可知而鷸蚌相持漁人得利他日

悔之不亦晚乎　冬十一月丙午元平章完者不花乃兒不花入桃

林口犯永平指揮劉廣戰沒千戸王輅褁創擊敗之禽完者不花

十二月天下府州縣所舉士至者八百六十餘人授官有差　趙庸

鎭廣東討陽春蠻　是年改封胡美爲臨川侯帝嘗榜列勳臣謂持

兵兩雄間可觀望而不觀望來歸者七人韓政曹良臣楊璟陸聚梅

思祖黄彬及美皆封侯美璟有方面勳遇之尤厚　日本入貢無表

卻之　以元大寧路爲府尋廢

十四年春正月戊子徐達爲征虜大將軍湯和傅友德爲左右副將

軍帥師討乃兒不花　命新授官者各舉所知　壬子罷天下歲造

兵器　癸丑命公侯子弟入國學　丙辰詔求隱逸　帝以徭役不均詔天下編賦役黄冊范敏議以一百十戶爲一里推丁糧多者十戶爲里長鳩一里之事以供歲役十年一周餘百戶爲十甲甲首一人亦以丁糧多寡爲序鰥寡孤獨不任役者附十甲後爲畸零僧道有田者編冊無田者亦爲畸零每十年有司更定其冊以丁糧增減而升降之後遂仍其制不廢　二月庚辰覈天下官田　時富室多以罪傾宗而浦江鄭氏數千指獨完會有訴其交通胡惟庸者吏捕之兄弟六人爭欲行湜曰弟在其忍累諸兄乎自詣吏湜兄濂先以糧長在京師迎謂曰吾家長當任罪湜曰兄年老吾自辯之二人爭入獄帝聞召見勞勉之曰有人如此肯從人爲逆耶宥之立擢湜福建左參議湜居官有政聲南靖民爲亂詿誤者數百家湜言於諸將盡釋免居一歲入覲卒於京　改明州府爲寧波府　三月丙戌詔曰朕撫育黔黎十有四年獄訟未清良由委任非人致陷刑辟今大

赦天下與民更始　辛丑頒五經四書於北方學校　徵前尚書李敬爲祭酒劉崧爲司業崧尋卒疾革時敬問所欲言曰天子遣崧教國子將責以成功而遽死乎無一語及私　夏四月庚午徐達帥諸將出塞湯和破敵灰山營獲平章別里哥樞密使久通沐英略公主山長寨克全寧四部度臚朐河執知院李宣盡俘其衆乃還達仍鎮北平　五月五溪蠻叛周德興已老力請行帝壯而遣之賜手書曰趙充國圖征西羌馬援請討交趾朕常嘉其事謂今人所難卿忠勤不怠何忝前賢靖亂安民在此行也德興至五溪蠻悉散走　甲辰宋濂卒於夔州年七十二知事葉以從葬之蓮花山下蜀獻王慕濂名移塋華陽城東濂狀貌豐偉美鬚髯視近而明一黍上能作數字自少至老未嘗一日去書卷於學無所不通爲文醇深演迤與古作者並在朝郊社宗廟山川百神之典朝會宴享律曆衣冠之制四裔貢賦賞勞之儀旁及元勳巨卿碑記刻石之辭咸以委濂推爲開國

文臣之首四方求文者非其人不與日本使嘗奉敕請文以百金爲獻卻不受帝問故對曰天朝侍從而受小夷金非所以崇國體也海外諸國朝貢至者必問宋先生安否其卒也朝野惜之　六月置施州衞軍民指揮使司　秋八月丙子詔求明經老成之士有司禮送京師　庚辰河決原武祥符中牟有司請興築帝以爲天災令護舊堤而已　辛巳徐達還　四輔官之設也王本等諸人皆老儒起田間敦樸無他長獨安然久歷中外練達庶務眷注特隆是月然卒李幹何顯周代爲四輔官　九月壬午朔傅友德爲征南將軍藍玉沐英爲左右副將軍帥步騎三十萬征雲南諭曰朕覽輿圖識雲南阨塞當先遣一軍自永寧向烏撒而大軍自辰沅入普定分據要害然後進師曲靖曲靖雲南咽喉彼必并力於此以抗我師既下曲靖一將軍向烏撒以應永寧之師大軍直擣雲南破之必矣雲南破分兵徑趨大理可毋頓刃也　徐達鎮北平　四川水盡源通塔平散毛

諸洞長官作亂丙午周德興移師討平之　冬十月壬子朔日有食之　癸丑命法司論囚擬律以奏從翰林院給事中及春坊正字司直郎會議平允然後覆奏論決時又命刑部聽兩造之詞議定入奏既奏錄所下旨送四輔官諫院官給事中覆覈無疑然後覆奏行之有疑獄則四輔官封駮之　甲寅免應天太平廣德鎮江寧國田租　癸未分遣御史錄囚　浙東山寇葉丁香作亂己卯唐勝宗帥師討之決策於劉璟禽賊首併其黨三千人分兵平安福賊還稱璟才略帝喜曰真伯温兒矣　工部尙書薛祥坐累杖死天下哀之　十一月壬午陸仲亨鎮成都　海寇攻掠東莞南海及肇慶翁源諸府縣庚戌趙庸帥步騎舟師八道擊破之禽賊二萬餘賊屬八千有奇斬馘五千餘獲兵器萬九千船一千二百招降番禺等縣民三千三百餘戶奏籍蜑戶萬人爲水軍　遣內臣齎敕諭烏蒙烏撒諸部長曰西南諸部自古及今莫不朝貢中國朕受天命爲天下主十有五

年而烏蒙烏撒東川芒部建昌諸部猶桀驁不朝已遣征南將軍穎川侯等帥師往征猶恐諸部長未喻朕意故復遣內臣往諭如悔罪向義當即躬親來朝或遣人入貢亟攄誠款朕當罷兵以安黎庶爾其省之　唐鐸爲兵部尚書　以嘉興湖州二府隸浙江布政司江陰侯吳良卒於青州贈江國公謚襄烈　十二月丁巳命翰林春坊官考駮諸司章奏　傅友德至湖廣分遣都督胡海郭英陳桓帥兵由永寧趨烏撒而自帥大軍由辰沅趨貴州指揮僉事顧成爲先鋒克普定留成列柵以守蠻數萬來攻成出柵殺數十百人賊退走餘賊猶在南城成斬所俘而縱其一曰吾夜二鼓來殺汝夜二鼓吹角鳴礮賊聞悉走獲器甲無算諸蠻隸普定者悉平大軍進克普安元梁王把匝剌瓦爾密遣平章達里麻以兵十餘萬拒於曲靖沐英謂友德曰彼不意我師深入若倍道疾趨出其不意破之必矣友德是之遂引軍疾趨未至曲靖數里忽大霧四塞衝霧行阻水而止則

已臨白石江矣頃之霧霽達里麻望見大驚友德欲渡英曰我兵疲懼爲所扼乃帥諸軍嚴陳若將渡者而奇兵從下流濟出其陳後張疑幟山谷間人吹一銅角元兵驚擾英急麾軍渡江以善泅者先之長刀斫其軍軍卻師畢濟費聚等鏖戰良久英復縱鐵騎擣其中堅大敗之生禽達里麻僵屍十餘里俘獲萬計友德悉撫而縱之使各歸業蠻民皆喜慰戊辰元曲靖宣慰司征行元帥張麟行省平章劉輝等降友德遣藍玉沐英趨中慶自帥兵擊烏撒循格孤山而南以通永寧之兵初梁王以女妻大理酋段得功嘗倚其兵力後以疑殺之失大理援及達里麻敗失精甲十餘萬知事不可爲壬申走晉寧州之忽納砦焚其龍衣與左丞達的右丞驢兒夜入草舍俱自經死藍玉沐英師至板橋元右丞觀音保以城降玉等整軍入城戢軍士撫定其民胡海等之趨烏撒也元右丞實卜聚兵赤水河拒之會久雨河水暴漲郭英斬木爲筏乘夜抵敵營實卜大驚又聞大軍繼

進皆遁友德令諸軍築城版鍤方具諸蠻大集友德屯兵山岡持重以待既知士勇可用乃縱兵接戰芒部土酋長多者帥兵與實卜合鋒甚銳大軍鼓譟而前長多中槊墜馬死大軍益奮蠻衆力不支大潰斬首三千獲馬六百實卜遁友德遂城烏撒克七星關以通畢節又克可渡河於是東川烏蒙芒部諸蠻皆望風降附　是歲日本復來貢帝再卻之命禮官移書責其王示以欲征之意良懷上表言天朝有興戰之策小邦有禦敵之圖水澤之地山海之洲自有其備豈肯跪途而奉之乎其詞甚悖帝得表愠甚終鑑元氏之轍不加兵也

十五年春正月辛巳朔宴羣臣於謹身殿始用九奏樂章　曹震王弼分道取臨安諸路至威楚降元平章閻乃馬歹等壬午徵江武定諸路俱降雲南平改中慶路爲雲南府　己丑減大辟囚　帝以前元素無文字但借高昌書製蒙古字行天下而譯語難以通曉乃命翰林院侍講火原潔編修馬懿赤黑等以華言譯其語凡天文

地理人事物類服食器用靡不具載復取元祕史參考以切其字諧其聲音既成詔刊行之自是使臣往來朔漠皆能通達其情　庚戌命天下朝覲官各舉所知一人諭之曰古之薦舉者以實不以名後世徇名遺實故治不如古爾等各舉所知有一善可稱一才可錄者皆具實以聞朕將隨才用之　置貴州都指揮司治貴州宣慰司以顧成爲使其民職有司仍屬湖廣四川雲南三布政司　二月壬子河決河南命李祺往振祺功臣子帝長壻頗委任之　癸丑置雲南都指揮使司　甲寅以雲南平詔天下乙卯置雲南等處承宣布政使司治雲南府梅思祖潘元明同署司事　藍玉沐英進攻大理大理城倚點蒼山西臨洱河爲固聞王師至聚衆扼下關下關者南詔皮羅閣所築龍尾關也號極險玉等至品甸遣王弼以兵由洱水東趨上關爲犄角勢自帥衆抵下關造攻具别遣胡海由石門間道夜渡河繞出點蒼山後攀大樹緣崖而上立旗幟山間閏月癸卯昧爽

軍抵下關者望見皆踴躍讙譟蠻衆驚擾英身先士卒策馬渡關水沒馬腹將士隨之遂斬關入海麾軍自山而下緬亦於上關夾擊蠻兵潰拔其城禽其酋段世分兵取鶴慶略麗江破石門關下金齒段世至京帝傳諭曰爾父寶曾有降表朕不忍廢賜名歸仁授永昌衞鎮撫　三月庚午河決朝邑　趙俊爲工部尚書帝以國子監所藏書板歲久殘缺命諸儒考補工部督匠修治俊奉詔監理古籍始備頒軍法定律　改威楚開南路爲楚雄府命朱守仁知府事守仁招集流移均傜役建學校境內大治又改雲遠路爲孟養府　夏四月甲申遷元梁王把匝剌瓦爾密及威順王子伯伯等家屬於耽羅命禮部尚書劉仲質與儒臣定釋奠禮丙戌頒行天下學校每歲春秋仲月通祀孔子　帝自踐阼後頗好釋氏詔徵東南戒德僧數建法會於蔣山應對稱旨者輒召入禁中賜坐與講論吳印華克勤之屬皆拔擢至大官時時寄以耳目由是其徒橫甚讒毁大臣舉朝

莫敢言給事中陳汶輝上疏曰自古帝王未有搢紳緇流雜居同事可以相濟者今勳舊耆德咸思辭祿去位而緇流憸夫乃益以讒間如劉基徐達之見猜李善長周德興之被謗視蕭何韓信其危疑相去幾何哉帝不聽諸僧怙寵者遂請爲釋氏創立職官是年始置僧錄司設左右善世闡教講經覺義等皆高其品秩置道錄司亦然度僧尼道士至踰數萬大理寺卿李仕魯疏言陛下方創業凡意指所向卽示子孫萬世法程奈何捨聖學而崇異端乎亦不聽仕魯性剛介由儒術起方欲推明朱氏學以闢佛自任旣言不見用爭之力章數十上最後請於帝前曰陛下深溺其教毋惑乎臣言之不入也還陛下笏乞賜骸骨歸田里遂置笏於地帝大怒命武士捽搏之立死階下後數歲帝漸知諸僧所爲多不法有詔清理釋道二教云　壬辰免畿內浙江江西河南山東稅糧　初置錦衣衛以鎮撫司隸之罷舊所置親軍都尉府及儀鑾司時方用重刑有罪者往往下錦衣

衛鞫實添設北鎮撫司專理詔獄錦衣衛參刑獄自此始　初關先生等掠遼陽固始人高希鳳爲所得斷腕死妻劉氏罵賊死希鳳弟藥師奴亦死於亂妻李氏攜其子文殊及孤姪僧寶往高麗避難中途度不兩全以其子差長棄之挈僧寶以行及明興遼民復業李氏訪得其子同歸守夫墓希鳳季弟伯顏不花爲納哈出所殺妻郭氏自縊於馬櫪從子塔失丁爲仇誣陷死母邢氏妻金氏縊於魚隖至是事聞詔旌表爲五節婦之門　烏撒諸蠻復叛命吳復費聚征之諭勿與蠻戰於關索嶺上但分兵掩襲直擣其巢使彼奔救不暇必不敢出抗大師俟二將軍至共破之　五月新建太學成改爲國子監分六堂以館諸生曰率性修道誠心正義崇志廣業乙丑釋奠於先師孔子帝皮弁服執圭再拜獻爵又再拜退易服至彝倫堂命祭酒以下四人坐講帝親說尚書大禹皐陶謨洪範大旨命劉仲質立學規十二條合欽定九條頒賜諸生還皇后問生徒幾何帝曰數千

后曰人才衆矣諸生有廩食妻子將何所仰給於是立紅板倉積糧賜其家　丙子廣平府吏王允道言磁州產鐵元時置官歲收百餘萬斤請如舊帝曰朕聞王者使天下無遺賢不聞無遺利今民生甫定復設此必重擾杖之流海外　丁丑遣行人訪經明行修之士秋七月乙卯河決滎澤陽武　辛酉罷四輔官　乙亥傅友德沐英擊烏撒蠻大敗之斬首三萬餘級獲牛馬十餘萬水西諸部皆降宣德侯金朝興卒於會川追封沂國公謚武毅　開濟試刑部尙書濟以綜覈爲己任請天下諸司設文簿日書所行事課得失又各部勘合文移立程限定功罪又言內外議獄章奏動數千言汎濫無紀失其本情宜令諸司著成式頒示中外無用煩文出入人罪又言軍民以細故犯罪者宜即決遣數月間滯牘一清　八月丁丑朔復設科取士三年一行爲定制　皇后馬氏寢疾羣臣請禱祀求良醫后謂帝曰死生命也禱祀何益且醫何能活人使服藥不效得毋以妾

故而罪諸醫乎疾革帝問所欲言曰願陛下求賢納諫愼終如始子孫皆賢臣民得所而已丙戌崩謚曰孝慈宮人歌之曰我后聖慈化行家邦撫我育我懷德難忘懷德難忘於萬斯年毖彼下泉悠悠蒼天帝自是不復立后　秦王樉等來奔喪　己丑唐勝宗耿炳文屯田陝西　丁酉擢秀才曾泰爲戶部尙書　辛丑命徵至秀才分六科試用　營陽侯楊璟卒追封芮國公謚武信　九月己酉吏部以經明行修之士鄭韜等三千七百餘人入見令舉所知復遣使徵之賜韜等鈔尋各授布政司參政等官有差時雖復行科舉而監生與進士參用薦舉之途尤廣賢良郭有道秀才范敏稅戶人才鄭沂儒士趙翥及曾泰皆起家爲尙書其他由布衣登大僚者不可勝數
庚午葬孝慈皇后於孝陵　諸王奔喪將還帝命各以一僧與之使誦經薦福吳僧道衍在選中燕王棣與語甚合請以從至北平住持慶壽寺出入府中跡甚密時時屛人語　封李新爲崇山侯以營孝

陵功也　傅友德等分兵攻諸蠻寨之未服者土官楊苴乘隙作亂集蠻衆二十餘萬攻雲南城時城中食少士卒多病都督謝熊馮誠嬰城固守賊不能攻乃遠營爲困城計沐英自烏撒將驍騎還救至曲靖遣卒潛入報城中爲賊所得詰之卒紿曰總兵官領三十萬衆至矣賊衆驚愕拔營宵遁竄安寧羅次晉寧諸山谷中據險樹柵謀再舉英調將士分勦之斬首六萬餘級生禽四千餘人諸部悉定
詔翰林官李翀吳伯宗譯回回曆書　初帝於諫院置諫議大夫以唐鐸爲之嘗與侍臣論歷代興廢曰使朕子孫如成康輔弼如周公則可祈天永命鐸因進曰豫教元良選左右爲輔導宗社萬年福也帝又謂鐸曰人有公私故言有邪正正言務規諫邪言務謗訕鐸曰謗近忠訕近愛不爲所眩則讒佞自遠帝曰朕所行有得失非人言何由知言有善者奬而行之風聞不實亦不之罪惟讒佞面諛者不可容耳冬十月丙子罷諫院更置都察院設監察都御史八人分監

察御史爲十二道鐸官從而改焉　丙申錄囚　甲辰徐達還　趙
庸破廣東盜號鏟平王者獲賊黨萬七千八百餘人斬首八千八百
餘級降其民萬三千餘戶羣盜悉平遂詔班師　十一月戊午初置
大學士官禮部尚書劉仲質爲華蓋殿大學士檢討吳伯宗爲武英
殿大學士翰林學士宋訥爲文淵閣大學士典籍吳沈爲東閣大學
士使侍左右備顧問又置文華殿大學士徵耆儒鮑恂余詮張長年
爲之以輔導太子秩皆正五品恂等以老疾固辭遂放還　寧海人
方孝孺幼警敏讀書日盈寸鄉人目爲小韓子長從宋濂學恆以明
王道致太平爲己任以吳沈揭樞薦召見帝見其舉止端整謂皇太
子曰此莊士當老其才禮遣還孝孺克勤之子也　十二月辛卯振
北平被災屯田士卒　己亥薛顯理山西軍務
十六年春正月戊午徐達鎭北平　以烏撒烏蒙芒部三府隸四川
布政使司　帝加意太學罷祭酒李敬吳顒命禮部尚書任昂增定

監規八條遂以宋訥爲祭酒敕諭之曰太學天下賢關禮義所由出
人材所由興鄉夙學者德當體朕立教之意俾諸生有成士習丕變
又命李文忠兼領監事訥終日端坐講解無虛晷會司諫關賢上言
邇來都邑所司非人師道不立及至選貢賢愚混淆其甚者將俊秀
生員點充承差有乖育才之意昂乃奏定學校歲貢士法二月丙申
命天下府州縣學自明年始歲貢生員各一人正月至京翰林院試
經義四書義各一道判語一條中式者入監讀書不中者罰爲吏所
司教官視爲殿最　傅友德郭英等平蒙化鄧州濟金沙江取北勝
麗江前後斬首一萬三千餘級生禽二千餘人收精甲數萬船數千
艘三月甲辰詔友德及藍玉班師留沐英鎮雲南　丙寅諭戶部曰
鳳陽朕故鄉皇陵在焉昔漢高帝生於豐起於沛二縣之民終漢世
受惠朕今亦免鳳陽臨淮二縣稅糧徭役俾其民世世無所與其榜
諭之　夏四月松潘衞指揮僉事耿忠言臣所轄松潘等處安撫司

屬各長官司宜以其戶口之數量其民力歲令納馬置驛而籍其民充驛夫供徭役從之　五月庚申免畿內各府田租　雲南品甸土酋杜惠來朝命王志督兵往繕城池立屯堡置郵傳安輯其民　六月辛卯免畿內十二州縣養馬戶田租一年滁州二年　秋七月分遣御史錄囚有子犯法父賄求免者御史欲幷論其父帝曰子論死父救之情也命論其子赦其父　黃巖人陳圭父爲讎人所訴當死圭詣闕上章請代帝大喜曰不謂今日有此孝子宜赦其父俟四方朝覲官至播告之以風勵天下開濟曰罪有常刑不宜屈法開徼倖路乃聽圭代而戍其父雲南　八月壬申朔日有食之　九月癸亥申國公鄧鎭爲征南副將軍討永新龍泉山寇平之鎭愈之子也

冬十月丁丑召徐達等還　安陸侯吳復卒於普定追封黔國公諡威毅復臨陣奮發衝犯矢石體無完膚平居恂恂口不言征伐事在普定買妾楊氏年十七復死視殮畢沐浴更衣自經死封貞烈淑人

開濟敏慧有才辯凡國家經制田賦獄訟工役河渠事衆莫能裁定濟一算畫卽有條理品式可爲世守以故帝甚信任數被顧問兼預他部事人以是忌之謗議滋起濟亦深刻好以法中傷人嘗奉命定詐僞律濟議法巧密帝曰張密網以羅民可乎又設籍曰寅戌之書以程僚屬出入帝切責曰古人以卯酉爲常今使趨事者朝寅暮戌奉父母會妻子幾何時耶又爲榜戒其僚屬請揭文華殿帝曰告誡僚屬之言欲張殿廷豈人臣禮濟慚謝尋令郎中仇衍脫囚死爲獄官所發濟與侍郎王希哲主事王叔徵執獄官斃之十二月御史陶垕仲等發其事且言濟奏事時置奏劄懷中或隱而不言覘伺上意務爲兩端奸狡莫測役甥女爲婢妹早寡逐其姑而略其家財帝怒下濟獄甲午併希哲衍等皆棄市　李文忠好學問嘗師事范祖幹通曉經義釋兵家居恂恂若儒者帝雅愛重之家故多客嘗以客言勸帝少誅戮又諫帝征日本及言宦官過盛非天子不近刑人之

義以是忤旨不免譴責是冬遂得疾帝親臨視使淮安侯華中護醫藥

明紀卷第四

一珍做宋版印

明紀卷第五

賜進士出身工部候補主事虞衡司行走陳鶴纂

卹贈知府銜給雲騎尉世職內閣候補中書孫男克家參訂

太祖紀五起洪武十七年甲子訖洪武二十三年庚午凡七年

十七年春正月戊申徐達鎭北平　初倭寇金鄉平陽方鳴謙者國珍從子也習海事帝訪以禦倭策鳴謙曰倭海上來則海上禦之耳請量地遠近置衞所陸聚兵水具戰艦錯置其間俾倭不得入入亦不得傅岸則可制矣帝曰善顧安所得戍卒鳴謙曰兵興以來民甚畏卒而慕爲之若四丁籍一以爲兵民固無所苦也帝曰善壬戌命湯和巡視海上和遂請鳴謙與俱始築山東江南北浙東西沿海諸城　以雲南東川府隸四川布政使司　時薦舉法行中外大小臣工皆得推舉所知下至倉庫司局諸雜流亦令舉文學才幹之士其被薦至者又令之轉薦山林巖穴窮居之士無不獲自達於上三月

戊戌朔始更定科舉取士式命禮部頒行天下子午卯酉年鄉試辰
戌丑未年會試鄉試以八月會試以二月皆初九日爲第一場試四
書義三道經義四道四書主朱子集註易主程傳朱子本義書主蔡
沈傳及古註疏詩主朱子集傳春秋主左氏公羊穀梁及胡安國張
洽傳禮記主古註疏又三日二場試論一道判五條詔誥表內科一
道又三日三場試經史時務策五道殿試以三月朔凡國子監生府
州縣學生儒士官未入流者擇其性資敦厚文行可稱之人由有司
申舉應鄉試中式則送會試再中式應殿試自是遂爲永制而薦舉
漸輕久且廢不用矣　曹國公李文忠卒年四十六帝疑華中毒之
貶中爵放其家屬於建昌衞諸醫並妻子皆斬自爲文祭文忠追封
岐陽王謚武靖　甲子大赦天下　夏四月壬午論平雲南功進封
傅友德穎國公封陳桓普定侯胡海東川侯郭英武定侯張翼鶴慶
侯大賚將士　庚寅收陳亡遺骸　增築國子學舍　五月丙寅涼

州指揮宋晟討西番叛酋至亦集乃路禽元海道千戶也先帖木兒
國公吳把都赤剌等俘獲萬八千人送酋長京師簡其精銳千人補
卒伍餘悉放遣　先是高麗屢來貢帝以不如約卻之又留其使者
命禮部責其朝貢過期陪臣侮慢之罪六月壬辰遣司僕正崔涓禮
儀判書金進宜貢馬二千四且言金非地所產願以馬代輸餘皆如
約遼東守將唐勝宗爲之請許之尋以高麗聽命宜損其貢數令三
年一朝貢馬五十匹　秋七月戊戌禁內官預外事鑄鐵牌置宮門
中又敕諸司毋得與內官監文移往來帝謂侍臣曰宦寺與外臣交
通覘視動靜夤緣爲奸假竊威權以亂國家爲害非細故也朕爲此
禁所以戒未然耳　癸丑詔百官迎養父母者官給舟車　丁巳免
畿內今年田租之半　庚申錄囚　壬戌盱眙人獻天書斬之　八
月丙寅河決開封東月隄自陳橋至陳留橫流數十里壬申決杞縣
入巴河遣官塞之　己丑蠲河南諸省逋賦　平緬宣慰使思倫發

遣使貢獻并上元所授印詔改平緬軍民宣慰使尋命兼統麓川之地　九月免西安府旱災田租十三萬三千九百餘石　陳遇卒賜葬鍾山遇自開基之始即侍帷幄其計畫多祕不傳帝即位問保國安民至計遇對以不嗜殺人薄斂任賢復先王禮樂爲首務廷臣或有過被譴責遇力爲解每得全宥累授翰林學士中書左丞禮部侍郎尚書皆固辭自是不復强以官數臨幸其第語必稱先生或呼爲君子寵禮之隆勳戚大臣無與比者　冬十月冊李氏爲淑妃攝六宮事壽州人廣武衞指揮傑之女也未幾薨　丙子河南北平大水分遣駙馬都尉李祺等振之　閏月癸丑詔天下罪囚刑部都察院詳議大理寺覆讞後奏決建三法司於太平門外鍾山之陰命曰貫城下詔言今法天道置法司爾諸司其各慎乃事令貫索中虛庶不負朕肇建之意又謂刑官曰王良善御豈在於策周公善治豈在於刑刑者輔治之具用之不可不詳故每令三審五覆無非求其生而

已　太陰犯上將帝心惡之徐達在北平病背疽稍愈帝遣達長子允恭齎敕往勞尋召還　亦佐縣土酋安伯作亂沐英討降之因定普定廣南諸蠻通田州糧道　漏刻博士元統言曆以大統爲名而積分猶踵授時之數非所以重始敬正也況授時以至元辛巳爲曆元至洪武甲子積一百四年年遠數盈漸差天度宜修改七政運行不齊其理深奧聞有郭伯玉者精九數之理宜徵令推算以成一代之制報可擢統爲監令取授時曆去其歲實消長之說析其條例以洪武十七年爲曆元命曰大統曆法通軌　十二月壬子蠲雲南逋賦　翰林待詔朱善言民間姑舅及兩姨子女法不得爲婚讎家誑訟或已聘見絕或既婚復離甚至兒女成行有司偪奪按舊律尊長卑幼相與爲婚者有禁若姑舅兩姨子女無尊卑之嫌成周時王朝相與爲婚不過齊宋陳杞後世潘楊朱陳皆世爲婚媾溫嶠以舅子娶姑女呂滎公夫人張氏卽其母申國夫人姊女古人如此甚多願

下羣臣議弛其禁從之　左都御史詹徽言太平府民有毆孕婦至
死者罪當絞其子乞代章下大理卿鄒俊議曰子代父死情固可嘉
然死婦係二人之命犯人當二死之條與其存犯法之人孰若全無
辜之子詔從俊議　松潘八積簇老虎等寨蠻亂官兵擊破之　是
歲豫章侯胡美坐法死　初令天下朝正官各造事蹟文冊圖畫土
地人民以進
十八年春正月癸酉吏部言考察天下布按府州縣朝覲官凡四千
一百一十七人稱職者十之一平常者十之七不稱職者十之一而
貪汚闒茸者亦共得十之一帝令稱職者陞平常者復職不稱職者
降貪汚者付法司罪之闒茸者免爲民　朱善爲文淵閣大學士
二月甲辰以久陰雨雷雹詔臣民極言得失宋訥應詔陳邊事言海
內乂安惟沙漠尚煩聖慮若窮追遠擊未免勞費陛下爲聖子神孫
計不過謹邊備而已備邊在乎實兵實兵在乎屯田宜於諸將中選

謀勇數人每將以東西五百里爲率立法分屯布列要害遠近相應
遇敵則戰寇去則耕此長策也帝頗采用其言國子監博士高允憲
言察郡縣明勸戒學正陳潛夫言獎直臣簡師儒勵廉恥審用人四
事　己未魏國公徐達卒年五十四帝爲輟朝臨喪悲慟不已追封
中山王謚武寧賜葬鍾山之陰配享太廟肖像功臣廟位皆第一達
言簡慮精在軍令出不二諸將奉持懍懍而帝前恭謹如不能言善
拊循與下同甘苦士無不感恩效死以故所向克捷尤嚴戢部伍所
平大都二省會三郡邑百數閭井宴然民不苦兵歸朝之日單車就
舍延禮儒生談議終日雍雍如也帝嘗稱之曰受命而出成功而旋
不矜不伐婦女無所愛財寶無所取中正無疵昭明乎日月大將軍
一人而已　三月廷試新淦人練子寧對策力言天之生材有限陛
下忍以區區小故縱無窮之誅何以爲治帝善其意擢一甲第二
詔中外官父母没任所者有司給舟車歸其喪著爲令　乙亥免應

天太平寧國鎮江廣德滁和七府州今年田租　命天下郡縣瘞暴
骨　丙子擢廷試一甲進士丁顯等爲翰林院修撰二甲馬京等爲
編修吳文等爲檢討使進士觀政於諸司其在翰林承敕監等衙門
者曰庶吉士其在六部都察院通政司大理寺等衙門者仍稱進士
庶吉士觀政進士之名自此始　帝疑北平二司官吏李彧趙全德
等與戸部侍郎郭桓爲姦利己丑坐桓盜官糧誅之自禮部尚書趙
瑁刑部尚書王惠迪工部侍郎麥至德暨六部左右侍郎下皆死贓
七百萬詞連直省諸官吏繫死者數萬人覈贓所寄借徧天下民中
人之家大抵皆破　以劉三吾爲左贊善三吾茶陵人博學善屬文
以茹瑺薦召用時天下初平典章闕略帝銳意制作宿儒彫謝得三
吾晚悅之一切禮制及三場取士法多所刊定與汪叡朱善稱三老
國子監助教金文徵等疾宋訥構之吏部尚書余熂牒令致仕訥
陛辭帝驚問大怒夏四月丁酉誅熂文徵等留訥如故　思州諸洞

蠻作亂丙辰湯和爲征虜將軍周德興爲副將軍帥師從楚王楨討之時寇出沒不常聞師至輒竄匿山谷間退則復出剽掠和等師抵其地恐蠻人驚潰乃令軍士於諸洞分屯立柵與蠻人雜耕作使不復疑　六月戊申定外官三年一朝著爲令　秋七月甲辰王禑上表請襲爵幷請故王諡命封禑爲高麗國王賜故王顓諡恭愍　五開蠻吳面兒復反　罷普定府析其地爲三州六長官司從顧成之請也　八月庚戌馮勝傅友德藍玉備邊北平　振河南水災　郭桓之獄議者咸歸謗於上御史余敏丁廷舉以爲言帝乃手詔列桓等罪而論右審刑吳庸等極刑以厭天下心言朕詔有司除奸顧復生奸擾吾民今後有如此者遇赦不宥初貴溪儒士夏伯啓叔姪斷指不仕蘇州人才姚閏王謨被徵不至皆誅而籍其家帝患民狃元習徇私滅公戾日滋乃輯官民過犯條爲大誥其目曰攬納戶曰安保過付曰詭寄田糧曰民人經該不解物曰灑派拋荒田土曰倚法

爲奸曰空引偷軍曰黥刺在逃曰官吏長解賣囚曰寰中士夫不爲
君用至是成序之曰諸司敢不急公而務私者必窮搜其原而罪之
凡三誥所列凌遲梟示種誅者無慮千百棄市以下萬數其三編稍
寬容然所記進士監生罪名自一犯至四犯者猶三百六十四人幸
不死還職率戴斬罪治事其推原中外貪墨所起以六曹爲罪魁桓
爲誅首冬十月己丑頒其書於天下學宮以課士里置塾師教之囚
有能讀大誥者罪減等　癸卯召馮勝還　甲辰詔曰孟子傳道有
功名教歷年既久子孫甚微近有以罪輸作者豈禮先賢之意哉其
敕工部詢問凡聖賢後裔輸作者皆免之　湯和等以討禽思州渠
魁餘黨悉定留兵鎮之又擊斬九谿諸處蠻獠禽吳面兒送京師伏
誅俘獲四萬餘人諸苗始懼　十一月乙亥蠲河南山東北平田租
　十二月丙午詔有司舉孝廉　癸丑思倫發反寇景東之北吉寨
都督馮誠帥兵擊之值天大霧猝遇寇敗績千戶王昇戰死景東知

府俄陶帥其民千餘家避於大理府之白崖川帝嘉其忠遣使賜之

或告李存義父子實胡惟庸黨詔免死安置崇明善長不謝帝銜之

謫戶部尚書茹太素爲御史太素抗直不屈屢瀕於罪帝時宥之後竟坐法死

十九年春正月辛酉振大名及江浦水災

征蠻師還周德興在楚久所用皆楚卒威振蠻中定武昌等十五衞歲練軍士四萬四千八百人決荊州嶽山壩以溉田歲增官租四千三百石楚人德之及還賜賚甚厚

河南饑二月癸丑遣使振之夏四月甲辰復遣御史蔡新等檢核振濟不及者三千一百戶補給之典賣男女者官爲收贖

五月福建僧彭玉琳行腳至新淦以白蓮會惑衆謀作亂自稱晉王置官屬號年天定知縣帥民兵掩捕獲之并其黨送京師伏誅

六月甲辰詔有司存問高年貧民年八十以上月給米五斗酒三斗肉五斤九十以上歲加帛一匹絮一斤有田產者罷給米應天鳳陽

富民年八十以上賜爵社士九十以上鄉士天下富民八十以上里士九十以上社士皆與縣官均禮復其家鰥寡孤獨不能自存者歲給米六石士卒戰傷除其籍賜復三年將校陳亡其子世襲加一秩巖穴之士以禮聘遣　丁未振青州及鄭州饑　秋七月癸未詔舉經明行修練達時務之士年六十以上者置翰林備顧問六十以下於六部布按二司用之　八月甲辰命皇太子修泗州盱眙祖陵葬德祖以下帝后冕服　六安侯王志卒追封許國公諡襄簡　九月庚申屯田雲南　冬十月命官軍已亡子女幼及父母老者皆給全俸著爲令　胡惟庸之未敗也欲藉日本爲助乃厚結寧波指揮林賢陽奏賢罪謫居日本交通其君臣尋奏復賢職遣使召之密致書日本王借兵助己賢還日本遣僧如瑤帥兵卒四百餘人詐稱入貢且獻巨燭藏火藥刀劍其中既至而惟庸已敗計不行帝亦未知其狡謀也至是事露乃族賢而惡日本特甚決意絕之專以防海爲務

十二月癸未朔日有食之　自擴廓帖木兒卒故元諸臣多以次平定或望風歸附獨太尉納哈出擁衆二十萬屯金山數窺邊爲遼東患帝命馮勝分兵防邊發北平山東山西河南民運糧於大寧指揮僉事高家奴以綺布市馬於高麗　是歲湯和度地浙西東並海設諸衞所選丁壯三萬五千人築之盡發州縣錢及籍罪人貲給役役夫往往過望而民不能無擾浙人頗苦之或謂和曰民讟矣奈何和曰成遠算者不卹近怨任大事者不顧細謹復有讟者齒吾劍

二十年春正月癸丑馮勝爲征虜大將軍傅友德藍玉副之趙庸胡海等爲參將帥步騎二十萬征納哈出鄭國公常茂曹國公李景隆申國公鄧鎭等皆從勝等行帝諭曰彼情詭詐爾等且駐師通州遣人覘其出沒元兵若在慶州宜以輕騎掩其不備若克慶州全師徑擣金山納哈出不意吾師之至必成禽矣復遣故所獲納哈出部將乃剌吾奉璽書往諭降　帝以治錦衣衞獄者多非法淩虐乃焚其

刑具出繫囚送刑部審錄詔內外獄咸歸三法司罷錦衣獄　甲子
大祀南郊禮成天氣清明侍臣進曰此陛下敬天之誠所致帝曰所
謂敬天者不獨嚴而有禮當有其實天以子民之實付於君爲君者
欲求事天必先卹民卹民者事天之實也卽如國家命人任守令之
事若不能福民則是棄天之命不敬孰大焉又曰爲人君者父天母
地子民皆職分之所當盡祀天地非祈福於己實爲天下蒼生也
雲南左布政使張紞入覲治行爲天下第一特令吏部勿考賜璽書
褒之遣還任　二月壬午閱武命衛士習射於午門丹墀　師次通
州聞元兵有屯慶州者甲申藍玉乘大雪帥輕騎襲破之殺平章果
來禽其子不蘭溪　三月辛亥馮勝等出松亭關分築大寧寬河會
州富峪四城　高家奴還陳高麗表辭馬直帝敕如數償之先是遼
瀋兵起民避亂轉徙高麗帝令因市馬就索之遂以遼瀋流民三百
餘口來歸　夏四月戊子帝謂周德興曰福建功未竟卿雖老尚勉

爲朕行乃命往福州興化漳州泉州四郡相視形勢衛所城不當要害者移置之築城一十六增巡檢司四十五民戶三丁取一得萬五千餘人以充戍卒湯和亦取浙東西民戶四丁以上者以一爲戍卒得五萬八千七百餘人增置諸衛所先後築城凡五十九皆屯兵設守稽軍次定考格立賞令海防大飭　馮勝駐大寧踰兩月留兵五萬守之而以全師壓金山六月庚子臨江侯陳鏞與大軍異道相失陷敵戰死癸卯勝等兵踰金山遣使送乃剌吾還至松花河納哈出見之驚曰爾尚存乎乃剌吾述帝恩德納哈出心動遣其左丞探赤馬等獻馬且覘勝軍勝已深入至女直苦屯降其慶國公觀童納哈出出爲大軍所迫度不敵因乃剌吾請降勝使藍玉輕騎往受納哈出仰天歎曰天弗使吾有此衆矣丁未帥數百騎詣玉玉大喜飲以酒納哈出酌酒酬玉玉解衣衣之曰請服此而飲納哈出不肯服玉亦不飲爭讓久之納哈出覆酒於地顧其下咄咄語常茂麾下趙指揮

者解蒙古語密告茂納哈出將遁矣茂出不意直前搏之納哈出大驚起欲就馬茂拔刀砍其臂納哈出出傷不得去都督耿忠遂以衆擁之見勝勝重禮之使忠與同寢食納哈出將士妻子十餘萬屯松花河聞納哈出傷驚潰者四萬人勝遣觀童諭之乃降先後得其部曲二十餘萬人牛羊馬駝輜重亘百餘里　御史李原名使平緬歸言思倫發懷詐窺伺宜嚴邊備靖江王以大理印行令旨非法爲遠人所輕金齒衞指揮李觀處事寬厚蠻中愛服帝敕獎觀又諭沐英固守備而擢原名試禮部尚書遠方之事多咨之遣經歷楊大用往元江等府練兵沐英亦自永寧至大理六十里設一堡留軍屯田　馮勝師還至亦迷河復收納哈出殘卒二萬餘車馬五萬時餘衆竄匿者尚數十萬聞師旋設伏於途謀俟大軍過竄取之閏月庚申師次金山伏兵見大軍威不敢發都督濮英以奇兵三千人爲殿後至狹爲所乘衝突不能出馬踣遂見執敵既得英思挾爲質英絕食不言

乘間引佩刀剖腹死事聞贈金山侯進贈樂浪公諡忠襄　命福建備海舟百艘廣東倍之以九月會浙江捕倭既而不行　秋七月湖廣布政使何真致仕封東莞伯　馮勝等表上納哈出所部官屬二百餘人將校三千三百餘人金銀銅印一百顆虎符牌面百二十五事馬二百九十餘匹並奏常茂激變狀茂勝壻也驕穉不習事多違勝約束勝數誚責之茂應之慢勝益怒遂因納哈出事增飾其狀械繫茂至京而盡將降衆入關帝大悅使使者迎勞會有言勝多匿良馬使閽者行酒於納哈出之妻求大珠異寶王子死二日彊娶其女失降附心又失濮英三千騎茂亦訐勝過帝怒八月癸酉收勝大將軍印召還命藍玉行總兵官事　詔曹震及四川都司選精兵二萬五千人給軍器農具即雲南品甸屯種以俟征討　九月戊寅封納哈出海西侯　癸未置大寧都指揮使司　丁酉安置常茂於龍州

納哈出既降帝以故元脫古思帖木兒尚在終爲邊患丁未即軍

中拜藍玉爲征虜大將軍唐勝郭英副之耿忠孫恪爲左右參將帥
師十五萬北征沙漠　城西寧　戶部言天下稅課視舊有虧宜以
洪武十八年所收爲定額帝曰商稅多寡歲有不同限以定額豈不
病民不從　永城侯薛顯卒於山海衛贈永國公諡桓襄　先是遼
東艱軍食帝深以爲慮以都督僉事張赫朱壽習海道命督海運往
來數年軍中賴以無乏冬十月戊申封赫爲航海侯壽爲舳艫侯
命馮勝就第鳳陽奉朝請諸將士亦無賞勝自是不復將大兵矣
十一月壬午陳桓葉昇總制諸軍於雲南定邊姚安立營屯田經理
畢節衛　己丑湯和還　十二月刑部尚書唐鐸振登萊饑　高麗
奏遼東文高和定州皆其國舊壤乞就鐵嶺屯戍李原名言數州皆
入元版圖屬於遼高麗地以鴨綠江爲界今鐵嶺已置衛不宜復有
陳請帝命戶部咨高麗國王守分土毋生釁　越州土酋阿資與羅
雄州營長發束等叛阿資者土官龍海子也越州蠻呼爲苦麻部元

末龍海居之所屬俱囉囉斯種王師征南時龍海降詔以爲知州尋亂沐英禽之徙遼州至蓋州病死阿資繼其職益桀驁至是叛　致仕兵部尙書單安仁卒初尙書階正三品十三年中書省罷始進爲正二品而安仁致仕在前帝念安仁勳舊是年特授資善大夫　元將脫脫等降於藍玉　禮部主事高惟善招撫長河西魚通寧遠諸處　移思南宣慰司於鎭遠州

二十一年春正月辛巳思倫發誘羣蠻入寇馬龍他郎甸之摩沙勒寨沐英遣都督同知甯正擊破之斬首千五百餘級　甲午振青州饑逮治有司匿不以聞者　御史凌漢巡按陝西疏所部疾困數事帝善之漢鞫獄平允及還京有德漢者邀置酒欲贈以金漢曰酒可飲金不可受也帝聞嘉歎擢右都御史　三月丙戌振東昌饑　思倫發復寇定邊欲報摩沙勒之役衆號三十萬象百餘新附諸蠻皆爲盡力沐英選騎三萬馳救以輕騎三百挑之賊以萬人驅三十餘

象酋長跨巨象直前指揮張因率騎卒五十餘人爲前鋒注矢中象左膝及脅象仆射殺酋長大呼突陳衆遂卻英曰賊無能爲也乃益置火礮勁弩爲三行甲辰蠻毆百象被甲荷欄楯左右挾大竹爲筒筒置標鎗銳甚英分軍爲三都督馮誠將前軍甯正將左都指揮同知湯昭將右將戰令曰今日之事有進無退因乘風大呼礮弩並發象皆反走乘勝擣其寨昔刺亦者賊梟將也殊死鬬左軍小卻英登高望之取佩刀命左右斬帥首來左帥見一人握刀馳下恐奮呼突陳大軍乘之無不一當百蠻大敗斬馘四萬餘人生獲三十七象餘象盡殪賊渠帥各被百餘矢伏象背以死思倫發遁去　都督僉事葉旺卒於遼東旺鎮遼凡十七年翦荊棘立軍府撫輯軍民墾田萬餘頃遂爲永利　藍玉以大軍出大寧至慶州諜知元主在捕魚兒海間道兼程進夏四月乙卯至百眼井去海四十里不見敵欲引還王弼曰吾輩奉天子命提十餘萬衆深入至此無所得遽班師何以

復命玉曰然令軍士穴地而爨毋見烟火乘夜至海南敵營尚在海東北八十餘里丙辰玉令弼爲前鋒疾馳薄其營敵謂我軍乏水草不能深入不設備又大風揚沙晝晦軍行敵無所覺猝至前大驚迎戰敗之殺太尉蠻子等降其衆元主與太子天保奴數十騎遁去玉以精騎追之不及獲其次子地保奴妃公主以下百餘人又追獲吳王朶兒只代王達里麻及平章以下官屬三千人男女七萬七千餘人並寶璽符敕金牌金銀印諸物馬駝牛羊十五萬餘焚其甲仗蓄積無算又破哈剌章營獲人畜六萬　高麗王禑復表言鐵嶺之地實其世守帝曰高麗舊以鴨綠江爲界今飾辭鐵嶺詐僞昭然其以朕言諭之禑欲寇遼東使都軍相崔瑩李成桂繕兵西京成桂使千戶陳景屯艾州以糧不繼退師禑怒殺成桂之子成桂還兵攻破王城囚禑及瑩而立禑之子昌　五月甲戌朔日有食之　藍玉捷奏至帝大喜賜敕褒勞比之衛青李靖又賜地保奴等鈔幣命有司給

供具　初帝春秋寖高天下無事魏國曹國皆前卒意不欲諸將久
典兵未有以發也湯和以閒從容言臣犬馬齒長不堪復任驅策願
得歸故鄉爲容棺之墟以待骸骨帝大悅立賜鈔治第中都並爲諸
公侯治第會和築城海上未暇也既閩中並海城工竣和還報命中
都新第亦成六月甲辰和帥妻子陛辭賜黃金三百兩白金二千兩
鈔三千錠綵幣四十有副夫人胡氏賜亦稱是並降璽書褒諭諸功
臣莫得比焉和自是歲一朝京師　沐英言東川彊梁據烏山路作
亂其地重關複嶺上下三百餘里人跡阻絶須以大兵臨之甲子傅
友德爲征南將軍沐英陳桓爲左右副將軍帥師討東川叛蠻　或
言藍玉私元主妃事帝怒妃慚懼自殺地保奴出怨言帝聞之曰朕
嘗與儒臣議欲封之以盡待亡國之禮地保奴乃若是豈可使復居
內地秋七月戊寅安置地保奴于琉球　吉水解縉爲中書庶吉士
甚見愛重常侍書帝前一日帝在大庖西室諭縉朕與爾義則君臣

恩猶父子當知無不言縉卽日上封事萬言略曰臣聞令數改則民疑刑太繁則民玩國初至今將三十載無幾時不變之法無一日無過之人嘗聞陛下震怒鋤根翦蔓誅其奸逆矣未聞褒一大善賞延於世復及其鄉終始如一者也臣見陛下好觀說苑韻府雜書與所謂道德經心經者臣竊謂甚非所宜也說苑出於劉向多戰國縱橫之論韻府出元之陰氏抄輯穢蕪略無可采陛下若喜其便于檢閱則願集一二志士儒英上泝唐虞夏商周孔下及關閩濂洛根實精明隨事類別勒成一書上接經史豈非太平制作之一端歟又今六經殘闕禮記出於漢儒踳駁尤甚宜及時刪改訪求審樂之儒大備百王之典作樂書一經以惠萬世尊祀伏羲神農黃帝堯舜禹湯文武皋陶稷契夷益伊尹傅說箕子太公周公於太學孔子則自天子達於庶人通祀以爲先師而以顏曾子思孟子配自閔子以下各祭於其鄉魯之闕里仍建叔梁紇廟贈以王爵以顏路曾皙孔鯉配一

洗歷代之因仍肇起天朝之文獻豈不盛哉若夫配天宜復掃地之
規尊祖宜備七廟之制奉天不宜爲筵宴之所文淵未備夫館閣之
隆太常非俗樂之所肆官伎非人道之所爲禁絕倡優易置閹寺執
戟陛墀皆登吉士虎賁趣馬悉用俊良除山澤之禁稅蠲務鎮之征
商木輅樸居而土木之功勿起布墾荒田而四裔之地勿貪釋老之
壯者驅之俾復於人倫經呪之妄者火之俾絕其欺誑絕鬼巫破淫
祀省宂官減細縣痛懲法外之威刑永革京城之工役流十年而聽
復杖八十以無加婦女非帷薄不修毋令逮繫大臣有過惡當誅不
宜加辱治歷明時授民作事但申播植之宜何用建除之謬所宜著
者日月之行星辰之次仰觀俯察事合逆順七政之齊正此類也近
年以來臺綱不肅以刑名輕重爲能事以問囚多寡爲勳勞甚非所
以勵清要長風采也御史糾彈皆承密旨每聞上有赦宥則必故爲
執持意謂如此則上恩愈重此皆小人趨媚效勞之細術陛下何不

肝膽而鏡照之哉陛下進人不擇賢否授職不量輕重建不爲君用之法所謂取之盡錙銖置朋奸倚法之條所謂用之如泥沙監生進士經明行修而多屈於下僚孝廉人材冥蹈瞽趨而或布於朝省椎埋嚚悍之夫闒茸下愚之輩朝捐刀鑷暮擁冠裳左棄筐篋右綰組符是故賢者羞爲之等列庸人悉習其風流以貪婪苟免爲得計以廉潔受刑爲飾詞出於吏部者無賢否之分入於刑部者無枉直之判天下皆謂陛下任喜怒爲生殺而不知皆臣下之乏忠良也古者善惡鄉鄰必記今雖有申明旌善之舉而無黨庠鄉學之規互知之法雖嚴訓告之方未備臣欲求古人治家之禮睦鄰之法若古藍田呂氏之鄉約今義門鄭氏之家範布之天下世臣大族率先以勸旌之復之爲民表率將見作新於變至於比戶可封不難矣陛下天資至高合於道微神怪誕妄臣知陛下洞矚之矣然猶不免所謂神道設教者臣謂不必然也一統之輿圖已定矣一時之人心已服矣一

切之姦雄已懾矣天無變災民無患害聖躬康寧聖子聖孫繼繼繩
繩所謂得真符者矣何必興師以取寶爲名諭衆以神仙爲徵應也
哉臣觀地有盛衰物有盈虛而商稅之徵率皆定額其盈也奸黠得
以侵欺其歉也良善困於補納夏稅一也而茶椒有糧果絲有稅既
稅於所產之地又稅於所過之津何其奪民之利至於如此之密也
且多貧下之家不免拋荒之咎今日之土地無前日之生植而今日
之徵聚有前日之稅糧或賣產以供稅產去而稅存或賠辦以當役
役重而民困土田之高下不均起科之輕重無別膏腴而稅反輕瘠
鹵而稅反重欲拯困而革其弊莫若行授田均田之法兼行常平義
倉之舉積之以漸至有九年之食無難者臣聞仲尼曰王公設險以
守其國近世狃於晏安墮名城銷鋒鏑禁兵諱武以爲太平一旦有
不測之虞連城望風而靡及今宜敕有司整葺寬之以歲月守之以
里胥額設弓手兼教民兵開武舉以收天下之英雄廣鄉校以延天

下之俊乂古時多有書院學田貢士有莊義田有族皆宜興復而廣益之夫罪人不孥罰弗及嗣連坐起於秦法孥戮本於僞書今之爲善者妻子未必蒙榮有過者里胥必陷其罪況律以人倫爲重而有給配婦女之條聽之於不義則又何取夫節義哉此風化之所由也孔子曰名不正則言不順尙書侍郞內侍也而以加於六卿郞中員外內職也而以名於六屬御史詞臣所以居寵臺閣郡守縣令不應迴避鄉邦同寅協恭相倡以禮而今內外百司捶楚屬官甚於奴隸是使柔懦之徒蕩無廉恥進退奔趨肌膚不保甚非所以長孝行勵節義也臣以爲自今非犯罪惡解官笞杖之刑勿用催科督厲小有過差蒲鞭示辱亦足懲矣臣但知罄竭愚衷急於陳獻略無次序惟陛下垂察書奏帝稱其才縉嘗入兵部索皁隸語嫚尙書沈溍以聞帝曰縉以冗散自恣耶命改爲御史　安慶侯仇成有疾賜內醞手詔存問卒贈皖國公謚莊襄　改大寧都司爲北平行都指揮使司

八月癸丑徙澤潞民無業者墾河南北田賜鈔備農具復三年
丁卯藍玉師還大賚北征將士戊辰封孫恪爲全寧侯恪興祖之子
也　淩漢與詹徽議論不合每面折徽徽銜之漢左遷刑部侍郎
御製八諭飭武臣一曰守邊將士撫軍以恩二曰邊境城隍務宜高
深三曰修築城池葺理以漸四曰操練軍士習於閑暇五曰軍士頓
舍勤於點視六曰體念軍士毋以加害七曰事機之會同僚盡心八
曰沿海衞所嚴於保障　陳景來降帝聞高麗亂敕遼東嚴守備遣
人偵之　九月丙戌秦晉燕周楚齊湘魯潭九王來朝時制度未備
諸王服乘擬天子戶科給事中卓敬乘間言京師天下視效陛下於
諸王不早辨等威而使服飾與太子埒嫡庶相亂尊卑無序何以令
天下帝曰爾言是朕慮未及此甚器重之　封濮英子璵爲西涼侯
命沐英會征南將軍傅友德進討阿資英道過平夷以其山險惡
宜駐兵屯守遂遷其民於阜午村留神策衞千戶劉成將千人置堡

其地後以爲平夷千戶所　更定屯田法凡衞係衝要都會及王府護衞以十之五屯田係衞所以五之四歲得糧五百餘萬石　冬十月丁未曹震葉昇分道討東川蠻平之俘獲五千餘人　脫古思帖木兒既遁將依丞相咬住於和林行至土剌河爲其下也速迭兒所襲衆復散獨與捏怯來等十六騎偕適咬住來迎欲共往依闊闊帖木兒大雪不得發也速迭兒兵猝至縊殺之幷殺天保奴於是捏怯來失烈門等來降置之全寧衞　王禑請遜位於其子昌帝曰前聞其王被囚此必成桂之謀姑俟之以觀變　十二月壬戌進封藍玉涼國公玉長身頳面饒勇略有大將才中山開平既沒數總大軍多立功帝遇之厚寖驕蹇自恣多畜莊奴假子乘勢暴橫嘗占東昌民田御史按問玉怒逐御史北征還夜叩喜峯關關吏不時納縱兵毀關入帝聞之不樂又以元主妃事切責之初帝欲封玉梁國公以是改爲涼國玉猶不悛　安南國相黎季犛竊柄廢其主煒尋弒之立

叔明子日焜　時安南歲貢方物帝念其民勞令三年一貢象犀之屬無獻　高惟善還朝言安邊之道在治屯守而兼恩威屯守既堅雖遠而有功恩威未備雖近而無益今魚通九枝疆土及嚴州雜道二長官司東鄰碉門黎雅西接長河西自唐時吐蕃強盛寧遠安靖嚴州漢民往往爲彼驅入九枝魚通防守漢邊元初設二萬戶府仍與盤陀仁陽置立寨柵邊民戍守其後各枝帥衆攻仁陽等柵及川蜀兵起乘勢侵陵雅邛嘉等州洪武十年始隨碉門土酋歸附嚴州雜道二長官司自國朝設立迨今十有餘年官民仍舊不相統攝蓋無統制之司恣其猖獗因襲舊弊故也其近而已附者如此遠而未附者何由而臣服且嚴州寧遠等處乃古之州治苟撥兵戍守就築城堡開墾山田使近者向化而先附遠者畏威而來歸西域無事則供我徭役有事則使之先驅撫之既久則皆爲我用如臣之說其便有六通烏斯藏朵甘鎮撫長河西可拓地四百餘里得番民二千餘

戶非惟黎雅保障蜀亦永無西顧憂一也番民所處老思岡之地土瘠人繁專務貿販碉門烏茶蜀之細布博易羌貨以贍其生若於嚴州立市則此輩衣食皆仰給於我焉敢爲非二也以長河西伯思東巴獵等八千戶爲外藩掎角其勢必固然後招徠遠者如其不來使八千戶近爲內應遠爲鄉導此所謂以蠻攻蠻制邊之善道三也天全六番招討司八鄉之民宜悉蠲其徭役專令蒸造烏茶運至嚴州置倉收貯以易番馬比之雅州易馬其利倍之且於打煎爐原易馬處相去甚近而價增於彼則番民如蟻慕羶歸市必衆四也嚴州既立倉易馬則番民運茶出境倍收其稅其餘物貨至者必多又魚通九枝蠻民所種水陸之田遞年無征若令歲輸租米并令軍士開墾大渡河兩岸荒田亦可供給戍守官軍五也碉門至嚴州道路宜令繕修開拓以便往來人馬仍量地遠近均立郵傳與黎雅烽火相應庶可以防遏亂略邊境無虞六也從之

二十二年春正月丙戌改大宗正院爲宗人府以秦王樉爲宗令晉王棡燕王棣爲左右宗正周王橚楚王楨爲左右宗人　阿資等帥衆寇普安燒府治大肆剽掠傅友德帥兵擊之斬其營長普安土官普旦詣軍門降阿資倚崖壁爲寨乙未友德以精兵蹙之蠻衆皆緣壁攀崖墜死者不可勝數生禽一千三百餘人阿資遁還越州　二月己未藍玉練兵四川兼督修城池　廣西都司建譙樓青州衛造軍器皆擅科民財沈溍請凡都司衛所營作必都督府奏准官給物料毋擅役民違者治罪從之壬戌禁武臣預民事時干戈甫息武臣暴橫數扞文法至是始戢溍力也帝嘗論致治之要在進賢退不肖溍因言君子常少小人常多在上風厲之耳賢者舉而不仁者遠矣帝善其言　癸亥湖廣安福所千戶夏德忠誘九溪洞蠻爲寇葉昇同胡海等討之溍兵出賊後掩擊禽德忠送京師誅之立永定九溪二衞昇因留屯襄陽　傅友德等追擊阿資敗之斬其黨五十餘人

阿資請降　三月庚午傅友德帥諸將分屯四川湖廣防西南蠻
升普安軍民府爲軍民指揮使司　夏四月己亥徙江南民田淮南
賜鈔備農具復三年　癸丑魏國公徐允恭開國公常昇等練兵湖
廣允恭後改名輝祖昇茂之弟也　元宗室四大王者久匿山中其
下逃散略盡窮蹙詣晉王府降甲寅徙之耽羅　賜江西山東湖廣
貧民鈔戶部請造小鈔自一十文以至五十文以便民用從之遣御
史按山東官匿災不奏者　河南巡按御史許珪言開封彰德旱請
減夏稅詹徽以爲希旨要譽請罪之帝曰御史能卹民隱達下情何
罪卽命振貸蠲其稅　置詹事院以唐鐸爲詹事食尚書俸如故未
幾鐸致仕　五月辛卯置泰寧朵顏福餘三衞於兀良哈以元遼王
阿札失里爲泰寧衞指揮使塔賓帖木兒爲指揮同知脫魯忽察兒
爲朵顏衞指揮同知海撒男答奚爲福餘衞指揮同知各領其衆以
爲大寧聲援三衞地亘千餘里朵顏尤險而彊久之皆叛去　秋七

月傅友德等還　八月乙卯詔天下舉高年有德識時務者　刑部言比年條例增損不一以致斷獄失當請編類頒行俾中外知所遵守遂命翰林院同刑部官取比年所增者以類附入爲卷凡三十爲條四百有六十名例律一吏律二曰職制公式戶律七曰戶役田宅婚姻倉庫課程錢債市廛禮律二曰祭祀儀制兵律五曰宮衛軍政關津廏牧郵驛刑律十一曰盜賊人命鬬毆罵詈訴訟受贓詐僞犯姦雜犯捕亡斷獄工律二曰營造河防爲五刑之圖二首圖五曰笞杖徒流死笞刑杖刑徒刑各五流刑三死刑二又有總徒準徒安置遷徙口外爲民充軍淩遲充軍淩遲非五刑之正故圖不列次圖七曰笞杖訊杖枷杻索鐐皆有式又爲喪服之圖八養母繼母慈母皆三年兄弟妻皆小功舅姑皆斬衰三年姨之子舅之子姑之子不得相爲婚姻族親有犯視服等差定刑之輕重互爲容隱者得遞減大惡有十曰謀反謀大逆謀叛惡逆不道大不敬不孝不睦不義內亂

雖常赦不原貪墨之贓有六曰監守盜常人盜竊盜枉法不枉法坐贓當議者有八曰議親議故議功議賢議能議勤議貴議賓　九月丙寅朔日有食之　冬十一月丙寅宣德侯金鎮等練兵湖廣鎮朝興之子也　先是思倫發遣把事招綱等來言往者逆謀皆由把事刀廝郎刀廝養所爲乞貸死輸貢賦雲南守臣以聞乃遣通政司經歷楊大用齎敕往諭以修臣禮償前日兵費倫發聽命己卯貢象馬白金方物謝罪大用并令獻叛首刀廝郎等一百三十七人麓川平

海州同知陳龔福故元御史大夫福壽之子也坐事當戍帝以其父死節宥之擢爲太僕寺少卿　周王橚棄其國來鳳陽帝怒十二月甲辰命徙之雲南尋罷徙留居京師世子有燉理藩事　王弼等練兵山西河南陝西　沐英入朝賜宴奉天殿賚予甚厚遣還陛辭帝親拊之曰使我高枕無南顧憂者汝英也　是歲改給事中爲元士又改爲源士尋復爲給事中　李成桂以王禑本辛氏子其子不

可爲王氏後乃廢昌別求王氏疏屬定昌國院君瑤立之　黎季犛復弑其主日焜　捏怯來爲失烈門所襲殺衆潰詔朵顏等衛招撫之來降者益衆

二十三年春正月丁卯晉王棡燕王棣帥師征元丞相咬住太尉乃兒不花命傅友德等以北平兵從燕王王弼等以山西兵從晉王並聽節制　庚辰貴州蠻叛唐勝宗帥師討平之　乙酉齊王榑帥護衛及山東徐邳諸軍從燕王棣北征　贛州山賊復結湖廣洞蠻爲寇胡海充總兵官陳桓葉昇爲副將討平之俘獲萬七千人　命唐勝宗往黃平平越鎮遠貴州諸處訓練軍士提督屯田相機勦寇諸軍之討阿資也江陰侯吳高帥迤北降人以從至沅江衆叛由思州出荆樊道渭河欲遁歸沙漠都督聶緯何福追擊及諸酈延盡殲之高良之子也　二月國子監祭酒宋訥病甚子麟請歸私第叱曰時當丁祭敢不敬耶祭畢舁歸舍而卒年八十帝悼惜自爲文祭之

又遣官祭於家爲治葬地文臣四品給祭葬自訥始　西番入寇四
川燒黑崖關蜀王椿請於朝遣都指揮瞿能隨藍玉出大渡河邀擊
戊申平之時諸王皆備邊練士椿獨以禮教守西陲造安車賜長史
陳南賓聞義烏王紳名聘至待以客禮諮講郡學知諸博士貧分祿
餼之月一石後爲定制紳禕之子也前代兩川之亂皆內地不逞者
鉤致諸番爲患有司私市蠻中物或需索啓爭端椿請繒錦香扇之
屬從王邸定爲常貨此外悉免宣索蜀人由此安業日益殷富川中
二百年不被兵革椿力也　癸亥河決歸德州東南鳳池口逕夏邑
永城發興武等十衞士卒與歸德民併力築之罪有司不以聞者
晉王棡師至邊怯不敢進燕王棣出古北口偵知乃兒不花營迤都
山冒大雪馳進三月癸巳師次迤都去敵一磧敵不知也先遣指揮
觀童往觀童舊與乃兒不花善一見相持泣頃之大軍壓其營乃兒
不花驚欲遁觀童止之引見棣賜飲食慰諭遣還乃兒不花喜過望

遂偕咬住等來降棣獲其全部而還久之乃兒不花等以謀叛誅死

太師韓國公李善長年七十有七耄不檢下嘗欲營第從湯和假衛卒三百人和密以聞夏四月京民坐罪應徙邊者善長數請免其私親丁斌等帝怒按斌斌故給事胡惟庸家因言存義等往時交通惟庸狀會善長奴盧仲謙等告善長與惟庸通賂遺交私語吉安侯陸仲亨家奴封帖木亦告仲亨與延安侯唐勝宗平涼侯費聚南雄侯趙庸與惟庸共謀不軌或又告善長云將軍藍玉出塞至捕魚兒海獲惟庸通沙漠使者封績善長匿不以聞於是御史交章劾善長帝發怒下仲亨等於獄窮治黨與逮存義父子并捕封績鞫之　潭王梓英敏好學善屬文妃於氏都督顯女也顯與子寧夏指揮琥並坐胡惟庸黨梓不自安帝遣使慰諭且召入見梓大懼丙申與妃俱自焚死無子除其封　施南忠建二宣撫司蠻叛結寨於龍孔藍玉遣指揮徐玉將兵攻之閏月丙子禽宣撫覃大勝諸蠻退走玉復遣

兵搜捕餘黨悉平　建京師外郭周一百八十里門十有六　五月甲午遣諸公侯周德興王弼等還里賜金幣時諸勳貴稍僭肆帝頗嫉之以黨事緣坐者衆李新首建言公侯家人及儀從戶各有常數餘者宜歸有司帝是之悉發鳳陽隸籍爲民命禮部纂稽制錄嚴公侯奢侈踰越之禁於是郭英還佃戶輸稅湯和還儀從戶李景隆還莊田皆自新發之　李存義等獄具云惟庸有反謀使存義陰說善長善長驚叱曰爾言何爲者審爾九族皆滅已又使善長故人楊文裕說之云事成當以淮西地封爲王善長驚不許然頗心動惟庸又自往說善長猶不許居久之惟庸復遣存義進說善長歎曰吾老矣吾死汝等自爲之乃坐善長元勳國戚知逆謀不發舉狐疑觀望懷兩端大逆不道會有言星變其占當移大臣乙卯賜善長死幷其妻女弟姪家口七十餘人誅之子祺已前卒臨安公主從江浦祺子芳茂以公主恩得不坐芳爲留守中衞指揮茂爲旗手衞鎭撫罷世襲

陸仲亨唐勝宗費聚趙庸及滎陽侯鄭遇春宜春侯黃彬河南侯陸聚等皆坐惟庸黨誅死而已故濟寧侯顧時營陽侯楊璟淮安侯華雲龍靖海侯吳楨鞏昌侯郭興永城侯薛顯臨江侯陳德六安侯王志汝南侯梅思祖宣德侯金朝興永嘉侯朱亮祖南安侯俞通源亦皆追坐惟庸黨除其世爵時子敬亮祖次子昱及思祖家及都督毛驤等坐死者甚衆驤騏之子也帝手詔條列其罪傅著獄辭爲昭示姦黨三錄布告天下初仲亨年十七爲亂兵所掠父母兄弟俱亡持一升麥伏草間帝見之呼曰來遂從征伐至封侯帝嘗曰此我初起時腹心股肱也及下獄帝曰朕每怪其居貴位有憂色又曰費聚曩使姑蘇不稱旨朕嘗詈責遂欲反耶又歎曰使王濂在善長必不至此　詔在京官三年皆遷調著爲令以刑部尚書趙勉與戶部尚書楊靖換官工部尚書秦逵與兵部尚書沈溍換官帝諭靖曰在京獄囚卿等覆奏朕親審決猶恐有失在外各官所擬豈能盡當卿等當

詳讞然後遣官審決靖承旨研辨多所平反帝嘉納之嘗鞫一武弁門卒檢其身得大珠僚屬驚異靖徐曰僞也安有珠大如此者乎碎之帝聞歎曰靖此舉有四善焉不獻朕求悅一也不窮追投獻二也不獎門卒杜小人僥倖三也千金之珠卒然而至略不動心有過人之智應變之才四也　六月乙丑藍玉遣張龍平都勻散毛諸蠻龍尋以老疾請告　庚寅授耆民有才德知典故者官　以詹徽兼吏部尙書復以沈溍爲兵部尙書秦逵爲工部尙書　秋七月壬辰河決開封西華諸縣漂沒民舍遣使振萬五千七百餘戶　癸巳崇明海門風雨海溢壞官民廬舍漂溺者衆遣官振之發民二十五萬築隄　八月壬申詔毋以吏卒充選舉　藍玉還益祿五百石詔還鄉　振河南北平山東水災　九月庚寅朔日有食之　壬寅封桑世傑子都督僉事敬爲徽先伯　湖廣饑孝感令請以預備倉振貸冬十月己卯帝命行人馳驛往且諭戶部自今凡歲饑先發倉庾以貸

然後聞著爲令　甲申封張銓爲永定侯　十一月癸丑免山東被災田租　十二月癸亥帝諭楊靖曰愚民犯法如啗飲食設法防之犯者益衆推恕行仁或能感化自今惟犯十惡并殺人者論死餘死罪皆令輸粟北邊以自贖　壬申詔工部罷天下歲織文綺凡賞賚皆給絹帛如或闕乏就京織造秦逵言造弓箭亦擾民帝命俱於京師後湖置局造之　永寧宣撫言所轄地水道有一百九十灘其江門大灘八十二處皆石塞其流道梗不利詔曹震往疏鑿之　是歲航海侯張赫雄武侯周武並卒

明紀卷第五

明紀卷第六

賜進士出身工部候補主事虞衡司行走陳鶴纂

卹贈知府銜給雲騎尉世職內閣候補中書孫男克家參訂

太祖紀六起洪武二十四年辛未訖洪武三十一年戊寅凡八年

二十四年春正月戊申傅友德爲征虜將軍王弼郭英副之備北平邊　丁巳免山東濟兗青登萊五府被水田租　三月戊子朔日有食之　徐輝祖李景隆藍玉等備邊陝西　乙未葉昇練兵甘肅劉基之卒也帝以其長子璉爲江西參政欲大用之爲胡惟庸黨所脅墮井死帝每歲召基次子璟與章溢子允載葉琛子永道胡深子伯機入見便殿燕語如家人初基爵止及身及窮治惟庸黨帝追念基功又憫基父子皆爲惟庸所厄命璟襲父爵璟言有長兄子廌在帝大喜命廌襲封誠意伯以璟爲閤門使諭之曰考宋制閤門使卽禮儀司朕欲汝朝夕左右以宣達爲職不特禮儀也璟論說英侃喜

談兵嘗與燕王棣弈棣曰卿不少讓耶璟正色曰可讓處則讓不可
讓者不敢讓也棣默然　夏四月辛未封皇子㮵爲慶王權寧王楩
岷王橞谷王松韓王模瀋王楹安王桱唐王棟郢王㰘伊王　癸未
燕王棣督傅友德諸將出塞征哈者舍利追元遼王軍甫行友德遽
令班師敵不設備因潛師深入至黑嶺大破敵衆而還　河水暴溢
決原武黑洋山東經開封城北又東南由陳州項城太和潁州潁上
東至壽州正陽鎮全入於淮而賈魯河故道遂淤又由舊曹州鄆城
兩河口漫東平之安山元會通河亦淤　五月戊戌漢衛谷慶寧岷
六王練兵臨清　六月己未詔廷臣參考歷代禮制更定冠服居室
器用制度帝以學校爲國儲材而士子巾服無異吏胥宜更易之命
秦逵製式以進凡三易其製始定　甲子久旱錄囚　秋七月庚子
徙富民實京師　辛丑免畿內官田租之半　東川侯胡海卒　帝
以秦王樉多過失八月乙卯召還京師乙丑皇太子巡撫陝西初帝

營中都御史胡子祺上言天下形勝地可都者四河東地勢高控制
西北堯嘗都之然其地苦寒汴梁襟帶河淮宋嘗都之然其地平曠
無險可憑洛陽周公卜之周漢遷之然嵩邙非有殽函終南之阻瀍
澗伊洛非有涇渭灞滻之雄夫據百二河山之勝可以聳諸侯之望
舉天下莫關中若也帝稱善至是諭太子曰天下山川惟秦地號爲
險固汝往以省觀風俗慰勞秦父老子弟於是擇文武諸臣以從仍
申諭以宿頓聞　元諸王兀納失里居哈梅里西域回紇來貢者多
爲所遏有從他道來者又遣兵邀殺之帝聞之怒乙亥命都督僉事
劉真宋晟討之其地去肅州千餘里晟令軍中多具糧糗倍道疾馳
乘夜直抵城下四面圍之其知院岳山夜縋城降黎明金鼓聲震地
闔城股栗兀納失里驅馬三百餘匹突圍而出官軍爭取其馬兀納
失里帥家屬乘間遁去真等攻破其城斬豳王別兒怯帖木兒國公
省阿桑爾只等一千四百人獲王子別列怯收其部落輜重以歸自

是番戎慴服　西域別失八里入貢九月乙酉遣主事寛徹等以書
諭其王黑的兒火者曰曩者有宋失政天監否德於是命元世祖肇
基朔漠入統中華生民賴以安靖七十餘年至於後嗣不修國政任
用非人紀綱盡弛民生嗟怨天用是革其命屬之於朕朕躬主黔黎
凡諸亂雄違命者兵偃之順命者德撫之三十年間諸夏奠安外藩
賓服惟元臣蠻子哈刺章等尙帥殘衆生釁寇邊興師致討勢不容
已兵至捕魚兒海故元諸王駙馬帥其部屬來降有撒馬兒罕數百
人以貿易來者命官護歸已三年矣使者還王卽遣使來貢朕甚嘉
焉王其益堅事大之誠通好往來使命不絕豈不保國於悠久乎徹
等至黑的兒火者以無厚賜拘留之黑的兒火者亦元諸王也　倭
寇雷州遂溪縣雷州衛百戶李玉鎮撫陶鼎戰死事聞皆官其子
冬十月丁巳免北平河間被水田租　南豐典史馮堅上書言九事
一曰養聖躬請淸心省事不與細務以爲民社之福二曰擇老成諸

王年方壯盛左右輔導願擇取老成之臣出爲王官使直言正色以圖匡救三曰擇要荒請務農講武屯戍邊圉以備不虞四曰勵有司請得廉正有守之士任以方面旌別屬吏具實以聞而黜陟之使人勇於自治五曰褒祀典請敕有司采歷代忠烈諸臣追加封謚俾末俗有所興勸六曰省宦寺晨夕密邇其言易入養成禍患而不自知請裁去冗員可杜異日陵替之弊七曰易邊將假以兵柄久在邊圉多致縱佚請時遷歲調不使久居其任不惟保全勳臣實可防將驕卒惰內輕外重之漸八曰訪吏治廉幹之才或爲上官所忌僚吏所嫉上不加察非激勸之道請廣布耳目訪察廉貪以明黜陟九曰增關防諸司以帖委胥吏俾督所部輒加箠楚害及於民請增置勘合填寫差遣事訖繳報庶所司不輕發以病民而庶務亦不至曠廢書奏帝稱其知時務達事變又謂侍臣曰堅言惟調易邊將則未然邊將數易則兵力勇怯敵情出沒山川形勝無以備知誠得趙充國班

超者又何取數易爲哉乃擢堅左僉都御史在院頗持大體踰年卒
於任　十一月甲午五開蠻叛都督僉事茅鼎討平之　庚戌皇太
子還京師獻陝西地圖遂病病中上言經略建都事又爲秦王樉解
先是晉王棡在國亦多不法或告有異謀帝大怒欲罪之太子力救
得免至是棡隨來朝敕歸藩棡自是折節待官屬皆有禮更以恭愼
聞　辛亥振河南水災　十二月庚午周王橚復國　阿資復叛何
福爲平羌將軍帥師進討屢敗賊衆會連月淫雨水溢阿資援絶辛
巳降福擇曠地列柵以置其衆西南有木容箐賊常出沒處復調普
安衞官軍置寧越堡鎭之　是年天下郡縣賦役黃冊成計戶千六
十八萬四千四百三十五丁五千六百七十七萬四千五百六十一
占城入貢以其國有篡逆事卻之　虞部郎中王國用上言李善
長與陛下同心出萬死以取天下勳臣第一生封公死封王男尚公
主親戚拜官人臣之分極矣藉令欲自圖不軌尚未可知而今謂其

欲佐胡惟庸者則大謬不然人情愛其子必甚於兄弟之子安享萬
全之富貴者必不僥倖萬一之富貴善長與惟庸猶子之親耳於陛
下則親子女也使善長佐惟庸成不過勳臣第一而已矣太師國公
封王而已矣尙主納妃而已矣寧復有加於今日且善長豈不知天
下之不可倖取當元之季欲爲此者何限莫不身爲虀粉覆宗絕祀
能保首領者幾何人哉善長胡乃身見之而以衰倦之年身蹈之也
凡爲此者必有深讎激變大不得已父子之閒或至相挾以求脫禍
今善長之子祺備陛下骨肉親無纖芥嫌何苦而忽爲此若謂天象
告變大臣當災殺之以應天象則尤不可天下聞之謂功如善長且
如此四方因之解體也今善長已死言之無益所願陛下作戒將來
耳帝得書竟不加罪書解縉所草也縉又爲同官夏長文草疏劾都
御史袁泰泰深銜之時近臣父皆得入覲縉父開至帝謂曰大器晚
成若以而子歸益令進學後十年來大用未晚也縉遂罷官家居

曹震至瀘州按視有支河通永寧乃鑿石削崖令深廣以通漕運又
闢陸路作驛舍郵亭駕橋立棧自茂州一道至松潘一道至貴州以
達保寧先是行人許穆言松州地磽瘠不宜屯種戍卒三千糧運不
給請移戍茂州俾就近屯田帝以松州控制西番不可動至是運道
既通松潘遂爲重鎮
二十五年春正月戊子周王橚來朝　庚寅河決陽武氾水陳州中
牟原武封邱祥符蘭陽陳留通許太康扶溝杞十一州縣有司具圖
以聞發民丁及安吉等十七衞軍民塞之免被水田租　何福與茅
鼎會兵徇五開未行畢節諸蠻復叛大掠屯堡殺吏士福令畢節諸
衞嚴備而檄都督陶文等從鼎擣其巢禽叛酋僇之分兵盡捕諸蠻
建堡設戍乃趨五開　辛丑宥見繫死囚四百四十八人令還鄉里
備資輸粟北邊贖罪　壬寅晉王棡燕王棣楚王楨湘王柏來朝
二月戊午召李景隆等還京師葉昇等練兵河南及臨鞏甘涼延慶

茅鼎等平五開蠻何福請因兵力討水西奢香不許　庚辰詔天下衞所軍以十之七屯田　三月癸未馮勝等十四人分理陝西山西河南諸衞軍務　庚寅改封豫王桂爲代王漢王楧爲肅王衞王植爲遼王　夏四月壬子藍玉追逃寇祁者孫遂略西番罕東之地　癸丑建昌衞指揮月魯帖木兒叛合德昌會川迷易柏興邛部幷西番土軍萬餘人殺官軍掠屯牛燒營屋劫軍糧帥衆攻城指揮使安的以所部軍出戰敗之斬八十餘級賊退屯阿宜河轉攻蘇州指揮僉事魯毅帥精騎出西門擊之賊衆大集毅且戰且卻復入城拒守賊圍城毅乘閒遣壯士入賊營斫賊賊乃驚遁　丙子皇太子標薨帝御東閣門召對羣臣慟哭翰林學士劉三吾進曰皇孫世適承統禮也禮官議期喪請以日易及當除服帝不忍禮官再請始釋服視朝太子爲人友愛秦晉諸王數有過輒調護之帝初撫李文忠沐英等爲子或以事督過之太子輒告高后爲解其仁慈天性然也嘗

令宮臣傅藻等編春秋本末三十卷　戊寅聶緯及都督徐司馬瞿
能等討月魯帖木兒侯藍玉還並聽節制　五月辛巳藍玉至罕東
宋晟徇阿真川土酋哈昝等遁去玉遂趨建昌　己丑振陳州原武
水災　六月戊午封俞通淵爲越巂侯通源既坐黨帝念廷玉通海
功故有是命　西平侯沐英聞皇太子薨哭極哀初高皇后崩英哭
至嘔血至是感疾丁卯卒於鎮年四十八軍民巷哭遠夷皆爲流涕
歸葬京師追封黔寧王謚昭靖英沈毅寡言笑好賢禮士撫卒伍有
恩未嘗妄殺在雲南百務具舉簡守令課農桑墾田至百萬餘畝滇
池險浚而廣之通鹽井之利以來商旅辦方物以定貢稅視民數以
均力役疏節闊目民以便安　以甯正爲左都督鎮雲南　秋七月
庚辰秦王樉復國　癸未瞿能帥各衛兵至雙狼寨禽僞千戶段太
平等賊衆大潰月魯帖木兒敗遁能督兵追捕攻托落寨拔之轉戰
而前進至打沖河三里所與月魯帖木兒遇大戰又敗之俘其衆五

百餘人溺死者千餘官軍入德昌能遂調指揮同知徐凱分兵入普濟州搜捕復駕橋於打沖河遣指揮李華引兵追托落寨餘孽進至水西斬賊把事七人其截路寨土蠻長沙納的皆中矢死能還攻天星臥漂諸寨皆克之先後俘斬千八百餘人月魯帖木兒遁入柏興州　高麗李成桂威權日甚王瑤慮禍及己與近臣圖之事泄成桂遂廢瑤自立徙瑤於原州王氏自五代後唐時傳國數百年至是絕岢嵐州學正吳從權山陰縣教諭張桓給由至京帝召問民閒疾苦皆言職在課士民事無所與帝怒曰宋胡瑗爲蘇湖教授其教兼經義治事漢賈誼董仲舒皆起田里敷陳時務唐馬周不得親見太宗且教武臣言事今既集朝堂朕親詢問俱無以對志聖賢之道者固如是乎命竄之遠方榜示天下學校以爲鑒戒　八月己未江夏侯周德興坐事誅　丁卯馮勝傅友德帥常昇等分行山西籍民爲軍立衞屯田築東勝城於河州東受降城之東設十六衞與大同相

望　初賜勳臣公侯丞相以下莊田多者百頃諸王千頃又賜公侯
暨武臣公田又賜百官公田以租入充祿指揮沒於陳者皆賜公田
勳臣莊佃多倚威扞禁帝每召諸臣戒諭之甲戌給公侯歲祿歸賜
田於官又更定百官祿正一品月俸米八十七石以下遞減至未入
流月三石俱米鈔本折兼支自後爲永制　丙子靖寧侯葉昇坐胡
惟庸黨誅昇藍玉姻也玉敗復連及以故名隸兩黨云　九月庚寅
立孫允炆爲皇太孫太子第二子也居喪毀瘠帝撫之曰而誠仁孝
顧不念我乎　初帝命太子省決章奏太子性仁厚於刑獄多所減
省至是以命太孫太孫亦佐以寬大帝授以大明律諭曰愚民無知
若於本條下卽註寬卹之令必易而犯法故以廣大好生之意總列
名例律中善用法者會其意可也太孫請更定畸重者五條帝覽而
善之太孫又請曰明刑所以弼教凡與五倫相涉者宜皆屈法以伸
情乃命改定七十三條復諭曰吾治亂世刑不得不重汝治平世刑

自當輕也帝嘗大怒有所誅譴退朝太孫進曰如得其情哀矜勿喜是或一道也帝意解邏者獲盜七太孫目之言於帝曰六人者盜其一非是訊之果然帝問何以知之對曰周禮聽獄色聽爲先此人眸子瞭然顧視端詳必非盜也帝喜曰治獄貴通經信哉　工部尚書秦逵坐事自殺　詔求精曉曆數之士數往知來試無不驗者爵封侯太學生山東周敬心上疏極諫略曰臣聞國祚修短在德厚薄不在曆數三代而下最久莫如漢唐宋最短莫如秦隋五代其久也以有道其短也以無道陛下膺天眷命救亂誅暴然神武威斷則有餘寬大忠厚則不足陛下若效兩漢之寬大唐宋之忠厚講三代所以有道之長則帝王之祚可傳萬世何必問之孤方小道之人臣又聞陛下連年遠征出北沙漠爲恥不得傳國璽耳昔楚平王時琢卞和之玉至秦始名爲璽歷代遞嬗以迄後唐治亂興廢皆不在此石敬瑭亂潞王攜以自焚則秦璽固已毀矣敬瑭入洛更以玉製晉亡入

遼遼亡遺於桑乾河元世祖時扎剌爾者漁而得之今元人所挾石
氏璽耳昔者三代聖王不知有璽天下治安享國長久秦始制璽不
旋踵而亡故曰聖人大寶曰位何以守位曰仁陛下奈何忽天下之
大璽而求漢唐宋之小璽耶方今戶口雖多而勞民已甚倉廩雖實
而民窮者多教化薄而民不悅法度嚴而民不從昔汲黯言於漢武
帝曰陛下內多欲而外施仁義奈何欲效唐虞之治今國則願富兵
則願強城池則願高深宮室則願壯麗土地則願廣人民則願衆於
是多取軍卒廣籍資財征伐不休營造無極如之何其可也臣又見
洪武十二年錄天下官吏十三年連坐胡黨十九年逮官吏積年爲
民害者二十三年大戮官民妄立罪名不分臧否其中豈無忠臣烈
士善人君子偶入詿誤之中者昔秦隋元魏好殺不已至於滅絕漢
時誤殺一孝婦東海枯旱三年今四方水旱連年見告未必不由殺
戮無辜感傷和氣之所致也疏入報聞　方孝孺以薦召至帝曰今

非用孝孺時除漢中府教授日與諸生講學不倦蜀王椿聞其賢聘爲世子師每見陳說道德椿尊以殊禮名其讀書之廬曰正學　李成桂遣使以國都評議司表來請命帝以高麗僻處東隅非中國所治令禮部移諭果能順天道合人心不啓邊釁使命往來實爾國之福我又何誅旣成桂請更國號帝命仍古號曰朝鮮成桂後更名旦　冬十月乙亥沐春襲封西平侯鎭雲南英長子也　藍玉帥兵至柏興州十一月甲午遣百戶毛海以計誘致月魯帖木兒幷其子胖伯縛送京師誅之盡降其衆因奏四川地曠山險控扼西番松茂碉黎當土番出入之地馬湖建昌嘉定俱爲要道宜增置屯衞報可復請籍民爲兵討朶甘百夷不許命班師　十二月甲戌馮勝傅友德兼太子太師藍玉兼太子太傅餘兼官有差　閏月戊戌馮勝爲總兵官傅友德副之練兵山西河南兼領屯衞　戶部尙書趙勉坐贓下獄誅死勉劉三吾壻也三吾引退許之未幾復爲學士　徽安陸

知州余彥誠下吏以徵稅愆期故也州民楊幺等伏闕乞留帝賜宴遣還幺等亦與宴時帝操重典繩羣下守令坐小過輒逮繫其部民走闕下乞留旋遣還且加賞賚有因以超擢者　是冬大寒修河役遂罷　曹震請於雲南大寧境就井煑鹽募商輸粟以贍邊又令商入粟雲南建昌給以重慶綦江市馬之引又請蠲馬湖逋租又施州衛軍儲仰給湖廣泝江險遠請以重慶粟順流輸之皆報可震在蜀久諸所規畫並極周詳蜀人德之

二十六年春正月戊申免天下耆民來朝　都督僉事徐司馬討越巂還至成都卒司馬好文學性謙厚所至撫循士卒甚得衆心在河南尤有惠政戰功不及何文輝而雅量過之並稱賢將　二月丁丑晉王棡統山西河南軍出塞召馮勝傅友德常昇王弼等還　涼國公藍玉之在軍也擅黜陟將校進止自專帝數譙讓及兼太子太傅玉不樂居宋穎兩公下曰我不堪太師耶比奏事多不聽益怏怏乙

西錦衣衞指揮蔣瓛告玉謀反下吏鞫訊獄辭云玉同景川侯曹震
鶴慶侯張翼舳艫侯朱壽東莞伯何榮及吏部尚書詹徽侍郎傅友
文謀爲變將以帝出耕耤日舉事獄具族誅之列侯以下坐黨夷滅
者普定侯陳桓東平侯韓勳懷遠侯曹興全寧侯孫恪宣寧侯曹泰
西涼侯濮璵東川侯胡玉徽先伯桑敬都督黃輅湯泉馬俊王誠聶
緯王銘許亮謝熊汪信蕭用楊春張政祝哲陶文茅鼎其餘不可勝
數於是勇力武健之士芟夷略盡罕有存者榮眞之子勳政之子泰
良臣之子玉海之子也初郭興季弟德成性通敏嗜酒兩兄積功至
列侯而德成止驍騎舍人帝以寧妃故欲貴顯之辭曰臣性躭麴蘖
庸闇不能事事位高任重不治上殆殺我人生貴適意但多得錢飲
醇酒足矣帝稱善寵遇益厚嘗侍宴後苑醉匍匐脫冠謝帝顧見德
成髮種種笑曰醉風漢髮如此非酒過耶德成仰首曰臣猶厭之盡
薙始快帝默然德成醒大懼遂剃髮衣僧衣唱佛不已帝謂寧妃曰

始以汝兄戲言今實爲之眞風漢也及黨事起坐死者相屬德成竟得免　蜀王椿來朝重定諸王見東宮儀朝見後於內殿行家人禮以諸王皆尊屬也時諸王多擁重兵不法太孫嘗坐東角門與伴讀修撰黃子澄慮之子澄對曰諸王護衛兵纔足自守儻有變臨以六師其誰能支漢七國非不強卒底亡滅大小強弱勢不同而順逆之理異也太孫是之　己丑頒逆臣錄於天下凡列名者一公十三侯二伯云　三月辛亥代王桂帥護衛兵出塞聽晉王節制　耿炳文練兵陝西　丙辰馮勝傅友德備邊山西北平其屬衛將校悉聽晉王燕王節制庚申詔二王軍務大者始以聞時帝念邊防甚且欲諸子習兵事諸王封並塞居者皆預軍務而棡與棣尤被重寄寧王權就藩大寧在喜峯口外古會州地東連遼左西接宣府爲巨鎭帶甲八萬革車六千所屬朶顏三衛騎兵皆驍勇善戰權數會諸王出塞以善謀稱　會寧侯張溫以居室器用僭上獲罪壬戌坐藍玉黨誅

死　夏四月乙亥孝感饑遣使乘傳發倉貸之諭戶部曰歲荒民饑必俟奏請道途往返遠者動經數月民之饑死者多矣自今遇歲饑先貸後聞著爲令　戊子周王橚來朝　庚寅旱詔羣臣直言得失省獄囚令天下郡縣以雨澤之數聞　黎季犛之弒其主煒也仍以煒名入貢朝廷不知而納之及是始覺丙申命廣西守臣絕其朝貢季犛懼　初百官聞祖父母伯叔兄弟喪俱得奔赴吏部言祖父母伯叔兄弟皆係期年服若俱令奔喪守制或一人連遭五六期喪或道路數千里則居官日少更易繁數曠官廢事今後除父母及祖父母承重者丁憂外其餘期喪不許奔赴但遣人致祭從之　吏部主事翟善署部事善明於經術奏對合帝意帝曰善雖年少氣宇恢廓他人莫及也欲爲營第於鄉善辭又欲除其家戍籍善曰戍卒宜增豈可以臣破例帝益以爲賢　六月遼東都指揮使司奏朝鮮國招引女直五百餘人潛渡鴨綠江欲入寇乃遣使勅諭示以禍福高麗

王曰懼上表陳謝并械送逋逃軍民三百八十餘人至遼東　秋七
月甲辰朔日有食之　戊申選秀才張宗濬等隨詹事府官分直文
華殿侍皇太孫　八月秦晉燕周齊五王來朝　九月癸丑代肅遼
慶寧五王來朝　詔曰藍賊爲亂謀泄族誅者萬五千人自今胡黨
藍黨槩赦不問　東宮缺官命廷臣舉孝弟敦行者工部尚書嚴震
直以浦江鄭氏對帝曰朕素知鄭更聞其里王氏亦倣鄭氏家法可
用以勵天下乃徵兩家子弟年三十以上者悉赴京擢鄭濟爲春坊
左庶子王懃爲右庶子又以泰州教諭門克新爲左贊善克新秩滿
來朝召問經史及政治得失直言無隱故擢之　冬十月丙申擢國
子監生劉政龍鐔等爲行省布政按察兩使及參政參議副使僉事
等官　十二月頒永鑑錄於諸王　是歲李新督有司開臙脂河於
溧水以通浙漕免丹陽輸輓及大江風濤之險民甚便之　郁新爲
戶部尚書夏原吉爲主事新重原吉才諸曹事悉委任焉有劉郎中

者忌之會新劾諸司怠事者帝欲宥之新持不可帝怒問誰教若新頓首曰堂後書算生帝乃下書算生於獄劉郎中遂言教尙書者原吉也帝曰原吉能佐尙書理部事汝欲陷之耶劉郎中與書算生皆棄市

二十七年春正月辛酉李景隆爲平羌將軍鎭甘肅　初帝選耆民運鈔糴米以備振濟卽令掌之謂之預備倉議者以粟藏久致腐宜貸於民而收其新者是月遣使發倉穀貸貧民　三月辛丑徐輝祖及安陸侯吳傑備倭浙江傑復之子也　庚戌課民樹桑棗木棉甲子以四方底平命工部收兵甲褁而藏之示不復用　帝觀蔡氏書傳象緯運行與朱子詩傳相悖其他註與鄱陽鄒季友所論有未安者夏四月徵致仕國子監博士錢宰助教靳權編修張美和訓導蕭岐等訂正之又集諸家之說足其未備命劉三吾總其事書成賜名書傳會選頒行天下　五月安南遣使由廣東入貢帝怒遣官詰

責卻其貢黎季犛益懼　秋八月甲戌吳傑張銓帥致仕武臣備倭廣東　乙亥諭工部陂塘湖堰可蓄洩以備旱潦者皆因其地勢修治之遣國子監生及人材分行天下督吏民修水利　丙戌階文軍亂甯正爲平羌將軍討之　九月徐輝祖節制陝西沿邊諸軍　廣州左衛都指揮同知花茂上言廣東南邊大海姦宄出沒東莞筍岡諸縣逋逃蜑戶附居海島遇官軍則詭稱捕魚遇番賊則同爲寇盜飄忽不常難於訊詰不若籍以爲兵庶便約束又請設沿海依山廣海碣石神電等二十四衛所築城浚池收集海島隱料無籍等軍仍於山海要害地立堡屯軍以備不虞皆從之　山東有司言日照民江伯兒母病割脇肉以療不愈禱於岱嶽神願殺子以祀而母瘳竟殺其三歲兒帝大怒曰父子天倫至重今小民無知乃滅絕倫理如此命逮伯兒杖之百遣戍海南因命禮部定旌表孝行事例尚書任亨泰議曰人子事親居則致其敬養則致其樂有疾則醫藥籲禱迫

切之情所得爲也臥冰割股事非恆經割股不已至於割肝割肝不已至於殺子違道傷生莫此爲甚儻因此而致墮宗絕祀不孝尤大宜嚴行戒諭其必不得已而臥冰割股者亦聽其所爲不在旌表之例制曰可　寰宇通衢書成凡天下道里之數東距遼東都司東北至三萬衞西極四川松潘衞南距雲南金齒南踰廣東崖州東南至福建漳州府北暨北平大寧衞西北至陝西甘肅縱一萬九百里橫一萬一千七百五十里四裔之驛不與　置四川行都指揮使司治建昌衞　冬十一月乙丑穎國公傅友德賜死友德喑啞跳盪身冒百死自偏裨至大將每戰必先士卒故所至立功子忠尙壽春公主女爲晉世子濟熺妃帝以公主故錄其孫彥名爲金吾衞千戶　阿資復叛沐春曰此賊積年逋誅者以與諸土酋姻婭輾轉亡匿今悉發諸酋從軍縻縶之而多設營堡制其出入授首必矣與何福帥兵踰越州營於城北遣壯士伏於歧路以羸卒挑戰賊悉衆出伏起大

敗之阿資脫身遁　藍玉之誅也傅友德內懼定遠侯王弼謂友德曰上春秋高旦夕且盡我輩奈何語聞於帝十二月乙亥賜弼死是歲永平侯謝成亦坐事死

二十八年春正月階文寇平甯正以兵從秦王樉征洮州叛番番懼而降　阿資亡山谷中沐春使人結曲靖土官千戶阿保張琳詗知所在樹壘斷其糧道賊困甚何福潛引兵屯赤窩鋪遣百戶張忠等擣賊巢遂禽阿資並誅其黨二百四十人越州平　是月晉王棡周王橚帥山西河南諸衞軍出塞築城屯田燕王棣帥總兵官周興出遼東塞　時元功宿將相繼略盡宋國公馮勝功最多數以細故失帝意嘗築稻場瘞甒其下以碌碡碾之取其聲鞳鞳走馬其旁以爲樂有樊父者勝兄國用妻家也有所干索於勝勝不予遂告勝家居不法場下悉瘞兵器二月丁卯帝召勝賜之酒是夕暴卒諸子皆不得嗣　己丑諭戶部編民百戶爲里婚姻死喪疾病患難富者助財

貧者助力春秋耕穫通力合作以教民睦　三月秦王樉薨諡曰愍妃王氏殉元河南王擴廓帖木兒之妹也　谷王橞就藩宣府以劉璟爲左長史　六月壬申詔諸土司皆立儒學　周興及宋晨等自開原至忽剌江部長西陽哈遁與等追之辛巳至甫答迷城不及而還　己丑御奉天門諭羣臣曰朕起兵至今四十餘年灼見情僞懲創奸頑或法外用刑本非常典後嗣止循律與大誥不許用黥刺剕劓閹割之刑臣下敢以請者置重典又曰朕罷丞相設府部都察院分理庶政事權歸於朝廷嗣君不許復立丞相臣下敢以請者置重典皇親惟謀逆不赦餘罪宗親會議取上裁法司祇許舉奏毋得擅逮勒諸典章永爲遵守　常茂之謫龍州也土官知州趙帖堅卒從子宗壽襲職帖堅妻黄氏以愛女與茂爲小妻而持土官印不出與長壻太平州土官李圓泰及茂共擅州事數陵逼宗壽會茂病卒宗壽以計取土官印黄使人告宗壽擄掠與圓泰劫茂妾往太平盡掠

趙氏祖父官誥諸物又欲併取龍州之地乃自至京告宗壽從子不
應襲宗壽亦上章言狀帝命宗壽勿問下吏議黃及圓泰罪既而以
遠蠻俱釋之或構蜚語謂茂實未死宗壽所言皆妄帝怒責宗壽獻
茂自贖如茂果死即親帥大小頭目至京具陳其實又命致仕尚書
唐鐸往諭宗壽久不至廣西布政司言其拒命又言南丹奉議等蠻
梗化秋八月丁卯都督楊文爲征南將軍指揮韓觀及宋晟爲副帥
師討龍州吳傑及江陰侯吳高俱從征觀成之子高良之子也　戊
辰信國公湯和卒年七十追封東甌王謚襄武和晚年益爲恭慎入
聞國論一語不敢外泄媵妾百餘病後悉資遣之所得賞賜多分遺
鄉曲見布衣時故交遺老歡如也時諸功臣先後麗法稀得免者和
獨享壽考以功名終　辛巳唐鐸言常茂實病死趙宗壽亦伏罪來
朝詔楊文移兵征奉議南丹諸州叛蠻仍命鐸參軍事　九月丁酉
免畿內山東秋糧　庚戌頒皇明祖訓條章於中外後世有言更祖

制者以姦臣論　閏月翟善坐事降宣化知縣　冬十月師至奉議州蠻寇聞官軍至悉焚廬舍走山谷據險自固楊文督將士屢攻破之復調參將劉真等分兵攻南丹左副將軍韓觀等討都康向武富勞上林諸州縣破其更吾蓮花大籐峽等寨斬向武土官黃世鐵十一月乙亥諸蠻悉平唐鐸會諸將相度形勢請設奉議衞及向武河池懷集武仙賀縣諸處守禦千戶所鎮以官軍皆報可　先是安南復詭詞入貢帝不欲勞師遠征乃納之及大軍出帝命任亨泰及監察御史嚴震直使安南諭以討趙宗壽之故令陳日焜愼守邊境毋助逆毋納叛人又遣前尚書楊靖諭令輸米八萬石饟軍黎季犛輸一萬石饋金千兩銀二萬兩言龍州陸道險遠請運至憑祥洞靖不可令輸二萬石於沲海江因劾季犛觀望時已移兵征向武諸蠻乃令輸二萬石而免其所饋金銀　十二月壬辰詔河南山東桑棗及二十七年後新墾田毋徵稅　是冬郡邑交奏凡開塘堰四萬九百

八十七處　是年崇山侯李新坐事誅
二十九年春二月癸卯征虜前將軍胡冕討郴桂蠻平之　寧王權言近者騎兵巡塞見有脫輻遺於道上恐有邊警辛亥命燕王棣選精騎巡大寧全寧沿河南北蹤跡所在掩擊之周世子有燉帥師巡北平關隘　三月辛酉楚王楨湘王柏來朝　甲子燕王棣敗元兵於徹徹兒山禽其將孛林帖木兒等數十人追至兀良哈禿城遇哈剌兀又戰敗之乃還　以漢儒董仲舒從祀孔子廟廷罷楊雄從祀從行人司副楊砥之言也　秋八月丁未免應天太平五府今年田租　初同州王朴爲吏科給事中以直諫忤旨罷復起御史性鯁直數與帝辨是非不肯屈一日遇事爭之彊帝怒命戮之及市召還諭曰汝其改乎對曰陛下不以臣爲不肖擢官御史奈何摧辱至此使臣無罪安得戮之有罪又安用生之臣今日願速死耳帝大怒趣命行刑過史館大呼曰學士劉三吾志之某年月日皇帝殺無罪御史

朴世竟戮死　九月乙亥召致仕武臣二千五百餘人入朝大賚之各進秩一級　冬十二月思明土官黃廣成言自元設思明總管府所轄左江州縣東上思州南銅柱爲界元征交阯去銅柱百里立永平寨萬戶府置兵戍守令交人給其軍元季喪亂交人攻破永平寨越銅柱二百餘里侵奪思明屬地丘溫如嶅慶遠淵脫等五縣逼民附之以是五縣歲賦皆土官代輸乞敕安南還臣舊封帝許之命行人陳誠呂讓往諭安南　是年罷大理寺

三十年春正月甲戌耿炳文爲征西將軍郭英副之巡西北邊　丁卯置行太僕寺於山西北平陝西甘肅遼東設少卿丞擇致仕指揮千百戶爲之定牧馬草場　己巳楊文屯田遼東初遼王植就藩廣寧以宮室未成蹔駐大淩河北樹柵爲營及是乃命文繕治之增其雉堞以嚴邊衞復圖西北沿邊要害示植與寧王權西自寧夏河西察罕腦兒東抵鴨綠江北至大漠凡荒曠地非軍民屯種者聽諸王

駙馬放牧往來以時練兵防寇　沔縣人高福興與田九成僧李普治謀爲亂教諭王樸知之言於漢中衛衛發兵捕普治獲之次陽平關之土門賊大集逆戰官軍敗賊遂入略陽殺知縣呂昌焚徽州殺學正顏敘彬陝蜀番民皆響應詔耿炳文移兵討之　遣官諭黑的兒火者曰前遣寬徹往爾國通好何故至今不返吾於爾國未嘗拘留一人近年回回入境令於中國互市俟徹歸放還而諸人言有父母妻子吾念其至情悉縱遣之今使使諭爾俾知朝廷德意毋梗塞道路致啓兵端徹乃得還　水西蠻叛二月庚寅都督僉事顧成爲征南將軍討之　初廣東歲運鹽八十萬餘引於廣西召商中買所運纔十之一嚴震直請分三十萬餘引貯廣東募商入粟廣西乏糧衛所而支鹽鬻之江西之南安贛州吉安臨江四府從之廣鹽行於江西自此始　會試天下舉人劉三吾偕紀善白信蹈主考取泰和宋琮等五十一人北士無預者三月殿試閩縣陳䢵第一賜進士及

第出身有差　庚辰古州上婆洞蠻林寬作亂犯龍里守禦所燒門
急攻千戶吳得鎮撫井孚開門奮擊皆戰死寬遂犯新化突至平茶
千戶紀達帥壯士禦之突陳殺數人以槍橫挑一人擲之流矢中臂
拔矢復戰賊驚曰是平茶紀蒙耶始遁去蒙蠻語謂官也　刑部署
尚書夏恕都察院署左僉都御史司中等請改反逆律從漢法夷三
族帝曰古者父子兄弟罪不相及漢仍秦舊其法太重卻其奏不行
古州蠻復熾夏四月己亥都指揮齊讓爲平羌將軍討之　壬寅
顧成會何福平水西蠻斬其酋居宗必登　五月壬子朔日有食之
乙卯命楚王楨帥師湘王柏爲副討古州蠻　諸生言劉三吾等
主會試有私帝怒命侍講張信等復閱不稱旨或言信等故以陋卷
進呈三吾等實屬之帝益怒悉誅信蹈及信郯等三吾琮皆遣戍帝
親閱諸卷取任伯安等六十一人皆北士六月復殿試擢韓克忠第
一時謂之南北榜　時茶禁方嚴駙馬都尉歐陽倫數遣私人販茶

出境所至繹騷家奴周保者尤橫呼有司科民車至數十輛大吏不敢問過河橋巡檢司捶辱司吏吏不堪以聞帝大怒己酉賜倫死保等皆伏誅　秋七月左都御史楊靖賜死靖公忠有智略善理繁劇治獄明察而不事深文坐爲鄉人改訴寃狀爲御史所劾觸帝怒至死年三十八時論惜之　致仕兵部尚書唐鐸卒於京師命有司護其喪歸葬　八月丁亥河決開封城三面受水詔改作倉庫於滎陽高阜以備不虞　甲午李景隆爲征虜大將軍練兵河南　九月庚戌耿炳文禽高福興幷其黨悉誅之宥脅從者四千餘人爲軍　初麓川俗不好佛有僧至自雲南善爲因果報應之說思倫發信之又有金齒戍卒逃入其境能爲火銃火礮思倫發喜其技能俾繫金帶與僧俱位諸部長上部長刀幹孟等不服遂與其屬叛攻騰衝戊辰思倫發挈其家走雲南沐春送之京師　古州蠻久未平楚王楨請饟三十萬又不親莅軍帝詰責之命城銅鼓衞乙亥楊文爲征虜將

軍代齊讓未幾讓禽林寬送京師誅之　冬十月戊子以遼東軍饟贏羨第令遼軍屯種其地而罷海運　辛卯耿炳文練兵陝西　乙未重建國子監先師廟成　十一月癸酉沐春爲征虜前將軍何福及都督僉事徐凱爲副帥雲南四川諸衞兵討刀幹孟遣思倫發歸駐潞江招諭其部衆敕春先遣人諭刀幹孟迎其主如不從則聲罪討之　陳誠等至安南議久不決以譯者言不達意誠自爲書諭陳日焜黎季犛執不從廷臣議其抗命當誅帝曰蠻人相爭自古而然彼怙頑不悛終必取禍姑待之　刀幹孟既逐思倫發而懼遣人詣沐春請入貢春以聞　是冬蔡河徙陳州先是河決由開封東北行至是下流淤又決而之南　是歲始置雲南按察司　初帝命刑官取大誥條目撮其要略謂之律誥至是書成刊布中外而大誥所載諸峻令不復輕用其後罪人率援大誥以減等亦不論其有無矣

三十一年春正月乙丑遣使之山東河南課耕　三月乙酉倭寇山

東寧海州百戶何福戰死殺鎮撫盧智寧海衛指揮陶鐸擊敗之浙江都指揮言倭賊二千餘入寇海澳寨楚門千戶王斌鎮撫袁潤等皆戰死詔發兵出海追捕　辛丑楊文平林寬餘黨召還　月魯帖木兒之叛也麽些蠻賈哈喇從之月魯帖木兒死賈哈喇遁據卜木瓦寨其地峻險三面陡絶下臨大江江流悍急不可行舟惟一道僅通人行官軍至輒自上投石不得進及是徐凱討之斷其汲道寇窮促甲辰凱督將士抵其寨力攻破之禽賈哈喇送京師伏誅麽些蠻平　初晉王棡病浦江戴思恭療之愈至是復發薨帝怒命逮治王府諸醫思恭從容進曰臣前奉命視王疾嘗啓王毒在膏肓恐復作不可療今果然矣諸醫由是得免詔謚棡曰恭　初朝鮮遣人賀正旦帝以表文語慢詰責之逮其撰表人鄭總等既復以表涉譏訕拘其使夏四月庚辰廷臣請發兵討之帝不許　沐春以兵送思倫發於金齒檄刀幹孟來迎不應春乃令何福瞿能將兵五千踰高良公

山直擣南甸大破之斬其酋刀名孟回軍擊景罕寨賊憑高據險堅
守不下官軍糧械俱盡福使人告急五月春帥五百騎往救乘夜渡
潞江丁未抵寨下帥騎馳躪揚塵蔽天賊不意大軍至驚懼遂破之
乘勝擊崆峒寨賊夜潰前後降者七萬人將士欲屠之春不可刀幹
孟乞降帝以其狡詐不許命春侯變討之　甲寅帝不豫　戊午楊
文總北平都司行都司燕谷寧三府護衛兵從燕王棣郭英總遼東
都司遼府護衛兵從遼王植備禦開平俱聽燕王棣節制　閏月癸
未帝疾大漸乙酉崩於西宮年七十一　遺詔曰朕膺天命三十有一
年憂危積心日勤不怠務有益於民奈起自寒微無古人之博知好
善惡惡不及遠矣今得萬物自然之理其奚哀痛之有皇太孫允炆
仁明孝友天下歸心宜登大位內外文武臣僚同心輔政以安吾民
喪祭儀物毋用金玉孝陵山川因其故毋改作天下臣民哭臨三日
皆釋服無妨嫁娶諸王臨國中毋至京師諸不在令中者推此令從

事　辛卯太孫卽位　葬高皇帝於孝陵廟曰太祖　詔行三年喪
羣臣請以日易月帝曰朕非效古人亮陰不言也朝則麻冕裳退則
齊衰杖絰食則饘粥郊社宗廟如常禮遂命定儀以進　解縉入臨
京師有司劾縉違詔旨謫河州衞吏已而禮部侍郎董倫薦之召爲
翰林院待詔帝在東宮習知翰林院檢討陳性善名及卽位擢爲禮
部侍郎薦起流人薛正言韓宜可等數人一日帝退朝獨留性善賜
坐問治天下要道使手書以進性善盡所言悉從之已爲有司所格
性善進曰陛下不以臣不肖猥承顧問旣僭塵聖聽許臣必行未幾
輒改事同反汗何以信天下帝爲動容　丙申詔文臣五品以上各
舉所知非其人者坐之　六月省幷州縣革冗員　戶部侍郎卓敬
密疏言燕王智慮絶倫雄才大略酷類高帝北平形勝地士馬精彊
金元所由興今宜徙封南昌萬一有變亦易控制翌日召問敬叩首
曰臣所言天下至計願陛下察之事竟寢　兵部侍郎齊泰爲本部

尚書黃子澄爲太常卿同參軍國事　秋七月召方孝孺爲翰林院侍講帝好讀書每有疑卽召使講解臨朝奏事臣僚面議可否或命孝儒就扆前批答之　詔行寬政赦有罪蠲逋賦　燕周齊湘代岷諸王相煽動流言聞於朝帝謂黃子澄曰先生憶昔東角門之言乎子澄頓首曰不敢忘退而與齊泰謀泰欲先圖燕子澄曰不然周齊湘代岷諸王在先帝時尚多不法削之有名且周王橚燕之母弟削周是翦燕手足也時橚亦有異謀長史王翰數諫不納陽狂去八月橚次子汝南王有爋告變帝使李景隆以備邊爲名猝至開封圍王宮執橚歸京師廢爲庶人徙雲南蒙化已復召還京錮之　詔興州營州開平諸衛軍全家在伍者免一人天下衛所軍單丁者放爲民

九月雲南總兵官西平侯沐春卒於軍年三十六謚惠襄春在鎭七年大修屯政闢田三十餘萬畝鑿鐵池河灌宜良涸田數萬畝民復業者五千餘戶爲立祠祀之何福爲征虜將軍代春討刀幹孟

冬十月癸惑守心　十一月詔求直言舉山林巖穴懷才抱德之士
壽州學訓導劉亨言六卿秩卑於五府當並爲一品國子祭酒師表
天下士位不當在太僕下諸將子弟宜設武學教以事上使下之道
帝嘉納之擢武進縣丞　前都督府斷事高巍言高皇帝分封諸王
比之古制既皆過當諸王又率多驕逸不法違犯朝制不削朝廷綱
紀不立削之則傷親親之恩賈誼曰欲天下治安莫如衆建諸侯而
少其力今盍師其意勿行鼂錯削奪之謀而效主父偃推恩之策在
北諸王子弟分封於南在南子弟分封於北如此則藩王之權不削
而自削矣臣又願益隆親親之禮歲時伏臘使人饋問賢者下詔褒
賞之驕逸不法者初犯容之再犯赦之三犯不改則告太廟廢處之
豈有不順服者哉書奏帝領之竟弗能用　帝一日有疾視朝晏御
史尹昌隆疏諫曰高皇帝雞鳴而起昧爽而朝未日出而臨百官故
能庶績咸熙天下乂安陛下嗣守大業宜追繩祖武兢兢業業憂勤

萬幾今乃卽於宴安日上數刻猶未臨朝羣臣宿衞疲於候伺曠職
廢業上下懈弛播之天下非社稷福也左右請以疾諭之帝曰直諫
難得不可沮也其以疏宣示天下使知朕過　工部侍郎張昺爲北
平布政使指揮僉事謝貴張信掌北平都指揮使司並受密命察燕
陰事　十二月癸卯何福破斬刀幹孟降其衆七萬分兵徇下諸寨
麓川地悉定思倫發始得還　賜天下明年田租之半釋黥軍及囚
徒還鄉里　吏部尚書茹瑺罷爲河南布政使召張紞代之紞在雲
南凡十七年土地貢賦法令條格皆所裁定民間喪祭冠婚咸有定
制務變其俗雲南人遵用之

明紀卷第六

明紀卷第七

賜進士出身工部候補主事虞衡司行走陳鶴纂

卹贈知府銜給雲騎尉世職內閣候補中書孫男克家參訂

惠帝紀（起建文元年己卯訖建文四年壬午凡四年）

恭閔惠皇帝建文元年春正月癸酉受朝不舉樂　庚辰大祀天地於南郊奉太祖配　詔脩太祖實錄以禮部侍郎兼翰林院學士董倫王景爲總裁官太常寺少卿廖昇高遜志侍講學士方孝孺副之國子監博士王紳教授胡子昭楊士奇訓導羅恢吏目程本立等爲編纂官　二月追尊皇考曰孝康皇帝廟號興宗妣常氏曰孝康皇后尊母呂氏爲皇太后立妃馬氏爲皇后子文奎爲皇太子詔告天下舉遺賢賜民高年米肉絮帛鰥寡孤獨廢疾者官爲收養重農桑興學校考察官吏振罹災貧民旌節孝瘞暴骨蠲荒田租衛所軍戶絕者除勿句　封弟允熥爲吳王允熞衡王允熙徐王　詔諸王毋

得節制文武吏士　更定官制改大學士爲學士改六部尙書爲正一品設左右侍中正二品位侍郎上都察院設都御史一人革僉都御史改通政司爲寺使爲卿通政參議爲少卿寺丞增置左右補闕左右拾遺各一人復置大理寺詹事府增少卿丞各一人賓客二人又置資德院資德一人資善二人翰林院仍設承旨改侍讀學士侍講學士爲文學博士設文翰文史二館改中書舍人爲侍書以隸翰林又設文淵閣待詔升光祿寺少卿丞太僕寺少卿丞鴻臚寺少卿丞品秩以行人隸鴻臚寺升國子監丞爲堂上官增置親王賓輔等官升布政使爲正二品　三月釋奠於先師孔子　罷天下諸司不急務　都督宋忠調緣邊官軍屯開平選燕府護衛精壯隸忠麾下召護衛胡騎指揮關童等入京復調北平永清左右衛官分駐彰德順德徐凱練兵臨清耿瓛練兵山海關瓛炳文之子也　刑部尙書暴昭戶部侍郎夏原吉等二十四人充採訪使分巡天下獎廉平黜

貪墨便宜行事　甲午京師地震詔求直言尹昌隆上疏謂奸臣專政陰盛陽微謫見於天是以地震疏入謫福寧知縣　初帝以太孫監國仁厚好文中外屬望獨燕王棣心不平常懷窺覬及削藩議起僧道衍勸棣反棣曰民心向彼奈何道衍曰臣知天道何論民心乃進相士袁珙及卜者金忠棣意益決陰選將校句軍卒收材勇異能之士令道衍練兵後苑穴地作重屋繚以厚垣密甃瓴甋瓶缶日夜鑄軍器畜鵝鴨亂其聲張信之受密詔也其母知之大驚曰不可汝父嘗言王氣在燕汝無妄舉滅家族暴昭以採訪至北平得燕不法狀密以聞請預爲備時告訐四起湘王柏膂力過人握刀槊弓矢馳馬若飛夏四月或告柏謀反遣使卽訊柏懼無以自明闔宮焚死謚曰戾無子封除齊王榑性凶暴多行不法代王桂性暴皆廢爲庶人錮榑京師幽桂大同戶部侍郎郭任言天下事先本後末則易成今日儲財粟備軍實果何爲者乃北討周南討湘舍其本而末是圖非

策也且兵貴神速苟曠日持久銳氣既竭將坐自困耳棣聞而惡之棣世子高熾及其弟高煦高燧以奔太祖喪在京師未還棣佯狂稱疾上書乞遣三子歸國高煦勇悍無賴入其舅徐輝祖廄竊善馬以逃輝祖追之不及乃以聞輝祖由是見親信齊泰欲遂收高熾等黃子澄曰不若遣歸使彼不疑乃並遣之帝疑棣遂反以問都督徐增壽增壽頓首曰燕王先帝同氣富貴已極何故反增壽輝祖弟也子澄與泰相語曰今事勢如此安可不斷明日入言曰今所慮者獨燕王耳宜因其稱病襲之帝猶豫曰朕即位未久連黜諸王若又削燕何以自解於天下子澄對曰先人者制人毋為人制帝曰燕王智勇善用兵雖病恐難猝圖乃止高熾等至北平棣喜曰吾父子復得相聚天贊我也高煦於途中輒殺民吏至涿州又擊殺驛丞於是朝臣舉以責燕北平僉事湯宗告按察使陳瑛受燕王金錢通密謀逮謫廣西燕長史葛誠奏事京師帝召見問府中事具以實對六月西平

侯沐晟奏岷王楩不法廢爲庶人徙漳州己酉燕山護衞百戶倪諒
上變燕旗校於諒周鐸伏誅詔讓棣逮王府官校棣遂稱疾篤盛暑
擁鑪坐呼寒甚張昺謝貴等入問疾葛誠言王實無病將爲變又密
疏聞於帝伴讀余逢辰爲棣所信任得聞異謀乘閒力諫不聽逢辰
貽書其子誓必死秋七月昺貴部署在城七衞及屯田軍士列九門
防守將執棣誠與護衞指揮盧振約爲內應又約宋忠及都指揮馬
宣等以兵來會昺庫吏李友直知其謀密以告棣張信三造燕邸辭
不見信乘婦人輿入拜牀下頓首曰殿下無恙朝廷密敕臣執殿下
殿下意果無他幸從臣歸命京師即有意宜告臣棣見信誠爲泣下
告以密謀立召道衍定計令指揮張玉朱能潛納勇士八百人入府
守衞癸酉匿壯士端禮門僞縛官校置廷中將付使者紿昺貴入執
之俱不屈死誠振亦被殺夷其族逢辰復泣諫殺之遂舉兵反張玉
等夜攻九門克其八獨西直門不下都指揮彭二躍馬呼市中曰燕

王反從我殺賊者賞集兵千餘人將攻端禮門健士從府中出格殺
二衆遂散指揮唐雲謂西直門守者曰天子已聽王自制一方汝等
急退後者戮雲年最長素信謹衆信之亦散宋忠未至北平聞變退
保懷來馬宣走薊州都指揮余瑱走居庸北平人杜奇以才雋聞棣
徵入府奇因極諫當守臣節棣怒斬之參政郭資副使墨麟僉事呂
震等俱降於棣北平所屬州縣官朱寧周縉等皆棄官遁燕山衛卒
儲福不食死棣自署官屬上書指泰子澄爲奸臣稱其師曰靖難陷
通州遵化密雲用張玉計遣朱能東攻薊州丙子陷之宣及鎮撫會
濬俱戰死己卯陷居庸關度忠必來爭帥精兵八千卷甲倍道趨懷
來令將卒招其父兄子弟之在忠麾下者忠倉卒布陳未成棣麾兵
渡河鼓譟進忠及余瑱俱被執不屈死都指揮孫泰中流矢裹創力
鬬與都指揮彭聚俱沒於陳將校百餘人被俘皆死無一降者永平
千戶郭亮指揮趙彝等叛降於棣壬辰谷王橞自宣府奔京師耿炳

文爲征虜大將軍駙馬都尉李堅都督甯忠爲左右副將軍帥師討棣祭告天地宗廟社稷削棣屬籍詔曰邦家不造骨肉周親屢謀僭逆去年周庶人橚潛爲不軌辭連燕齊湘三王朕以親親故止正橚罪今年齊王榑又與棣柏同謀柏伏罪自焚死榑已廢爲庶人朕以棣於親最近未忍窮治其事今乃稱兵構亂圖危宗社獲罪天地祖宗義不容赦是用簡發大兵往致厥罰咨爾中外臣民軍士各懷忠守義與國同心掃玆逆氛永安至治尋命吳傑吳高耿瓛顧成徐凱平安及都指揮盛庸潘忠楊松李友陳暉分道並進置平燕布政使司於真定以暴昭掌之　八月己酉耿炳文兵次真定徐凱屯河閒潘忠楊松屯鄚州先鋒九千人駐雄縣張玉言於棣曰潘楊勇而無謀可襲而俘也棣命玉將親兵先抵樓桑值中秋大軍方宴會不設備壬子棣夜渡白溝河圍雄縣甲寅拔其城屠之忠松自鄚州來援棣使副千戶譚淵帥壯士千餘人伏月漾橋人持茭草一束蒙頭通

鼻息忠等過即出據橋忠等戰敗趨橋不得渡被執棣遂據鄭州玉
以輕騎覘炳文軍還言軍無紀律其上有敗氣宜急擊棣引兵西至
無極李堅與戰勝負略相當詔封堅灤城侯予世券棣顧諸將議所
嚮諸將以大軍盛請屯新樂玉曰彼雖衆皆新集我軍乘勝徑趨真
定破之必矣棣喜曰吾倚玉足濟大事時大軍號三十萬至者十三
萬半營滹沱河南半營河北大軍部校張保叛降於棣備告虛實棣
懼與河北軍戰河南軍且乘之也乃縱保歸使張燕軍勢壬戌炳文
果移軍盡渡河軍甫移燕兵驟至循城蹴擊炳文軍不得成列遂大
敗斬首三萬朱能與敢死士三十騎追奔至滹沱河躍馬大呼突大
軍軍數萬人皆披靡騎卒薛祿刺堅墮馬及甯忠顧成皆被執械送
堅北平道卒甯忠亦死成遂降棣解其縛曰此天以爾授我也吳傑
亦爲燕軍所敗炳文收兵入真定堅守棣攻之三日以炳文老將未
易下解圍去　燕兵之起也帝召遼王植寧王權植渡海歸京師改

封荊州權不至詔削其護衛　帝聞耿炳文敗憂甚黄子澄謂勝敗常事不足慮因薦李景隆可大任齊泰極言不可不聽丁卯景隆爲征虜大將軍代炳文將兵五十萬北伐賜通天犀帶帝親推輪餞之江滸令一切便宜行事劉璟高巍等並參軍事　九月戊辰朔吳高耿瓛楊文帥遼東兵圍永平高巍自請使燕令休兵歸藩代朝廷十萬師帝壯其言許之巍至燕自稱國朝處士上書極陳禍福且言大喪未終毒興師旅其與夷齊泰伯讓國求仁之義不大逕庭乎雖大王有肅清朝廷之心天下不無篡奪嫡統之議卽幸而不敗謂大王何如人哉書屢上棣不報　御史韓郁言諸王親則太祖遺體貴則孝康皇帝手足尊則陛下叔父乃豎儒偏見病藩封太重疑慮太深於是周王廢湘王焚齊代相繼被摧爲計者必曰兵不加則禍必稔今燕舉兵兩月矣前後調兵不下五十萬而一矢無獲將不效謀士不效力徒使中原赤子困於轉輸九重之憂方深也諺曰親者割之

不斷疏者續之不堅陛下幸垂洞鑒興滅繼絕釋代王之囚封湘王之墓還周王於京師迎楚蜀爲周公俾各命世子持書勸燕罷兵守藩慰宗廟之靈明詔天下篤厚親親宗社幸甚帝亦不聽　李景隆貴公子不知兵惟自尊大諸宿將多怏怏不爲用棣聞朝廷以景隆代耿炳文大喜曰昔漢高止能將十萬景隆何才乃以五十萬付之是自坑其衆也吾破之必矣炳文子駙馬都尉璿勸炳文直擣北平未發景隆乘傳至德州炳文遂受代歸戊寅景隆合兵進營河間棣語諸將曰景隆色厲而中餒聞我在必不敢遽來不若往援永平以致其師吳高怯不任戰我至必走然後還擊景隆堅城在前大兵在後必成禽矣乃命道衍顧成輔高熾居守丙戌帥師援永平吳高走追擊敗之高退保山海關棣與諸將議曰曩余巡塞上見大寧諸軍剽悍吾得大寧斷遼東取邊騎助戰大事濟矣遂定計襲大寧大寧守將都督劉真陳亨入松亭關將攻遵化棣自劉家口間道出冬十

月壬寅抵大寧詭言窮蹙來求救單騎入城執寧王權手大慟具言不得已起兵故求代草表謝罪權不爲備棣令北平銳卒伏城外吏士稍稍入城陰結兀良哈三衞部長及諸戍卒居七日辭去權祖之郊伏兵起擁權行三衞彍騎及諸戍卒一呼畢集指揮使朱鑑不能禦力戰死之長史石撰憤詈不屈支解死指揮房寬劉才副千戶朱榮皆降初亨欲降燕憚都指揮卜萬不敢發棣貽萬書盛稱萬而故洩之眞眞執萬下獄死眞聞大寧被兵還救亨與指揮徐理陳文等以夜二鼓襲眞營眞單騎走廣寧亨等遂降棣盡拔諸軍及三衞騎卒挾權而南大寧城爲空景隆聞棣遠攻大寧辛亥引兵圍北平築壘九門都督瞿能與其子帥精騎千餘攻張掖門垂克景隆忌其功令候大軍同進於是燕人夜汲水沃城及旦冰凝不可登時城中兵少棣妃徐氏激勸將校士民妻皆授甲登陴固守百戶梁銘戰尤力乙卯棣至會州始立五軍張玉將中軍鄭亨何壽副之朱能將左軍

朱榮李濬副之李彬將右軍徐理孟善副之徐忠將前軍陳文吳達副之房寬將後軍和允中毛整副之丁巳入松亭關十一月庚午次孤山邏騎還報曰白河流澌不可渡棣禱於神至則冰合乃濟師景隆遣都督陳暉偵敵道左出燕軍後棣分軍還擊之暉衆爭渡河冰忽解溺死無算辛未景隆及燕兵戰於鄭村壩棣以精騎先破七營諸將繼至景隆敗棣乘勝抵城下城中兵鼓譟出內外夾攻景隆不能支宵遁翼日九壘猶固守燕兵次第破四壘諸軍聞景隆走皆潰景隆還德州亡士卒十餘萬　乙亥棣復上書自訴極詆齊泰黃子澄帝乃解二人任以謝燕而陰留之京師仍參密議景隆遺棣書言泰子澄已竄可息兵棣不聽　十二月景隆調兵德州期以明年春大舉棣乃謀侵大同曰攻大同彼必赴救大同苦寒南軍脆弱且不戰疲矣庚申降廣昌　是年黎季犛弒其君日焜立其子容又弒容立其弟𭴬方在襁褓中復弒之大殺陳氏宗族而自立更姓名為胡

一元名其子蒼曰胡查謂出帝舜裔胡公後僭國號大虞年號元聖尋自稱太上皇傳位查
二年春正月丙寅朔詔天下來朝官勿賀　燕兵陷蔚州二月癸丑至大同代王欲應燕都督陳質持之不得發李景隆自德州出紫荊關往救棣已還軍居庸景隆兵多凍餒死者不見敵而還質復取蔚州及廣昌　保定知府雒僉叛降燕　甲子復以都察院爲御史府詔曰國家有惟正之供而江浙賦獨重蘇松官田凖私租起科特以懲一時頑民豈可爲定則以重困一方今悉與減免畝不得過一斗有司違者罪之　三月丙寅朔日有食之　殿試天下貢士吉水胡廣對策有親藩陸梁人心搖動語帝親擢廣第一賜名靖而王艮次之又次李貫三人皆同里並授修撰預修太祖實錄及類要時政記諸書一時大著作皆綜理之靖子祺之子也　錦衣衛鎮撫楊本從李景隆討燕有功景隆忌之不以聞約日出戰又不爲援本劾景

隆喪師辱國遂以孤軍獨出爲燕所禽後被殺帝以景隆權尚輕遣中官齎璽書賜黃鉞弓矢專征伐夏四月景隆大誓師於德州進兵河間與郭英吳傑平安期會白溝河張玉言於棣曰兵貴神速請先據白溝以逸待勞乙卯棣營蘇家橋夜大雨平地水三尺及棣臥榻兵端火光如毬上下相擊金鐵錚錚弓絃自鳴景隆合軍六十萬列陳河上平安預伏萬騎河側己未棣由西北循河而進將渡伏兵發棣曰平安豎子耳往歲從出塞識我用兵今當先破之及戰不能挫安瞿能及其子奮擊所向披靡棣帥將士馳入陳戰至暝棣軍敗夜迷失道從者僅三騎下馬伏地視河流辨東西始知營壘所在庚申復戰安擊敗燕將房寬陳亨棣見事急親冒矢石力戰景隆揮騎繞出棣後飛矢如雨棣三易馬矢盡揮劍劍折不可擊阻於隄幾爲瞿能所獲力走登隄陽引鞭若招後繼者景隆疑有伏不敢前會高煦帥精騎數千至直前決戰棣乃得脫去日暮能復引衆搏戰大呼滅

燕斬馘數百越巂侯俞通淵指揮滕聚亦帥衆來會燕將士皆失色棣奮然曰吾不進敵不退有戰耳會旋風起折景隆大將旗陳動棣乃以勁卒突出其背乘風縱火煙燄漲天能父子通淵聚皆力戰死有王指揮者常乘小馬軍中呼小馬王被重創脫胄付其僕曰吾爲國捐軀以此報家人立馬植戈而死駙馬都尉胡觀被執觀海之子也安與朱能戰亦敗官軍大亂崩聲如雷死者數萬溺死者十餘萬人郭英潰而西景隆潰而南盡喪其所賜璽書斧鉞單騎走德州高巍南走至臨邑遇山東參政鐵鉉相持痛哭共趨濟南偕都督盛庸及宋參軍等誓以死守燕兵乘勝進攻德州五月辛未景隆奔濟南癸酉棣陷德州收其儲蓄百餘萬勢益張遂攻濟南庚辰景隆敗績於城下南走棣遂圍濟南鉉庸悉力禦之　六月黃子澄等謀遣使議和以怠燕尚寶司丞李得成慷慨請行己酉遣之得成見棣於濟南城下棣不聽圍益急隄水灌城築長圍晝夜攻擊鐵鉉以計焚其

攻具閉出兵奮擊又遣千人出城詐降棣大喜軍中皆懽呼銨伏壯
士城上俟棣入下鐵板擊之別設伏斷橋既而失約棣未入城板驟
下棣驚走伏發橋倉卒不可斷棣鞭馬馳去憤甚百計進攻銨固守
不下得成歸以辱命下吏已而釋之　秋八月癸巳承天門災詔求
直言從方孝孺議改謹身殿爲正心殿午門爲端門端門爲應門承
天門爲皐門前門爲路門　燕兵圍濟南凡三月道衍馳書曰師老
矣不如且歸會平安營單家橋謀出御河奪燕饟舟又選善水卒五
千人渡河將攻德州棣聞之懼戊申盛庸鐵銨乘夜出兵掩擊燕衆
大敗解圍去庸銨乘勝復德州宋參軍說銨直擣北平銨以卒困甚
不果初棣意得濟南斷南北道卽畫疆守金陵不難圖故乘銳力攻
期於必拔而竟爲銨等所挫帝聞大悅遣官慰勞賜金幣　九月詔
錄洪武功臣罪廢者後　辛未封盛庸爲歷城侯擢鐵銨山東布政
使參贊軍務尋進兵部尚書以庸爲平燕將軍陳暉平安副之馬溥

徐眞爲左右參將庸屯德州安及吳傑屯定州徐凱屯滄州相犄角以困北平　冬十月召李景隆還赦不誅御史大夫練子寧言於帝曰壞陛下事者此賊也臣備員執法不能爲朝廷除賣國奸死有餘罪即陛下赦景隆必無赦臣宗人府經歷宋徵御史葉希賢皆抗疏言景隆失律喪師懷二心宜誅黃子澄亦請正其罪以謝天下帝皆不聽　徐凱方城滄州棣陽出兵攻遼東至通州循河而南命徐理陳旭造浮橋於直沽以濟師晝夜兼行戊午破滄州執凱掠其輜重命譚淵給牒散降卒未遣者三千餘人淵一夜盡殺之曰此曹皆壯士不殺必爲後患棣怒之曰如爾言當盡殺敵敵可盡乎淵進略獻縣知縣向朴集民兵與戰被執懷印死棣遂自長蘆渡河過德州遣人至城下招盛庸庸堅壁不出陰令輕騎躡棣後棣擊敗之十一月壬申掠臨清十二月甲午犯濟寧丁酉襲破庸將孫霖於滑口庸與鐵鉉屯兵東昌以邀之背城而陳乙卯棣帥兵直前薄庸軍左翼不

動復衝中堅庸開陳縱棣入圍之數重以火器勁弩殲燕兵朱能見
事急帥周長等殊死鬬棣乘閒突圍出張玉不知棣所在突入陳中
力戰格殺數十人被創死丙辰復戰又敗之棣以百騎殿走館陶自
棣稱兵犯順南北日尋干戈王師克捷未有如東昌者庸軍勢大振
檄吳傑平安自真定合擊燕遮其歸路
三年春正月辛酉朔凝命神寶成告天地宗廟御奉天殿受朝賀
吳傑平安兵敗於威縣乙丑又敗於深州棣兵遂還北平既至諸將
叩頭請罪棣曰勝負常事不足計恨失張玉耳艱難之際喪我良輔
因泣下不能止　丁丑享太廟告東昌捷復齊泰黃子澄官　李景
隆更用事忌盛庸等功讒閒之徐增壽亦數以京師虛實輸於燕
棣恥東昌之敗意欲稍休道衍力趣之曰臣前言師行必克但費兩
日耳兩日者昌也自此全勝矣二月乙巳復帥衆南出保定三月辛
巳盛庸營於夾河棣將輕騎來覘掠陳而過庸遣千騎追之爲燕兵

所射卻及戰庸軍列盾以進棣令步卒先攻騎兵乘閒馳入庸麾軍力戰大軍陳動塵起譚淵遽前搏戰馬蹶都指揮莊得斬之朱能張武帥衆殊死鬭棣自以勁騎貫陳與能合得及都指揮楚智阜旗張等戰死皆驍將也得故隸宋忠懷來之敗一軍獨全智戰輒奮勇人望旗幟股栗至是馬陷被執死張逸其名或曰張能力挽千斤每戰輒麾阜旗先驅死時猶執旗不仆庸軍少卻會日暮各斂兵入營棣以十餘騎逼庸營野宿壬午旦起視已在圍中乃從容引馬鳴角穿營而去諸將倉卒相顧愕眙不敢發一矢是日復戰庸軍西南棣軍東北自辰至未互勝負兩軍皆疲將士各坐息復起戰忽東北風大起飛塵蔽天庸軍士面迎沙礫不辨物棣軍乘風大呼左右橫擊庸大敗走還德州吳傑平安自真定引軍與庸會未至八十里聞敗引還棣回軍追之戰於單家橋安奮擊大破之禽其將薛祿無何逸去丁亥都督何福援德州　帝聞盛庸軍敗大懼癸巳詔竄齊泰黃

子澄於外諭燕罷兵子澄微服由太湖至蘇州與知府姚善倡義勤
王　吳傑平安以兵襲棣閏月戊戌遇於槀城己亥戰於滹沱河破
之安於陳中縛木爲樓高數丈戰酣輒登樓望發強弩射燕軍矢集
棣旗如蝟毛死者甚衆忽大風起發屋拔樹聲如雷都指揮鄧戩陳
鵬等陷敵中傑安敗績還保真定棣使人送旗北平諭世子謹藏以
示後世顧成見而泣曰臣自少從軍今老矣多歷戰陳未嘗見若此
也　棣兵略真定順德廣平大名吳傑平安盛庸分兵擾其饟道棣
患之癸丑上書言比聞齊泰黃子澄已竄逐請悉召還傑等而後息
兵方孝孺曰燕兵久頓大名天暑雨當不戰自疲急令遼東諸將入
山海關攻永平真定諸將渡盧溝擣北平彼必歸救我以大兵躡其
後可成禽也今其奏事適至宜且與報書往返踰月使其將士心懈
我謀定勢合進而蹴之不難矣帝以爲然命孝孺草詔遣大理寺少
卿薛嵓馳報棣盡赦其罪使罷兵歸藩又爲宣諭數千言授嵓持至

燕軍中密散諸將士比至嵩匿宣諭不敢出棣亦不奉詔　是月禮
制成頒行天下　夏五月甲寅盛庸等斷燕饟道棣遣指揮武勝上
書伸前請帝欲許之方孝孺曰兵一散難再聚彼長驅犯闕何以禦
之帝悟下勝獄　大軍駐德州運道出徐沛閏六月壬申棣遣李遠
以輕兵六千詐爲大軍袍鎧人插柳一枝於背徑濟寧沙河至沛無
覺者焚糧艘數萬河水盡熱魚鼈皆浮死壬午都督袁宇將三萬騎
追擊之遇伏敗績　秋七月己丑棣兵略彰德破尾尖寨丙申降林
縣　平安度北平空虛丁酉帥萬騎進攻之　時河北師老無功德
州饋饟道又絕方孝孺深以爲憂初高煦高燧俱以慧黠有寵於棣
而高煦從軍有功宦寺黃儼等復黨高燧陰謀奪嫡譖世子孝孺知
其狀乃建議以計間之使內亂白帝遣錦衣衞千戶張安齎璽書往
北平賜高熾　壬寅大同守將房昭帥兵由紫荊關趨保定駐易州
西水寨　倭寇象山登岸剽掠錢倉所千戶易紹宗題壁誓死命妻

李貝牲酒生奠之訣而出密令游兵閒道焚賊舟賊驚救紹宗格戰追至海岸陷淖中手刃數十賊被害事聞賜祭葬勒碑旌之　高熾得璽書不啓封并張安馳送軍前黃儼使人馳報棣曰世子且反棣疑之問高煦高煦曰世子固善太孫語未竟高熾使以璽書至棣啓視遽曰嗟乎幾殺吾子　平安至北平軍於平村去城五十里棣將劉江等自軍中還救九月甲辰安與戰敗績還保真定　吳傑遣都指揮韋諒以兵萬餘轉饟房昭軍棣聞之曰昭得糧守險未易拔也引兵圍之冬十月丁巳都指揮花英等援昭與棣戰於峩眉山大敗死者萬人昭及諒棄寨走薛祿生禽英　己卯棣還北平　遼東總兵官楊文圍永平棣遣劉江來援文引卻江聲言還北平行二十餘里卷甲夜入永平文聞江去復進攻江突出掩擊十一月壬辰戰於昌黎文敗績指揮王雄等七十一人皆被執初吳高與文數出師攻永平棣謀去高曰高雖怯差密文勇而無謀去高文無能爲也乃遣

二人書㦤譽高極詆文故易其函授之二人得書並以聞帝果疑高削爵徙廣西文獨守遼東竟敗　己亥平安敗棣將李彬於楊村時故元益衰自脫古思帖木兒後五傳至坤帖木兒咸被弒有鬼力赤者簒立自稱可汗去國號遂稱爲韃靼云　十二月癸亥燕兵焚真定軍儲　詔中官奉使侵暴吏民者所在有司繫治　丙寅棣復出師時棣稱兵三年矣親戰陳冒矢石身先士卒常乘勝逐北然亦屢瀕於危所克城邑兵去旋復爲朝廷守僅據有北平保定永平三府而已無何中官被黜者奔北平具言京師空虛可取狀道衍亦語棣毋下城邑疾趨京師京師單弱勢必舉棣慨然曰頻年用兵何時已乎要當臨江一決不復返顧矣以鐵鉉在濟南不敢復道山東遂大舉兵由徐沛南犯　初太祖春秋高諸王強㦤駙馬都尉梅殷嘗受密命輔太孫及是燕兵日逼帝命殷充總兵官鎮守淮安　太祖實錄成　刑科給事中黃鉞丁父憂方孝孺弔之屏人問曰燕兵日

南蘇常鎮江京師左輔也君吳人朝廷近臣今雖去宜有以教我鉞
曰三府唯鎮江最要害守非其人是撤垣而納盜也指揮童俊狡不
可任奏事上前視遠而言浮心不可測也蘇州知府姚善忠義激烈
有國士風然仁有餘而禦下寬恐不足定亂且國家大勢當守上游
兵至江南禦之無及也孝孺乃因鉞附書於善善得書與鉞相對哭
誓死國
四年春正月甲申朔召故周王橚於蒙化居之京師　棣兵駐蠡縣
李遠分哨至藁城德州將葛進帥步騎萬餘乘冰渡滹沱河遇之繫
馬林閒以步兵接戰遠陽卻潛分兵出進後解所繫馬再戰進引退
失馬遂大敗斬首四千獲馬千匹棣以歲首大捷以書勞遠曰將軍
以輕騎八百破敵數萬出奇應變雖古名將不過也　乙未棣兵由
館陶渡河陷東阿汶上兗州東平州長貳棄城走東平吏目鄭華帥
吏民憑城固守城破力戰不屈死之濟陽教諭王省為游兵所執從

容引譬詞義慷慨衆舍之歸坐明倫堂伐鼓聚諸生謂曰若等知此
堂何名今日君臣之義何如因大哭以頭觸柱死　甲辰徐輝祖帥
師援山東　棣兵攻沛縣知縣顏伯瑋遣縣丞胡先閒行至徐州告
急援不至伯瑋命弟珏子有爲還家侍父題詩於壁誓必死棣兵夜
入東門指揮王顯迎降伯瑋冠帶升堂南向拜自經死有爲不忍去
復還見父屍自刎其側主簿唐子清典史黃謙俱被執燕將欲釋子
清子清曰願隨顏公地下遂死之遣謙往徐州招降謙不從亦死
癸丑棣兵薄徐州　二月甲寅朔何福陳暉平安軍濟寧盛庸軍淮
上　己卯更定品官勳階　棣兵破蕭縣知縣鄭恕及其二女死之
進攻宿州平安以兵四萬躡其後三月壬辰至淝河劉江白義王真
各帥百騎誘安軍縛草置囊中爲束帛追兵及則棄囊走安軍士競
取囊伏兵發兩軍鏖戰真帥壯士直前斬馘無算後軍不繼安軍圍
之數匝真被數創連格殺數十人顧左右曰吾義不死敵手遂自刎

棣乃身自迎戰安部將火耳灰挺槊大呼直前刺棣馬忽蹶被禽安軍遂敗時大軍駐宿州積糧爲持久計棣患之議絕其饟道命劉江將三千人往趦趄不行棣大怒欲斬之諸將叩頭請乃免丙午棣遣譚清斷徐州饟道還至大店鐵鉉圍之棣引兵馳援清突圍出合擊鉉爲所敗宿州陷　時大兵勢盛何福軍亦至與平安合夏四月丙寅棣營小河爲橋以濟丁卯安趨爭橋與福張左右翼擊棣兵斬其將陳文李濬帥敢死士先斷河橋張武自林間突出與騎兵合安軍敗死者二萬人安軍橋南棣軍橋北相持數日安轉戰遇棣於北坂棣幾爲安槊所及番騎王騏躍馬入陳掖棣逸去棣以大軍飢更一二日饟至猝未易破癸酉夜令千餘人守橋帥諸將渡河而南繞出安軍後甲戌旦安始覺適徐輝祖帥師亦至移軍齊眉山安等列陳大戰自午至酉敗之斬其將李斌棣連失大將晝夜擐甲者數日諸將懼謀北歸乃以淮土盛暑蒸濕請休軍小河東就麥觀釁棣曰今

敵已飢疲遮其饟道可以坐困奈何北渡懈將士心乃下令欲渡河者左諸將爭趨左棣怒叱諸將曰任公等所之朱能按劍而前曰昔漢高十戰九敗終有天下今舉事連得勝小挫輒歸更能北面事人耶鄭亨亦以北還爲不可議乃定諸將無敢復言而帝聞訛言謂棣兵已北召徐輝祖還福等勢遂孤福欲持久老燕師移營靈璧深塹高壘自固而糧運爲燕兵所阻不得達丁丑安分兵六萬人往迎己卯棣帥精銳橫擊安軍分爲二福空壁往援棣軍少卻高煦伏兵起福敗走是夜福謀移軍淮河就糧令軍中聞三礮卽走庚辰棣兵猝薄壘發三礮軍中誤以爲己號爭趨門遂大亂棣兵乘之人馬墜壕塹俱滿指揮使宋瑄力戰死瑄晟之子也福單騎走平安軍遂敗陳暉來援亦敗安暉馬溥徐真孫成等三十七人文臣副都御史陳性善大理寺右丞彭與明欽天監副劉伯完等皆被執兵士降者十萬餘人安久駐真定屢敗燕兵斬驍將數人燕將莫敢攖其鋒至是被

禽軍中讙呼動地曰吾屬自此獲安矣爭請殺之棣惜其材勇選銳卒衞送北平命善視之縱性善等還性善曰辱命罪也奚以見吾君朝服躍馬與其友王埴陳子方俱入於河死與明裂冠變姓名與伯完俱亡去不知所終　召暴昭還　先是帝命楊文以所部赴濟南與鐵鉉合絕棣兵後五月癸未文帥十萬人至直沽爲棣將宋貴等所敗衆潰散無一至濟南者　靈璧兵既敗盛庸以兵數萬戰艦數千扼淮南岸棣遣使至淮安假道於梅殷以進香爲名殷荅曰進香皇考有禁不遵者爲不孝棣大怒復書言今興兵誅君側惡天命有歸非人所能阻殷割使者耳鼻縱之曰留汝口爲殿下言君臣大義棣爲氣沮鳳陽知府徐安亦拆浮橋絕舟檝以遏棣兵棣乃趨泗州己丑陷之謁祖陵賜父老牛酒辛卯朱能與邱福將數百人西行二十里自淮上流潛濟猝薄庸軍庸敗走盡亡其戰艦兵部主事樊士信死之棣遂渡淮陷盱眙癸巳集諸將議所向或言宜取鳳陽或言

先取淮安棣曰鳳陽樓櫓完淮安有積粟攻之未易下不若乘勝直
趨揚州指儀真則淮鳳自震我耀兵江上京師孤危必有內變諸將
皆曰善遂由天長進攻揚州　靖江府長史蕭用道衡府紀善周是
修上書論大計指斥用事者書下羣臣議用事者盛氣以詬二人御
史大夫練子寧曰國事至此尚不能容言者耶詬者愧而止　揚州
守將王禮謀以城降棣巡按御史王彬與鎮撫崇剛執之及其黨皆
繫獄剛出練兵彬脩守具晝夜不懈棣飛書城中縛王御史降者官
三品有力士能舉千斤彬常以自隨左右憚之莫敢動己亥禮弟崇
厚賂力士母誘其子出乘彬解甲浴猝縛之出禮於獄開門納棣兵
江都知縣張本帥父老出迎彬與剛皆不屈死滁州知州房吉泰州
知州田慶成率先降命與本並爲揚州知府偕見任知府譚友德同
涖府事辛丑棣兵至六合諸軍迎戰敗績　壬寅詔天下勤王遣練
子寧及右侍中黃觀修撰王叔英等分道徵兵寧波知府王璡徽州

知府陳彥回松江同知周繼瑜樂平知縣張彥方及姚善周縉各起
兵入衞黃子澄在蘇州善上言子澄才足捍難不宜棄閒遠以快敵
人帝遂召子澄及齊泰還命善兼督蘇松常鎭嘉興五府兵　初棣
舉兵寧國公主貽書責以大義不答及是棣貽主書命還居太平門
外主亦不答　方孝孺言於上曰事急矣遣人許以割地稽延數日
東南募兵漸集北軍不長舟楫決戰江上勝負未可知也甲辰遣慶
成郡主如棣軍議割地罷兵棣不奉詔郡主太祖從兄蒙城王女也
兵部右侍郎陳植監戰江上慷慨誓師部將有議迎降者植責以
大義甚厲部將殺之以降衞鎭撫徐讓衞健俱戰死　六月癸丑盛
庸徐輝祖等敗棣兵於浦子口高煦引番騎來棣大喜曰吾力疲矣
兒當鼓勇再戰高煦麾兵力戰大軍敗庸退保高資港防江都督僉
事陳瑄叛以舟師附於棣乙卯棣兵自瓜洲渡江庸倉卒聚海艘出
高資港迎戰敗績輝祖猶力戰戊午童俊以鎭江叛附於棣庚申棣

兵至龍潭辛酉命諸王分守都城遣李景隆及兵部尙書茹瑺都督
王佐如棣軍申前約棣曰吾無罪而削爲庶人今救死何以地爲景
隆等伏地流汗不能發一語遽還壬戌帝復遣谷王橞安王楹往棣
卒不奉詔或勸帝他幸圖興復方孝孺力請守京城以待援兵即事
不濟當死社稷又請誅景隆帝不聽太常少卿廖昇慟哭與家人訣
自縊死甲子遣使齎蠟書四出促勤王兵修撰王艮解縉胡靖與編
脩吳溥比舍居是夕並集溥舍縉陳說大義靖亦奮激慷慨艮獨流
涕不言三人去溥子與弼尙幼歎曰胡叔能死是大佳事溥曰不然
獨王叔死耳艮與妻子訣曰食人之祿者死人之事吾不可復生矣
飲鴆死乙丑棣兵犯金川門徐增壽徘徊殿廷有異志御史魏冕帥
同官毆之與大理寺丞鄒瑾請速加誅帝手劍斬之殿廡下橞景隆
及指揮僉事劉清守金川門登城望見棣麾蓋開門迎降門卒龔詡
慟哭去之遂隱而死御史連楹叩馬欲刺棣被殺屍植立不仆棣迎

皇太后至軍中述不得已起兵之故宮中火起京師譁言帝及皇后
馬氏崩棣因遣中使出帝后屍火中越八日壬申葬之殺皇太子文
奎揭榜殿廷以兵部尚書齊泰太常寺卿黃子澄及文學博士方孝
孺等五十餘人爲奸臣是日孝孺被執下獄衡府紀善周是修留書
別友人具衣冠爲贊繫衣帶間入應天府學自縊於尊經閣魏冕鄒
瑾及給事中龔泰葉福秦府長史鄒樸江西副使程本立俱自殺或
云樸卽瑾子也泰子澄赴召未至聞變泰奔廣德州與王叔英圖興
復子澄欲與姚善航海起兵善謝曰公朝臣當行收兵善守土與城
存亡耳子澄乃走嘉興就前袁州知府楊任謀舉事已而俱被執棣
將簒位出孝孺於獄令草登極詔孝孺斬衰至悲慟不已棣降榻勞
曰先生無自苦予欲法周公輔成王耳孝孺曰成王安在曰彼自焚
死曰何不立成王之子曰國賴長君曰何不立成王之弟棣曰此予
家事耳顧左右授筆札曰詔天下非先生不可孝孺投筆於地哭且

罵曰死卽死耳詔不可草強之乃大書燕賊簒位四字棣大怒令以
刀抉其口兩旁至兩耳復繫獄以草詔屬侍讀樓璉承命不敢辭歸
語妻子曰我固甘死正恐累汝輩耳遂自經死或曰草詔者王景或
曰王達也索國寶不知所在或言付黃觀出收兵矣命有司追捕收
其妻翁氏幷二女給象奴翁氏攜女及家屬十人投淮清橋下死棣
旣簒立泰子澄被執至親詰問之抗辯不屈遂與孝孺並磔於市孝
孺慨然就死作絶命詞曰天降亂離兮孰知其由奸臣得計兮謀國
用猶忠臣發憤兮血淚交流以此殉君兮抑又何求嗚呼哀哉兮庶
不我尤時年四十六門人都督廖鏞等檢遺骸瘞聚寶門外山上弟
孝友同時被戮亦賦詩一章而死妻鄭氏子中憲中愈先自經死二
女投秦淮河死宗族親友及門下士坐死者八百七十三人鏞及弟
銘太常少卿盧原質及弟原朴御史鄭公智陝西僉事林嘉猷刑部
侍郎胡子昭河南參政鄭居貞並坐孝孺黨誅死鏞銘永忠之孫也

大理寺丞楊端刑部郎中王高坐縱孝孺息樹陰同棄官去劓鼻死泰從兄弟敬宗等皆誅死叔時永陽彥等謫戍子澄族人無少長皆斬姻黨悉戍邊楊任亦磔死子禮益俱斬親屬戍邊時諸臣以不屈誅及族親者御史大夫練子寧戶部侍郎卓敬主事巨敬御史高翔王度及其子弟者禮部尚書陳迪及子鳳山丹山等六人俱磔死妻管氏縊死刑部尚書侯泰及弟敬祖子玘戶部侍郎郭任及子經副都御史茅大芳及子順童道壽孫添生歸生大理寺少卿胡閏及子傳道宗人府經歷宋徵及其妻子皆死身死者刑部尚書暴昭戶部侍郎盧迥禮部侍郎黃魁僉都御史周璿左拾遺戴德彝御史謝昇丁志方甘霖董鏞葉希賢給事中陳繼之韓永其在外聞變自殺者禮部右侍中黃觀行至安慶聞金川門不守歎曰吾妻有志節必死招魂江上具衣襦葬之命舟至羅刹磯朝服東向拜投急湍處死修撰王叔英至廣德沐浴更衣冠書絕命辭藏衣裾間自經於玄妙觀

銀杏樹下妻金氏及二女俱死御史林英亦在廣德募兵知事無濟自經死妻宋氏亦死嘉定知縣練大亨及妻沈劉家河死大亨子寧從子也前刑部主事徐子權聞練子寧死痛哭賦詩自經舉人劉政聞方孝孺死歐血卒都督府斷事高巍自經驛舍台州樂清二樵夫俱投水死被召自殺者御史曾鳳韶以原官召不赴又以侍郎召刺血書絶命詞而死妻李氏守節死谷府長史劉璟被召不至逮入京猶稱殿下且云殿下百世後逃不得一篡字下獄自經死給事中黃鉞杜門逾年被召半途自投於水以溺死聞故其家得不坐浙江按察使王良先爲刑部侍郎以議減燕府人罪貶棣德之既篡位遣使召良良自焚死妻投水死執至不屈而死者兵部尚書鐵鉉反背坐廷中嫚罵令其一回顧終不可遂磔於市子福安戍河池父仲名年八十三母薛並安置海南知府姚善陳彥回府同知周繼瑜知縣張彥方並以起義兵誅死惟王璡得放還國子博士黃彥清以在梅殷

軍中私諡帝誅死漳州教授陳思賢諸生伍性原陳應宗林珏鄒君默曾廷瑞呂賢以爲帝哭臨有司執送京師皆死南昌知府葉惠仲以與修太祖實錄直書靖難事族誅遼府左長史程通從王徙荆州以前上封事多指斥械至京死於獄其友人徽州知府黃希范亦逮至論死賓州知州蔡運追論奸黨死四川都司斷事方法以賀表不署名被逮次望江拜鄉里自沈死武臣不屈者魏國公徐輝祖守父祠不肯迎附下獄命引罪又不肯削爵幽私第駙馬都尉耿璿稱病不出坐罪死璿炳文長子也尚興宗女江都公主尋降爲郡主以憂卒指揮使張倫數力戰及是招之降笑曰張倫將自賣爲丁公乎死之都督陳質亦誅死爲帝報讐而死者御史大夫景清詰棣自歸委蛇班行者久之一日早朝衣緋懷刃入先是日者奏異星赤色犯帝座甚急及朝清獨著緋搜之得所藏刃詰責之奮起曰欲爲故主報讐耳遂磔死族之開國公常昇先與輝祖力戰浦子口及是亦死子

繼祖甫七歲遷雲南之臨安衞或謂昇洪武中坐藍玉黨有告其聚兵三山者誅死昇之沒實錄不載莫能詳也初棣發北平道衍以孝孺爲託曰城下之日彼必不降幸勿殺之殺孝孺天下讀書種子絕矣棣頷之卓敬之下獄也惜其才使人諷以管仲魏徵事敬泣曰先皇帝曾無過舉一旦橫行篡奪恨不卽死見故君地下乃更欲臣我耶及其死也棣猶歎曰國家養士三十年惟得一卓敬然孝孺竟誅及十族敬誅及三族其餘親戚連坐被誅及遣戍者不可勝數又追戮陳性善屍徙其家於邊出張昺屍焚之家人及近戚皆死茅大芳妻斃於獄命以飼犬戴德彝之死嫂項氏令闔舍逃去匿德彝二子山中毀族譜獨身留家收者至無所得械項氏至京榜掠終無一言戴族始獲全高翔先冢亦被發諸給高氏產者皆加稅曰令世世罵翔景清之死籍其鄉轉相攀染謂之瓜蔓抄村里爲墟慘酷如此其諸臣行遁者朱寧周縉等二百一十九人皆械送京師遣戍興州都

城之陷朝臣縋城去者四十餘人其姓名爵里莫可得而考御史韓
郁棄官遁去不知所終御史牛景先易服宵遁卒於杭州僧寺已而
窮治齊黃黨籍其家而世相傳又有程濟河西傭補鍋匠馮翁會稽
雲門寺僧若耶谿樵玉山樵梁田玉梁良玉梁良用梁中節何申宋
和郭節何洲郭良之屬又謂帝亦爲僧從地道出亡濟從之自後雲
南貴州四川有帝爲僧時往來跡

大清乾隆元年

詔廷臣集議追諡帝爲恭閔惠皇帝四十一年又

詔諡齊泰忠敬黃子澄忠愍方孝孺忠文練子寧忠肅鐵鉉忠定景
清忠壯卓敬忠毅陳迪瞿能等十一人忠烈黃觀顏伯瑋等十三人
忠節侯泰俞通淵等二十五人烈愍黃魁余逢辰等四十三人節愍
程濟龔詡等四十五人並祀忠義祠

明紀卷第七

明紀卷第八

賜進士出身工部候補主事虞衡司行走陳鶴纂

卹贈知府銜給雲騎尉世職內閣候補中書孫男克家參訂

成祖紀一（起永樂元年癸未訖永樂六年戊子凡六年）

成祖啓天宏道高明肇運聖武神功純仁至孝文皇帝建文四年六月乙丑入京師編修楊榮迎謁馬首曰殿下先謁陵乎先卽位乎乃命先謁陵還駐龍江命諸將守城及皇城下令撫安軍民遣兵護故周王橚齊王榑二王猝不知所以大怖伏地哭已知之乃大喜是日文臣迎附知名者榮及尚書茹瑺侍中劉儁侍郎蹇義古朴劉季篪少卿薛嵓學士董倫侍講王景修撰胡靖李貫編修吳溥楊溥侍書黃淮芮善待詔解縉給事中金幼孜胡濙郎中方賓員外郎宋禮助教王達鄒緝吳府審理副楊士奇桐城知縣胡儼等靖尋復故名曰廣瑺首叩頭勸進丙寅諸王羣臣表繼上己巳謁孝陵羣臣備法駕

奉寶璽迎呼萬歲遂升輦至奉天殿即位瓚入賀迎謂曰瓚吾今日得罪天地祖宗奈何瓚曰陛下應天順人何謂得罪乃大說　復周王橚齊王榑爵　庚午命五府六部一應建文中所改易洪武政令條格悉復舊制仍以洪武紀年　帝以葬建文皇帝問王景景言宜用天子禮從之時梅殷尚擁兵淮上帝迫公主齧血爲書報殷殷得書慟哭乃還京盛庸以餘衆降命守淮安　丁丑殺齊泰黃子澄方孝孺窮治奸黨惟尚書王鈍鄭賜侍郎黃福以先自歸獲免又以茹瑺言並宥尚書張紞尹昌隆當惠帝末嘗上言北來奏章動引周公輔成王爲詞不若罷兵許其入朝設有蹉跌便舉位讓之及將刑大言自明亦貸死命傅世子於北平　戊寅遷興宗孝康皇帝主於陵園仍稱懿文太子孝康皇后常氏復稱敬懿皇太子妃皇太后呂氏改稱皇嫂懿文太子妃　秋七月壬午朔大祀天地於南郊奉太祖配　詔山東北平河南被兵州縣復徭役三年未被兵者與鳳陽淮

安徐滁揚三州蠲租一年餘天下州縣悉蠲今年田租之半　癸未召陳瑛爲左副都御史署院事盡復建文朝廢斥者官瑛天性殘忍受帝寵任益務深刻以搏擊爲能甫涖事即言陛下應天順人萬姓率服而廷臣有不順命效死建文者如黃觀廖昇王叔英周是修王艮顏伯瑋等其心與叛逆無異請追戮之帝曰朕誅奸臣不過齊黃數輩後二十九人中如張紞王鈍鄭賜黃福尹昌隆皆宥而用之況汝所言有不與此數者其勿問已而瑛閱方孝孺等獄詞遂簿錄觀叔英等家疏族外親莫不連染胡閏之獄所籍數百家號冤聲徹天兩列御史皆掩泣瑛亦色慘謂人曰不以叛逆處此輩則吾等爲無名於是諸忠臣無遺種矣　帝知人不附己欲以威讋天下特任紀綱爲錦衣衞指揮使令典親軍司詔獄綱覘帝指廣布校尉日摘臣民陰事深文巧詆帝以爲忠親之若肺腑　吏部言建文中中外大小衙門有創革陞降者官員額數有增減者及所更改文武散官並

宜遵復舊制帝曰前人創制皆有深意無獘遽改此其所以敗亡也
甲申復官制初官制將變吏部小吏張祖言於尚書張紞曰高皇帝
立法創制規模甚遠今更之未必勝徒滋人口願公力持之紞不能
用然心知祖賢奏爲京衞知事及是帝臨朝而歎追咎建文時改官
制者命紞及戸部尚書王鈍解職務月給半俸居京師紞懼自經於
吏部後堂妻子投池中死屬吏無敢視者唯祖經紀其喪　癸巳改
封吳王允熥廣澤王居漳州衡王允熞懷恩王居建昌徐王允熙敷
惠王隨呂妃居懿文太子陵園　癸卯吳高督河南陝西兵備撫安
軍民　甲辰尚書嚴震直王鈍府尹薛正言等巡視山西山東河南
陝西　解縉之降也擢侍讀命與黃淮常立御榻左備顧問或至夜
分帝就寢猶賜坐榻前語機密八月壬子改淮編修與縉入直文淵
閣尋改楊士奇編修金幼孜胡儼檢討與侍讀胡廣修撰楊榮同入
直預機務翰林官入內閣預機務自此始　帝出建文時封事千餘

通令諸翰林遍閱事涉兵農錢穀者留之諸言語干犯及他一切皆焚毀因從容問曰爾等宜皆有之衆未對李貫獨頓首曰臣貫未嘗有也帝曰爾以無爲美耶食其祿者任其事當國家危急官近侍獨無一言可乎朕特惡夫誘建文壞祖法亂政者耳　楊榮於同直七人中最少警敏一日晚寧夏報被圍召七人皆已出獨榮在帝示以奏榮曰寧夏城堅人皆習戰奏上已十餘日圍解矣夜半果奏圍解帝謂榮曰何料之審也　執兵部尚書鐵鉉至不屈殺之敕盛庸曰比以山東未定命卿鎮守淮安今鐵鉉就獲諸郡悉平朕念山東久困兵革憊於轉輸卿宜輯兵養民以稱朕意　劉真鎮遼東　丁巳分遣御史察天下利弊　戊午何福爲征虜將軍鎮寧夏節制陝西行都司韓觀練兵江西節制廣東福建福至鎮宣布德意招徠遠人塞外諸部降者相踵邊陲無事因請置驛屯田積穀定賞罰爲經久計　甲子沐晟鎮雲南　九月甲申論靖難功封邱福淇國公朱能

成國公張武成陽侯陳珪泰寧侯鄭亨武安侯孟善保定侯火真同安侯顧成鎮遠侯王忠靖安侯王聰武城侯徐忠永康侯張信隆平侯李遠安平侯郭亮成安侯房寬思恩侯徐祥興安伯徐理武康伯李濬襄城伯張玉子輔信安伯唐雲新昌伯譚淵子忠新寧伯孫巖應城伯房勝富昌伯趙彝忻城伯陳旭雲陽伯劉才廣恩伯論款附功封駙馬都尉王寧永春侯茹瑺忠誠伯王佐順昌伯陳瑄平江伯又追封張玉榮國公陳亨涇國公譚淵崇安侯王真金鄉侯徐增壽陽武侯加李景隆特進左柱國以道衍爲僧錄司左善世金忠爲工部侍郎帝德信甚呼爲恩張欲納其女爲妃固辭以此益見重凡察藩王動靜諸密事皆命之　甲午定功臣死罪減祿例　乙未徙山西民無田者實北平賜之鈔復五年　廬陵盜起遣行人許子謨齎敕招諭而令韓觀將兵繼其後觀未至賊已就撫乃命爲征南將軍鎮廣西賜璽書曰蠻民易叛難服殺愈多愈不治卿往鎮務綏懷之

毋專殺僇　夏原吉以採訪使駐蘄州或執以獻帝釋之是月以蹇義爲吏部尙書原吉爲戸部尙書時方務反建文之政所更易者悉罷之義從容言曰損益貴適時宜前改者固不當今必欲盡復者亦未悉當也因舉數事陳說本末帝稱善從其言時又命原吉等定賦役諸制原吉建白三十餘事皆簡便易遵守曰行之而難繼者且重困民吾不忍也　敕遼王植曰弟以遼地荒遠經涉海洋固請改國荆州且以廣寧重鎭就留三護衞於彼以益邊防欲於荆州別給一衞備使令言之再三却而復至勉從所請建國荆州仍舊封號　冬十月壬申徙封谷王橞於長沙增歲祿二千石賜樂七奏衞士三百賚予甚厚　丁巳朱寧等入粟免死遣戍　帝以建文中所修太祖實錄爲失實己未命右通政李至剛鎭江知府劉辰平度知州鄒濟陽春知縣梁潛等重修之解縉等爲總裁李景隆茹瑺監修　丙寅顧成鎭貴州　甲戌詔從征將士掠民子女者還其家　定北平守

城功賞以歲月久近爲第洪武三十二年至三十五年爲上洪武三
十三年至三十五年次之洪武三十四年至三十五年又次之　十
一月壬辰立妃徐氏爲皇后后嘗言南北累年戰鬬兵民疲敝宜與
休息又言當世賢才皆高皇帝所遺陛下不宜以新舊間又言帝堯
施仁自親始一日問陛下誰與圖治者帝曰六卿理政務翰林職論
思后因請悉召見其命婦帝召解縉等曰爾七人朝夕左右朕嘉爾
勤慎時言之宮中恆情慎初易保終難願共勉焉因命七人命婦朝
后於柔儀殿后賜冠服鈔幣諭曰婦之事夫奚止饋食衣服而已必
有助焉朋友之言有從有違夫婦之言婉順易入吾旦夕侍上惟以
生民爲念汝曹勉之　召廣澤王允熥懷恩王允熞還廢爲庶人錮
鳳陽惠帝少子文圭年始二歲亦幽中都廣安宮號爲建庶人　十
二月癸丑蠲被兵州縣明年夏稅
永樂元年春正月己卯朔御奉天殿受朝賀宴羣臣及屬國使帝以

立春日賜解縉等金綺衣與尚書埒縉等入謝帝曰代言之司機密所繫且旦夕侍朕裨益不在尚書下也　乙酉享太廟　辛卯大祀天地於南郊　復周王橚齊王榑代王桂岷王楩舊封橚請誅有爋帝不許徙之大理　以北平爲北京仍命世子居守　癸巳孟善鎮遼東　宋晟自甘肅入朝丁酉拜平羌將軍遣還鎮　二月庚戌設北京留守行後軍都督府行部國子監改北平府曰順天府罷北平布政司及都指揮使司以平安爲行後府都督僉事郭資雒僉並爲行部尚書　乙卯遣御史分詣各布政司巡視民瘼巡按之設自此始　寧王權之被誘也時時爲帝草檄帝謂權事成當中分天下及是權乞改南土請蘇州曰畿內也請錢塘曰皇考以予五弟竟不果建文無道以王其弟亦不克享建寧重慶荊州東昌皆善地惟弟擇焉權乃請南昌許之己未遣之國賜鈔萬錠製詩送之命即布政司爲邸瓴甋規制無所改已而有告權巫蠱誹謗者密探無驗得已權

自是日韜晦搆精廬一區鼓琴讀書其間終帝世得無恙　貽書鬼力赤可汗賜以銀幣幷及其知院阿魯台丞相馬兒哈咱等許其遣使通好　癸亥耕耤田　帝聞烏思藏僧尙師哈立麻有道術善幻化欲致一見因通迤西諸番乙丑遣司禮少監侯顯齎書幣往徵之選壯士健馬護行未幾又遣內官監李興使暹羅馬彬使瓜哇蘇門答剌諸國尹慶使滿剌加柯枝諸國於是中官銜命異域者紛紛四出矣　乙巳振北京六府饑　辛未命法司五日一引奏罪囚　壬申瘞戰地暴骨　甲戌高陽王高煦備邊開平以東勝孤遠難守調左衞於永平右衞於遵化而墟其地　沐晟奏雲南灣甸地近麓川潞江在永昌騰越閒爲官道咽喉及者樂甸地方俱地廣人稠請各設長官司分治從之　三月庚辰召吳高鎭守大同　壬子復以北平行都司爲大寧都司徙之保定調營州五屯衞於順義薊州平谷香河三河悉以大寧地畀兀良哈自是洪武中所築諸城盡廢北邊

失一重鎮遼東與宣大聲援隔絶矣　北方軍儲不足戊子命陳瑄
及都督僉事宣信充總兵官帥舟師由海道運糧四十九萬石饟遼
東北京遂建百萬倉於直沽城天津衞先是漕舟行海上島人畏漕
卒多閉匿瑄招令互市平其直人交便之運舟還會倭寇沙門島瑄
追擊至金州白山島焚其舟殆盡　甲午振直隸北京山東河南饑
夏四月丁未朔黎季犛遣使上表稱權理安南國事胡𡗅言高皇
帝時國王日焜率先輸誠不幸早亡後嗣絶臣陳氏甥爲衆所推權
理國事於今四年望天恩賜封爵臣有死無二事下禮部部臣疑之
請遣官廉訪乃命行人楊渤等齎敕諭其陪臣父老凡陳氏繼嗣之
有無胡𡗅推戴之誠僞具以實聞　蘇州松江嘉興湖州數郡連年
大水有司治不效己酉命夏原吉往治之尋命侍郎李文郁爲之副
復使僉都御史俞士吉齎水利書賜原吉因留督浙西農政華亭諸
生葉宗人上疏請濬范家港令赴原吉所自效原吉言浙西諸郡蘇

松最居下流嘉湖常頗高環以太湖綿亘五百里納杭湖宣歙溪澗之水散注澱山諸湖以入三泖頃爲浦港堙塞漲溢害稼拯治之法在濬吳淞諸浦按吳淞江袤二百餘里廣百五十餘丈西接太湖東通大海前代常疏之然當潮汐之衝旋疏旋塞自吳江長橋抵下界浦百二十餘里水流雖通實多窄淺從浦抵上海南倉浦口百三十餘里潮汐淤塞已成平陸灩沙游泥難以施工嘉定劉家港卽古婁江與常熟白茆港皆廣川急流徑行入海宜疏吳淞南北兩岸安亭等浦引太湖諸水入劉家白茆二港使其勢分松江大黃浦乃通吳淞要道今下流遏塞難濬旁有范家浜至南倉浦口徑達海宜濬深闊上接大黃浦達泖湖之水庶幾復禹貢三江入海之舊水道旣通乃相地勢各置石閘以時啓閉每歲水涸時預修圩岸以防暴流則水患可息帝命發民丁開濬原吉役夫十餘萬布衣徒步日夜經畫盛暑不張蓋曰民勞吾何忍獨適士吉至湖州有逋糧六十萬石同

事者欲減其數以聞士吉曰欺君病民吾不爲也具以實奏悉得免岷王楩益恣沐晟稍持之楩怒譖晟辛未賜書諭楩降其官屬而召戒晟　甲戌李濬鎮江西　五月丁丑除天下荒田未墾者額稅癸未宥死罪以下遞減一等　帝慮功臣封有遺闕令邱福等議福等言都督僉事李彬功不在房寬下陳亨子懋王眞子通俱未襲爵陳賢張興陳志王友功與劉才等丁亥封駙馬都尉袁容廣平侯李讓富陽侯彬豐城侯懋寧陽伯通武義伯友淸遠伯賢榮昌伯興安鄉伯志遂安伯容讓皆帝壻也　庚寅捕山東蝗　河南蝗有司匿不以聞戶部尚書郁新劾之命逮治　代王桂之復國也頊之帝賜之璽書曰聞弟縱戮取財國人甚苦告者數矣且王獨不記建文時耶尋命有司自今王府不得擅役軍民斂財物聽者治之已復有告桂不軌者賜敕列其三十二罪召入朝不至再召至中途六月壬子遣還革其三護衞　癸丑遣給事中御史分行天下撫安軍民有

司奸貪者逮治　丁巳改上高皇帝高皇后尊謚　戊辰鄭亨充總
兵官帥王聰李遠鎭宣府亨相度形便自宣府至萬全懷來每數堡
相距中擇一堡可容數堡士馬者爲高城深池浚井蓄水謹瞭望寇
至夜舉火晝鳴礮併力堅守規畫周詳後莫能易　秋七月庚寅復
貽書鬼力赤時鬼力赤與瓦剌相仇殺數往來塞下敕邊將各嚴兵
備之　帝諭解縉等曰天下古今事物散載諸書篇帙浩穰不易檢
閱朕欲悉采各書所載事物類聚之而統之以韻嘗觀韻府回溪二
書紀載太略爾等其如朕意凡書契以來經史百家備輯爲一書毋
厭浩繁　八月己巳發流罪以下墾北京田　甲戌徙直隸蘇州等
十郡浙江等九省富民實北京　九月癸未命寶源局鑄農器給山
東被兵窮民　時盛庸已致仕千戶王欽訐其罪狀立進欽指揮同
知於是左都御史陳瑛劾庸怨望有異圖乙未奪庸歷城侯爵庸自
殺　岷王楩益沈湎廢禮擅收有司印信殺戮吏民帝怒奪冊寶尋

以梗建文中久囚繫復予之削其護衛　日本入貢禮部尚書李至剛奏故事番使入中國不得私攜兵器鬻民宜敕所司覈其船諸犯禁者悉籍送京師帝曰外夷修貢履險蹈危有所齎以助資斧豈可概拘以禁令至其兵器亦準時直市之毋阻其向化心　西洋瑣里剌泥諸國來貢因攜胡椒與民市有司請徵其稅帝曰徵稅以抑逐末之民豈以爲利今遠人慕義來乃取其貨所得幾何虧損國體多矣其勿徵　帝以各衞韃靼人多同名宜賜姓以別兵部尚書劉儁請如洪武中故事編置勘合給賜姓氏從之　冬十一月乙亥朔頒曆於朝鮮諸國著爲令　壬辰罷遣浚河民夫召夏原吉等還　甲午北京地震　乙未帝御奉天門命六科辦事官言事因顧解縉等曰王魏之風世不多有若使進言者無所懼聽言者無所忤天下何患不治　廣西羣蠻復叛帝遣員外郎李宗輔齎敕招之韓觀大陳兵示將發狀而遣使與宗輔俱桂林蠻復業者六千家惟思恩蠻未

附而慶遠柳潯諸蠻方殺掠吏民觀上章請討丙申與指揮葛森等
擊殺理定諸縣山賊千一百八十有奇禽其酋五十餘人斬以徇還
所掠男女於民而撫輯其逃散者　楊渤等自安南還黎季犛遣使
進陪臣父老所上表如其所以誑帝者閏月丁卯命禮部郎中夏止
善往封胡査爲安南國王査尋遣使謝恩然帝其國中自若也　先
是瀋陽軍士唐順言衞河源出河南至天津入海南距黄河陸路纔
五十里若開衞河而距黄河百步置倉厰受南運糧餉至衞河交運
公私兩便命廷臣議未行已而郁新言自淮抵河多淺灘跌坡運舟
艱阻請別用淺船載三百石者自淮河沙河運至陳州潁谿口跌坡
下復用淺船載二百石者運至跌坡上別用大船運入黄河至八柳
樹諸處令河南車夫陸運入衞河乃命都督僉事陳俊運淮安儀真
倉糧百五十萬餘石赴陽武由衞河轉輸北京　初惠帝御諸宦官
嚴帝起兵逼江北多逃入軍中漏朝廷虛實帝深以爲忠於己及即

位始命中官偕顧成韓觀劉真何福出鎮貴州廣西遼東寧夏賜公侯服位諸將上雲南大同甘肅宣府永平寧波相繼遣使已又設京營提督大權悉以委寄又復置福建浙江廣東三市舶司命中官提督又命錦衣衛緝民間情僞北鎮撫司治詔獄其後亦皆與中官相表裏一代厲階肇於此矣

二年春正月己巳召世子高熾及高陽王高煦還京師　夏原吉言蘇松水雖由故道入海而支流未盡疏洩非經久計乃命復浚白茆塘劉家河大黃浦大理少卿袁復爲之副已復命陝西參政宋性佐之　三月己酉選二三甲進士文學優等楊相等五十人及善書者湯流等十人爲翰林院庶吉士庶吉士專屬翰林自此始尋命學士解縉等選才資英敏者就學文淵閣縉等選修撰曾棨編修周述周孟簡庶吉士楊相劉子欽彭汝器王英王直余鼎章敞王訓柴廣敬王道熊直陳敬宗沈升洪順章朴余學夔羅汝敬盧翰湯流李時勉

段民倪維哲袁添祿吾紳楊勉二十八人以應二十八宿之數庶吉士周忱自陳年少願學帝喜而俞之增忱爲二十九人命司禮監給紙筆光祿給朝暮饌禮部月給膏燭鈔人三錠工部擇近宅居之帝時至館召試五日一休沐必使内臣隨行且給校尉騶從一時以爲榮　庚戌吏部請罪千戶違制薦士者帝曰馬周不因常何進乎果才授之官否則罷之可耳　戊辰改封歟惠王允熙甌寧王奉懿文太子祀　夏四月辛未朔置東宮官屬　壬申道衍爲太子少師加資善大夫復其姓姚賜名廣孝廣孝未嘗臨戰陳然事帝藩邸定策起兵戰守機事皆取決論功爲第一帝與語呼少師而不名命蓄髮不肯賜第及兩宮人皆不受常居僧寺冠帶而朝退仍緇衣　初帝在兵間嘗許以高煦爲太子及卽位邱福王寧皆言其功高固請立之兵部尚書金忠力爭以爲不可在帝前歷數古嫡孽事帝不能奪高煦長七尺餘輕趫善騎射兩腋若龍鱗者數片恃功驕恣多不法

世子太祖所立皇長孫瞻基智識傑出帝喜之以故徬徨未決密以問解縉縉稱世子仁孝天下歸心帝不應縉又頓首曰好聖孫帝頷之又問黄淮淮請立嫡以長問尹昌隆言亦如之又令袁珙相世子曰天子也相皇長孫曰萬歲天子帝意乃決甲戌立世子高熾爲皇太子封高煦漢王高燧趙王命高煦之國雲南高煦恚曰我何罪斥萬里不肯行　壬午封汪應祖爲琉球國山南王　李濬討永新叛寇平之　五月壬寅李彬鎭廣東王友充總兵官帥舟師沿海捕倭　帝以吏部所錄中外官數比舊額增數倍六月丁亥命汰之蹇義等請在京各官額外添設者送部別用在外令所隸上官嚴行考覈今年所取二甲三甲進士量留七十員分隸諸司觀政各王府教授伴讀缺於三甲内選用餘悉遣歸進學從之　辛卯振松江嘉興蘇州湖廣饑　哈密安克帖木兒比年入貢甲午封爲忠順王賜金印元威武王納忽里之弟也尋爲鬼力赤可汗毒死　秋七月壬戌鄱

陽人朱季友詣闕獻所著書詆毀宋儒上怒遣行人押赴饒州會司
府縣官杖之盡焚其書　丙寅振江西湖廣水災　戸部侍郎古朴
言先奉詔令江西湖廣及蘇松諸府輸糧北京今聞並患水潦轉運
艱難而北京諸部歲幸豐宜發鈔命有司增價收糴減南方運從之
帝欲追進徐增壽爵皇后力言不可帝不聽己亥追封定國公命
其子景昌襲乃以告后后曰非妾志也終弗謝自是徐達子孫有二
公分居兩京　八月安南故陪臣裴伯耆詣闕告難言臣祖父皆執
政大夫死國事臣母陳氏近族臣以洪武末年禦寇東海而賊臣黎
季犛父子弒主篡位屠戮忠良滅族者以百十數臣兄弟妻孥並遭
害臣棄軍逃遁伏處山谷輾轉數年始得至此季犛及其子蒼更易
姓名僭號改元不恭朝命願興弔伐之師蕩除奸凶復立陳氏後臣
死且不朽會老撾送故安南王陳日煃弟天平至亦上疏乞師討賊
帝命所司館之　九月丙午周王橚來朝獻騶虞百官請賀帝曰瑞

應依德而至騶虞若果爲祥在朕更當修省　丁卯徙山西民萬戶實北京　命自今御史巡行察吏毋得摭拾人言賢否皆具實蹟以聞　胡儼在閣承顧問嘗不欲先人然少戇是月拜國子監祭酒不預機務時用法嚴峻國子生託事告歸者坐戍邊儼旣任事卽奏除之　蘇松水利工竣以葉宗人爲錢塘知縣縣爲浙江省會徭重豪有力往往以賄免貧民重困宗人令民自占甲乙書於冊以次僉役役乃均數理寃獄民以爲神　有番船飄至福建海岸詰之乃暹羅與琉球通好者所司籍其貨以聞帝曰二國修好乃甚美事不幸遭風正宜憐惜之豈可因以爲利所司其治舟給粟俟風便遣赴琉球是月暹羅來貢賜列女傳百冊使者請頒量衡爲國永式從之　冬十月丁丑河決開封命河南都司布政司城池有衝決者卽修之又命周王橚改封洛陽以避河患橚言汴隄固毋重勞民力乃止　刑部尚書鄭賜及陳瑛劾長興侯耿炳文衣服器皿有龍鳳飾玉帶用

紅鞓僭妄不道詔籍其家炳文懼自殺炳文太祖功臣以惠帝肺附
戚賜等希旨劾之遂及賜又言祁陽教諭康孔高朝京師還枉道省
母會母疾留侍九閱月不之官罪當杖帝曰母子睽數年一旦相見
難遽舍況有疾可矜也命復其官　十一月甲辰御奉天門錄囚
癸丑京師及濟南開封地震有聲敕羣臣修省　戊午蠲蘇松嘉湖
杭水災田租　解縉等進所纂錄韻書賜名文獻大成尋以所進書
尚多未備命縉與姚廣孝等重修之　十二月壬辰同州韓城黃河
清　時朝廷有大事李景隆猶以班首主議諸功臣咸不平周王首
發其建文時至邸受賂事鄭賜陳瑛亦劾景隆包藏禍心蓄養亡命
謀爲不軌詔勿問已朱能蹇義與文武羣臣廷劾景隆及弟增枝謀
逆有狀六科給事中張信等復劾之詔削勳號絕朝請以公歸第奉
長公主祀是月李至剛等復言景隆在家坐受閽人伏謁如君臣禮
大不道增枝多立莊田蓄僮僕無慮千百意叵測乃下景隆獄奪爵

並增枝及妻子數十人錮私第沒其財產景隆嘗絕食旬日不死至永樂末乃卒瑛又劾梅殷畜養亡命與女秀才劉氏朋邪詛呪乃諭戶部改定公侯駙馬伯儀仗從人之數而別命錦衣衞執殷家人送遼東　安南遣使賀正旦帝出陳天平示之皆錯愕下拜有泣者裴伯耆責使者以大義惶恐不能答帝諭侍臣季犛父子悖逆而國中臣民共爲欺蔽一國皆罪人也朕烏能容

三年春正月甲寅命御史李琦行人王樞齎敕責胡查令具篡弒之實以聞　庚申復免順天永平保定田租以數年供給特勞故也輶軺掃胡兒察罕達魯花等先後內屬　行部尙書雒僉言事忤帝意陳瑛劾僉貪暴二月己巳誅死瑛又劾駙馬都尉胡觀強取民間女子娶娼爲妾預知景隆逆謀以親見宥不改帝命勿治罷朝請瑛又劾觀怨望逮下獄自經死　癸未趙王高燧居守北京詔有司政務皆啓王後行高燧行皇太子百官送之江東驛茹瑺不至遣歸里

安克帖木兒兄子脫脫襲封忠順王　三月甲寅免湖廣被水田租　夏四月除直隸浙江湖廣四川廣東江西福建河南戶絕田三萬五千一百八十餘頃租　惠帝之崩於火或言遜去諸舊臣多從者或又以爲在海外帝疑之欲遣使蹤跡且欲耀兵異域示中國富強六月己卯命太監鄭和及其儕王景宏等將士卒二萬七千餘人多齎金幣造大舶六十二遍歷占城及西洋古里滿剌加諸國頒天子詔宣示威德因給賜其君長不服則以兵懾之中官將兵自此始

庚辰命王聰行邊覘敵別遣中官山壽帥騎兵出雲州北行會之人齎一月糧每三十里置五騎以待馳報　蘇州松江嘉興湖州大饑甲申命夏原吉帥俞士吉袁復及左通政趙居任往振發粟三十萬石給牛種又命姚廣孝亦往振廣孝至長洲候同產姊姊不納訪其友王賓賓亦不見但遙語曰和尚誤矣和尚誤矣復往見姊姊詈之廣孝以所賜金帛散宗族鄉人而還有請召民佃水退淤田益賦

者原吉馳疏止之廣孝至稱原吉曰古之遺愛也　庚寅安南遣使
從李琦等入朝謝罪抵言未嘗僭號改元請迎陳天平歸奉爲主帝
復命行人聶聰齎敕往諭言果迎還天平事以君禮當建以上公封
以大郡　先是陳瑛言比歲鈔法不通皆緣朝廷出鈔太多收斂無
法以致物重鈔輕莫若暫行戶口食鹽法天下人民不下千萬戶官
軍不下二百萬家誠令計口納鈔食鹽可收五千餘萬錠乃命大口
月食鹽一斤納鈔一貫小口減半行之歲餘是月免天下農民戶口
食鹽鈔　韃靼把都帖木兒倫都兒灰帥妻子及部落五千馬駝萬
六千因宋晟來歸秋七月賜把都帖木兒姓名吳允誠倫都兒灰姓
名柴秉誠並授都督僉事賜畜產鈔幣使帥所部居涼州耕牧自是
降附者益衆邊境日安矣　八月戶部尙書郁新卒帝歎曰新理邦
賦量計出入今誰可代者輟朝一日賜葬祭而召夏原吉還理部事
新長於綜理密而不繁其所規畫後不能易　九月丁酉蠲蘇松嘉

湖水災田租三百三十八萬石　丁巳徙山西民萬戶實北京　王
佐鎮雲南恣威福贓巨萬數被劾徵下獄死　冬十月駙馬都尉梅
殷入朝都督僉事譚深指揮趙曦擠殷笪橋下溺死以殷自投水聞
寧國公主牽帝衣大哭曰駙馬安在帝曰爲主跡賊無自苦都督同
知許成乃言殷死狀命法司治深曦罪斬之籍其家遣官爲殷治喪
官其二子丙子封成爲永新伯賜公主書曰駙馬殷雖有過失兄以
至親不問比聞溺死甚疑之都督許成來首已加爵賞謀害之人悉
置重法特報妹知之瓦剌灰者降人也事殷久謂深曦實殺殷請於
帝斷二人手足剖其腸祭殷遂自縊死　齊王榑既歸國益驕縱帝
與書召來朝諭王無忘患難時榑不悛陰畜刺客招異人術士爲呪
詛輒用護衛兵守青州城並城築苑牆斷往來守吏不得登城夜巡
李拱曾名深等上急變榑拘匿以滅口丁卯詔索拱諭榑改過時周
王橚亦中浮言上書謝罪帝封其書示榑　戊子頒祖訓於諸王

先是日本對馬臺岐諸島賊掠濱海居民帝因其使諭其王使自捕之十一月日本來貢幷執賊魁二十人以獻帝嘉之遣鴻臚少卿潘賜中官王進賜王九章冕服及銀幣加等而還其所獻之人令其國自治使者至寧波盡置其人於甑蒸殺之　癸巳封宋晟爲西寧侯八百大甸寇邊遏貢使十二月沐晟帥師及車里木邦諸宣慰兵破其猛利石崖諸寨八百恐戊辰遣人詣軍門降　安南復遣使從聶聰迎陳天平聰力言胡查誠可信庚辰令天平還國敕廣西左右副將軍黃中呂毅將兵五千送之前大理寺卿薛嵓爲輔封胡查爲順化郡公盡食所屬州縣　張輔妹爲帝妃邱福朱能言輔父子功俱高不可以私親故薄其賞是歲進封輔爲新城侯　帝以諸番貢使益多置驛於福建浙江廣東三市舶司館之

四年春正月丙辰初御午朝諭六部及近臣曰早朝四方奏事多君臣之間不得盡所言午後事簡卿等有所欲言可從容陳論毋以將

晡朕倦於聽納朕有所欲言者亦欲及此時與卿等商搉也　西域
貢佛舍利鄭賜請因是釋囚帝曰梁武元順溺佛教有罪者不刑紀
綱大壞此豈可效乎　三月辛卯朔帝詣國子監釋奠於先師孔子
服皮弁行四拜禮已御彝倫堂授經設几榻賜講官及大臣翰林坐
祭酒司業博士助教序進坐講諸生圜立以聽　甲午設遼東馬市
一在開原南關以待海西一在開原城東五里一在廣寧皆以待朵
顏三衛定直四等上直絹八匹布十二次半之下二等各以一遞減
旣而城東廣寧市皆廢惟南關市獨存　丙午黎季犛父子伏兵邀
殺陳天平於芹站薛嵒自經死黃中等引兵還　夏四月己卯帝御
便殿閱書史問文淵閣藏書備否解縉對曰經史麤備子集尚多闕
略帝曰士庶人家稍有餘貲尚欲積書況朝廷乎乃命禮部遣使四
出購求遺書　五月丁酉振常州廬州安慶饑　齊王榑以三月來
朝廷臣劾其罪榑厲聲曰奸臣喋喋又欲效建文時耶會盡斬此輩

帝聞之不懌留之京師庚戌削官屬護衞誅指揮柴直等盡出槫繫
囚毀所造不法器械羣臣請罪教授葉垣等帝曰王性兇悖朕温詔
開諭至六七猶不悟教授輩如王何垣等先自歸發其事可勿問
諭法司曰決獄貴明而無滯若無辜逮繫久不疏決至於病危設死
是枉殺之也今天氣已熱徒流以下令所在發遣　六月己未朔日
當食陰雲不見禮官請表賀不許鄭賜言宋盛時嘗行之帝曰天下
至大京師不見他處見者多矣且陰陽家言日食而陰雲不見者水
將爲災無可賀也　丙寅南陽獻瑞麥諭禮部曰比郡縣屢奏祥瑞
獨此爲豐年之兆命薦之宗廟　帝聞陳天平死大怒決意出師解
縉諫不聽秋七月辛卯朱能爲征夷將軍沐晟張輔副之帥李彬陳
旭等十八將兵八十萬分道討安南劉儁參贊軍務行部尚書黃福
大理卿陳洽督饟禮部郎中鄒濟從幕府司奏記黃中呂毅並從軍
自贖帝親送能於龍江命洽先赴廣西偕韓觀選士兵三萬會太平

彬齎征夷副將軍印授晟詔曰安南皆朕赤子惟黎季犛父子首惡
必誅他脅從者釋之罪人既得立陳氏子孫賢者毋養亂毋玩寇毋
毀廬墓毋害禾稼毋攘財貨掠子女毋殺降有一於此雖功不宥
乙巳申誹謗之禁　廷臣請建北京宮殿以備巡幸閏月壬戌詔以
明年五月興工分遣尙書宋禮如四川侍郎師逵金純如湖廣古朴
如江西都御史劉觀如浙江史仲誠如山西採木命陳珪等董治瓴
甓徵天下工匠選在京諸衞及河南山東諸處軍民赴北京供役
八月丁酉詔通政司凡上書奏民事者雖小必以聞　齊王榑既被
留益有怨言帝命召其子至京師癸丑並廢爲庶人　九月戊辰振
蘇松常杭嘉湖流民復業者二萬餘戶　冬十月戊子成國公朱能
行次龍州病卒年三十七能於諸將中年最少善戰張玉善謀帝倚
爲左右手玉歿後軍中進止悉諮能能身長八尺雄毅開豁善撫士
卒居家孝友位列上公未嘗以富貴驕人卒之日將校皆爲流涕敕

葬昌平追封東平王諡武烈　朱能既卒張輔代領其衆自憑祥進
師度坡壘關望祭安南境內山川檄黎季犛父子二十大罪諭國人
以輔立陳氏子孫意乙未克隘留關進破雞陵關師次芹站走其伏
兵遂造浮橋於昌江以濟前鋒抵富良江北嘉林縣而輔由芹站西
取他道至江北府新福縣沐晟亦帥師由蒙自徑野蒲斬木通道奪
猛烈柵華諸關隘舁舟夜出洮水渡富良江庚子至白鶴安南有東
西二都依宣洮沱富良四江爲險賊緣江南北岸立柵聚舟其中築
城於多邦隘城柵橋艦相連九百餘里兵衆七百萬欲據險以老輔
師輔自新福移軍三帶州箇招市江口造船圖進取　十一月己巳
甘露降孝陵松栢醴泉出神樂觀薦之太廟賜百官　法司進月繫
囚數凡數百人大辟十之一帝諭刑部尚書呂震等曰此等既非死
罪而久繫不決天氣冱寒必有枉死者凡雜犯死罪以下約二日悉
准贖發遣　戶部人材高文雅上書言時政首舉建文事次及救荒

卹民陳瑛劾文雅狂妄請置之法帝曰草野之人何知忌諱其言有可采奈何以直而廢之瑛刻薄非助朕爲善者以文雅付吏部量材授官　十二月辛卯赦天下殊死以下　帝聞朱能卒敕拜張輔征夷將軍制詞以李文忠代開平王常遇春爲比且言乘冬月瘴癘未興宜及時滅賊前指揮同知陳忠自箇招市舁小舟入江劫賊水寨破之輔進軍次富良江北議於嘉林江上流濟師遣驃騎將軍朱榮陳下流十八里日增其數以惑賊又作舟筏爲欲濟狀賊果分兵渡江登岸榮等奮擊大破之沐晟次洮江北岸與多邦城對壘輔遣陳旭攻洮州造浮橋濟師遂俱抵城下輔軍西南晟軍東南陽欲他攻以懈賊丙申令黃中等將死士持炬火銅角夜四鼓越重濠雲梯傅其城都指揮蔡福及忠先登士蟻附而上角鳴萬炬齊舉城下兵鼓譟繼進遂入城賊驅象迎戰輔以畫獅蒙馬衝之翼以神機火器象皆反走賊大潰斬其帥二人追至繖圓山盡焚緣江木柵俘斬無算

丁酉克其東都輯吏民撫降附來歸者日以萬計癸卯輔遣旭及李彬克賊西都又分軍破其援兵黎季犛焚宮室倉庫駕舟遁入海三江郡縣相繼納款抗拒者輒擊破之士民上書陳黎氏罪惡日以百數　辛亥甌寧王允熙邸第火王暴薨年十六謚哀簡　侯顯與哈立麻將至命駙馬都尉沐昕迎之帝欲郊勞夏原吉不可乃止及哈立麻至帝延見奉天殿明日宴華蓋殿賜黃金百白金千鈔二萬錠諸物稱是從者皆有賜儀仗什器多以金銀爲之道路烜赫原吉見哈立麻不拜帝笑曰卿欲學韓愈耶　是歲琉球中山進閹豎數人帝令禮部還之部臣言還之慮阻歸化之心請但賜敕止其再進帝曰諭以空言不若示以實事今不遣還彼欲獻媚必將繼進天地以生物爲心帝王豈可絕人類乎竟還之

五年春正月張輔遣王友及指揮柳琮等濟自注江悉破籌江困枚萬劫普賴諸寨斬首三萬七千餘級賊將胡杜聚舟盤灘江輔使降

將陳封襲走之盡得其舟遂定東潮諒江諸府州己巳擊破季犛舟師於木丸江斬首萬級禽其將校百餘人溺死者無算追至膠水縣悶海口還軍築城鹹子關令都督柳升守之　解縉少登朝才高任事直前表裏洞達引拔士類有一善稱之不容口然好臧否無顧忌廷臣多害其寵漢王高煦以太子之立深恨縉太子時時失帝意高煦寵益隆禮秩逾嫡縉又諫曰是啓爭也不可帝怒謂其離間骨肉恩禮寖衰邱福等議稍稍傳達外廷高煦遂譖縉洩禁中語二月庚寅坐縉廷試讀卷不公謫廣西布政司參議改左中允尹昌隆爲禮部主事　帝命哈立麻建普度大齋於靈谷寺躬自行香爲高帝高后薦福或言慶雲天花甘露甘雨青鳥青獅白象白鶴及舍利祥光連日畢見又聞梵唄天樂自空而下帝大喜廷臣表賀學士胡廣獻聖孝瑞應頌帝綴爲佛曲令宮中歌舞之三月丁巳封哈立麻萬行具足十方最勝圓覺妙智慧善普應祐國演教如來大寶法王西天

大善自在佛領天下釋教給印誥如諸王其徒三人亦封灌頂大國師帝將刻玉印賜哈立麻以璞示黃淮淮曰朝廷賜諸番制敕用敕命廣運二寶今此玉較大非所以示遠人尊朝廷帝悟乃易之　遣胡濙頒御製諸書并訪仙人張邋遢徧歷州郡鄉邑隱察惠帝所在濙以故在外最久至十四年乃還　安南賊入富良江舟亙十餘里截江立寨陸兵亦數萬人辛巳張輔與沐晟將步騎夾岸迎戰柳升以水軍橫擊大破之獲僞尚書阮希周等斬馘數萬江水爲赤　夏四月己酉振順天河間保定饑　皇長孫瞻基出閣就學姚廣孝侍說書　張輔乘勝窮追黎季犛父子以小舟遁至海門涇鵲淺時久晴水涸賊棄舟陸走官軍至忽大雨水漲數尺遂畢渡次茶籠縣知季犛走乂安府遂循生厥江至日南州奇羅海口命柳升出海追賊賊數敗不能軍五月甲子永定衛卒王柴胡等生禽季犛於海口天琴山土人武如卿等獲黎蒼於永盎海口高望山及其僞太子諸王

將相大臣等檻送京師安南平宣詔訪求陳氏子孫耆老千一百二十餘人詣軍門言陳氏爲黎賊殺盡無可繼者安南本中國地乞仍入職方同內郡輔等以聞　河南饑有司有匿災者復逮治之諭都察院曰河南郡縣薦罹旱澇有司不以聞有言雨暘時若禾稼茂實者及遣人視之民所收十不及四五或十不及一至掇草實爲食聞之惻然亟發粟振之已有飢死者此朕任用匪人之故已悉置於法其榜諭天下有司凡災傷不以聞者罪之不宥　安南既平羣臣請如耆老言設郡縣六月癸未朔詔告天下改安南爲交阯以呂毅掌都司事黃中副之前工部侍郎張顯宗福建參政王平爲左右布政使前河南按察使阮友彰爲按察使裴伯耆授右參議黃福以尙書兼掌布按二司事設交州北江諒江三江建平新安建昌奉化淸化鎮蠻諒山新平演州乂安順化十五府分轄三十六州一百八十一縣又設太原宣化嘉興歸化廣威五州直隸布政司分轄二十九縣

其他要害咸設衞所控制之敕有司陳氏諸王被弒者咸予贈謚建祠治冢各置灑掃二十戸宗族被害者贈官軍民死亡暴露者瘞埋之居官者仍其舊與新除者參治黎氏苛政一切蠲除遭刑者悉放免禮待高年碩德鰥寡孤獨無告者設養濟院懷才抱德之彥敦遣赴京又命韓觀措置交阯緣途諸堡自唐之亡交阯淪於蠻服者四百餘年至是復入版圖諸王百官奉表稱賀　山陽民里社賽神有丁鈺者誣以聚衆謀不軌坐死者數十人法司因稱鈺忠己丑擢刑科給事中　甲午詔自永樂二年六月後犯罪去官者悉宥之　柳潯諸蠻乘韓觀出復叛觀旋師抵柳州蠻望風遁匿觀請俟秋涼深入且請濟師帝使使發湖廣廣東貴州三都司兵乙未張輔遣都督朱廣方政以征交阯兵協討　癸卯詔張輔等訪求交阯人士山林隱逸明經博學賢良方正孝弟力田聰明正直廉能幹濟練達吏事精通書算明習兵法及容貌魁岸語言便利膂力勇敢陰陽術數醫

藥方賑恤以禮敦致送京錄用於是輔等先後奏舉九千餘人　時
遠方初定軍旅未息庶務繁劇黃福隨事制宜咸有條理上疏言交
阯賦稅輕重不一請酌定務從輕省又請循瀘江北岸至欽州設衞
所置驛站以便往來開中積鹽使商賈輸粟以廣軍儲官吏俸廩倉
粟不足則給以公田又言廣西民饋運陸路艱險宜令廣東海運二
十萬石以給皆報可於是編氓籍定賦稅興學校置官師數召父老
宣諭德意戒屬吏毋苛擾專務寬大拊循其民羣臣以細故謫交阯
者福咸加拯䘏甄其賢者與共事由是至者如歸　故魏國公徐輝
祖卒　秋七月乙卯皇后徐氏崩年四十六遺言勸帝愛惜百姓廣
求賢才恩禮宗室毋驕畜外家又告皇太子曩者北平將校妻爲我
荷戈城守恨未獲隨皇帝北巡一賚䘏之也帝悲慟爲薦大齋於靈
谷天禧二寺聽羣臣致祭光祿爲具物謚曰仁孝皇后　丁卯河溢
河南　帝諭羣臣曰徐輝祖與齊黃輩謀危社稷朕念中山王有大

功曲赦之今輝祖死中山王不可無後辛巳命輝祖子欽襲封魏國公　西寧侯宋晟卒晟凡四鎮涼州前後二十餘年威信著絶域帝以晟舊臣有大將材專任以邊事所奏請輒報可御史劾晟自專帝曰任人不專則不能成功況大將統制一邊寧能盡拘文法即敕晟以便宜從事及卒長子瑄先於惠帝時死靈壁之難帝惡之故其子不得嗣以晟次子駙馬都尉琥嗣侯八月乙酉何福移鎮甘肅　庚子錄囚雜犯死罪減等論戍流以下釋之　黎季犛既禽餘黨竄山谷中出沒爲寇都督僉事高士文帥所部敗之廣源進圍其寨晝夜急攻垂破賊突走士文追與戰中飛石死所部復追賊賊失巢潰散遂爲指揮程瑒所滅　九月壬子鄭和等還諸國使者隨和朝見和獻所俘舊港酋長陳祖義舊港者故三佛齊國也祖義以廣東人據有其地剽掠海上行旅苦之和使使招諭祖義詐降潛謀邀劫有施進卿者告於和祖義來襲被禽戮於都市以進卿爲舊港宣慰使

乙卯黎季犛黎蒼俘至闕下帝御奉天門受之與僞將相胡杜等悉屬吏赦蒼弟衞國大王澄子芮所司給衣食大賚將士　冬十月諸軍討潯柳蠻者皆集廣西分道進勦韓觀自以貴州兩廣兵由柳州攻馬平來賓遷江賓州上林羅城融縣皆破之會兵象州復進武宣東鄉桂林貴平永福斬首萬餘級禽萬三千餘人羣蠻復定　十一月丙寅彗星見諭趙王高燧曰彗見燕分爾謹慎出入伺察邊境毋或怠忽　進胡廣翰林學士兼左春坊大學士黃淮右春坊大學士楊榮右庶子楊士奇金幼孜左右諭德諭吏部直內閣諸臣考滿勿改他任　廣東布政使徐奇載嶺南土物饋廷臣或得其籍以進帝閱之無楊士奇名召問對曰奇赴廣時羣臣作詩文贈行臣適病弗預以故獨不及今受否未可知且物微當無他意帝遽命燬籍　山西旱命劉觀馳傳往散遣採木軍民　姚廣孝等增修文獻大成成凡二萬二千九百三十七卷一萬一千九十五冊更賜名永樂大典

帝親製序冠之賜廣孝等二千一百六十九人鈔先是武進陳濟以布衣召爲總裁發凡起例區分鉤考其力爲多及是授右贊善濟洽之兄也　交阯既平得神機槍礮法特置神機營肄習製用生熟赤銅建鐵西鐵大小不等發用車用架用樁用托大利於守小利於戰隨宜而用爲行軍要器先是分步騎軍爲中軍左右掖左右哨謂之五軍掌營陳又以邊外降丁三千置營掌巡哨及是增置神機營掌火器三大營之制始此

六年春正月丁巳岷王楩復有罪罷其官屬　二月丁未除北京永樂五年以前逋賦免諸色課程三年　三月癸丑陳懋爲征西將軍鎮寧夏　乙卯除河南山東山西永樂五年以前逋賦　帝以明年將北巡召顧成至京命輔太子監國成頓首言太子仁明廷臣皆賢輔導之事非愚臣所及請歸備蠻乃賜金帛遣還時羣小謀奪嫡太子不自安成入辭文華殿因曰殿下但當竭誠孝敬孳孳卹民萬事

在天宵人不足措意　韃靼阿魯台以鬼力赤非元裔殺之迎本雅
失里於別失八里立爲可汗帝聞之以書諭本雅失里曰自元運既
訖順帝後愛猷識理達臘至坤帖木兒凡六傳瞬息之間未聞一人
善終者我皇考太祖高皇帝於元氏子孫加意撫卹來歸者輒令北
還如遣脫古思帖木兒歸嗣爲可汗此南北人所共知朕之心即皇
考之心茲元氏宗祧不絕如綫去就之機禍福由分爾宜審處之不
聽　夏四月丙申雲南巡按御史陳敏言雲南自洪武中已設學校
請如各布政司三年一鄉試從之　五月壬戌夜京師地震　六月
庚辰詔罷北京諸司不急之務及買辦以甦民困流民來歸者復三
年　禮部尚書鄭賜頗和厚然不識大體帝意輕之爲同官趙玒所
間憂悸卒　丁亥張輔沐晟還上交阯地圖東西一千七百六十里
南北二千八百里安撫人民三百一十二萬有奇獲蠻人二百八萬
七千五百有奇帝問夏原吉遷官與賞孰便對曰賞費於一時有限

遷官爲後日費無窮也帝是之秋七月癸丑論平交阯功進封輔英國公晟黔國公王友清遠侯封柳升安遠伯追封高士文建平伯令其子福嗣餘爵賞有差原吉雖居戶部國家大事輒令詳議帝每御便殿闕門召語移時左右莫得聞退則恂恂若無預者　初大軍討黎季犛陳氏故官簡定先降將遣詣京師偕其黨陳希葛逃去與化州僞官鄧悉阮帥等謀亂定乃僭號稱大越紀元興慶出沒乂安化州山中伺大軍還卽出攻盤灘鹹子關扼三江府往來孔道寇交州近境慈廉威蠻上洪天堂應平石室諸州縣皆響應守將屢討之無功八月乙酉命沐晟爲征夷將軍統雲南貴州四川軍四萬人由雲南往討劉儁仍參贊軍務別遣使齎敕招賊予世官賊不應　浡泥國王麻那惹加那帥妃及弟妹子女陪臣泛海來朝次福建遣中官往宴勞所過州縣皆宴比至帝獎勞再三饗於奉天門妃以下饗於他所禮畢送歸會同館禮官請王見親王儀帝令準公侯禮　九月

己酉科臣劾刑部都察院淹禁罪囚瘐死者衆帝召尚書吕震等切
責期三日內悉疏雜犯死罪以下囚　癸亥鄭和復使西洋　冬十
月楊榮以父喪起復　麻那惹加那卒於會同館帝哀悼輟朝三日
遣官致祭有司具棺槨明器葬之安德門外石子岡樹碑神道建祠
墓側祀以少牢謚曰恭順命其子遐旺襲封國王遣中官張謙行人
周航護送歸國　十一月丁巳錄囚　十二月丁酉沐晟及簡定戰
於生厥江敗績參贊尚書劉儁且戰且行至大安海口颶風作揚沙
晝晦爲賊所圍與都督僉事吕毅參政劉昱俱死之　柳升陳瑄李
彬等帥舟師分道沿海捕倭　先是湖廣右布政使儀智坐事謫役
通州既湖廣都指揮使龔忠入見帝問湖湘間老儒忠以智對即日
召之至拜禮部左侍郎

明紀卷第九

賜進士出身工部候補主事虞衡司行走陳鶴纂
卹贈知府銜給雲騎尉世職內閣候補中書孫男克家參訂

成祖紀二（起永樂七年己丑訖永樂十四年丙申凡八年）

七年春正月癸亥賜百官上元節假十日著爲令　初帝招徠遠人洪武時上中下馬給茶八十斤至六十斤者皆遞增其數由是市馬者多而茶不足茶禁亦稍弛多私出境碉門茶馬司至用茶八萬餘斤僅易馬七十四又多瘦損乃申嚴茶禁增設洮州甘肅茶馬司

二月乙亥遣使於巡狩所經郡縣存問高年八十以上賜酒肉九十加帛　丙子徵致仕知府劉彥才等九十二人分署府州縣　辛巳以北巡告天地宗廟社稷壬午發京師皇太子監國詔惟文武除拜邊軍調發上請行在其餘常務悉啓太子處分常朝於午門左視事大朝賀拜表受詔在文華殿留蹇義金忠黃淮楊士奇及姚廣孝等

輔太子皇長孫瞻基及夏原吉胡廣楊榮等俱扈行榮有母喪乞歸不許　張輔復爲征夷將軍帥王友等討簡定發南畿浙江江西福建湖廣廣東廣西軍四萬七千人從征　茹瑺之遣歸也爲家人所訟逮至京釋還過長沙不謁谷王穗穗以爲言時方重藩王禮穗又開金川門有功帝意嚮之陳瑛遂劾瑺違祖訓逮下錦衣獄瑺知不免命子銓市毒藥服之死法司劾銓毒其父請以謀殺父母論後以銓實承父命減死與兄弟家屬二十七人謫戍河池瑺居官謹慎謙和有容其死也人頗惜之　會試中陳燧等九十五人皇太子令送國子監進學俟帝還京廷試　戊子帝謁鳳陽皇陵三月甲辰次東平州望祭泰山辛亥次景州望祭恆山北京諸司奏至帝見都督僉事平安名曰平保兒尚在耶乙卯安自殺命以指揮使祿給其子壬戌至北京癸亥大賚官吏軍民丙寅詔起兵時將士及北京効力人民雜犯死罪咸宥之充軍者官復職軍民還籍伍　壬申柳升敗倭

於青州海中追至金州白山島而還敕班師　夏四月癸酉朔皇太子攝享太廟　帝聞趙王高燧諸不法事大怒誅其長史顧晟褫高燧冠服已而得免擇國子司業趙亨道董子莊爲長史子莊隨事匡正亨道同心輔導高燧稍改行　壬午海寇犯欽州副總兵李珪遣將擊敗之　閏月戊申命皇太子所決庶務六科月一類奏　丙辰諭行在法司重罪必五覆奏　帝將營壽陵命禮部選明地理者擇地得吉於昌平縣東黃土山車駕臨視五月己卯封其山曰天壽王通董工匠營作之　初元遺臣猛可帖木兒據西部瓦剌地帝起兵與之通和已而猛可死衆分爲三其渠曰馬哈木曰太平曰把禿孛羅帝數遣使招諭乃貢馬請封乙未封馬哈木爲順寧王太平爲賢義王把禿孛羅爲安樂王　六月壬寅考覈北畿山東郡縣長吏以汶上知縣史誠祖治行爲第一賜璽書勞之特擢濟寧知州仍視縣事下易州同知張騰於獄誠祖解州人洪武末詣闕陳鹽法利弊太

祖納之命知汶上爲治廉平寬簡既得旌益勤於治屢當遷職輒爲
民奏留閱二十九年竟卒於任士民哀號留葬城南歲時奉祀時青
田知縣謝子襄錢塘知縣黃信中開化知縣夏升並九載課最當遷
其部民相率訴於上官乞再任事聞擢子襄處州知府信中杭州升
衢州俾治其故縣又東阿知縣貝秉彝以禮義導民尤善綜畫凡廢
鐵敗皮朽索故紙悉藏之暇令工匠煮膠鑄杵擣紙絞索貯於庫帝
北巡敕有司建席殿秉彝出所貯濟用工遂速竣帝將召之耆老百
餘人詣闕請留報許其後縣令久任者嵩縣知縣吳祥閱三十二年
遵化知縣李信閱二十七年鄒縣知縣房岳閱二十餘年吏民皆愛
戴之吉水知縣錢本忠亦卒官留葬其地得民如誠祖　本雅失里
糾阿魯台將入寇爲瓦剌所敗走臚朐河欲收諸部潰卒窺河西詔
何福嚴兵爲備會獲其部曲完者帖木兒等辛亥復遣給事中郭驥
賫書諭之驥至被殺　丁卯召御史張循理等二十八人問其出身

皆由進士及監生惟洪秉等四人由吏帝曰用人雖不專一途然御史爲朝廷耳目之寄宜用有學識達治體者遂黜秉等爲鴻臚寺序班詔自今御史勿復用吏　韃靼丞相昝卜平章都連及王子國公司徒十餘人帥所部駐亦集乃乞內附何福以聞令楊榮往佐福經理盡降其衆福親至亦集乃鎮撫之送其酋長於京師　帝聞郭驥死大怒秋七月癸酉邱福爲征虜大將軍王聰火真副之王忠李遠爲左右參將帥十萬騎討本雅失里福將行諭之曰兵事須慎重自開平以北卽不見寇宜時時如對敵相機進止不可執一一舉未捷俟再舉已行又連賜敕曰軍中有言敵易取者慎勿信之八月福出塞帥千餘人先至臚朐河南遇游騎擊敗之遂渡河獲其尚書一人飲之酒問本雅失里所在尚書言聞大兵來惶恐北走去此可三十里福大喜曰當疾馳禽之諸將請俟諸軍集偵虛實而後進福不從以尚書爲鄉導直薄敵營戰二日每戰敵輒陽敗引去福銳意乘之

李遠諫曰將軍輕信敵閒懸軍轉鬭敵示弱誘我深入進必不利退則懼爲所乘獨可結營自固晝揚旗伐鼓出奇兵與挑戰夜多然炬鳴礮張軍勢使彼莫測俟我軍畢至併力攻之必捷否亦可全師而還始上與將軍言何如而遂忘之乎王聽亦力言不可福皆不聽厲聲曰違命者斬卽先馳麾士卒隨行控馬者皆泣下諸將不得已與俱甲寅敵大至圍之數重聽戰死遠帥五百騎突陳殺數百人馬蹶與福等皆被執死遠罵不絕口以死一軍皆沒敗聞帝震怒以諸將無足任者遂決意親征　簡定僭稱越上皇別立陳季擴爲帝紀元重光勢張甚張輔以賊負江海不利陸師乃駐北江仙游縣就叱覽山伐木大造戰艦招諒江北諸避寇者復業連破慈廉州遏門江廣威州孔目柵以盤灘地最要衝遣都督同知徐政守之賊黨鄧景異來攻政與戰飛鎗貫脅猶督兵力戰竟敗賊政亦腹潰死輔偵知景異扼南策州盧渡江太平橋乃進軍鹹子關僞金吾將軍阮世每衆

二萬舟六百餘立柵樹樁保江東南岸庚申西北風急輔督陳旭朱廣俞讓方政等以划船齊進乘風縱火礮矢飈發斬首三千級生禽僞監門將軍潘低等二百餘人獲船四百餘艘進擊景異景異先走遂定交州北江諒江新安建昌鎮蠻諸府　九月庚午朔日有食之　封何福寧遠侯命軍中事先行後聞　張輔追賊至太平海口鄧景異以三百艘迎敵復大破之獲其黨范必栗陳季擴遣使自稱前安南王孫求紹封輔曰向者徧索陳王後不應今詐也吾奉命討賊不知其他叱斬之遣朱榮蔡福等以步騎先進輔帥舟師繼之由黃江阿江大安海口至福成江轉入神投海口盡去賊所樹樁柵十餘日抵清化水陸畢會簡定奔演州季擴走乂安帥景異等皆遁遂駐軍分捕餘黨　甲戌贈北征死事李遠莒國公王聰漳國公　丙子鄭亨帥師巡邊　壬午郭亮備禦開平　都連等叛去陳懋追禽之黑山盡收所部人口畜牧　冬十月丁未削邸福王忠火真爵徙福

家屬於海南　簡定走美良縣吉利柵張輔入磊江窮追及之定走
入山大索不得遂圍之十一月戊寅定及僞將相陳希葛阮汝勵阮
晏等俱就禽送京師誅之　十二月庚戌賜濟寧至良鄉民頻年遞
運者田租一年　壬子進陳懋爵爲侯　時命中官刺事守京城內
使言城門郎縱酒擅離所守城門郎亦言以母病白內使暫歸即來
嘗以事忤內使故構臣皇太子曰城門郎無罪內使上罔朝廷下誣
無罪者下錦衣衞治之因令榜示凡內官內使言事不實及挾私枉
人者置重典皇太子喜文辭贊善王汝玉以詩法進楊士奇曰殿下
當留意六經暇則觀兩漢詔令詩小技不足爲也太子稱善工部侍
郎陳壽言方今兵民交困宜休養生息又乘閒言左右干恩澤者多
恐累明德太子深納之嘗目送之出顧侍臣曰侍郎中第一人也劉
觀坐事爲太子譴責帝聞之以大臣有小過不宜遽折辱特賜書諭
太子　陳迪之死也幼子珠生五月乳母潛置溝中得免及是爲怨

家所訏帝宥其死徙登州遂爲蓬萊人　交阯賊黨僞王阮師檜金
吾上將軍杜元措等據東潮州安老縣宜陽社衆二萬餘人
八年春正月張輔進擊之斬四千五百餘級禽其黨范支陳原卿阮
人柱等二千餘人悉斬之築京觀會帝召輔還留沐晟討賊輔言陳
季擴阮帥胡具鄧景異等尚在演州乂安逼清化而鄧鎔塞神投福
成江口據清化要路出沒乂安諸處若諸軍盡還恐沐晟兵少不敵
請留都督江浩都指揮俞讓花英師祐等軍佐晟守禦從之　辛未
召陳懋隨征漠北　己卯皇太子攝祀天地於南郊　癸巳免去年
揚州淮安鳳陽陳州水災田租命副都御史虞謙給事中杜欽巡視
贖軍民所鬻子女謙請振皇太子諭之曰軍民困極而卿等從容請
啓彼汲黯何如人也　二月辛丑以北征詔天下　乙巳皇太子錄
囚奏貫雜犯死罪以下　丁未帝發北京夏原吉總行在九卿事胡
儼兼侍講掌翰林院事輔皇長孫瞻基留守北京每日於奉天門左

視事軍機及王府要務啓皇太子處分仍奏聞行在胡廣金幼孜楊
榮及兵部尚書方賓刑部侍郎金純扈行並與機密師逵總督饋饟
逵請量程置頓堡更遞轉輸從之　時諸司草創夏元吉每旦入佐
太孫參決庶務朝退諸曹郎御史環請事原吉口答手書不動聲色
北達行在南啓監國上下肅然　癸亥遣祭所過名山大川乙卯大
閱張輔謁帝於興和命練兵宣府萬全督運北征三月丁卯王友督
中軍柳升副之何福鄭亨督左右哨陳懋劉才督左右掖劉江督前
哨江乘夜據清水原甲戌次鳴鑾戍乙亥誓師　帝數召胡廣等對
帳殿或至夜分過山川阨塞立馬議論輒命金幼孜記之行或稍後
遣騎四出求索一日廣等失道陷谷中暮夜幼孜墜馬廣及金純去
不顧楊榮爲幼孜結鞍行又輒墜榮乘以己騎明日始達行在所
是夜帝遣使十餘輩迹榮幼孜不獲比至喜動顏色　涼州衛千戶
虎保永昌衛千戶亦令真巴等叛衆數千屯據驛路新附伯顏帖木

兒等應之西鄙震動都指揮李智擊之不勝賊聲言攻永昌涼州城皇太子命都督費瓛往討至涼州智及都指揮陳懷以師會遂進兵鎮番遇賊於雙城瓛擊其左懷等擊其右賊大敗走斬首三百餘級追奔至黑魚海獲賊千餘馬駝牛羊十二萬虎保等遠遁乃班師虎保之叛也吳允誠方從出塞其妻與子管者居涼州虎保等誘脅允誠衆欲叛去管者母子召部將保住卜顏不花等授以計禽其黨誅之帝嘉之授管者保住俱指揮僉事保住賜姓名楊效誠　夏四月庚申帝次威虜鎮以槖駝所載水給衞士視軍士皆食始進膳五月丁卯次臚朐河更其名曰飲馬命王友劉才築城河上選勇士三百人爲衞不以隸諸將令楊榮領之本雅失里聞大軍至懼欲與阿魯台俱西阿魯台不從衆潰散君臣始各爲部本雅失里西奔阿魯台東奔甲戌帝渡飲馬河追本雅失里聞知院失乃干欲降令友將士卒先行遇敵相機勦滅友等至與敵相拒一程迂道避之應昌軍中

乏食多死者帝震怒屢旨切責奪其軍以屬張輔己卯至斡難河本雅失里拒戰給事中張益歿於陣都指揮使吳成疾戰帝一麾敗之本雅失里棄輜重孳畜以七騎遁斡難河者元太祖始興地也丙戌還次飲馬河詔移師征阿魯台　丁亥回回哈剌馬牙殺指揮劉秉謙據肅州衞以叛約赤斤蒙古千戶塔力尼爲援拒不應千戶朱迪等討哈剌馬牙平之詔進赤斤所爲衞擢塔力尼指揮僉事　沐晟追陳季擴至虞江賊棄柵遁追至古靈縣及會潮靈長海口斬首三千餘級獲僞將軍黎弄季擴大蹙　六月甲辰帝自青楊戍度飛雲壑次靜虜鎮與阿魯台遇諭之降阿魯台欲來衆不可乃遣使僞降帝察其詐命諸將嚴陳以待阿魯台悉衆來犯帝自將精騎迎擊柳升將神機火器爲前鋒鄭亨帥衆先進矢下如注阿魯台墜馬遂大敗之追北百餘里丁未又敗之斬其名王以下百數十人己酉至廣漠戍班師鷹揚將軍金玉爲殿至長秀川收敵所棄牛羊雜畜互數

十里軍食之楊榮請盡以供御之餘給軍而令軍中有餘者得相貸入塞官爲倍償軍賴以濟秋七月丁卯次開平帝在軍念士卒艱苦每蔬食是日宴賚始復常膳　西寧侯宋琥爲前將軍鎮甘肅　辛巳振安慶徽州鳳陽鎮江饑　壬午至北京御奉天殿受朝賀甲午論功行賞有差八月壬寅進封柳升安遠侯　寧遠侯何福有才略帝以其太祖時宿將推誠任之聘其甥女爲趙王妃福亦善引嫌有事未嘗專決及從北征數違節度羣臣有言其罪者福益快快有怨言師還陳瑛復劾之福懼乙卯自縊死爵除趙王妃亦廢　庚申河溢開封壞城二百餘丈民被患者萬四千餘戶沒田七千五百餘頃命工部侍郎張信往視信玉從子也　初師逵採木湖湘以十萬衆入山闢道路召商賈軍役得貿易事以辦然頗嚴刻民不堪長沙妖人李法良乘機爲亂民多從之皇太子命李彬移兵討賊漢王高煦忌太子有功詭言彬不可用黃淮曰彬老將必能滅賊願急遣彬至

卒禽法良左中允周幹劾逵太子以帝所特遣置不問　九月己巳
幸天壽山　冬十月丁酉發北京命夏原吉侍皇長孫周行鄉落觀
民間疾苦原吉取齏以進曰願殿下嘗此知民艱　倭寇福州　十
一月甲戌帝還京師　十二月癸巳阿魯台遣使貢馬　戊午陳季
擴奉表乞降帝心知其詐姑許之授交阯右布政使阮帥胡具鄧景
異鄧鎔並都指揮陳原樽右參政潘季祐按察副使季擴雖請降攻
剽如故交人苦中國約束又數爲吏卒侵擾往往起附賊乍服乍叛
將帥益玩　陳瑛劾隆平侯張信強占丹陽練湖八十餘里江陰官
田七十餘頃請下有司驗治帝曰瑛言是也昔中山王有沙洲一區
耕農水道所經家僮阻之以擅利王聞即歸其地於官今信何敢爾
命法司雜治之尋以舊勳不問瑛爲都御史數年所論劾勳戚大臣
十餘人皆陰希帝指其宅所傾陷又數十人帝以爲能發奸寵任之
方帝北巡御史袁綱覃珩至兵部索皁隸主事李貞猝無以應綱珩

銜構之瑛瑛劾貞受阜隸金下獄拷掠死阜隸死者三人貞妻擊登聞鼓訴冤太子命六部大臣廷鞫得實下綱珩獄刑科給事中耿通等言瑛及綱珩朋奸蒙蔽擅殺無辜不宜獨宥太子曰瑛大臣爲下所欺不能覺察耳置勿問又有學官坐事謫充太學膳夫太子令法司與改役瑛格不行中允劉子春等復劾瑛方命自恣太子謂瑛曰卿用心刻薄不明政體殊非大臣之道時太子深惡瑛以帝方寵任無如何頃之帝亦寖疏瑛　以顧佐爲應天府尹剛直不撓吏民畏服人比之包孝肅　是年失捏干寇黃河東岸寧夏都指揮王儼敗歿　始命中官王安等監都督譚青軍馬靖巡視甘肅馬騏鎮交阯

九年春正月丙子柳升鎮寧夏　帝以陳季擴終無悛心己卯復以張輔爲征虜副將軍會沐晟討之輔至中軍令都督黃中素驕違節度詰之不遜斬以徇將士惕息無敢不用命者　丙戌李彬陳瑄帥浙江福建兵捕海寇　二月辛亥陳瑛有罪下獄死　丙辰詔赦交

阯嘯聚山林者罪軍復伍民復業其官員軍民有犯己未發覺咸宥
之　丁巳倭掠廣東陷昌化千戶所殺守將敕副總兵李珪戴罪自
贖　時河海兼運海運險遠多失亡而河運由江淮達陽武發山西
河南丁夫陸輓百七十里入衞河歷八遞運所民苦其勞濟寧州同
知潘叔正上言元至元中所開會通河自東平安民山至臨清四百
五十餘里淤者僅三之一濬之便己未命宋禮金純及都督周長往
治之已而張信言祥符縣魚王口至中灤下二十餘里有舊黃河岸
與今河面平宜濬而通之使循故道則水勢可殺三月壬午命徐亨
及工部侍郎蔣廷瓚等偕純相治并命禮總其役　戊子劉江鎮遼
東　夏六月乙巳鄭和還自西洋和初經錫蘭山其王亞烈苦奈兒
欲害和和覺去之他國和歸復經其地亞烈苦奈兒誘和至國中索
金幣發兵五萬劫和舟和覘賊大衆既出國內虛帥所統二千餘人
不出意攻破其城生禽亞烈苦奈兒及其妻子官屬劫舟者聞之還

自救復大破之獻俘於朝朝臣請行戮帝憫其無知幷妻子皆釋歸
更擇其族之賢者耶把乃那立以爲錫蘭山王由是海外諸番益服
解縉之謫廣西也禮部郎中李至剛言其怨望改交阯命督餽化
州入奏事京師值帝北征謁皇太子而還旣漢王高煦言縉伺上出
私覲太子徑歸無人臣禮帝震怒會縉偕檢討王偁道廣東覽山川
上疏請鑿贛江通南北奏至逮縉及偁下詔獄拷掠備至詞連大理
丞湯宗宗人府經歷高得暘中允李貫贊善王汝玉編修朱紘檢討
蔣驥潘畿蕭引高及至剛皆下獄高煦又譖侍郎陳壽許思溫及前
侍郎馬京亦皆下獄壽貧不能給朝夕官屬有饋之者拒不受竟與
京思溫俱死獄中帝數以事怒太子所行事率多更置耿通諫曰太
子事無大過誤可無更也數言之帝不悅召楊士奇問監國狀士奇
以孝敬對且曰殿下天資高卽有過必知之知必改存心愛人決不
負陛下託帝乃悅或問太子亦知有讒人乎曰不知也吾知盡子職

而已　陳季擴據月常江樹椿四十餘丈兩崖置柵二三里列船三
百餘艘設伏山右秋七月丙子張輔沐晟等水陸並進阮帥胡具鄧
景異鄧鎔等來拒輔令朱廣等連艦拔椿以進自帥方政等以步隊
勦其伏兵水陸夾攻賊大敗帥等皆敗走生禽僞將軍鄧宗稷黎德
彝阮忠阮軒等獲船百二十艘輔乃督水軍勦季擴　河南陝西大
疫遣使振䘏陝西巡按御史魏源言諸府倉粟積一千九十餘萬石
足支十年今民疫妨農請輸鈔代兩稅之半從之　海寧潮溢漂沒
甚衆自海門至鹽城百三十里隄並圮命陳瑄以四十萬卒築治爲
捍潮隄萬八千餘丈　浙西大水通政趙居任匿不以聞按察使周
新奏之夏原吉爲居任解帝命覆視得蠲振如新言時湖廣河南順
天揚州相繼大水並遣使振之　宋禮以會通之源必資汶水用汶
上老人白英策築堈城及戴村壩橫亙五里遏汶流使南不入洸北
不歸海匯諸泉之水盡出汶上至南旺中分之爲二道南流接徐沛

者十之四北流達臨清者十之六南旺地勢高決其水南北皆注所
謂水脊也因相地置閘以時蓄洩自分水北至臨清地降九十尺置
閘十有七而達於衛南至沽頭地降百十有六尺置閘二十有一而
達於淮又開新河自汶上袁家口左徙五十里至壽張之沙灣以接
舊河金純亦引河復故道自封邱金龍口下魚臺塌場會汶水經徐
呂二洪南入於淮八月禮還京師又請疏東平東境沙河淤沙三里
築堰障之合馬常泊之流入會通濟運又於汶上東平濟寧沛縣並
湖地設水櫃陡門在漕河西曰水櫃以蓄泉在東曰陡門以洩漲凡
發山東徐州應天鎮江民三十萬蠲租一百十一萬石有奇二十旬
而工成運道遂定而河南水患亦稍息　滿剌加國王拜里迷蘇剌
帥妻子陪臣五百四十餘人來朝　九月戊寅諭法司死罪必五覆
奏　壬午命屯田軍以公事妨農務者免徵子粒著爲令　蹇義熟
典故達治體軍國事皆倚辦數奉命兼理他部事職務填委處之裕

如舊臣見親用者義與夏原吉齊名中外稱曰蹇夏九載滿帝親宴
之於便殿指二人謂羣臣曰高皇帝養賢以貽朕欲觀古名臣此其
人矣　朝鮮使臣將歸例有賜賚禮部尚書趙玭不以奏帝怒曰是
且使朕失遠人心遂下之獄尋得釋使督建隆慶保安永寧諸州縣
　冬十月乙未寬北京謫徙軍民賦役　忠順王脫脫暴卒擢都指
揮同知哈剌哈納爲都督僉事鎮守哈密癸卯封脫脫從弟兔力帖
木兒爲忠義王　帝以太祖實錄雖有成書而監修官李景隆茹瑺
心術不正又期限迫促未能精詳乃命胡廣等復修姚廣孝監之
戸部侍郎王彰奉使祀西嶽過新安民鬻子女償賦彰以聞十一月
戊午蠲陝西逋賦贖還所鬻　張輔聞石室福安諸州縣僞龍虎將
軍黎蕊等斷銳江浮橋阻生厥江交州後衛道路遂往捕之癸亥蕊
及范慷來拒蕊中矢死斬僞將軍阮陁獲僞將軍楊汝梅防禦使馮
翁斬首千五百級追殺餘賊殆盡慷及杜箇旦鄧明阮思瑊等亦就

禽　丁卯立皇長孫瞻基爲皇太孫冠於華蓋殿冕服如皇太子玉圭如親王帝語皇太子曰此他日太平天子也　壬申韓觀爲征夷副將軍仍佩故印總兵鎮交阯都指揮葛森鎮廣西　丙子刑科曹潤等言昔以天寒審釋輕囚今囚或淹一年以上且一月間瘐死者九百三十餘人獄吏之毒所不忍言帝召法司切責命徒流以下三日內決遣重罪當繫者卹之無令死於飢寒　遣使督瘞戰場暴骨福餘朶顏泰寧三衞陰附韃靼掠邊戍十二月壬辰敕宥其罪令入貢　閏月丁巳命府部諸臣陳軍民利弊　阿魯台復來貢馬因請得役屬吐番諸部求朝廷刻金作誓辭磨其金酒中飲諸酋長以盟衆議欲許之黃淮曰彼勢分則易制一則難圖矣帝顧左右曰黃淮論事如立高岡無遠不見

十年春正月戊子封吳允誠恭順伯　己丑命入覲官千五百餘人各陳民瘼不言者罪之言有不當勿問　平陽饑民採蒺藜掘蒲根

以食帝聞之惻然癸丑遣官馳驛振之逮治布政使及府縣官不奏
聞者　二月辛酉蠲山西河南逋賦　遼王植之徙封荆州也止給
一護衛帝以其起兵時貳於己嫌之庚辰誣以罪削護衛留軍校廚
役三百人備使令　三月丁亥李彬討甘肅叛寇八耳思朶羅歹
甲辰免北京水災租稅　御史許堪言衛河水患命宋禮往經畫夏
四月禮請自魏家灣開支河二泄水入土河復自德州西北開支河
一泄水入舊黄河使至海豐大沽河入海帝命俟秋成爲之禮還言
海運經歷險阻每歲船輒損敗有漂沒者有司修補迫於期限多科
斂爲民病而船亦不堅計海船一艘用百人而運千石其費可辦河
船容二百石者二十船用十人可運四千石以此而論利病較然請
撥鎮江鳳陽淮安揚州及兗州糧合百萬石從河運給北京其海道
則三歲兩運已而陳瑄治江淮間諸河功亦相繼告竣於是運河大
便利漕粟益多　夏六月甲戌諭戸部凡郡縣有司及朝使目擊民

艱不言者悉逮治　秋七月癸卯禁中官干預有司政事　八月癸丑朔張輔督方政等擊賊舟於神投海賊舟四百餘分三隊銳甚輔衝其中堅賊卻左右隊迭進官軍與相鉤連殊死戰自卯至巳大破賊禽偽將軍陳磊鄧汝戲等七十五人阮帥等遠遁追之不及輔進軍乂安上黃縣偽少保潘季祐等請降帥偽官十七人上謁輔承制命季祐以按察副使署乂安府事於是偽將軍觀察安撫招討諸使陳敏阮士勤陳全勗陳全敏等相繼降　己未敕邊將自長安嶺迤西迄洗馬林築石垣深濠塹　河決陽武中鹽堤漫中牟祥符尉氏遣工部主事藺芳按視芳言中鹽隄當急流之衝夏秋泛漲勢不可驟殺宜捲土樹樁以資捍禦無令重爲民患而已又言中灤導河分流使由故道北入海誠萬世利但緣河隄埽止用蒲繩泥草不能堅久宜編木成大囤貫樁其中實以瓦石復以木貫樁表牽築隄上則殺水固隄之長策也詔皆從之其後築隄者遵用其法宋禮復薦芳

九月擢工部右侍郎　初陳瑄言嘉定濱海當江流之衝地平衍無
大山高嶼海舟停泊或值風濤觸堅膠淺輒敗請於青浦築土爲山
立堠表識使舟人知所避及是工成方百丈高三十餘丈賜名寶山
帝親爲文記之　或言大理寺丞耿通受請託故出人罪帝震怒命
都察院會文武大臣鞫之午門必殺通無赦羣臣如旨當通斬帝曰
失出細故耳通爲東宮關說壞祖法離間我父子不可恕其置之極
刑羣臣不敢爭竟坐姦黨磔死　浡泥國王遐旺偕其母來朝　冬
十月戊辰獵城南武岡　涼州酋老的罕叛都指揮何銘戰死指揮
僉事李英擊之討來川俘斬三百六十人夜雪賊遁英追躡盡俘其
衆老的罕走赤斤蒙古衛宋琥以聞十一月壬午楊榮經略甘肅會
李彬議進兵方略彬言道遠饟難繼宜緩圖榮因還奏隆冬非用兵
時且有罪不過數人兵未可出從之　西洋諸邦來者益多丙辰復
命鄭和等往使且招徠其未賓服者　北京行太僕寺卿楊砥言吳

橋東光興濟交河及天津衞大水決隄傷稼德州良店驛東南有黃河故道與州南土河通乞穿渠置閘以分水勢命蘭芳往理之所經郡邑有不便民者輒疏以聞　紀綱使千戶緝事浙江攫賄作威福按察使周新欲按治之遁去會新齎文冊入京遇千戶涿州捕繫州獄脫走訴於綱綱誣奏新罪帝怒命逮新旗校皆錦衣私人在道榜掠無完膚十二月新至伏陛前抗聲曰陛下詔按察使行事與都察院同臣奉詔禽奸惡奈何罪臣帝愈怒命戮之臨刑大呼曰生爲直臣死當爲直鬼初新爲大理評事善決獄改御史敢言不避權貴人目爲冷面寒鐵治浙江屢雪寃獄嘉興賊倪宏三劫旁郡累敗官軍新督兵禽之周廉使名聞天下他日帝悔問侍臣曰周新何許人對曰南海帝歎曰嶺外乃有此人枉殺之矣　宋禮復採木四川　鴻臚寺奏習元旦朝賀儀帝召禮部尚書呂震等問曰正旦日當食百官朝賀可行乎震請朝賀如常侍郎儀智持不可楊士奇亦引宋仁

宗事爲言
十一年春正月辛巳朔日有食之詔曰朕乖治理上累三光衆陽之
宗薄食元旦羣臣尚勉輔朕以消弭災變朝賀宴會悉罷免　壬午
諭通政使禮科給事中凡朝覲官境內災傷不以聞爲他人所奏者
罪之　辛丑李彬鎮甘肅召宋琥還赤斤蒙古縛老的罕以獻　初
思南宣慰使田宗鼎凶暴與副使黃禧構怨奏訐累年朝廷以田氏
世守其土又先歸誠曲宥之改禧爲辰州知府未幾思州宣慰使田
琛與宗鼎爭沙坑地有怨禧與琛相結圖宗鼎琛稱天主禧稱大將
帥兵攻思南宗鼎挈家走琛殺其弟發其墳墓并戮其母屍宗鼎訴
於朝屢勑琛禧赴闕自辨皆拒命不至潛使奸人入教坊司伺隙爲
變事覺命行人蔣廷瓚召之顧成以兵五萬壓其境執琛禧械送京
師皆引服錮之赦宗鼎令復職宗鼎發祖母楊氏陰事謂與禧奸造
禍本楊氏亦發宗鼎縊殺親母瀆亂人倫事乃以宗鼎付刑部而諭

戶部曰琛宗鼎分治思州思南皆爲民害琛已正其辜宗鼎滅倫罪
不可宥其思南等三十九長官地可更爲郡縣二月辛亥朔始設貴
州布政使司與都指揮使同治設布政使一人分思南地置思南鎮
遠銅仁烏羅四府分思州地置黎平新化思州石阡四府以各長官
司隸之田氏自宋宣和中有思州地及是遂亡宗鼎大雅之子琛宏
正之子也　初太祖都金陵令應天太平鎮江廬州鳳陽揚州六府
滁和二州民牧馬其後又令江南民十一戶江北五戶養馬一復其
身至是行之北畿癸亥令民計丁養孳生馬十五丁以下養馬一十
六丁以上養馬二尋以楊砥議令民五丁養種馬一匹十馬立羣頭
一人養馬家歲蠲租糧之半自薊州以東至山海諸衞屯軍人養種
馬一匹租糧盡蠲之自是遂爲定制　封烏斯藏僧昆澤思巴爲大
乘法王初太祖招徠番僧本藉以化愚俗弭邊患授國師大國師者
不過四五人至帝兼崇其教自二法王外又封闡化贊善護教闡教

輔教五王及西天佛子二灌頂大國師九灌頂國師十八其他禪師
僧官不可悉數其徒交錯於道外擾郵傳內耗大官公私騷然帝不
卹也　中官李達吏部員外郎陳誠使西域　甲子帝如北京皇太
孫從蹇義黃淮楊士奇及洗馬楊溥輔皇太子監國乙丑發京師命
給事中御史所過存問高年　壽陵成命曰長陵進封王通爲成山
侯仁孝皇后梓宮自京師而北百官奏辭於江濱皇太子送渡江漢
王高煦護行丙寅葬於長陵　辛未次鳳陽謁皇陵夏四月己酉至
北京　安定王卜烟帖木兒之被弒其子撒兒只失加亦死部衆潰
散子亦攀丹流寓靈藏五月帥衆入朝自陳家難乞授職帝念其祖
率先歸附令襲封安定王　丁未曹縣獻騶虞禮官請賀不許　馬
哈木弒其主本雅失里立答里巴爲可汗上言欲獻故元傳國璽慮
阿魯台來邀請中國除之脫脫不花子在中國請遣還部屬多從戰
有勞請加賞賚瓦剌士馬強請予軍器帝曰瓦剌驕矣然不足較賚

其使而遣之秋七月阿魯台上言馬哈木弒立願輸誠內附爲故主報仇帝義之戊寅封阿魯台爲和寧王　八月甲子北京地震　田琛妻冉氏遣人招誘思州靖州臺羅等寨苗普亮等爲亂冀朝廷遣琛招撫以免死乙丑顧成帥二都司三衞兵討之　永康侯徐忠卒贈蔡國公諡忠烈忠每戰摧鋒跳盪爲諸將先而馭軍甚嚴所過無擾善撫降附得其死力事繼母以孝聞夜歸必揖家廟而後入　九月壬午詔自今郡縣官每歲春行視境內蝗蝻害稼即捕絕之不如詔者二司并罪　馬哈木留敕使不遣又以甘肅寧夏歸附韃靼者多其所親請給還帝怒命中官海童切責之　冬十月丙寅遣副都御史李慶齎璽書命皇太子錄南京囚贖雜犯死罪以下　十一月戊寅以野蠶繭爲衾命皇太子薦太廟　壬申馬哈木兵渡飲馬河將入犯而揚言襲阿魯台開平守將以聞命邊將嚴守備甲申陳懋譚青及都督馬聚朱崇巡寧夏大同山西邊尋命懋等分將陝西山

西及潼關等五衛兵駐宣府中都遼東河南三都指揮使司及武平等四衛兵會北京乙巳孫巖備開平　十二月壬子張輔沐晟合兵至順州阮帥等設伏愛子江而據昆傳山險列象陣迎敵輔戒士卒一矢射象奴二矢射象鼻象奔還自蹂其衆裨將楊鴻韓廣薛聚等乘勢繼進賊大敗禽僞將軍潘徑阮徐等五十六人追至愛母江賊潰散鄧鎔弟僞侯鐵將軍潘魯潘勤等降　或言南京鈔法爲豪民沮壞帝遣監察御史鄺埜廉視衆謂將起大獄埜執一二市豪歸奏曰市人聞令震懼鈔法通矣事遂已

十二年春正月庚寅思州苗平　辛丑發山東山西河南及鳳陽淮安徐邳民十五萬運糧赴宣府　張輔沐晟進兵至政和縣賊帥胡同降言鄧景異帥黨黎憺等七百人屯暹蠻昆蒲諸柵遂引兵往懸崖側徑騎不得進輔與將校徒步行山箐中比至賊已遁追至叱蒲捺柵又遁昏夜行二十餘里聞更鼓聲輔等銜枚疾趨黎明抵叱蒲

幹柵江北賊猶寨南岸官軍渡江圍之矢中景異脅鄧鎔及弟銑亡
走追之並就禽盡獲其衆別將朱廣追阮帥於暹蠻大搜暹人關諸
山獲帥及陳季擴等家屬帥逃南靈州依土官阮茶彙指揮薛聚追
之獲帥斬茶彙季擴逃乂安竹排山輔遣都指揮師祐襲之走老撾
祐進兵追之　二月己酉大閱庚戌詔親征瓦剌柳升領大營鄭亨
領中軍陳懋李彬領左右哨王通譚青領左右掖劉江朱榮爲前鋒
庚申振鳳翔隴州饑按長吏不言者罪　師祐深入老撾地破其
三關抵金陵箇賊黨盡奔三月癸未獲陳季擴其弟僞相國驩國王
季擔亦獲他所賊盡平張輔檻送季擴等於京師承制以賊所取占
城地設升華思義四州增置衞所官其降人留軍守之而還　吏部
言布按二司多闕官帝曰布政按察吾方岳臣方數千里地懸數人
手其簡廷臣賢能者分別用之於是禮部郎中陳士啓等出爲監司
者二十餘人　朵顏三衞納馬於遼東已復叛附阿魯台　庚寅帝

發北京皇太孫從命胡廣金幼孜楊榮即軍中講經史又令榮兼領
尚寶事凡宣詔出令及旗志符驗必得榮奏乃發夏四月甲辰朔次
興和大閱己酉頒中軍賞罰號令凡交鋒之際突出敵背殺敗賊衆
勇敢入陳斬將搴旗者本隊已勝别隊勝負未決而能救援克敵者
受命能任事出奇破賊成功者皆爲奇功齊力前進首先敗賊者前
隊交鋒未決後隊向前敗賊者皆爲首功軍行及營中禽獲奸細者
亦準首功餘皆次功庚戌設傳令紀功官丁卯次屯雲谷孛羅不花
等來降五月丁丑命尚書光祿卿給事中爲督陳官察將士用命不
用命者　鎮遠侯顧成卒年八十五贈夏國公謚武毅成性忠謹涉
獵書史始居北平多效謀畫然終不肯將兵賜兵器亦不受再鎮貴
州屢平播州都勻諸叛蠻威震南中土人立生祠祀焉　六月甲辰
次至喜川劉江將勁騎偵敵於飲馬河見敵騎東走追至康哈里孩
擊斬數十人帝命諸軍兼程進戊申至忽蘭忽失温馬哈木悉三部

衆逆戰帝麾柳升鄭亨等先嘗之亨中流矢郤陳懋王通繼進江下馬持短兵突陳都督朱崇等乘之帝親帥鐵騎馳擊大破之斬王子十餘人部衆數千級追奔度兩高山至土剌河馬哈木脫身宵遁興安伯徐亨獲馬三千亨祥之孫也庚戌班師宣捷於阿魯台戊午次三峯山阿魯台使部長以下來朝會己巳以敗瓦剌詔天下秋七月戊子次紅橋詔六師入關有踐田禾取民畜產者以軍法論己亥次沙河皇太子遣金忠進迎鑾表八月辛丑朔至北京御奉天殿受朝賀　丙午蠲北京州縣田租二年　戊午賞從征將士　九月癸未郭亮徐亨備開平　丙戌靖州苗平　甲午費瓛鎮甘肅劉江鎮遼東瓛以肅州兵多糧少脫有調發猝難措置請以臨鞏稅糧付近邊軍丁轉運又以涼州多閒田請給軍屯墾從之　鎮守交阯都督韓觀卒觀在廣西久專殺戮威震南中蠻人惴惴奉命繼之者自山雲外皆不能及　漢王高煦奪嫡謀愈急蜚語譖皇太子閏月甲辰以

太子遣使迎駕緩且書奏失辭悉逮東宮官屬黃淮先至下獄翼日
楊士奇及正字金問至帝益怒曰問何人得侍太子亦下獄宥士奇
召問太子事士奇頓首言太子孝敬如初凡所稽遲皆臣等罪帝意
稍解行在諸臣交章劾士奇不當獨宥問辭連洗馬楊溥芮善等遂
並繫之帝密令金忠審察太子事忠言無有帝怒忠免冠頓首流涕
願連坐以保之以故太子得無廢淮溥等亦獲全未幾釋士奇復職
江陰侯吳高稱疾不朝被劾甲子召還廢爲庶人奪劵丁卯朱榮
鎭大同　冬十一月甲辰錄囚　晉恭王七子長世子濟熺次早卒
又次濟熿封平陽王濟熿幼很戾失愛於父及長太祖召秦晉燕周
四世子及庶子之長者教於京師濟熿與燕王子高煦周王子有爋
邪詭相比不爲太祖所愛恭王薨濟熺嗣帝初立以濟熺縱下黜其
長史龍潭濟熺懼欲上護衛不許濟熿追憾父并憾濟熺不爲解嗾
諸弟慶成王濟炫等日訴濟熺過於朝又誘府中官校文致其罪歷

年不已庚戌奪濟熺爵及世子美圭皆爲庶人俾守恭王園承奉左
微等皆繫獄立濟熿爲晉王　命胡廣等撰五經四書性理大全開
館東華門外　庚申蠲蘇松嘉湖水災田租四十七萬九千餘石
是年泥八剌國沙的新葛來朝封爲王榜葛剌貢麒麟
十三年春正月丙午塞居庸以北隘口　丁未馬哈木等貢馬謝罪
且還前所留使詞甚卑順帝曰瓦剌故不足與較受其獻館其使者
壬子北京午門災戊午敕內外諸司蠲諸宿逋將士軍官犯罪者
悉宥之　紀綱上錦衣衛囚籍帝見解縉姓名曰縉猶在耶綱遂醉
縉酒埋積雪中立死年四十七籍其家妻子宗族徙遼東王汝玉李
貫朱紘蕭引高高得暘先後瘐死貫將死歎曰吾愧王敬止矣敬止
王艮字也縉居翰林時中官張興恃寵笞人左順門外縉叱之興斂
手退帝嘗書廷臣名命縉疏其短長縉言蹇義天資厚重中無定見
夏原吉有德量不遠小人劉儁有才幹不知顧義鄭賜可謂君子頗

短於才李至剛誕而附勢雖才不端黃福秉心易直確有執守陳瑛刻於用法尙能持廉宋禮戇直而苛人怨不卹陳洽疏通警敏亦不失正方賓簿書之才駔儈之心帝以付太子太子因問尹昌隆及汝玉縉對曰昌隆君子而量不宏汝玉文翰不易得惜有市心耳縉嘗與胡廣同侍宴帝曰爾二人生同里長同學仕同官縉有子廣可以女妻之已而廣生女遂許嫁縉子禎亮縉家徙廣欲離婚女截耳誓曰薄命之婚皇上主之大人面承之有死無二及縉家赦還女卒歸禎亮始縉言漢王及安南事得禍後高煦以叛誅安南數反置吏未久復棄去悉如縉言　二月癸酉遣指揮劉斌給事中張磐等十二人巡視山西山東大同陝西甘肅遼東軍操練屯政覈實以聞　甲戌命行在禮部會試天下貢士　癸未張輔等師還戊子論功賞賚有差　三月己亥策士於北京時帝將徙都思得北士用之鹽山王翺兩試皆上第特召賜食選爲庶吉士　丙午廣西蠻叛指揮同知

葛森討平之　貴州布政使蔣廷瓚言去年班師詔至思南大巖山有呼萬歲者三呂震言此山川效靈帝曰山谷之聲空虛相應理或有之震爲國大臣不能辨其非又欲因之進媚豈君子事君之道

夏四月戊辰張輔鎭交阯餘寇陳月湖等作亂輔至平之　兵部尚書金忠卒忠起卒伍至大位甚見親倚承顧問知無不言然愼密不洩處僚友不持兩端退恆推讓之及卒給驛歸葬命有司治祠墓復其家　五月丁酉朔日有食之　初江南漕舟抵淮安率陸運過仁義禮智信五壩入淮達清河勞費甚鉅陳瑄訪之故老言淮城西管家湖西北距淮河鴨陳口僅二十里與清江口相値宜鑿爲河引湖水通漕宋禮維嶽所開沙河舊渠也瑄乃用其言鑿之乙丑工成緣西湖築隄亙十里以引舟淮口置四閘曰移風清江福興新莊以時啓閉嚴其禁並濬儀眞瓜洲河以通江湖鑿呂梁百步二洪石以平水勢開泰州白塔河以達大江築高郵湖隄隄內鑿渠四十里以避

風濤之險久之復置呂梁石閘築寶應氾光白馬諸湖隄隄皆置涵洞互相灌注是時淮上徐州濟寧臨清德州皆建倉轉輸濱河置舍五百六十八所舍置淺夫水澀舟膠俾之導行增置淺船三千餘艘於是漕運直達通州而海陸二運皆廢　漢王高煦改封青州又不欲行帝始疑之賜敕曰既受藩封豈可常居京邸前以雲南遠憚行今封青州又託故欲留侍前後殆非實意茲命更不可辭高煦遷延自若也　六月振北京河南山東水災　秋七月癸卯鄭和還初蘇門答剌王與鄰國花面王戰中矢死王子幼王妻號於衆曰孰能爲我報讎者我以爲夫有漁翁聞之帥國人往擊馘其王而還王妻遂與之合號爲老王既而王子長殺老王而襲其位老王子蘇幹剌逃山中連年帥衆侵擾和至以頒賜不及己怒統數萬人邀擊和勤部卒及國人大破之追至南渤利俘以獻帝大喜賚諸將士有差　乙丑四川戎縣山都掌蠻平　命侯顯帥舟師使榜葛剌諸國　八月

珍倣宋版印

庚辰振青州開封順天饑先是山東參政陳士啓以民饑疏請振及使至饑民倍士啓復上疏言其故而先出粟予民謂使者曰有罪吾獨任廷議竟從之　九月壬戌北京地震　冬十月甲申獵於近郊

壬辰法司奏侵冒官糧者帝怒命戮之及覆奏帝曰朕過矣仍論如律自今死罪者皆五覆奏著爲令　陳誠自西域還所經哈烈撒馬兒罕別失八里俺都淮八答黑商迭里迷沙鹿海牙賽藍渴石養夷火州柳城土魯番鹽澤哈密達失干卜花兒凡十七國悉詳其山川人物風俗爲使西域記以獻　十二月蠲順天蘇州鳳陽浙江湖廣河南山東州縣水旱田租

十四年春正月己酉免北京河南山東永樂十二年逋租發粟一百三十七萬石有奇振之　辛酉都督金玉討山西廣靈山妖賊劉子進平之　三月癸巳都督梁福鎭湖廣貴州　壬寅阿魯台敗瓦剌來獻捷　夏四月壬申禮部郎中周訥請封禪呂震力贊之帝曰今

天下雖無事四方多水旱疾疫安敢自謂太平且六經無封禪之文事不師古甚無謂也不聽　乙亥胡廣爲文淵閣大學士　六月丁卯都督同知蔡福等備倭山東　秋七月丁酉遣使捕北京河南山東州縣蝗　壬寅河決開封州縣十四經懷遠由渦河入於淮　紀綱之掌錦衣衛也所殘殺構陷不可勝計數使家人僞爲詔下諸方鹽場勒鹽四百餘萬入私第弗予直詐取交阯使珍奇奪吏民田宅籍故吳王晉王得王冠服服之高坐置酒命優童呼萬歲器物僭乘輿腐良家子數百人充左右詔選妃嬪令暫出待年綱私納其尤者多蓄亡命造刀甲弓弩萬計端午帝射柳綱屬其黨鎮撫龐瑛曰我故射不中若折柳鼓譟以覘衆意瑛如其言無敢糾者綱喜曰是無能難我矣遂謀不軌內侍讎綱者發其罪乙巳命給事御史廷劾下都察院按治具有狀即日磔綱於市家屬無少長皆戍邊列罪狀頒示天下瑛及指揮莊敬袁江千戶王謙李春等並以黨誅譴有差

八月癸酉旦壽星見禮臣請上表賀不許　丁亥作北京西宮　九月癸卯京師地震　始命御史巡鹽　戊申發北京冬十月丁丑次鳳陽祀皇陵癸未至自北京謁孝陵　十一月壬寅設文武羣臣集議營建北京議曰北京陛下龍興之地北枕居庸西峙太行東連山海南俯中原沃壤千里山川形勝足以控四夷制天下誠帝王萬世之都會也比年巡幸萬國來同民物阜成嘉祥協應天意人心昭然可見然重於勞民延緩至今惟宗社大計宜申獨斷況今漕運已通儲蓄充溢營建之辰天實啓之乞早敕所司興工以成國家悠久之業從之　丙午召張輔還輔凡四至交阯前後建置郡邑及增設驛傳遞運規畫甚備　漢王高煦私選各衛健士又募兵三千人不隸籍兵部縱使劫掠兵馬指揮徐野驢禽治之高煦怒手鐵瓜撾殺野驢衆莫敢言遂僭用乘輿器物帝微聞其狀以問蹇義義不對又問楊士奇士奇對曰臣與義俱侍東宮外人無敢爲言漢王事者漢王

兩遣就藩皆不肯行今知陛下將徙都輒請留守南京惟陛下熟察
其意帝默然居數日盡得其不法數十事切責之褫冠服囚繫西華
門內將廢爲庶人皇太子涕泣力救戊申削兩護衛誅其左右狎暱
諸人　徙山東山西湖廣流民於保安州賜復三年　西洋滿剌加
古里等十九國咸遣使朝貢十二月丁卯辭還復命鄭和偕往賜其
君長　谷王橞居國橫甚奪民田侵公稅殺無罪人長史虞廷綱數
諫誣廷綱誹謗磔殺之招匿亡命習兵法戰陳造戰艦弓弩器械大
創佛寺度僧千人爲呪詛日與都指揮張成宦者吳智劉信謀呼成
師尚父智信國老令公僞引讖書云我高皇帝十八子與讖合護衛
都督僉事張興懼禍及因奏事北京白其狀帝不信興過南京復啓
皇太子且曰乞他日無連坐橞謀於元夕獻燈選壯士教之音樂同
入禁中伺隙爲變又致書蜀王椿爲隱語欲結蜀爲援椿復書切責
不聽會椿子崇寧王悅燇得罪逃橞所橞因詭衆往年我開金川門

出建文君今在邸中我將爲申大義事發有日矣椿聞之上變告帝報曰王此舉周公安王室之心也又歎曰朕待櫶厚張輿常爲朕言不忍信今果然立命中官持敕諭櫶歸悅㷄於蜀且召入朝櫶至帝示以椿奏伏地請死諸大臣廷劾櫶請致之法帝曰櫶朕弟且令諸兄弟議

明紀卷第九

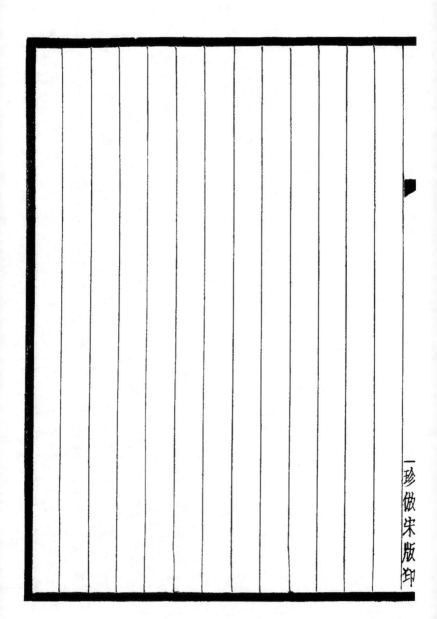

明紀卷第十

賜進士出身工部候補主事虞衡司行走陳鶴纂

卹贈知府銜給雲騎尉世職內閣候補中書孫男克家參訂

成祖紀三（起永樂十五年丁酉訖永樂二十二年甲辰凡八年）

十五年春正月壬子陳瑄督漕運木赴北京　周王橚楚王楨蜀王椿等各上議言橞違祖訓謀不軌蹤跡甚著大逆不道誅無赦帝曰諸王羣臣奉大義國法固爾吾寧生橞二月癸亥廢橞及二子皆爲庶人官屬多誅死尹昌隆亦以橞嘗奏爲長史坐以同謀置極刑夷其族惟張興以先發不坐帝又疑長沙有通謀者夏原吉以百口保之得寢　丁卯李彬爲征夷將軍鎮交阯　壬申陳珪董建北京鑄繕工印給之並設官屬兼掌行在後府柳升王通爲珪副河南布政使周文褒王文振參議陳祚合疏言建都北京非便並謫均州太和山佃戶　丁亥交阯始貢士至京師　三月丙申雜犯死罪以下囚

輸作北京贖罪　丙午漢王高煦徙封樂安州趣即日行高煦至樂安怨望異謀益急皇太子數以書戒不悛　壬子帝北巡發京師皇太子監國帝親擇侍從臣命右贊善梁潛與楊士奇同輔太子　夏四月丁巳頒五經四書性理大全於兩京六部國子監及天下府州縣學諭禮部曰此書學者之根本聖賢精蘊悉具於是其以朕意曉天下學者令盡心講明無徒視爲具文也於是古註疏遂廢不用矣　己巳次郲城申禁軍士毋踐民田稼有傷者除今年租或先被水旱逋租亦除之　癸未西宮成　五月丙戌至北京　交阯人故好亂中官馬騏以采辦至大索境內珍寶人情騷動桀黠者鼓煽之大軍甫還即並起爲亂陸那阮貞順州黎核潘強與土官同知陳可論判官阮昭千戶陳惱南靈州判官阮擬左平知縣范伯高縣丞武萬百戶陳己律等一時並反李彬至破陸那禽貞遣朱廣等討順州及北畫諸寨六月丁酉斬核而反者猶不止　己亥中官張謙使西洋

還敗倭寇於金鄉衛俘數十人至京廷臣請正法帝曰威之以刑不若懷之以德宜還之乃命刑部員外郎呂淵等齎敕責讓令悔罪自新中華人被掠者亦令送還　秋八月甲午甌寧人進金丹帝曰此妖人也令自餌之毀其方書　九月丁卯曲阜孔子廟成帝親製文勒石　西洋蘇祿國東王巴都葛叭哈剌西王麻哈剌叱葛剌麻丁峒王妻叭都葛巴剌卜帥其家屬頭目凡三百四十餘人浮海來朝居二十七日辭歸巴都葛叭哈剌次德州卒於館遣官營葬諡曰恭定留妻子傔從十人守墓俟畢三年喪遣歸遣使封其長子都馬含爲蘇祿國東王　冬十月李彬敗交阯賊楊進江斬之　十一月癸酉趙玒爲兵部尚書巡視塞北屯戍軍民利弊　工部侍郎藺芳卒芳嘗爲吉安知府吉水民詣闕言縣有銀礦遣官覆視芳爲白其誣得寢自奉約布衣蔬食母甚賢芳所治事必告母有不當輒加教誡芳受命惟謹由是爲良吏　初陳季擴金吾將軍黎利歸正用爲清

化府俄樂縣巡檢鬱鬱不得志
十六年春正月甲寅遂反僭稱平定王以弟石爲相國與其黨段莽
范柳范晏等放兵肆掠李彬遣朱廣討之生禽晏等利遁去　甲戌
倭陷松門衛按察司僉事石魯坐誅　徐亨及都督夏貴備開平
二月辛丑交阯四牡縣賊車三殺知縣歐陽智以叛李彬遣將擊走
之　三月都督僉事劉鑑備邊大同　姚廣孝入覲北京年八十有
四矣病甚不能朝帝臨視者再問所欲言對曰僧溥洽繫久願赦之
溥洽者惠帝主錄僧帝入南京有言惠帝爲僧遁去溥洽知狀或言
匿溥洽所帝乃以他事禁溥洽而命胡濙等物色惠帝久之不可得
溥洽坐繫十餘年至是以廣孝言卽命出之廣孝尋卒帝震悼輟視
朝二日以僧禮葬房山縣東北追贈榮國公謚恭靖官其養子繼尚
寶少卿廣孝晚著道餘錄頗毀先儒識者鄙焉　禮部侍郎兼太僕
寺卿郭敦給事中陶衎巡撫順天　馬哈木子脫懽襲封順寧王瓦

剌復奉貢　四月復代王桂護衞及官屬　日本國王遣使隨呂淵等來貢　夏五月庚戌重脩太祖實錄成起元至正辛卯訖洪武三十一年戊寅首尾四十八年爲書二百五十七卷　丁巳胡廣卒廣性縝密帝前所言及所治職務出未嘗告人時人以方漢胡廣嘗奔母喪還朝帝問百姓安否對曰安但郡縣窮治建文時奸黨株及支親爲民厲耳帝頗納其言及卒贈禮部尚書謚文穆文臣得謚自廣始　楊榮掌翰林院事益見親任諸大臣多忌榮欲疏之共舉爲祭酒帝曰吾固知其可第求代榮者諸大臣乃不敢言　秋七月己巳敕責陝西諸司比聞所屬歲屢不登致民流莩有司坐視不恤又不以聞其咎安在其速發倉儲振之　皇太子監國南京中官黃儼等黨趙王高燧陰謀奪嫡讒構百端會有陳千戶者擅取民財太子令謫交阯立功數日後念其有軍功貸還或讒於帝曰上所謫罪人皇太子曲宥之矣帝怒誅陳千戶事連梁潛及司諫周冕逮至行在親

詰之濳等具以實對帝謂楊榮呂震曰事豈得由濳榮等不敢言遂坐濳冤以輔導太子有闕下獄或毀冤放恣遂併濳誅之濳妻楊氏痛濳非命不食死時宮僚多得罪贊善徐善述亦坐累死少詹事鄒濟積憂得疾太子以書慰曰卿善自攝卽有不諱當提攜卿息不使墜蓬蒿也帝使禮部侍郎胡濙至南京廉察太子事濙密疏誠敬孝謹七事以聞帝意乃釋　初太祖重懲貪吏詔犯贓者無貸復敕刑部官吏受贓幷通賄之人罪之徙其家於邊旣而日久法弛冬十二月戊子諭法司曰朕屢敕中外官潔己愛民而不肖官吏恣肆自若百姓苦之夫良農必去根莠者爲害苗也繼今犯贓必論如法　辛丑王通馳傳振陝西饑

十七年春二月乙酉徐亨備興和開平大同　胡濙復出巡江浙湖湘諸府　三月蹇義以父喪歸詔起復之　黎利出據可藍柵行劫夏五月丙午李彬遣方政師祐等襲破之獲其將阮箇立等利走老

撾師還復出爲寇都指揮黃誠擊走之以暑雨旋師　六月壬午免順天府去年水災田租　倭數寇海上北抵遼東南訖福建瀕海郡邑多被害劉江度形勢請於金州衛金線島西北望海堝築城堡設烽堠嚴兵以待戊子瞭者言東南海島中舉火江急引兵赴堝上倭三十餘舟至泊馬雄島登岸來攻江依山設伏別遣將斷其歸路以步卒迎戰佯卻賊入伏中礮舉伏起自辰至酉大破賊賊走櫻桃園空堡中江開四壁縱之走復分兩路夾擊盡覆之斬首七百四十二生禽八百五十七人自是倭大創百餘年間海上無大侵患　秋七月庚申鄭和還　時交阯反者四起南靈州千戶陳順慶乂安衛百戶陳直誠皆乘機作亂其他范軟起俄樂武貢黃汝典起偈江儂文歷起邱溫陳木果起武定阮特起快州吳巨來起善誓鄭公証起同利陶強起善才丁宗老起大灣皆自署官爵殺將吏焚廬舍有楊恭阮多者皆自稱王署其黨韋五譚興邦阮嘉爲太師平章與羣寇相

倚李彬分遣方政討鄭公証丁宗老朱廣討譚興邦等都指揮徐謜討范軟指揮陳原瑰討陳直誠都指揮王忠討楊恭皆捷八月乂安土知府潘僚爲馬騏所虐遂反僚季祐子也土官指揮路文律千戶陳苔等從之塗山寺僧范玉反東潮州自言天降印劍僭稱羅平王紀元永寧與范善吳中黎行陶承等爲亂勢尤劇彬自將擊僚敗之追至玉麻州禽其酋進焚賊柵僚竄老撾又敗玉江中玉脫走追獲之而鄭公証之黨黎姪復起都指揮陳忠等累敗之於小黃江彬自將追捕至鎮蠻盡縛其衆　九月壬子召劉江至京封爲廣寧伯江初冒父名至是始更名榮尋遣還鎮　丙辰慶雲見呂震請表賀不許震爲人佞諛傾險累受面斥終不能改初帝巡北京命定太子留守事宜震請常事聽太子處分者章奏悉貯南京六科回鑾通奏帝報可及帝再北巡震再請如前制是年帝在北京偶因事索章奏侍臣言留南京帝忘震前請曰奏章當達行在豈禮部別有議耶問震

震懼罪曰無之奏章當達行在三問對如前遂以擅留奏章殺給事中李能衆知能寃畏震莫敢言者　召宋禮還以老疾免朝參有奏事令侍郎代　冬十二月庚辰諭法司曰刑者聖人所慎匹夫匹婦不得其死足傷天地之和召水旱之災甚非朕寬恤之意自今在外諸司死罪咸送京師審錄三覆奏然後行刑　乙未工部侍郎劉仲廉覈實交阯戶口田賦察軍民利病　黎利數出沒聚衆磊江

十八年春正月癸卯李彬及都指揮孫霖徐謜擊敗之利復遁去

閏月丙子楊榮金幼孜爲文淵閣大學士　庚辰擢人材布衣馬麟等十三人爲布政使參政參議　蒲臺縣民林三妻唐賽兒作亂自言得石函中寶書神劍役鬼神翦紙作人馬相戰鬭徒衆數千據益都卸石柵寨指揮高鳳敗沒勢遂熾其黨董彥昇賓鴻等攻下莒即墨圍安邱二月己酉柳升及都指揮劉忠將京軍往勦圍賽兒寨賽兒遣人詭乞降云寨中食盡且無水東門舊有汲道議趨此宵遁升

自以大將意輕賊信之即往據汲道三月辛巳賽兒夜劫官軍軍亂忠力戰中流矢死賽兒遁去比明升始覺追不及獲賊黨劉俊等及男女百餘人而賊攻安邱益急知縣張旟丞馬撝集民夫八百餘人以死拒戰賊復合莒即墨衆萬餘人併力以攻聲言屠城都指揮僉事衞青以備倭屯海上聞之帥千騎晝夜馳甲申抵城下再戰大敗之城中亦鼓譟出殺賊二千生禽四千餘悉斬之時城中旦夕不能支青救稍遲城必陷比賊敗升始至青迎謁升怒其不待己捽之出是日鼇山衞指揮王真亦以兵百五十人殲賊諸城賊遂平而賽兒卒不獲帝賜書勞青切責升戊子山東布政使儲埏張海按察使劉本等坐縱盜誅刑部尚書吳中等劾升逗留且媢功戊戌徵下獄已而釋之擢青山東都指揮使真都指揮同知旟撝左右參議刑部郎中段民爲山東左參政時索賽兒急盡逮山東北京尼及天下出家婦女先後幾萬人段民力爲矜宥夏原吉亦請原脅從者二千餘人

人情遂安　交阯賊久未平命榮昌伯陳智爲左參將往助李彬又降敕責彬曰叛寇潘僚黎利車三儂文歷等迄今未獲兵何時得息民何時得安宜廣爲方略速奏蕩平彬皇恐督諸將追勦師祐追僚於老撾僚以老撾兵迎戰破之農巴林悉降其衆智賢之子也　夏四月廣寧伯劉榮卒榮爲將常爲軍鋒所向無堅陳馭士卒有紀律恩信嚴明諸款塞者撫卹備至既卒人咸思之贈侯諡忠武五月壬午朱榮鎭遼東　黎利之反也右參政侯保以黃江要害築城守之賊至力拒數月庚寅出戰不勝死左參政馮貴禦賊於瑰縣亦死貴善撫流亡有土兵二千人驍果善戰數擊賊有功馬騏盡奪之故及六月丙午北京地震　秋七月丁亥徐亨備開平　八月丁酉朔日有食之　古麻剌朗國王幹剌義亦奔敦帥妻子陪臣來朝　北京宮殿將成欽天監言明年正月朔日宜御新殿九月己巳遣夏原吉齎敕召皇太子尋又敕皇太孫從行期十二月至北京　丁亥詔

自明年改京師爲南京北京爲京師取南京各印信給京師各曹其在南京者別鑄加南京二字　冬十月庚申李彬遣方政敗黎利於老撾　十一月戊辰以遷都詔天下　青萊二府大饑皇太子過鄒縣命亟發官粟以振　十二月甲寅以定都北京並追論出塞功封郭義爲安陽侯薛祿陽武侯金玉會安伯薛斌永順伯　己未皇太子及皇太孫至北京　癸亥北京郊廟宮殿成規制悉如南京而壯麗過之又建皇太孫宮於皇城東南十王邸於東安門外及是並成

夏原吉言連歲營建今告成宜撫流亡蠲逋負以寬民力　是年始設東廠於東安門北令中官嬖暱者提督之緝訪謀逆妖言大奸惡等自是中官之勢日重　襄城伯李隆雄偉有將略數從北征出奇料敵帝器之既遷都以南京根本重地命隆留守隆濬之子也

十九年春甲子朔帝躬詣太廟奉安五廟神主皇太子詣天地壇奉安昊天上帝后土皇地祇神主皇太孫奉安太社太稷神主沐晟奉

安山川諸神主帝御奉天殿受朝賀大宴甲戌大祀天地於南郊戊寅大赦天下　魏國公徐欽來朝遽辭歸帝怒壬辰奪爵爲民　癸巳鄭和復使西洋　榦剌義亦奔敦辭還至福建卒謚曰康靖葬以王禮命其子剌苾嗣爲古麻剌朗國王　二月辛丑都督僉事胡原帥師巡海備倭廣東　夏四月庚子奉天華蓋謹身三殿災楊榮麾衞士出圖籍舁東華門外帝褒之詔羣臣直陳闕失榮與金幼孜陳便宜十事皆報可夏原吉復申前請乙巳詔罷不便於民及不急諸務蠲十七年以前逋賦免去年被災田糧己酉萬壽節以三殿災止賀癸丑蹇義及禮部尚書金純都御史劉觀王彰等二十六人巡行天下安撫軍民義應天諸府觀陝西純四川彰河南終明世大臣得撫鄉土者彰與葉春而已河南水災民多流亡長吏不加恤彰奏黜貪刻者百餘人罷不急之徵十餘事招復流民發廩振貸多所全活義亦黜文武長吏擾民者數人條興革數十事奏行之事竣並還朝

翰林院侍講兼左中允鄒緝上疏曰陛下肇建北京焦勞坐慮幾
二十年工大費繁調度甚廣冗官蠶食耗費國儲工作之夫動以百
萬終歲供役不得躬親田畝以事力作猶且徵求無藝官吏橫征日
甚一日如前歲買辦顏料本非土產動科千百民相率斂鈔購之他
所大青一斤價至萬六千貫及進納又多留難往復展轉當須二萬
貫鈔而不足供一柱之用其後既遣官采之產所而買辦猶未止蓋
緣工匠估計多派牟利而不顧民艱至此夫京師天下根本人民安
則京師安京師安則國本固而天下安自營建以來工匠小人假託
威勢驅迫移徙號令方施廬舍已壞孤兒寡婦哭泣叫號倉皇暴露
莫知所適遷徙甫定又復驅令他徙至有三四徙不得息者及其既
去而所空之地經月逾時工猶未及此陛下所不知而人民疾怨者
也貪官汚吏徧布內外剝削及於骨髓朝廷每遣一人即是其人養
活之計虐取苛求初無限量有司承奉惟恐不及間有廉彊自守不

事干謁者輒肆讒毀動得罪譴無以自明是以使者所至有司公行貨賂剝下媚上有同交易夫小民所積幾何而內外上下誅求如此今山東河南山西陝西水旱相仍民至剝樹皮掘草根以食老幼流移顛踣道路賣妻鬻子以求苟活而京師聚集僧道萬餘人日耗廩米百餘石此奪民食以養無用也報効軍士朝廷厚與糧賜及使就役乃驕傲橫恣閑遊往來此皆姦詭之人懼還原伍假此規避非真有報効之心也朝廷歲令天下織錦鑄錢遣內官買馬外番所出常數千萬而所取曾不能一二錢出外國自昔有禁今乃竭所有以與之可謂失其宜矣馬至雖多類皆駑下責民牧養騷擾殊甚及至死傷輒令賠補馬戶貧困更鬻妻子此尤害之大者漠北降人賜居室盛供帳意欲招其同類也不知來者皆懷窺覘非真遠慕王化甘去鄉土宜於來朝之後遣歸本國不必留爲後患至宮觀禱祠之事有國者所當深戒古人有言淫祀無福況事無益以害有益蠹財妄費

者乎夫奉天殿者所以朝羣臣發號令古所謂明堂也而災首及焉非常之變也非省躬責己大布恩澤改革政化疏滌天下窮困之人不能回上天譴怒前有監生生員以單丁告乞侍親因而獲罪遣戍者此實有虧治體近者大赦法司執滯常條當赦者尙復拘繫並乞重加湔洗蠲除租賦一切勿征有司百官全其廩祿拔簡賢才申行薦舉贓吏蠹政者屛罪黜之所以保安宗社無窮之基莫有大於此者天命常視人心爲去留今天意如此不宜勞民當還都南京奉謁陵廟告以災變之故保養聖躬休息於無爲毋聽小人之言復有所興作以誤陛下於後也侍讀李時勉條上時務十五事中言營建之非及遠國入貢人不宜使羣居輦下忤帝意抵之地已復取視卒多施行時言者多斥時政且爭言都北京非便主事蕭儀言之尤峻帝於是發怒殺儀曰方遷都時與大臣密議久而後定非輕舉也言者因劾大臣帝命跪午門外質辨大臣多詈言者夏原吉獨奏曰言官

應詔無罪臣等備員大臣不能協贊大計罪在臣等帝意解猶以言者爲誹謗下詔嚴禁之五月乙丑出給事中柯暹御史何忠鄭惟桓羅通徐瑢並爲交阯知州忠政平通清化維桓南清暹驩州時勉尋亦得罪惟緝與主事高公望庶吉士楊復得免或尤原吉背初議原吉曰吾輩歷事久言雖失幸上憐之若言官得罪所損不細矣衆始歎服　庚寅李彬以餽運不繼請令官軍與土軍參錯屯田並酌屯守征行多寡之數以聞從之　秋七月己巳帝將北征敕朱榮領前鋒柳升領中軍陳懋領御前精騎薛斌及恭順伯吳克忠領馬隊鄭亨薛祿領左右哨張輔王通領左右掖克忠本名答蘭允誠之子也　初阿魯台困於瓦剌窮蹙而南思假息塞外帝納而封之母妻皆爲王太夫人王夫人數年生衆畜牧日以蕃盛遂拘留朝使部落亦時來窺塞貢使至邊要劫行旅帝諭使戒戢之由是驕蹇不至　八月辛卯朔日有食之　交阯賊悉破滅惟黎利深匿不能得李彬言

利竄老撾老撾請官軍毋入當盡發所部兵捕利今久不遣情叵測
帝疑老撾匿賊令彬送其使臣至京詰問老撾乃逐利　冬十一月
辛酉分遣中官楊實御史戴誠等覈天下庫藏遞年出納之數　帝
將大舉征沙漠命夏原吉呂震方賓吳中等議軍饟皆言宜且休兵
養民未奏會帝召賓賓力言軍興費乏帝不懌召原吉問邊儲多寡
對曰比年師出無功兵馬儲蓄十喪八九災眚迭作內外俱疲況聖
躬少安尚須調護乞遣將往征勿勞車駕帝怒立命原吉出理開平
糧儲而中入對如賓言帝益怒丙子召原吉及中並繫內官監以大
理丞鄒師顏嘗署戶部并繫之賓方提調靈濟宮中使進香至語以
帝怒賓懼自縊死帝實無意殺賓聞其死益大怒戮其屍并籍原吉
家自賜鈔外惟布衣瓦器以震兼領戶兵部事震亦自危帝令官校
十人隨之曰若震自殺爾十人皆死　辛巳下李時勉於獄　甲申
發直隸山西河南山東及南畿應天等五府滁和徐三州丁壯運糧

王彰及刑部侍郎張本分督有司造車挽運期明年二月至宣府給事中戴綸編脩林長懋並侍皇太孫講讀帝命太孫習武事太孫亦雅好之時出騎射綸長懋以太孫春秋方富不宜荒學問而事遊畋時時進諫綸又具疏爲帝言之他日太孫侍帝問宮臣相得者誰也太孫以綸對因出綸奏付之太孫由此怨綸　瓦剌賢義王太平安樂王把禿孛羅來朝

二十年春正月己未朔日有食之免朝賀詔羣臣脩省　壬申豐城侯李彬卒於交阯贈茂國公諡剛毅陳智代彬領交阯事黎利爲老撾所逐歸瑰縣官軍進擊其頭目范仰等帥男婦千六百人降利亦願以所部來歸智因而撫之　有告周王橚反者察之有驗二月召至京示以所告詞橚頓首謝死罪帝憐之不復問橚歸國獻還三護衞　乙巳張信及署兵部尚書李慶分督北征軍饟役民夫二十三萬五千有奇運糧三十七萬石　戶部奏直隸開州諸處民饑帝歎

曰有司必至饑民嗷嗷始達於朝又必待命下始振之餓死者已不逮矣三月丙寅詔自今遇災先振後聞　乙亥阿魯台大入興和所都指揮王嵈戰死丁丑帝決策親征皇太子監國戊寅發京師辛巳次雞鳴山阿魯台遁帝進次鵰鶚堡令朱榮以五千騎視敵所向徙興和所於宣府衞城　夏四月乙卯次靈州大閱五月乙丑獵於偏嶺丁卯大閱辛未次西涼亭壬申大閱乙酉次開平六月壬辰令軍行出應昌結方陳以進癸巳諜報阿魯台兵攻萬全諸將請分兵還擊帝曰詐也彼慮大軍擣其巢穴欲以牽制我師耳敢攻城哉甲午次陽和谷寇攻萬全者果遁去　南北畿山東數十州縣霪雨傷稼

阿魯台聞大軍至懼其母妻皆詈之曰大明皇帝何負爾而必爲逆於是盡棄其輜重馬畜於闊欒海側與其孥直北走大軍次玉泉沙朱榮帥銳士三百人人三馬賫二十日糧深入阿魯台已遁秋七月己未發兵焚其輜重收其牛羊馬駝而還帝謂諸將曰阿魯台敢

悖逆恃兀良哈爲羽翼也當移師翦之簡步騎二萬分五道並進過李陵城聞城中有石碑碑陰刻達魯花赤等名氏帝曰碑有韃靼名異日且啓爭端命侍讀王英往擊碎之沈諸河因問以北伐事英曰天威親征彼必遠遁願勿窮追帝笑曰秀才謂朕黷武耶庚午遇兀良哈衆於屈裂兒河帝親擊敗之追奔三十里斬部長數十人辛未狥河西捕斬甚衆陳懋別將五千騎循河東北捕餘寇殲之山澤中甲戌兀良哈餘黨詣軍門降　是月皇太子免南北直隸山東河南郡縣水災糧芻共六十一萬有奇　工部尚書宋禮卒禮性剛馭下嚴急事易集然不爲人所親卒之日家無餘財　八月戊戌諸將分道者俱獻捷辛丑以班師詔天下鄭亨將輜重先行陳懋伏險以待敵來躡伏起亨合兵縱擊敵死過半壬寅鄭亨薛祿守開平　鄭和還　九月壬戌帝至京師　癸亥以輔導有闕下楊士奇錦衣衛獄旬日釋之　帝之未還也戶部主事張鶴朝參失儀鶴呂震壻也太

子以震故宥之帝聞之怒以蹇義不匡正丙寅與震並下錦衣衛獄
　辛未論從征功封左都督朱榮武進伯都督僉事薛貴安順伯勞
將士分四等賜宴楊榮金幼孜皆列前席受上賞貴斌之弟也　冬
十月癸巳分遣中官及朝臣八十人覈天下倉糧出納之數　十二
月辛卯朱榮鎮遼東　閏月戊寅夜乾清宮災　帝復下詔征阿魯
台或請調建文時江西所集民兵帝問楊榮榮曰陛下許民復業且
二十年一旦復徵之非示天下信從之
二十一年春正月癸卯陳智追黎利於車來縣敗之利復遠竄　二
月己巳都指揮使鹿榮討柳州叛蠻平之　釋蹇義於獄令復任未
幾呂震亦釋復任　三月庚子御史王愈及刑部錦衣衛官會決重
囚誤殺無罪四人事聞帝命法司執愈等償死即日皆棄市　夏五
月癸未免開封南陽衛輝鳳陽等府去年水災田租　帝不豫常山
護衛指揮孟賢結欽天監官王射成及黃儼等謀進毒於帝使內侍

楊慶養子造僞詔俟晏駕詔從中下廢太子立趙王高燧有高正者與其謀謀定密告其甥總旗王瑜瑜大驚曰奈何爲此族滅計埀涕諫正正不聽懼謀泄將殺瑜瑜遂詣闕告變帝曰豈應有此立捕賢得所爲僞詔帝顧高燧曰爾爲之耶高燧大懼不能言太子力爲之解曰此下人所爲高燧必不與知己丑誅賢等升瑜遼海衛千戶賢善之子也　六月庚戌朔日有食之　秋七月邊將言阿魯台將入寇帝曰彼意朕必不復出當先駐塞下待之戊戌柳升遂安伯陳瑛領中軍鄭亨保定侯孟瑛領左哨薛祿譚忠領右哨張輔安平伯李安領左掖王通徐亨領右掖陳懋領前鋒庚子復親征阿魯台陳瑛志之孫孟瑛善之子李安遠之子也　釋李時勉於獄以楊榮薦復其官　辛丑皇太子監國　壬寅發京師戊申次宣府敕居庸關守將止諸司進奉帝在軍軍務悉委楊榮晝夜見無時稱楊學士不名也　八月己酉大閱庚申塞黑峪長安嶺諸邊險要　胡濙自湖湘

還馳謁帝帝已就寢聞瀅至急起召入瀅悉以所聞對漏下四鼓乃出先瀅未至帝疑惠帝蹈海數使鄭和等如西洋至是疑盡釋　先是以頻歲北征乏馬遣官多齎綵幣瓷器市之失剌思撒馬兒罕諸國其酋卽遣使貢馬帝喜厚賜之其人遂久留內地不去　丁丑皇太子免兩京山東郡縣水災田租　九月戊子次西陽河癸巳聞阿魯台爲瓦剌所敗部落潰散遂駐師不進　晉王濟熿既立益橫暴至進毒弑嫡母謝氏逼烝恭王侍兒吉祥幽濟熺父子蔬食不給父兄故侍從宮人多爲所害莫敢言既恭王宮中老媪走訴帝乃卽獄中召左微問之盡得濟熿構濟熺狀立命微馳召濟熺父子濟熺幽空室已十年或傳微死已久及至一府大驚微入空室釋濟熺父子相抱持大慟濟熺父子謁行在所帝見濟熺病惻然封美圭平陽王使奉父居平陽予以恭王故連伯灘田　冬十月甲寅次上莊堡陳懋至宿嵬山不見敵韃靼王子也先土千素桀黠爲阿魯台所忌帥

妻子部屬來降時六師深入寇已遠遁帝方恥無功見其來歸大喜賜姓名金忠封爲忠勇王命坐列侯下輟御前珍羞賜之庚午班師忠騎從數問寇中事眷寵日隆十一月甲寅至京師　是年錫蘭山王來朝　金忠數請擊阿魯台願爲前鋒自効帝曰姑待之

二十二年春正月甲申阿魯台犯大同開平諸將請從忠言敕邊將整兵俟命丙戌徵山西山東河南陝西遼東五都司及西寧鞏昌各衞兵期三月會北京及宣府　癸巳鄭和復使西洋　三月戊寅大閱諭諸將親征成國公朱勇代李安領左掖金忠偕陳懋領前鋒夏四月戊申皇太子監國己酉發京師庚午次隰寧諜報阿魯台走答蘭納木兒河遂趨進師是時帝凡五出塞矣士卒飢凍饋運不繼死亡十二三帝以問羣臣莫敢對惟金幼孜言不宜深入不聽五月己卯次開平帝謂楊榮及幼孜曰朕夢神人語上帝好生者再是何祥也榮幼孜對曰陛下此舉固在除暴安民然火炎崑岡玉石俱燬惟

陛下留意帝然之卽命草詔暴阿魯台罪惡而宥其所部來降者止勿殺使使招諭之乙酉以比年用兵白骨被野命瘞之道旁親製文祭之丁酉宴羣臣於應昌命中官歌太祖御製詞五章曰此先帝所以戒後嗣雖在軍旅何敢忘己亥次威遠州復宴羣臣自製詞五章命中官歌之　皇太子令免廣平順德揚州及湖廣河南郡縣水災田租　浙閩山賊起議發兵奏至帝以示楊榮榮曰愚民苦有司不得已相聚自保兵出將益聚不可解遣使招撫當不煩兵從之盜果息　六月庚申前鋒至答蘭納木兒河不見敵命張輔等窮搜山谷三百餘里無一馬跡帝進駐河上癸亥陳懋等引兵抵白邙山以糧盡還帝問羣臣當復進否咸唯唯惟楊榮金幼孜從容言宜班師許之甲子班師命鄭亨等以步卒西會於開平　壬申夜南京地震

秋七月庚辰勒石於清水源之崖戊子遣呂震以旋師諭太子詔告天下己丑次蒼崖戍不豫顧左右曰夏原吉愛我庚寅至榆木川大

漸遺詔傳位皇太子喪禮一如高皇帝遺制辛卯崩年六十五太監
馬雲等莫知所措密與楊榮金幼孜入御幄議以六軍在外祕不發
喪鎔錫爲椑以斂載以龍轝所至朝夕上膳如常儀益嚴軍令人莫
測或請因他事爲敕馳報太子榮幼孜曰誰敢爾先帝在則稱敕賓
天而稱敕詐也罪不小雲等皆曰然乃具大行崩月日及遺命傳位
意爲啓壬辰榮偕御馬監少監海壽馳訃太子壬寅次武平鎮鄭亨
步軍來會八月甲辰榮等至京師太子以下皆易服宮中設几筵朝
夕哭奠即日遣皇太孫瞻基迎喪於開平召陳懋薛祿帥精騎三千
馳歸衛京師命榮與蹇義楊士奇議諸所宜行者丁未太子走夏原
吉等繫所呼原吉哭而告之原吉伏地哭不能起太子令諸人俱出
獄原吉與議喪禮復問赦詔所宜對以振饑省賦役罷西洋取寶船
及雲南交阯采辦諸道金銀課悉從之己酉大軍次鵰鶚谷太孫至
軍中始發喪太子令文武官衰服軍民素服赴居庸關外哭迎太子

及趙王高燧等衰服哭迎於郊壬子迎入大內奉安於仁智殿加斂納梓宮遣中官奉遺衣冠作書賜漢王高煦　丁巳太子即位大赦　戊午復夏原吉吳中官以鄒師顏爲禮部侍郎原吉在獄有母喪至是乞歸終制帝曰卿老臣當與朕共濟艱難卿有喪朕獨無喪乎厚賜之令家人護喪馳驛歸葬有司辦葬事　己未鄭亨鎮大同孟瑛鎮交阯李隆鎮山海朱榮鎮遼東　復設三公三孤官以張輔兼太師沐晟太傅陳懋太保張信少師進楊榮太常寺卿金幼孜戶部侍郎兼大學士如故楊士奇爲禮部左侍郎兼華蓋殿大學士黃淮通政使兼武英殿大學士俱掌內制楊溥爲翰林學士　帝御便殿蹇義夏原吉奏事未退帝望見士奇謂二人曰新華蓋學士來必有讜言試共聽之士奇入言恩詔減歲供甫下二日惜薪司傳旨徵棗八十萬斤與前詔戾帝立命減其半　辛酉鎮遠侯顧興祖充總兵官討廣西叛蠻興祖成之孫也　甲子汰冗官　乙丑漢王高煦赴

京　戊辰官吏謫隸軍籍者放還鄉　己巳詔文臣年七十致仕
黎利雖求撫而止俄樂不出造兵器不已陳智請進兵討之奏至會
帝以踐阼大赦天下因敕智善撫利利寇茶籠州方政及指揮同知
伍雲討利於茶籠九月癸酉戰敗績雲陷陳力戰死　丙子召黃福
還陳洽代掌布政按察二司仍參軍務福在交阯凡十九年及還交
人扶攜走送號泣不忍別　庚辰河溢開封免稅糧王彰與都指揮
李信往撫卹之　壬午敕自今官司所用物料於所產地計直市之
科派病民者罪不宥　呂震以喪服已踰二十七日請即吉楊士奇
不可震勃然變色詆其異己蹇義兼取二說進明日帝素冠麻衣絰
視朝廷臣惟士奇及張輔服如帝羣臣皆已從吉朝罷帝謂左右曰
梓宮在殯易服豈臣子所忍言士奇執是也又歎曰輔武臣也而知
禮過六卿由是益見親重　乙酉詔曰諸叔在者無幾諸兄弟惟趙
王居京師他皆守藩於外朕旦夕念焉戶部其益諸王祿米差次之

初漢王高煦子瞻圻怨父殺其母屢發父過惡成祖斥之曰爾父子何忍也成祖崩瞻圻在京師覘朝廷事馳報一晝夜六七行高煦亦日遣人潛伺幸有變帝顧高煦益厚賜賚萬計命歸藩封其長子爲世子餘皆郡王高煦悉上瞻圻前後覘報中朝事帝召瞻圻示之曰汝處父子兄弟間讒構至此穉子不足誅遣守鳳陽皇陵　丙戌以風憲官備外任命給事中蕭奇等三十五人爲州縣官　黎利未叛時與鎮守中官山壽善至是壽還朝力言利與己相信今往諭之必來歸帝曰此賊狡詐若爲所紿則其勢益熾不易制也壽叩頭以死自矢保利必來帝頷之遣壽齎敕授利清化知府慰喻甚至丁亥利寇清化指揮同知陳忠戰死　戊子始設南京守備以李隆爲之　乙未散畿內民所養官馬於諸衛所　戊戌賜蹇義楊士奇楊榮金幼孜銀章各一曰繩愆糾謬諭以協心贊務凡有闕失當言者用印密封以聞　陳瑄上疏言七事一曰南京國家根本乞嚴守備二曰

推舉宜覈實無循資格選朝臣公正者分巡天下三曰天下歲運糧饟湖廣江西浙江及蘇松諸府並去北京遠往復踰年上逋公租下妨農事乞令轉至淮徐等處別令官軍接運至京又快船馬船所載不過五六十石每船官軍足用有司添差軍民遞送拘集聽候至有凍餒請革罷四曰教職多非其人乞考不職者黜之選俊秀補生員而軍中子弟亦令入學五曰軍伍竄亡乞覈其老疾者以子弟代逃亡者追捕戶絕者驗除六曰開平等處邊防要地兵食虛乏乞選練銳士屯守兼務七曰漕運官軍每歲北上歸卽修船勤苦終年該衞所又於其隙雜役以重困之乞加禁絕疏上帝降敕奬諭令所司速行　冬十月壬寅罷市民間金銀革兩京戶部行用庫庫太祖時置以收易昏爛之鈔者　癸卯詔天下都司衞所修治城池　乙巳復魏國公徐欽爵　戊申通政使請以四方雨澤章奏送給事中收貯帝曰祖宗令天下奏雨澤欲知水旱以施恤民之政積之通政司既

失之矣今又令收貯是欲上之人終不知也自今奏至即以聞　己

酉冊妃張氏爲皇后　壬子立子瞻基爲皇太子封瞻埈鄭王瞻墉

越王瞻墡襄王瞻堈荊王瞻墺淮王瞻塏滕王瞻垍梁王瞻埏衛王

乙卯詔在京七品在外五品以上及知縣官於五品以下官及軍

民中訪薦德行惇篤才能出衆文學優長者量材擢用舉後犯贓則

連坐舉者　帝謂金純劉觀曰卿等皆國大臣如朕處法失中須更

執奏朕不難從善也因召楊士奇楊榮金幼孜諭曰比年法司之濫

朕豈不知所擬大逆不道往往出於文致先帝數切戒之故死刑必

四五覆奏而法司略不加意甘爲酷吏而不媿自今審重囚卿三人

必往同讞冤抑者雖細故必以聞丁巳三法司會大學士府部通政

六科於承天門錄囚著爲令　增京官及軍士月廩　時大理寺卿

虞謙少卿呂升丞仰瞻寺正嚴本皆平恕法司及四方所上獄皆再

四參復謙嘗語人曰彼無憾斯我無憾矣斷獄者多以知情故縱及

大不敬論罪本爭之曰律自叛逆數條外無故縱之文卽不敬情有重輕豈可槪入重比艮鄉民失馬疑其隣訴於丞隣拷死丞坐決罰不如法徒而告者坐絞本曰丞罪當告者因疑而訴律以誣告致死是丞與告者各殺一人可乎莒縣有千戶故勘民至死蘇州衞卒誣鄰舟解囚人爲盜皆駁正之或言謙言事不密帝怒降少卿楊士奇白其罔得復秩　丁卯擢監生徐永潛等二十人爲給事中　十一月壬申朔詔禮部建文諸臣家屬在教坊司錦衣衞浣衣局及習匠功臣家爲奴者悉宥爲民還其田土言事謫戍者亦如之　封張昶爲彭城伯皇后兄也　癸酉詔有司條政令之不便民者以聞凡被災不卽請振者罪之　阿魯台來貢馬詔納之自是歲修職貢如永樂時　甲戌詔曰朕承大統君臨億兆亦惟賴文武賢臣共圖康濟嗣位初首詔直言而涉月累旬言者無幾民困於下而不得聞弊膠於習而不知革卿等無慮後讉相與至誠必有嘉謨嘉猷輔朕不逮

乙亥遣使敕諭兀良哈令改過自新諭侍臣曰彼有過而不宥之既無所容將來必為邊患吾不吝屈己以安百姓也　始調直隸河南山東山西大寧中都淮陽諸衛官軍詣京師操練大寧七萬七百餘遞殺共十六萬人春秋番上為永制　丙子遣御史巡察邊衛癸未遣御史分巡天下考察官吏諭之曰國以民為本比年牧守官不體朝廷之意民不聊生今分行考察當明白具實以聞無惑於小人無屈於勢要無私於親故詢之於衆斷之以公勉副朕心必先自治乃可治人若棄廉恥違禮法朕亦不貸　丙戌賜夏原吉繩愆糾謬銀章　己丑禮部奏冬至節請受賀不許　庚寅敕諸將嚴邊備辛卯詔曰先帝立屯種法用心甚至所司數以征徭擾之既失其時遂無其效其令天下衛所凡屯田軍士不許擅役違者治之　追論孟賢謀立趙王事奪保定侯孟瑛爵毀其券謫雲南擢王瑜錦衣衛指揮同知　壬辰都督方政同陳智鎮交阯　帝御西角門閱廷

臣制誥顧謂金幼孜楊榮楊士奇曰卿三人及蹇夏二尚書皆先帝舊臣朕方倚以自輔前代人主或自尊大惡聞直言素所親信亦畏威緘默賢良之臣言不見聽退而杜口以至於敗朕與卿等當深用爲戒因取五人誥詞親增二語云勿謂崇高而難入勿以有所從違而或怠幼孜等頓首謝　帝嘗諭楊士奇曰頃羣臣頗懷忠愛朕有過方自悔而進言者已至良愜朕心　帝監國時憾御史舒仲成至是欲罪之楊士奇曰陛下卽位詔向忤旨者皆得宥若治仲成則詔書不信懼者衆矣如漢景帝之待衞綰不亦可乎帝卽罷勿治　十二月癸卯宥建文諸臣外戚全家戍邊者留一人戍所餘悉放還　辛亥揭天下三司官姓名於奉天門西序　癸丑免被災稅糧　庚申葬文皇帝於長陵廟曰太宗嘉靖中改曰成祖　丙寅顧興祖破平樂潯州蠻　己巳封都督同知梁銘爲保定伯追論北平守城功也　初成祖欲遠方萬國無不臣服西域之使歲歲不絕諸番使絡

繹道途東西數千里間騷然繁費上下怨咨廷臣莫爲言天子亦莫之卹也及是禮科給事中黄驥言西域貢使多商人假託無賴小人投爲從者乘傳役人運貢至京賞賚優厚番人慕利貢無虛月致民失業妨農比其使還多齎貨物車運至百餘輛丁男不足役及婦女所至辱驛官鞭夫隸無敢與較乞敕陝西行都司惟哈密諸國王遣使入貢者許令來京止正副使得乘驛馬陝人庶少甦至西域所產惟馬切邊需應就給甘肅軍士其硇砂梧桐鹻之類皆無益國用請一切勿受來者自稀浮費益省帝以示呂震且讓之曰驥嘗奉使悉西事卿西人顧不悉耶驥言是其卽議行自是朝廷不復遣使諸番貢使亦漸稀矣　加楊榮工部尚書。羣臣習朝正旦儀呂震請用樂楊士奇黄淮上疏諫止未報士奇復奏待庭中至夜漏十刻報可

明紀卷第十一

賜進士出身工部候補主事虞衡司行走陳鶴纂

卹贈知府銜給雲騎尉世職內閣候補中書孫男克家參訂

仁宗紀 起洪熙建元乙巳正月訖是年十二月凡一年

仁宗敬天體道純誠至德宏文欽武章聖達孝昭皇帝洪熙元年春正月壬申朔御奉天門受朝不舉樂越日帝召楊士奇謂曰呂震每事誤朕非卿等言悔無及矣　乙亥詔曰朕祗紹洪圖仰惟祖宗創業之難夙夜惓惓嗣位初蠲逋負赦有罪停罷不急之務選任賢良期天下安於太平今天下庶事未盡理生民未盡安斯朕之責亦爾文武羣臣之責尚脩舉職業共圖維新之治　己卯享太廟　建宏文閣於思善門左選諸臣有學行者侍直楊士奇薦侍講王進儒士陳繼蹇義薦學錄楊敬訓導何澄詔官繼博士敬編修澄給事中曰直閣中命楊溥掌閣事親授閣印曰朕用卿左右非止學問欲廣知

民事爲治道輔有所建白封識以進　癸未以時雪不降敕羣臣脩省　丙戌大祀天地於南郊奉太祖及成祖配　戊子進恭順伯吳克忠爲侯封李賢忠勤伯吳管者廣義伯賢初名丑驢元工部尚書來歸授燕府紀善侍帝最恭謹以舊恩封克忠管者以戚里恩封

壬辰朝臣予告歸省者賜鈔有差著爲令　己亥廣西布政使周幹廣東按察使胡槩四川參政葉春巡視南畿浙江初夏原吉治水還代以趙居任兼督農務居任不䘏民歲以豐稔聞成祖亦知其誣罔既卒左通政岳福繼之庸懦不事事故有是命　大理寺少卿弋謙言事過激帝不懌呂震吳中及侍郎吳廷用等劾謙誣罔劉觀令十四道御史合糾謙帝將罪謙楊士奇爲解乃止然每見謙詞色甚厲士奇復言曰陛下詔求直言謙言不當觸怒今四方朝覲之臣皆集闕下見謙如此將謂陛下不能容帝惕然曰此朕過今當置之遂免謙朝參令專視司事　兵部尚書李慶建議發軍伍餘馬給有司歲

課其駒楊士奇曰朝廷選賢授官乃使牧馬是貴畜而賤士也何以示天下後世帝許中旨罷之已而寂然士奇復力言仍不報有頃帝御思善門召士奇謂曰朕向者豈真忘之聞呂震李慶輩皆不喜卿朕念卿孤立恐爲所傷不欲因卿言罷耳今有辭矣手出陝西按察使陳智言養馬不便疏使草敕行之士奇頓首謝　加黃淮戶部尙書金幼孜禮部尙書楊士奇兵部尙書時閣職漸崇職雖居內閣官必以尙書爲尊　二月辛丑頒將軍印於諸邊將雲南曰征南大同征西前湖廣平蠻兩廣征蠻遼東征虜前宣府鎭朔甘肅平羌寧夏征西交阯征夷副延綏鎭西時諸邊率用宦官協鎭恣睢專軍務費瓛在甘肅亦爲所制帝聞賜璽書責瓛曰爾受國重寄乃俯首受制於人豈大丈夫所爲其痛自懲艾圖後效瓛得書陳謝　戊申祭社稷　鄭和還命以下番諸軍守備南京南京有守備太監自和始

丙辰耕耤田　丙寅成祖神主祔太廟　是月南京地凡十有六震

初徐州人權謹奉母至孝薦授樂安知縣遷光祿署丞以省侍歸
母年九十終廬墓三年致泉湧兔馴之異有司以聞命馳驛赴闕出
其事狀令侍臣朗誦以示百僚三月壬申拜文華殿大學士謹辭帝
曰朕擢卿以風天下爲子者他非卿責也　帝以言事者益少丁丑
召楊士奇曰朕怒弋謙矯激過實耳朝臣遂月餘無言爾語諸臣白
朕心士奇曰臣空言不足信乞降璽書遂令就榻前書敕曰朕自即
位以來臣民上章以數百計未嘗不欣然聽納有不當不加譴訶羣
臣所共知也閒者大理少卿謙所言多非實事羣臣迎合朕意交章
奏其賣直請置諸法朕皆拒而不聽但免謙朝參而自是以來言者
益少今自去冬無雪春亦少雨陰陽愆和必有其咎豈可無言而爲
臣者懷自全之計退而默默何以爲忠朕於謙一時不能含容未嘗
不自愧咎爾羣臣勿以前事爲戒於國家利弊政令未當者皆直言
之勿以爲諱謙朝參如故　戊子隆平饑戸部請以官麥貸之帝曰

卽振之何貸爲　己丑詔曰刑者所以禁暴止邪導民於善非務誅殺也吏或深文傅會以致寃濫朕甚憫之自今其悉依律擬罪或朕一時過於嫉惡律外用籍沒及淩遲之刑者法司執奏五奏不允同三公大臣執奏必允乃已諸司不得鞭人背及加人宮刑有自宮者以不孝論非謀反毋連坐親屬古之盛世採聽民言用資戒警今奸人往往摭拾誣爲誹謗法司刻深鍛鍊成獄刑之不中民則無措其除誹謗禁有告者一切勿治　庚寅薛祿巡開平大同邊　山壽至交阯黎利得敕無降意陽言俟秋涼赴官而寇掠不已辛卯李安爲參將與陳智同鎭交阯智素無將略憚賊且與方政迕遂頓兵不進賊益無所忌再圍茶籠州又安知府琴彭署州事悉力拒守　先是胡濙陳十事力言建都北京非便請還南都省南北供億之煩帝嘉納之戊戌詔北京諸司悉稱行在復北京行部及行後軍都督府以將還都南京故也　時有上書頌太平者帝以示諸大臣皆以爲然

楊士奇獨曰陛下雖澤被天下然流徙尚未歸創痍尚未復民尚艱食更休息數年庶幾太平可期帝曰然因顧蹇義等曰朕待卿等以至誠望匡弼惟士奇曾上五章卿等皆無一言豈果朝無闕政天下太平耶諸臣慚謝　加封張玉河間王王真寧國公與朱能姚廣孝並侑享成祖廟廷帝謂張輔有兄弟可加恩乎輔頓首言輗軏蒙上恩備近侍然皆奢侈獨從兄侍郎信賢可使也帝召見信曰是英國公兄耶趣武冠冠之改錦衣衛指揮同知世襲　是月南京地屢震

夏四月壬寅帝聞山東及淮徐民乏食有司徵夏稅方急乃御西角門召楊士奇草詔免今年夏稅及秋糧之半士奇言上恩至矣但須戶工二部預聞帝曰救民之窮當如救焚拯溺不可遲疑有司慮國用不足必持不決之意趣命中官具紙筆令士奇就門樓書詔帝覽畢即用璽付外行之顧士奇曰今可語部臣矣　設北京行都察院　壬子皇太子謁孝陵居守南京李慶及左諭德周述等從慶在

途約束將士秋毫無所擾太子欲獵慶諫止　戊午帝如天壽山謁長陵己未還宮　賜蹇義印曰忠貞楊士奇曰貞一璽書諭之曰曩朕監國卿日侍左右徇國忘身二十餘年夷險一節茲製印賜卿藏之於家俾後世知朕君臣共濟艱難也義視夏原吉尤厚重然過於周慎士奇嘗於帝前詰義曰何過慮義曰恐鹵莽爲後憂耳楊榮嘗毀義帝不直榮義頓首言榮無他即左右有讒榮者願陛下愼察帝笑曰吾固弗信也　振河南及大名饑　南京地屢震　五月李時勉上疏言事帝怒甚召至便殿對不屈命武士撲以金瓜脅折者三侍講羅汝敬亦上言時政十五事忤旨並改御史命日慮一囚言事章三上己卯下錦衣衛獄時勉於錦衣千戶某有恩千戶適涖獄密召醫療以海外血竭得不死　庚辰帝不豫遣中官海壽馳召皇太子於南京　辛巳大漸遺詔傳位皇太子謂夏原吉曰李時勉廷辱我言已勃然原吉慰解之是夕帝崩於欽安殿年四十八皇后命

鄭王瞻埈襄王瞻墡監國　皇太子方謁孝陵海壽至卽日就道時中外疑懼黃淮憂危歐血南京亦頗傳凶問又傳漢王高煦謀伏兵於道邀太子羣臣請整兵衛或從間道行太子不可曰君父在上誰敢干之遂由驛道馳還六月辛丑至良鄉宮中始發喪百官素服迎太子於盧溝橋宣遺詔哭盡哀太子素服至長安右門下馬步哭至宮門外釋冠服被髮入居喪次　庚戌太子卽位　辛亥諭邊將嚴守備　甲寅趣中官在外採辦者還罷所市物　秋七月戊辰朔禮臣請帝服淺淡色衣烏紗翼善冠黑角帶於奉天門視事帝曰朕心何能忍雖加一日愈於己仍素服坐西角門不鳴鐘鼓令百日後再議　乙亥尊皇后爲皇太后立妃胡氏爲皇后　辛卯顧興祖討大藤峽蠻平之　壬辰錄宿衛東宮舊勞封左都督吳成爲清平伯　乙未諭法司愼刑獄　閏月戊申薛貴吳成及都督馬英都指揮梁成帥師巡邊　宏文閣罷乙丑楊溥入直文淵閣與楊士奇等共典

機務　都督僉事巫凱鎭遼東　京師大雨壞正陽齊化順成等門
城垣　禮臣復請御奉天門帝命俟山陵事畢　帝下詔求言湖廣
參政黃澤上疏言正心卹民敬天納諫練兵重農止貢獻明賞罰遠
嬖倖汰宂官十事其言遠嬖倖曰刑餘之人其情幽陰其慮險譎大
奸似忠大詐似信大巧似愚一與之親如飲醇酒不知其醉如噬甘
腊不知其毒寵之甚易遠之甚難是以古者宦寺不使典兵干政所
以防患於未萌也涓涓弗塞將爲江河此輩宜一切疏遠勿使用事
漢唐已事彰彰可鑒帝嘉之而不能用　興州左屯衛軍范濟詣闕
言八事其一曰楮幣之法昉於漢唐元造元統交鈔後又造中統鈔
久而物重鈔輕公私俱敝乃造至元鈔與中統鈔兼行子母相權新
陳通用又令民間以昏鈔赴平準庫中統鈔五貫得換至元鈔一貫
又其法日造萬錠共計官吏俸稍內府供用若干天下正稅雜課若
干斂發有方周流不滯以故久而通行太祖皇帝造大明寶鈔以鈔

一貫當白金一兩民歡趣之迄今五十餘年其法稍弊亦由物重鈔
輕所致願陛下因時變通重造寶鈔一準洪武初制使新舊兼行取
元時所造之數而增損之審國家度支之數而權衡之俾鈔少而物
多鈔重而物輕嚴僞造之條開倒換之法推陳出新無耗無阻則鈔
法流通永永無弊其二曰備邊之道守險爲要若朔州大同開平宣
府大寧乃京師之藩垣邊徼之門戶土可耕城可守宜威兵防禦廣
開屯田脩治城堡謹烽火明斥堠毋貪小利毋輕遠求堅壁清野使
無所得俟其儌而擊之得利則止毋窮追深入此守邊大要也其三
曰兵不在多在於堪戰比者多發爲事官吏人民充軍塞上非白面
書生則老弱病廢遇有征行有力者得免貧弱者備數器械不完糗
糧不具望風股栗安能效死今宜選其壯勇勤加訓練餘但令乘城
擊柝趨走牙門庶幾各得其用其四曰民病莫甚於句軍衞所差官
至六七員百戶差軍旗亦二三人皆有力交結及畏避征調之徒重

賄得遺旣至州縣擅作威福迫脅里甲恣爲奸私無丁之家誅求不已有丁之戶詐稱死亡託故留滯久而不還及還則以所得財物徧賄官吏朦朧具覆究其所取之丁十不得一欲軍無缺伍難矣自今軍士有故令各衞報都督府及兵部府部牒布政按察司令府州縣準籍貫姓名句取送衞則差人驛騷之弊自絕其五曰洪武中令軍士七分屯田三分守城最爲善策比者調度日繁興造日廣虛有屯種之名田多荒蕪兼養馬採草伐薪燒炭雜役旁午兵力焉得不疲農業焉得不廢願敕邊將課卒墾荒限以頃畝官給牛種稽其勤惰明賞罰以示勸懲則塞下田可盡墾轉饟益紓諸邊富實計無便於此者其六曰學校者風化之原人才所自出貴明體適用非徒講文藝而已也洪武中妙選師儒教養甚備人材彬彬可觀邇來士習委靡立志不宏執節不固平居無剛方正大之氣安望其立朝爲名公卿哉宜選良士爲郡縣學官擇民間子弟性行端謹者爲生徒訓以

經史勉以節行俟其有成貢於國學磨礱砥礪使其氣充志定卓然
成材然後舉而用之以任天下國家事無難矣其七曰兵者凶器聖
人不得已而用之漢高祖解平城之圍未聞蕭曹勸以復讎唐太宗
禦突厥於便橋未聞房杜勸以報怨古英君良相不欲疲民力以誇
武功計慮遠矣洪武初年嘗赫然命將欲清沙漠旣以饋運不繼旋
即班師遂撤東勝衛於大同塞山西陽武谷口選將鍊兵扼險以待
內脩政教外嚴邊備廣屯田興學校罷貪吏徙頑民不數年間朵兒
只巴獻女伯顏帖木兒乃兒不花等相繼禽獲納哈出亦降此專務
內治不勤遠略之明效也伏望遠鑒漢唐近法太祖毋以窮兵黷武
爲快毋以犂庭掃穴爲功棄捐不毛之地休養冠帶之民俾竭力於
田桑盡心於庠序邊塞絕創痍之苦閭里絕呻吟之聲將無倖功士
無夭閼遠人自服荒外自歸國祚靈長於萬年矣其八曰官不在衆
在乎得人國家承大亂後因時損益以府爲州以州爲縣繼又裁併

小縣之糧不及俸者量民數以設官民多者縣設丞簿少者知縣典
史而已其時官無廢事民不愁勞今藩臬二司及府州縣官視洪武
中再倍政愈不理民愈不寧奸弊叢生詐僞滋起甚有官不能聽斷
吏不諳文移乃容留書寫之人在官影射賄賂公行獄訟淹滯皆官
冗吏濫所致也望斷自宸衷凡內外官吏並依洪武中員額冗濫者
悉汰則天工無曠庶績咸熙而天下大治矣濟元進士洪武中嘗官
廣信知府坐累謫戍時年八十餘奏上帝欲用之呂震言其老乃以
爲儒學訓導　漢王高煦陳利國安民四事帝命有司施行仍復書
謝之因語羣臣曰皇祖嘗諭皇考謂叔有異志宜備之如今所言果
出於誠則是舊心已革可不順從之歟凡有求請皆曲徇其意高煦
益自肆　初中官喬來喜鄧成等使西域道安定曲先遇賊見殺掠
所齎金幣仁宗璽書諭赤斤罕東及安定曲先詰賊主名而敕李英
與土官指揮康壽等進討英詗知安定指揮哈三孫散哥曲先指揮

散即思實殺使者遂帥兵西入賊驚走追擊踰崑崙山深入數百里
至雅令闊八月戊辰與安定賊遇大敗之俘斬千一百餘人獲馬牛
雜畜十四萬曲先賊聞風遠遁安定王桑爾加失夾等懼詣闕謝罪
壬申詔內外羣臣舉廉潔公正堪牧民者　周幹還言有司多不
得人土豪肆惡而岳福不任職帝召福還癸未擢胡槩大理卿與葉
春同往巡撫南畿浙江設巡撫自此始浙西豪持郡邑短長爲不法
海鹽民平康暴橫甚御史捕之遁去會赦還益聚黨八百餘人槩捕
誅之已悉捕豪惡數十輩械至京論如法於是奸宄帖息諸衞所糧
運不繼軍乏食槩以便宜發諸府贖罪米四萬二千餘石贍軍乃聞
於朝帝悅諭戶部勿以專擅罪槩　周幹又言蘇常嘉湖諸府民多
逃亡詢之耆老皆云重賦所致如吳江崑山民田租舊畝五升小民
佃種富民田畝輸私租一石後因事故入官依私租減二斗是十分
而取八也撥賜公侯駙馬等項田每畝舊輸租一石後因事還官又

如私租例盡取之十分取八民猶不堪況盡取乎仁和海寧崑山海水陷官民田千九百餘頃逮今十有餘年猶徵其租田沒於海租從何出請將沒官田及公侯還官田俱視彼處官田起科畝稅六斗海水淪陷田悉除其稅帝命部議行之　九月壬寅葬昭皇帝於獻陵廟曰仁宗初詔營獻陵帝欲遵遺詔從儉約以問蹇義夏原吉皆力贊曰聖見高遠出於至孝萬世之利也帝親爲規畫三月而陵成宏麗遠不及長陵其後諸帝因以爲制　權謹以疾乞歸改通政司左參議致仕　蹇義等請仁宗祔廟後仍素服御西角門視事至孟冬歲暮行時饗禮鳴鐘鼓黃袍御奉天門視朝禫祭然後釋素服從之

定鄉會試取士額鄉試南京國子監及南直隸共八十人北京江西各五十人浙江福建各四十五人湖廣廣東各四十人河南四川各三十五人陝西山西山東各三十人廣西二十人雲南交阯各十人貴州有應舉者就試湖廣會試取士不過百人南人十六北人十

四以爲常　冬十月戊寅南京地震　戊子敕公侯伯五府六部大學士給事中審覆重囚　蠻寇覃公旺作亂據思恩縣大小富龍三十餘峒固守險阻以拒官軍十一月戊戌顧興祖督兵分道攻之斬公旺并其黨千五十餘人捷至帝曰蠻民亦朕赤子殺至千數豈無脅從非辜者以後宜開示恩信撫慰而降之如賈琮戍交州可也雙流知縣孔友諒言六事一曰守令親民之官古者不拘資格必得其人不限歲月使盡其力今居職者多不知撫字之方而廉幹得民心者又遷調不常差遣不一或因小事連累朝夕營治往來道路日不暇給乞敕吏部擇才望素優及久歷京官者任之諭戒上司毋擅差遣假以歲月責成治要至遠缺佐貳多經裁減獨員居職或遇事赴京多委雜職署事因循苟且政令無常民不知畏今後路遠之缺常留一正員任事不得擅離庶法有常守二曰科舉所以求賢必名實相副非徒誇多而已今秋闈取士動一二百人弊既多端僥倖過

半會試下第十常八九其登第者實行或乖請於開科之歲詳核諸生行履孝弟忠信學業優贍者乃許入試庶浮薄不致濫收而國家得真才之用三曰祿以養廉祿入過薄則生事不給國朝制祿之典視前代為薄今京官及方面官稍增俸祿其餘大小官自折鈔外月不過米二石不足食數人仰事俯育與往來道路安所取資貪者放利行私廉者終窶莫訴請敕戶部勘實天下糧儲以歲支之餘量增官俸仍令內外風憲官採訪廉潔之吏重加旌賞則廉者知勸貪者知戒四曰古者賦役量土宜驗丁口不責所無不盡所有今自常賦外復有和買採辦等事自朝廷視之不過令有司支官錢平買而無賴之輩關通吏胥壟斷貨物巧立辨驗折耗之名科取數倍奸弊百端乞盡停採買減諸不急務則國賦有常民無科擾又言汰冗員任風憲二事　薛祿召還陳邊備五事辛酉復遣巡邊　十二月甲申顧興祖討平宜山蠻　茶籠被圍七月陳智等坐視不救巡按御史

飛章以聞帝馳敕責陳智等曰茶籠守彭被困孤城矢死無二若等不援將何以逃責急發兵解圍無干國憲敕未至而城陷琴彭死之詔贈彭左布政使官其一子彭交阯人也涖官有善政陳洽上疏曰黎利雖乞降內懷攜貳既陷茶籠復結玉麻土官老撾酋長與之同惡始言俟秋涼赴官今秋已過復言與參政梁汝笏有怨乞改授茶籠州而遣逆黨潘僚路文律等往嘉興廣威諸州招集徒衆勢日滋蔓乞命總兵者速行勦滅奏至帝復降敕切責智等期來春平賊

初長清知縣薛愼以親喪去官比服闋長清民相帥詣京師乞愼再任蹇義以聞且言長清別除知縣已久即如民言又當更易帝曰國家置守令但欲其得民心苟民心不得雖屢易何害竟易之未幾博野知縣陳哲泰安知縣暢宣碭山知縣劉伯吉曹縣知縣范希正皆以部民請還所任

明紀卷第十一

明紀卷第十二

賜進士出身工部候補主事虞衡司行走陳鶴 纂

卹贈知府銜給雲騎尉世職內閣候補中書孫男克家參訂

宣宗紀（起宣德元年丙午訖宣德十年乙卯凡十年）

宣宗憲天崇道英明神聖欽文昭武寬仁純孝章皇帝宣德元年春正月癸丑赦死罪以下運糧宣府自贖　時軍伍不清黠者往往匿其籍或誣攘良民充伍帝諭兵部曰朝廷於軍民如舟車任載不可偏重宜令有司審實毋任相混己未遣侍郎黃宗載等十五人分行天下清理軍伍其後定清軍例二十二條遣京卿給事中御史著爲令　二月丁丑耕藉田　丙戌謁長陵獻陵丁亥還宮　巡按山西御史張政言近詔民有棄田逃徙田土逋負稅糧者悉予復業蠲逋而山西民或初逃時未申戶部負租因不準開豁舊業久廢生計尚無恐又致逃徙帝謂夏原吉曰大赦之後何逋不除其卽下有司蠲

免之　陳智累得敕責懼與方政薄可留關敗還三月己亥又敗於茶籠州政勇而無謀智懦而多忌素不相能而山壽專招撫擁兵又安不救是以屢敗　癸丑行在禮部侍郎張瑛兼華蓋殿大學士直文淵閣帝爲太孫時瑛以給事中與陳山同侍講讀故有是命瑛善承風旨雖參機務委蛇受成而已　戴綸爲兵部侍郎復以諫獵忤旨命參贊交阯軍務林長懋自南京後至出爲鬱林知州無何坐怨望並逮至京下錦衣衞獄帝臨鞫之綸抗辨觸帝怒立箠死籍其家諸父河南知府賢太僕寺卿希文皆被繫　交阯渠魁未平而小寇蠭起美留潘可利助逆宣化周莊太原黃菴等結雲南寧遠州紅衣賊大掠帝敕沐晟勦寧遠賊又發西南諸衞軍萬五千弩手三千赴交阯且敕老撾不得容叛人夏四月乙丑王通爲征夷將軍充總兵官都督馬瑛爲參將赴交阯討賊陳洽參贊軍務奪陳智方政職充爲事官從立功賊犯清化政不出戰都指揮王演擊敗之　御製外

戚事鑑及歷代臣鑑成頒賜外戚及羣臣諭之曰朕於暇日采輯前
代近戚及羣臣善惡吉凶之跡用示法戒其擇善而從以保福祿
禮部尙書呂震卒震有精力能彊記才足以濟其用凡奏事他尙書
皆執副本又與侍郎更進迭奏震兼三部奏牘繁多皆自占奏不執
副本亦不與侍郎參情狀委曲千緒萬端背誦如流未嘗有誤然無
學術爲禮官不知大體祀太廟致齋飲酒西番僧舍大醉歸一夕卒
五月甲午朔錄囚　丙申詔大赦交阯罪人黎利潘僚降亦授職
停采辦金銀香貨又以交阯右布政使戚遜貪淫黜之命弋謙往代
丙午敕郡縣瘞遺骸　庚申召薛祿還　製金寶賜貴妃孫氏故
事皇后金寶金冊妃以下有冊無寶孫氏有寵帝請於太后賜焉
貴妃有寶自此始　總旗衞整女刲肝療母病禮部爲請旌帝曰孝
親有道剖腹刲肝豈可爲訓若因此傷生其罪益大遂不許　命王
彰自良鄉抵南京巡撫軍民以所言率常事降敕切責令詳具利病

以聞尋召還命與都督山雲巡山海至居庸諸關隘　六月行在刑部都察院言南京輕重罪囚俱解赴行在道中亡故者多其囚已經大理寺審允宜令南京法司監候奏請其旂軍以下輕罪就彼依律決遣從之　秋七月癸巳京師地震有聲　初太祖制中官不許讀書識字成祖時始令聽選教官入內教習至是立內書堂改刑部主事劉翀爲翰林修撰專授小內使書其後增至四五百人翰林官四人教習於是始通文墨掌章奏與外庭交結往來矣　乙未免山東夏稅　己亥諭六科凡中官傳旨必覆奏始行時中官寖盛帝亦寖親幸之擅傳旨者終不能禁部科亦不能違也　時修南京天地山川壇殿宇命黃宗載及侍郎吳廷用采木湖廣壬子以旱災罷其役用巡按御史劉鼎言也吳中請罷其半帝命悉罷之　庚申進安順伯薛貴爵爲侯　方政督諸軍進討黎利李安及都指揮于瓚謝鳳薛聚朱廣等先奔俱謫爲事官立功贖罪陳智遣都指揮袁亮擊

利弟善於廣威州欲渡河土官何加伉言有伏亮不從遣指揮陶森
錢輔等渡河中伏並死亮亦被執都督蔡福守乂安以芻糧將盡退
就東關千戶包宣以其衆詣賊降福行至富良江爲賊所蹙與指揮
僉事周安等俱陷賊利以昌江爲官軍往來要路悉力攻之都指揮
同知李任堅守賊令福招任降任於城上罵福發礮擊之賊擁福去
大集兵衆飛車衝梯薄城環攻任與指揮顧福帥精騎出城掩擊燒
其攻具賊又築土山臨射城中鑿地道潛入城任福隨方禦之周安
潛與衆謀俟官軍至爲內應包宣覺之以告利利將殺安安曰吾天
朝臣子豈死賊手與指揮陳麟躍起奪賊刀殺數人皆自刎死所部
九千餘人悉被殺　八月壬戌朔漢王高煦反遣親信枚青等潛至
京師約諸功臣爲內應又約山東都指揮靳榮等反濟南爲助又散
弓刀旂幟於諸衛所盡奪旁郡縣畜馬立五軍指揮王斌領前軍韋
達左軍千戶盛堅右軍知州朱恆後軍諸子各監一軍高煦自將中

軍世子瞻坦居守指揮韋宏韋興千戶王玉李智領四哨部署已定僞授王斌朱恆等太師都督尚書等官陳士啓自青州暮馳至濟南語三司密聞於朝御史李濬以父喪家居高煦招之不從變姓名間道詣京師上變枚青夜至張輔所輔立縶之以聞帝遣中官侯泰賜高煦書泰至高煦盛兵見泰南面坐大言曰永樂中信讒削我護衛徙我樂安仁宗徒以金帛餌我吾豈能鬱鬱居此汝歸報急縛奸臣來徐議我所欲泰懼唯唯而已比還帝問漢王何言治兵何如泰皆不敢以實對　丙寅宥武臣殊死以下罪復其官　丁卯封費瓛爲崇信伯　高煦遣百戶陳剛進疏亦以靖難爲辭移檄罪狀諸大臣以夏原吉爲首帝歎曰漢王果反乃議遣薛祿將兵往討皇太后召楊榮等問計榮首勸帝親征太后帝皆有難色榮曰彼謂陛下新立必不自行今出不意以天威臨之事無不濟原吉曰獨不見李景隆已事耶臣昨見所遣將命下卽色變臨事可知矣且兵貴神速卷甲

趨之所謂先人有奪人之心也榮策善禮部尚書胡濙亦贊之帝意遂決張輔奏曰高煦素懦願假臣兵二萬擒獻闕下帝曰卿誠足擒賊顧朕初卽位小人或懷二心不親行不足安反側已詔親征高煦命鄭王瞻埈襄王瞻墡居守薛祿吳成將前鋒大賚五軍將士辛未發京師過楊村馬上顧從臣曰度高煦計安出或對曰必先取濟南爲巢窟或對曰彼曩不肯離南京今必引兵南下帝曰不然濟南雖近未易攻聞大軍至亦不暇攻護衞軍家樂安必內顧不肯徑趨南京高煦外誇詐內實怯臨事狐疑不能斷今敢反者輕朕少年新立衆心未附不能親征卽遣將來得以甘言厚利誘餌幸成事耳今聞朕行已膽落敢出戰乎至卽擒矣有從樂安來歸者厚賞之令還諭其衆仍遺高煦書曰張敖失國始於貫高淮安被誅成於伍被今六師壓境王卽出倡謀者朕與王除過恩禮如初不然一戰成擒或以王爲奇貨縛以來獻悔無及矣高煦初聞祿等將兵攘臂大喜以

爲易與及聞親征始懼庚辰前鋒至樂安高煦約詰旦出戰帝令大軍蓐食兼行辛巳駐蹕樂安城北壁其四門賊乘城守王師發神機銃箭聲震如雷諸將請卽攻城帝不許再敕諭高煦又以敕繫矢射城中諭禍福城中人多欲執獻高煦者高煦大懼乃密遣人詣行幄願假今夕訣妻子卽出歸罪帝許之是夜高煦盡焚兵器及通逆謀書壬午帝移蹕樂安城南高煦將出城王斌等力止曰寧一戰死無爲人禽高煦紿斌復入宮遂潛從間道出見帝羣臣請正典刑不允命御史于謙口數其罪以劾章示之謙正詞嶄嶄聲色甚厲高煦伏地戰慄頓首言臣罪萬死萬死惟陛下命帝令高煦爲書召諸子餘黨悉就禽赦城中罪脅從者不問癸未改樂安曰武定州命祿與尙書張本撫輯其衆乙酉班師庚寅次獻縣之單家橋侍郎陳山迎謁言曰趙王與高煦共謀逆久矣宜移兵襲彰德執趙王庶異日不勞聖慮帝以問榮榮力贊之遂以帝意令楊士奇草敕士奇曰事當有

實天地鬼神可欺乎榮厲聲曰汝欲撓大計耶今逆黨言趙實與謀何謂無辭士奇曰太宗皇帝三子今上惟兩叔父有罪者不可赦其無罪者宜厚待之疑則防之使無虞而已何遽加兵傷皇祖在天意乎時惟楊溥與士奇合請皆入以死諍榮先入士奇溥繼入閽者不納山復邀蹇義及原吉共請義原吉以士奇言白帝帝初無罪趙意移兵事得寢九月丙申至自武定州廢高煦父子爲庶人築室西安門內錮之戊戌法司鞫高煦同謀者詞連晉王濟熿趙王高燧詔勿問王斌朱恆等及長史錢巽教授錢常典仗侯海皆伏誅惟長史李默以嘗諫免死謫口外爲民天津青州滄州山西諸都督指揮約舉城應者事覺相繼誅凡六百四十餘人其故縱與藏匿坐死戍邊者一千五百餘人編邊氓者七百二十人帝製征東記以示羣臣 冬十月戊寅或言李時勉得罪先帝狀帝震怒命使者縛以來朕親鞫必殺之已又令卽斬西市毋入見後使者出端西旁門而前使者已

縛時勉從端東旁門入不相值帝遙見罵曰爾小臣敢觸先帝疏何
語趣言之時勉叩頭曰臣言諒闇中不宜近妃嬪皇太子不宜遠左
右帝聞言色稍霽時勉徐數至六事止帝令盡陳之對曰臣惶懼不
能悉記帝意益解曰是第難言耳草安在對曰焚之矣帝乃太息稱
時勉忠立赦之復官侍讀　黎善分兵三道犯交州其攻下關者爲
都督陳濬所敗攻邊江小門者爲李安所敗善夜走王通聞之亦分
兵三道出擊馬瑛敗賊清威至石室與通會十一月乙未進師應平
之寧橋陳洽與諸將言地險惡恐有伏宜駐師覘賊通不聽麾兵徑
渡陷泥淖中伏發官軍大敗死者二三萬人通傷脅走還洽躍馬入
賊陳創甚墜馬左右欲扶還洽張目叱曰吾爲國大臣食祿四十年
今日義不苟生揮刀殺賊數人自剄死黎利方圍清化聞之鼓行至
清潭攻北江進圍東關通素無戰功以父真死事封朝廷不知其庸
劣誤用之一戰而敗氣大沮陰遣人許利爲乞封而檄清化迤南地

歸利盡撤官吏軍民還東關按察使楊時習執不可通不聽賊分兵萬人圍險留關百戶萬琮奮擊乃退清化知州羅通與指揮打忠乘間破賊殺傷甚衆賊將遁而檄至通曰吾輩殺賊多出城必無全理與就縛曷若盡忠死乃與忠益固守賊令蔡福說降通登陴大罵賊知城不可拔引去　王通既與賊和乃遣政平知州何忠副千戶桂勝以奏還土地爲辭陰令請兵至昌江爲賊所拘二人瞋目怒罵不屈並忠子皆被害　劉觀等言高煦同謀者皆已伏法其護衞軍居他州者尚多請罪之帝曰凡先調衞及商販在外者皆不與逆謀其釋之不必窮治　十二月辛酉免六師所過秋糧　辛未命行在刑部都察院錦衣衞三日內悉上所鞫獄囚罪狀帝親覽決真犯死罪依律連坐者免死謫戍流徙以下運甎贖罪及罰鈔釋免有差凡宥免三千餘人　帝聞王通敗陳洽死大駭歎曰大臣以身殉國一代幾人贈洽少保謚節愍官其子樞給事中乙酉柳升爲征虜副將軍

充總兵官梁銘爲左副總兵都督崔聚爲參將李慶參贊軍務帥師由廣西往討黎利沐晟爲征南將軍帥徐亨譚忠由雲南進兵兩軍共七萬餘人復敕通固守俟升洽之未沒也累奏乞黃福還撫交阯會福奉使南京召赴闕敕曰卿惠愛交人久交人思卿其爲朕再行仍以工部尚書兼詹事領二司事　初高煦言嘗遣人與趙王高燧通謀戶部主事李儀請削其護衛張本亦以爲言帝皆不聽既而言者益衆帝召楊士奇謂曰議者多言趙王事奈何士奇曰趙最親陛下當保全之毋惑羣言帝曰吾欲封羣臣章示王令自處何如士奇曰善更得一璽書幸甚乃遣袁容持羣臣章及高煦獄詞示高燧高燧大懼已而泣曰吾生矣即上表謝且請還常山中護衛及羣牧所儀衛司官校帝命收其所還護衛而與之儀衛司言者始息

二年春正月丁未有司奏歲問囚數帝謂百姓輕犯法由於教化未行命申教化　命戶部申明屯田之法兵部移文所司選老成軍官

提督屯田仍命風憲官以時巡察　南京戶部尚書師逵卒逵當成
祖世佐蹇義在吏部二十年人不敢干以私成祖在北京嘗語左右
曰六部扈從臣不貪者惟逵而已逵不殖生產祿賜皆分宗黨有子
八人至無以自贍　二月癸亥行在戶部侍郎陳山爲本部尚書兼
謹身殿大學士直文淵閣　中官侯顯使西番　薛祿巡視畿南諸
府城池嚴飭軍士毋擾民違者以軍法論　黎利攻交州城乙丑王
通以勁兵五千出不意擣賊營破之斬其司空丁禮以下萬餘級利
惶懼欲走諸將請乘勝急擊通猶豫三日不出賊知其怯復樹柵掘
濠塹四出剽掠夏四月陷昌江諒山時昌江死守九月餘前後三十
戰賊聞柳升兵將至益兵來攻庚申城陷李任顧福帥死士三戰三
敗賊賊驅象大至不能支皆自剄死知府劉子輔指揮劉順中官馮
智俱自經城中居民婦女不屈死者數千人諒山破知府易先亦自
縊死賊分兵圍邱溫都指揮孫聚力拒之　高煦之叛晉王濟熿密

遣人相約結帝未之問也已而所遣使懼罪及走京師首實中官劉
信等數十人告濟熿擅取屯糧十萬餘石欲應高煦并發其宮中詛
呪事寧化王濟煥馳奏其弑嫡母事帝遣使察之皆實甲子召至京
示以諸所發奸逆狀廢爲庶人幽鳳陽同謀官屬及諸巫悉論死
賊圍交州久王通閉城不敢出賊益易之致書請和通欲許之集衆
議楊時習曰奉命討賊與之和而擅退師何以逃罪通怒厲聲叱之
衆不敢言己巳通許利和以其書聞　右都御史王彰卒彰嚴介自
持請託皆絕然用法過嚴其母屢以爲言不能改與劉觀同官人謂
彰公而不怨觀私而不刻云　五月癸巳薛祿督饟開平　己亥仁
宗神主祔太廟　丙午錄囚　六月戊寅錄囚　交阯賊勢旣盛道
路梗絕朝廷久不得奏報是月有軍丁李茂先等三人間道走京師
言昌江被圍急帝授三人百戶敕柳升急進援　秋七月己亥黎利
陷隘留關進圍邱温邱温守將指揮使徐麟千戶蔡容帥疲卒固守

城陷皆死無一降者他將吏多棄城遁帝以顧興祖在南寧隘留被攻擁兵不救逮治之　庚子錄囚　先是發松潘軍援交阯將士憚行千戶錢宏與衆謀詐言番叛帥兵掠麥匝諸族且言大軍將致討番人震恐約黑生番反殺指揮陳傑等陷松潘疊溪圍威茂諸州斷索橋指揮吳玉韓整高隆相繼敗績又掠綿竹諸縣官署民居皆被焚燬鎮撫侯璉死之辛丑命都督同知陳懷充總兵官帥劉昭趙安蔣貴等往討又命鴻臚丞何敏指揮吳瑋先往招之梟宏於松潘以徇　敵犯開平無所得而退薛祿方駐宣府相距三百里帥精兵晝伏夜行三夕至丁未縱輕騎蹂敵營破之大獲人畜師還敵躡其後復奮擊敗之敵遂遠遁　八月甲子黃淮以疾乞致仕許之淮歸父性年九十餘奉養甚歡　免兩京山西河南州縣被災稅糧　陝西旱戶部尚書郭敦與隆平侯張信整飭庶務當行者同三司官計議奏行敦請蠲逋賦振貧乏考黜貪吏罷不急之務凡十數事悉從之

九月壬辰錄囚時連諭三法司錄上繫囚罪狀凡決遣二千八百餘人帝諭刑官曰吾慮其瘐死故寬貸之非常制也　柳升奉命久俟諸軍集始抵隘留關黎利旣與王通有成言乃詭稱陳氏有後帥大小頭目具書詣升軍乞罷兵立陳氏裔升不啓封遣使奏聞賊緣途據險列柵官軍連破之抵鎭夷關升意殊輕賊李慶梁銘皆病甚郎中史安主事陳鏞言於慶曰柳將軍辭色皆驕驕者兵家所忌賊或示弱以誘我未可知也防賊設伏璽書告誡甚切公宜力言之慶强起告升都事潘禋亦勸升持重廣偵探引芹站寧橋事爲戒升皆不爲意乙未次倒馬坡與百餘騎先馳度橋橋遽壞後隊不得進賊伏四起升陷泥淖中中鏢死是日銘病卒明日慶亦卒又明日崔聚帥軍至昌江賊來益衆官軍殊死鬭賊驅象大戰陳亂賊大呼降者不死官軍或死或走無降者安鏞禋及主事李宗昉皆死之崔聚力戰被執賊百計降之不屈死一軍盡沒升質寬和善撫士卒勇而寡

謀遂及於敗黃福走還至雞陵關爲賊所執欲自殺賊羅拜泣下曰
公交民父母也公不去我曹不至此力持之黎利聞之曰中國遣官
吏治交阯使人人如黃尚書我豈得反哉遣人馳往守護饋白金餱
糧肩輿送出境福至龍州盡取賊所遺歸之官　戊申封李英爲會
寧伯　王通聞柳升敗益懼更啗黎利和爲利馳上謝罪表十月戊
寅大集官吏軍民出下哨河立壇與利盟約退師因宴利遺以錦綺
利亦以重寶爲謝沐晟軍至水尾縣造船將進聞通已議和引還賊
乘之大敗　鴻臚寺進黎利與柳升書王通遣官偕賊使奉陳暠表
亦至略言暠爲先王暊三世嫡孫避禍遠竄潛身老撾二十年今本
國人民不忘先王遺澤已訪得之乞還其爵土初帝嗣位與楊士奇
楊榮語交阯事卽欲棄之暠表至心知其詐欲藉以爲名遂召羣臣
示之諭以罷兵息民意張輔蹇義夏原吉以下皆言與之無名徒示
弱天下士奇言陛下卹民命以綏荒服不爲無名漢棄珠崖前史以

爲美談不爲示弱許之便榮亦力言不宜以荒服疲中國時帝意已
決輔爭之不能得遂命擇使交阯者義薦伏伯安口辨士奇曰言不
忠信雖蠻貊之邦不可行伯安小人往且辱國帝是之十一月乙酉
朔命禮部侍郎李琦工部侍郎羅汝敬爲正使右通政黃驥鴻臚卿
徐永達爲副使齎詔撫諭安南人民盡赦利罪與之更新立嵩爲安
南國王敕以興滅繼絕之意以思明府之祿州西平州與安南諭通
及三司官令盡撤軍民北還　時皇后未有子貴妃孫氏陰取宮人
子爲己子由是寵眷益重己亥以皇長子生大赦天下免明年稅糧
三之一　十二月丁丑振陝西饑弁給絹布十五萬匹　王通令山
壽與陳智等由水路還欽州自帥步騎由陸路還太平至南寧始以
聞交阯内屬者二十餘年前後用兵數十萬饋饟至百餘萬轉輸之
費不與焉通不俟詔命棄去官吏軍民還者八萬六千餘人其陷於
賊及爲賊所戮者不可勝計　交阯人宣化知府陶季容廣源知州

閔顏州判岑斗烈吏目譚忠謹古雷縣千夫長陳汀及土官阮世寧
阮公庭皆不願從黎利自拔來歸帝命加意撫卹資糧器用官給之
尋以汀家屬盡陷嘉其義擢爲指揮　顧興祖旣被逮柳慶蠻韋朝
烈等掠臨桂諸縣公侯大臣舉山雲廉勇有智略帝亦自知之
三年春正月命佩征蠻將軍印充總兵官鎮廣西雲至討朝烈破之
賊保山巔山峻險挂藤於木壘石其上官軍至輒斷藤下石無敢近
者雲夜半束火牛羊角以金鼓隨其後驅向賊賊謂官軍上亟斷藤
比明石盡衆譟而登遂盡破之南安廣源諸蠻悉下雲乃築四城九
堡傳舍九十餘區以鎮要害初廣西鎮帥至土官率饋獻爲故事帥
受之卽爲所持雲聞府隸鄭牢剛直召問曰饋可受乎牢曰潔衣被
體一汚不可湔將軍新潔衣也寧可汚耶雲曰不受彼且生疑奈何
牢曰贖貨法當死將軍不畏天子法乃畏土夷乎雲曰善盡卻饋獻
嚴馭之由是土官畏服調發無敢後者牢逮事韓觀觀醉輒殺人牢

輒留之醒乃以白金活甚衆爲士大夫所重竟以隸終　吳璋至松
潘賊不順命璋與龍州知州薛繼賢擊賊復松潘陳懷至仍用璋前
鋒屢敗賊於圪荅壩葉棠關奪永鎮等橋復疊溪蔣貴募鄉導絕險
而進薄賊巢一日十數戰大敗之撫定祁命等十簇又招降渴卓等
二十餘寨招撫復業者萬二千二百餘戶歸所掠軍民二千二百餘
人事遂定捷聞進懷左都督厚賚金幣留鎮四川而絀璋功不錄
皇長子生八日羣臣卽上表請立爲太子皇后亦請早定國本孫貴
妃僞辭曰后病痊自有子吾子敢先后子耶二月戊午立皇長子祁
鎮爲皇太子　帝著帝訓二十五篇曰君德奉天法祖正家睦親仁
民經國勤政恭儉儆戒用賢知人去邪防微求言祭祀重農興學賞
罰黜陟卹刑文治武備馭夷藥餌以教子孫帝自爲之序復題其後
以致意焉　南京戶部尚書古朴卒朴在朝三十餘年不通干請與
都御史向寶俱以淸介稱寶以致仕歸卒於途　帝令皇后上表辭

位三月癸未退居長安宮賜號靜慈仙師而冊貴妃爲后諸大臣張輔蹇義夏原吉楊士奇楊榮等皆不能爭后賢而被廢天下聞而憐之皇太后常召后居清寧宮內廷朝宴命居孫后上孫后常怏怏帝後亦悔之自解曰此朕少年事耳　壬辰錄囚　夏四月癸亥敕凡官民建言章疏尙書都御史給事中會議以聞勿諱　閏月壬寅錄囚　免山西旱災稅糧　甲寅命有司振卹　王通等至京文武諸臣合奏其罪廷鞫具服庚戌通及陳智馬瑛方政弋謙馬騏山壽俱論死下獄籍其家顧興祖幷下獄帝終不誅長繫待決而已騏恣虐激變罪尤重而謙實無罪皆同論時議非之廷臣復劾沐晟徐亨譚忠逗留及喪師辱國罪帝不問　五月辛酉錄囚先是金純有疾帝命醫視療稍閒免其朝參俾護疾視事會暑敕法司理滯囚純數從朝貴飲爲言官所劾帝怒曰純以疾不朝而燕於私可乎命繫錦衣獄既念純老臣釋之落太子賓客　李琦羅汝敬等還黎利遣使奉表

謝恩詭言陳暠於正月物故陳氏子孫絶國人推利守其國謹俟朝
命帝心知其詐不欲遽封己巳復遣汝敬徐永達諭利及其下令訪
陳氏後幷盡還官吏人民及其眷屬　辛未贈交阯死事諸臣李任
都督同知顧福劉順徐麒都指揮同知周安指揮同知蔡容指揮僉
事桂勝正千戸並令子孫承襲劉子輔易先布政司參政何忠府同
知馮智太監並與誥賜券惟陳鱗嘗與朱廣開門納賊故贈卹不及
　真定順德廣平所屬州縣奏自去年十月至今年夏不雨麥無收
壬申命免徵夏稅　周王有燉博學善書弟有爋自大理歸數訐之
又與新安王有熺詐爲祥符王有爝與趙王書繫箭上置彰德城外
詞甚悖都指揮王友得書以聞帝逮友訊無迹召有爝至曰必有爋
所爲訊之具服並得有熺掠食生人肝腦諸不法事免有爋有熺爲
庶人　黎利歸蔡福朱廣薛瓚于瓚及指揮魯貴千戸李安於京師
誅之籍其家　六月丙戌免陝西被災夏稅　時未有官妓之禁臣

寮宴樂以奢相尚歌妓滿前劉觀爲都御史私納賄賂諸御史亦貪縱無忌一日朝罷帝召楊士奇楊榮至文華門諭曰祖宗時朝臣謹飭年來貪濁成風何也士奇對曰永樂末已有之今爲甚耳榮曰永樂時無踰方賓帝問今日誰最甚者榮曰劉觀又問誰可代者士奇榮薦通政使顧佐公廉有威歷官並著風采爲京尹政清弊革帝喜丁未出觀巡視河道秋七月擢佐右都御史賜敕獎勉命察諸御史不稱者黜之御史有闕舉送吏部補選佐視事即奏黜嚴暟楊居正等二十人謫遼東各衛爲吏降八人罷三人而舉進士鄧棨國子生程富謁選知縣孔文英教官方瑞等四十餘人堪任御史帝使歷政三月而後任之居正等六人辨愬帝怒幷諸爲吏者悉戍之既而暟自戍所潛還京脅他賄爲佐所奏且言暟謀害己詔戮暟於市　戊辰錄囚　吳中坐以官木石遺中官楊慶作宅下獄尋釋之　先是行在都御史劾胡概葉春所至作威福縱兵擾民帝弗問陰使御史

廉之無所得由是益任概賜璽書奬勵概亦自信諸當興革者皆列以聞　初仁宗復設行後軍都督府行部凡五府六部文移申達必經之多重複稽誤八月辛卯帝命公侯伯尚書都御史等議皆言旣有府部則行府行部宜罷從之　刑部尚書金純致仕純務寬大每戒屬吏不得妄椎擊人故當純時獄無瘐死者　丁未帝自將巡邊命張本顧佐等居守金幼孜等皆從度雞鳴山帝曰唐太宗恃其英武征遼嘗過此山幼孜對曰太宗尋悔此役故建憫忠閣帝曰此山崩於元順帝時爲元亡徵對曰順帝亡國之主雖山不崩國亦必亡帝取夏原吉橐糗嘗之笑曰何惡也對曰軍中猶有餒者帝命賜以大官之饌且犒將士　九月辛亥次石門驛兀良哈寇會州帝自將輕騎三千人人二騎持十日糧往擊之留扈行諸文臣於大營命楊榮從乙卯出喜峯口遇敵於寬河帝親射其前鋒殪三人分鐵騎爲兩翼夾擊之飛矢如雨神機礮並發兀良哈人馬死者過半帝親帥

百餘騎追奔其衆望見黃龍旂悉下馬羅拜請降遂生縛之斬其酋渠金忠與其甥把台請自效帝許之或言不可遣帝曰去留任所欲耳朕有天下獨少此二人耶已二人獲數十人馬牛數百來獻帝喜命中官酌以金巵遂賜之戊午饗將士於會州甲子班師癸酉至自喜峯口把台尋賜姓名曰蔣信　冬十月乙酉詔曰古者師保之職論道經邦不煩以政少師義少傅士奇少保原吉太子少傅榮皆先帝簡畀以遺朕春秋高尙兼有司之事非所以優之也其輟所務在朕左右講論至理共寧邦家勳階爵祿並如故義原吉皆起家太祖時義秉銓政原吉筦度支皆二十七年名位先於士奇榮與士奇榮同心輔政義善謀榮善斷原吉與士奇尤持大體有古大臣風烈蹇義既解部務帝欲以侍郎郭璡代璡厚重勤敏然寡學術楊士奇言恐璡不足當之宜妙擇大臣通經術知古今者帝乃止　御史張循理等交章劾劉觀並其子輻諸贓汙不法事帝怒逮觀父子以彈

章示之觀疏辨帝益怒出廷臣先後密奏中有杜法受贓至千金者
觀引伏遂下錦衣衛獄踰年謫輻戍遼東命觀隨往觀竟客死　中
官郭敬鎮守大同　十一月癸酉錦衣指揮鍾法保請采珠東莞帝
曰是欲擾民以求利也下之獄　忻城蠻譚團作亂十二月庚子山
雲討禽之　是年福建妄男子樓濂詭稱七府小齊王謀不軌事覺
械至京誅其黨數百人故齊王槫及三子皆暴卒幼子賢爀安置廬
州　清河知縣李信圭上疏言本邑地廣人稀地當衝要使節絡繹
日發民輓舟丁壯既盡役及老穉妨廢農桑前年兵部有令公事亟
者舟予五人緩者則否今此令不行役夫無限有一舟至四五十人
者凶威所加誰敢詰問或遇快風步追不及則官舫人役沒其所賫
衣糧俾受寒餒乞申明前令哀此惸人從之
四年春正月兩京地震　二月己丑南京進騶虞二禮部請表賀不
許　進清平伯吳成爲侯錄出塞破兀良哈功也　敕左府都督張

昇曰卿舅氏至親日理劇務或以吏欺謾連不問則廢法問則傷恩其罷府事朝朔望官祿如舊稱朕優禮保全之意昇暴之弟也　羅汝敬等還黎利復言陳氏無遺種請別命因貢方物及代身金人帝心知陳氏即有後利必不言然以封利無名三月甲戌復命李琦諭利再訪陳氏後　封后父孫忠爲會昌伯　夏四月辛巳山雲討平柳潯蠻　寧王權上書論宗室不應定品級帝怒賜書詰責權謝過乃已時有司多齮齕諸王以示威重權年已老日與文學士相往還所註纂數十種託志沖舉自號臞仙　陳瑄言濟寧以北自長溝至棗林淤塞計用十二萬人疏濬半月可成帝念瑄久勞戊子命黃福同往經理大臣督漕運自此始瑄福建議復支運法令江西湖廣浙江民運百五十萬石於淮安倉蘇松寧池廬安廣德民運二百七十四萬石於徐州倉應天常鎮淮揚鳳太池和徐民運二百二十萬石於臨清倉而令軍士接運至北京民大稱便　帝卒用郭璡爲吏部

尙書諭以呂蒙正夾袋虞允文材館錄故事璡由是留意人才　五月壬子錄囚　先是官吏有罪不問重輕許運甎還職御史王𦑊請犯贓吏但許贖罪不得復官以懲貪黷帝從其請未幾有贓吏納米贖罪者吏部請降一級用帝曰納米乃一時之權宜懲貪爲立國之大法六月甲午詔文吏犯贓如律科斷罷贖罪例　己亥敵犯開平鎭撫張信等戰死庚子薛祿督饟開平　以鈔法不通令京省商賈湊集地市鎭店肆門攤稅課增舊凡五倍兩京蔬果園及塌房庫房店舍居商貨者騾驢車受僱裝載者悉令納鈔舟船計所載料多寡路遠近納鈔其倚勢隱匿不報者物盡入官仍罪之於是有漷縣濟寧徐州淮安揚州上新河滸墅九江金沙洲臨清北新諸鈔關量舟大小修廣而差其額謂之船料惟臨清北新兼稅貨鈔關之設自此始　陝西按察副使鄺埜在陝久父子輔爲句容教官思一見謀聘爲鄉試考官子輔怒曰子居憲司而父爲考官何以防閑馳書責之

埜嘗寄父褐子輔貽書曰汝掌刑名當洗冤釋滯以無忝任使何從得此褐乃以汚我封還之埜奉書跪誦泣受教　秋七月己未幸文淵閣　乙丑封滕定爲奉化伯金順爲順義伯亦錄出塞功也　八月楊溥以母憂去尋起復　九月癸亥釋顧興祖於獄　南北京國子監生年五十以上學無成效及老疾者二百五十三人令還鄉爲民　北京國子監助教王仙言學校教養人材固當講習經史至於書數之學亦當用心近年生員止記誦文字以備科貢其於字學算法略不曉乞令兼習從提調正官按察司巡按御史考試從之　雒容蠻出掠山雲遣指揮王綸破之乃上綸功且劾其殺良民罪帝宥綸而心重雲　冬十月庚辰幸文淵閣　癸未以天氣沍寒敕南北刑官悉錄繫囚以聞不分輕重因謂夏原吉等曰堯舜之世民不犯法成康之時刑措不用皆君臣同德所致朕德薄卿等其勉力匡扶庶無愧古人　時科舉日重薦舉日輕有司雖奉求賢之詔第應故

事而已丙戌帝製猗蘭操賜廷臣諭以薦賢為國之道　庚寅改張
瑛南京禮部尚書陳山專授小內使書並輟閣務　甲午閱武於近
郊帝怒諸將慢褫其衣夏原吉曰將帥國爪牙奈何凍而斃之反覆
力諫帝曰為卿釋之乙未獵於峪口戊戌還宮　十一月癸卯薛祿
吳克忠帥師巡宣府　十二月乙亥京師地震　壬辰罷中官松花
江造船　顧佐任事歲餘姦吏訴佐受隸金私遣歸帝密示士奇曰
爾不嘗舉佐廉乎對曰中朝官俸薄僕馬薪芻資之隸遣隸半使出
資免役隸得歸耕官得資費中朝官皆然臣亦然先帝知之故增中
朝官俸帝歎曰朝臣貧如此因怒訴者曰朕方用佐小人敢誣之必
下法司治士奇對曰細事不足干上怒帝乃以狀付佐曰汝自治之
佐頓首謝出召吏曰上命我治汝汝改行我當貸汝帝聞之喜謂佐
得大體或告佐不理冤訴帝曰此必重囚教之命法司會鞫果千戶
臧清殺無罪三人當死使人誣佐帝曰不誅清則佐法不行磔清於

市　琉球山南再入貢自後不復至山南山北並爲中山所併

五年春正月兩朝實錄成賜監修等官金幣鞍馬戊辰戶部尚書夏原吉入謝歸而卒年六十五贈太師謚忠靖敕戶部復其家世世無所與原吉有雅量人莫能測其際同列有善即采納之或有小過必爲之掩覆吏汚所服金織賜衣曰勿怖汚可浣也又有汚精微文書者叩頭請死原吉不問自入朝引咎帝命易之呂震嘗傾原吉震爲子乞官原吉以震靖難時有守城功爲之請陳瑄初亦惡原吉原吉顧時時稱瑄才或問原吉量可學乎曰吾幼時有犯未嘗不怒始忍於色中忍於心久則無可忍矣嘗夜閱爰書撫案而歎筆欲下輒止妻問之曰此歲終大辟奏也與同列飲他所夜歸值雪過禁門有欲不下者原吉曰君子不以冥冥惰行其慎如此　二月壬辰諭侍臣曰今國家無大營繕而工部采運木植不已豈不妨農事其令已采之木隨處存貯軍夫悉罷歸農　癸巳頒寬卹之令省災傷寬馬政

免逋欠薪芻招流民賜復一年罷采買減官田舊科十之三卹工匠禁司倉官包納戒法司慎刑獄　乙未帝奉皇太后謁長陵獻陵親櫜鞬導至河橋下馬扶輦民夾道拜觀陵旁老稚皆山呼拜迎太后顧曰百姓戴君以能安之耳皇帝宜重念從臣張輔蹇義楊士奇楊榮金幼孜楊溥見太后慰勞之他日帝謂士奇曰太后為朕言先帝在青宮惟卿不憚觸忤先帝或數不樂然終從卿以不敗事又有三事時悔不從因誨朕當受直言士奇對曰此皇太后盛德之言也三月戊申帝道見耕者下馬問農事取耒三推顧侍臣曰朕三推已不勝勞況吾民終歲勤動乎命賜所過農民鈔太后過農家召老婦問生業或獻蔬食酒漿取以賜帝曰此田家味也己酉還宮　辛亥李琦等還黎利復飾詞并具頭目耆老奏請封使臣歸帝復以訪陳氏裔還中國遺民二事諭之　丙辰免山西去歲被災田租　薛祿上言永寧衛團山及鵰鶚赤城雲州獨石宜築城堡便守禦　夏四月戊

寅詔發軍民三萬六千赴工精騎一千五百護之皆聽祿節制臨行賜詩以山甫南仲爲比祿不知書以問楊士奇因拊心曰祿安敢望前賢然敢不勉圖報上恩萬一乎　先是開平都指揮唐雲等屢奏寇出沒邊境且言孤城荒遠請添官軍守備事下張輔等議以爲添軍愈難饋給宜如薛祿初議於獨石築城立開平衞以開平備禦官軍家屬移於新城且耕且守而以開平及所調他衞軍分作二班每班一千餘人更代於舊城守禦從之　五月癸卯追奪贓吏誥敕著爲令　丙辰修預備倉出官錢收糴備荒　帝以知府多不稱職會蘇州等九府缺皆雄劇地命部院臣舉其屬之廉能者補之癸亥以禮部郎中況鍾知蘇州戶部郎中羅以禮知西安兵部郎中趙豫知松江工部郎中莫愚知常州戶部員外郎邵旻知武昌刑部員外郎馬儀知杭州陳本深知吉安御史陳鼎知建昌何文淵知溫州皆賜敕乘傳行鍾至蘇州捶殺姦吏舞文者數人盡斥屬僚之貪虐庸懦

者乃蠲煩苛立條教事不便民者立上書言之興利除害不遺餘力鋤豪強植良善民奉之若神本深至吉安殺巨猾彭摶等十九人平大盤山大盜曾子良爲政舉大綱不屑苛細有抑不伸者雖三尺童子皆得往白豫至松江衞軍恣横執其尤者杖而配之邊一意拊循與民休息擇良家子謹厚者爲吏訓以禮法均徭節費減吏員十之五患民俗多訟訟者至輒好言諭曰明日來時傳以爲笑然訟者踰宿忿漸平或被勸阻多止不訟時諸人俱有治績豫尤以愷悌稱初鍾爲吏吳江平思忠亦以吏起家爲吏部司務遇鍾有恩至是鍾數延見執禮甚恭令二子給侍而思忠家素貧未嘗緣故誼有所干人兩賢之　六月己卯遣官捕近畿蝗諭戶部曰往年捕蝗之使害民不減於蝗宜知此弊因作捕蝗詩示之　徙開平衞於獨石堡改屬萬全都司而令兵分班哨備於舊衞已而哨備之制亦廢遂棄地三百里盡失龍岡灤河之險邊備益虛　帝以踐祚歲久諸番國遠者

猶未朝貢復遣鄭和王景宏使忽魯謨斯諸國和經事三朝先後七
奉使所歷三十餘國取無名寶物不可勝計而中國耗費亦不貲自
後將命海表者莫不盛稱和以誇外番故俗傳三保太監下西洋爲
明初盛事焉　陽武侯薛祿有疾召還秋七月卒贈鄞國公諡忠武
祿有勇而好謀謀定後戰戰必勝紀律嚴明秋豪無犯善撫士卒人
樂爲用靖難諸功臣張玉朱能及祿三人爲最　癸亥甄別守令
八月己巳朔日食陰雨不見禮官請表賀不許　黃福爲戶部尚書
先是福陳足食之要謂永樂間內營建北京外南討交阯北征沙漠
資用未嘗乏比國無大費而歲用僅給卽不幸有水旱征調將何以
濟請役操備營繕軍士十萬人於濟寧以北衞輝真定以東緣河屯
種初年自食次年人收五石三年收倍之旣省京倉口糧六十萬石
又省本衞月糧百二十萬石歲可得二百八十萬石帝善之下行在
戶兵二部議郭資張本請先以五萬頃爲率發附近居民五萬人墾

又言山東近年旱飢流徙初復衞卒多力役宜先遣官行視田以俟開墾乃命吏部郎中趙新等經理屯田福總其事既而有言軍民各有常業若復分營田役益勞擾本等以聞事竟不行　初周忱由庶吉士歷刑部員外郎浮沈二十年人無知者獨夏原吉奇之洪熙改元忱遷越府長史頃之有薦爲郡守者原吉曰此常調也安足盡周君九月帝以天下財賦多不理而江南爲甚蘇州一郡積逋至八百萬石思得才力重臣往釐之楊榮薦忱而帝知于謙才可大任丙午增設各部右侍郎巡撫兩京各省總督糧稅超擢趙新吏部侍郎撫江西兵部郎中趙倫戶部侍郎撫浙江禮部員外郎吳政本部侍郎撫湖廣謙兵部侍郎撫河南山西刑部員外郎曹宏本部侍郎撫北直隸府州縣及山東忱工部侍郎撫南直隸蘇州等府州縣以胡槪爲南京右都御史葉春爲刑部侍郎謙年僅三十三至官輕騎徧歷所部延訪父老察時事所宜興革具疏言之一歲凡數上忱至蘇州

召父老問逋稅故皆言豪戶不肯加耗幷徵之細民民貧逃亡而稅額益缺忱乃創爲平米法令大小戶出耗必均又請敕工部頒鐵斛下諸縣準式革糧長之大入小出者舊例糧長正副三人以七月赴南京戶部領勘合旣畢復齎送部往反滋費皆科斂充之忱止設正副各一人循環赴領訖事有司類收上之部民大便忱見諸縣收糧無團局糧長卽家貯之曰此致逋之由也遂令諸縣於水次置囤囤設糧頭囤戶各一人名轄收至六七萬石以上始立糧長一人總之名總收民持帖赴囤官爲監納糧長但奉期會而已置撥運綱運二簿撥運記支撥起運之數預計所運京師通州諸倉耗以次定支綱運聽其填註剝淺諸費歸以償之支撥羨餘存貯在倉曰餘米次年餘多則加六徵又次年加五徵先是概用法嚴忱一切治以簡易告訐者輒不省或面訐忱公不及胡公忱笑曰胡卿敕旨在祛除民害朝廷命我但云撫安軍民委寄正不同耳概尋復姓熊　乙卯帝巡

近郊己未還宮　冬十月乙亥阿魯台犯遼東遼海衞指揮同知皇甫斌禦之至窑城東峪自旦及晡矢盡援絶子弼以身衞父與千戶吳貴百戶吳襄毛觀並戰死斌忠勇有智略貴等並驍勇雖死殺傷過當寇亦引退事聞詔有司褒卹　丙子帝巡近郊己卯獵於坌道丙戌至洗馬林徧閱城堡兵備壬辰還宮　十一月己未擇廷臣二十五人爲知府奉敕以行河南則御史李驥肇慶則給事中王瑩瓊州則戶部郎中徐鑑汀州則禮部員外郎許敬軒寧波則刑部主事鄭珞撫州則大理寺正王昇後皆以政績著由是吏治蒸蒸稱極盛焉　先是朝使自西域還言曲先衞都指揮使散即思邀劫使臣梗塞道路帝怒命都督史昭帥參將趙安王彧等討之昭等長驅至曲先散即思先遁十二月癸巳其黨脫脫不花等迎敵諸將縱兵擊之殺傷甚衆生禽脫脫不花及男婦三百四十餘人獲駝馬牛羊三十四萬有奇散即思始懼　閏月己未敕內外諸司久淹獄囚者罪之

是年始命李昶爲戶部尙書專督在京及通州等處倉場糧儲遂爲定制

六年春正月庚辰大雨雷電　二月丁酉羅汝敬督陝西屯田　己亥濬金龍口引河達徐州以便漕從御史白圭請也　時天下承平帝頗事遊獵玩好巡按江西御史陳祚馳疏勸勤聖學其略曰帝王之學先明理明理在讀書陛下雖有聖德而經筵未甚興舉講學未有程度聖賢精微古今治亂豈能周知洞晰真德秀大學衍義一書聖賢格言無不畢載願於聽政之暇命儒臣講說非有大故無得間斷使知古今若何而治政事若何而得必能開廣聰明增光德業而邪佞之以奇巧蕩聖心者自見疏遠天下人民受福無窮矣帝見疏大怒曰豎儒謂朕未讀大學耶薄朕至此不可不誅學士陳循頓首曰俗士處遠不知上無書不讀也帝意稍解下祚獄逮其家人十餘口隔別禁繫者五年其父竟瘐死時刑部主事郭循諫拓西內皇城

修離宮逮入面詰之循抗辨不屈亦下獄　趙新言今方面官雖出身不同皆由資格升擢有臨政略無施設者有貪虐爲非者名與實異言與行違近吏部勘合令其考察郡縣官吏己不能正焉能正人是以好惡不公去取多謬乞令吏部先察布政司按察司賢否賢者留否者黜然後可以責令考察帝是之三月乙亥命吏部考察外官自布政按察二司始著爲令　山西巡按御史張昺言大同屯田多爲豪右占據夏四月己酉命兵部侍郎柴車往按得田二千頃還之軍　戶部尚書郭敦卒敦事親孝持身廉同官有爲不義者輒厲色待之其人悔謝乃已性好學公退手不釋卷　散卽思貢馬請罪令還居故地歸其俘　黎利復飾詞請封六月己亥命禮部侍郎章敞右通政徐琦齎敕印命利權署安南國事敞等至利遣人白相見禮敞曰汝敬使者所以尊朝廷奚白爲利聽命趨拜下坐及還致厚贐敞及琦等皆不受利以付貢使及關敞等悉閱貢物封其贐付關吏

利雖受敕命其居國則僭稱帝紀元順天以交州府爲東都清華府爲西都分其國爲十三道曰山南京北山西海陽安邦諒山太原明光諒化清華乂安順化廣南各設承政司憲察司總兵使司擬中國三司置百官設學校以經義詩賦二科取士彬彬有華風焉　秋七月己巳錄囚　壬午許朶顏三衛市易　帝微行夜幸楊士奇宅士奇倉皇出迎頓首曰陛下奈何以社稷宗廟之身自輕帝曰朕欲與卿一言故來耳居數日帝使中官問士奇微行何爲不可對曰陛下尊居九重幽隱豈能遍洽萬一有寃夫怨卒窺間竊發誠不可不慮未幾獲二盜有異謀帝召士奇告之故且曰今而後知卿之愛朕也

松潘勒都北定諸族暨空郎龍溪諸寨番復叛陳懷遣兵戰敗指揮安寧等死者三百餘人巡按御史王翺陳便宜五事言懷駐成都距松潘八百里不能制請移之松潘松茂軍糧宜於農隙齊力起運護以官軍毋專累百姓致被劫掠吏不給由爲民蠹宜令自首毋隱

州縣土司宜徧設社學會川銀場歲運米八千餘石給軍往返勞費
請令有罪納粟自贖詔有司議詳運糧事而遷蠹吏北京餘悉允行
冬十月甲辰懷親督兵深入破革兒骨寨進攻空郎乞兒洞賊敗斬
首墜崖死無算革兒骨賊復聚生苗邀戰擊破之勦戮殆盡於是任
昌牛心諸寨番聞風乞降羣寇悉平　周忱與陳瑄議兌運法瑄乃
上言歲運糧用軍十二萬人頻年勞苦乞於蘇松諸郡及江西湖廣
別僉民丁又於軍多衞所僉軍通爲二十四萬人分番迭運又江南
之民運糧赴淮安徐州臨清往返一年失誤農業而湖廣江西浙江
及蘇松安慶軍士每歲以空舟赴淮安載糧若令江南民撥糧與附
近衞所官軍運載至京量給耗米及道里費則軍民交便帝命侍郎
王佐就瑄及黃福議佐還奏東南民力已困僉民丁不便十一月丙
子始命官軍兌運民糧蹇義等議上加耗則例以地遠近爲差自八
斗至五斗有不願兌者聽其自運後頗減加耗米遠者不過六斗近

者至二斗五升戶部委正官監兌於是兌運者多而支運者少矣

中官袁琦自幼侍帝恃恩縱肆擅遣中官假采辦名虐取官民財物

事覺下錦衣衞獄籍其家分遣中官劉寧御史張駿李灝等往南直

隸及福建湖廣江西諸處逮其黨中官裴可烈在蘇松諸郡貪暴尤

甚特命械繫至京中官馬俊奉使還至良鄉聞琦下獄自經所司以

聞帝曰此正與琦同惡害民者命戮其屍梟首於市中官唐受使至

南京縱恣貪酷捕至具服械赴南京磔之十二月乙未磔琦斬其黨

阮巨隊等十人可烈亦下錦衣衞獄死　丁未金幼孜卒贈少保謚

文靖幼孜簡易靜默寬裕有容疾革時家人屬請身後恩不聽曰此

君子所恥也　庚戌遣御史巡視寧夏甘州屯田水利

七年春正月辛酉朔日有食之免朝賀　賜中官金英范宏免死詔

二月甲午以春和諭法司錄囚帝親閱罪狀決遣千餘人減等輸

納春審自此始　帝謂楊士奇曰卹民詔下已久今更有可卹者乎

士奇曰前詔減官田租戶部徵如故帝怫然曰今首行之廢格者論
如法士奇又請撫逃民察墨吏舉文學武勇之士令極刑家子孫皆
得仕進又請廷臣三品以上及二司官各舉所知備方面郡守選皆
報可三月庚申下詔行寬卹之政辛酉諭部臣曰朕以官田賦重十
減其三乃聞異時蠲租詔下戶部皆不行甚者戒約有司不得以詔
書爲辭是廢格詔令使澤不下究也自今令在必行毋有所遏　山
西旱夏四月辛丑免逋賦二百四十萬石有奇　壬寅募商中鹽輸
粟入邊　六月癸卯以炎暑命錄囚自實犯死罪外悉發遣且馳諭
中外刑獄悉如之　癸丑罷中官入番市馬　巡按湖廣御史朱鑑
言洪武年間府州縣四鄉皆置倉積穀多者萬餘石少者四五千石
倉設老人監之富民守之遇水旱以貸貧民今皆廢毀宜遵舊制俾
旱潦有資從之　帝作官箴三十五篇戒百官且諭曰古君臣有交
儆之道凡在位君子有以嘉謨告朕者尤朕所樂聞也　秋七月庚

辰帝閱內庫書畫得趙孟頫豳風圖賦詩一章揭諸便殿之壁嘗夏日午朝退詠聶夷中鋤禾日當午句謂侍臣曰吾每誦此未嘗不念農人又嘗以所賦織婦詞示侍臣以見蠶事之勞苦　帝以薦舉詔下應詔者少八月乙未敕曰近惟少傅士奇舉前南靈知州黎恬等諸臣曠旬積月曾無一人巖藪窟穴豈皆虛哉吏部即會三品以上官推擇才行文學之士方面有司昏懦貪暴者其與都察院奏黜之帝於宮中覽黃福漕事便宜疏以示楊士奇曰福言智慮深遠六卿中誰倫比者對曰福受知太祖正直明果一志國家永樂初建北京行部綏輯凋瘵及使交阯總藩憲具有成績誠六卿所不及福年七十矣諸後進少年高坐公堂理政事福四朝舊人乃朝暮奔走勞悴殊非國家優老敬賢之道帝曰非汝不聞此言士奇又曰南京根本重地先帝以儲宮監國福老成忠直緩急可倚帝曰然翊日改福官南京　九月庚午命諸將巡邊　免兩畿及嘉興湖州水災稅糧

先是況鍾上言近奉詔募人佃官民荒田官田準民田起科無人種者除賦額崑山諸縣民以死徙從軍除籍者凡三萬三千四百餘戶所遺官田二千九百八十餘頃應減稅十四萬九千餘石其他官田沒海者賦額猶存宜皆如詔書從事臣所領七縣秋糧二百七十七萬九千石有奇其中民糧止十五萬三千餘石而官糧乃至二百六十二萬五千餘石有畝徵至三石者輕重不均如此洪永間令出馬役於北方諸驛前後四百餘匹期三歲遣還今已三十餘歲矣馬死則補未有休時工部征三梭闊布八百匹浙江十一府止百匹而蘇州乃至七百乞敕所司處置帝悉報許會帝屢詔減蘇松重賦周忱乃與鍾悉心計畫曲算累月奏免蘇州官田賦七十餘萬石趙豫及常州同知趙泰以次請減所屬重租民困少蘇是秋江南大稔詔諸府縣以官鈔平糴備振貸蘇州得米二十九萬石故時公侯祿米軍官月俸皆支於南戶部蘇松民轉輸南京者石加費六斗忱奏令

就各府支給與船價米一斗所餘五斗通計米四十萬石有奇幷官鈔所糴置倉貯之名曰濟農振貸之外歲有餘羨凡綱運風漂盜奪者皆借給於此秋成抵數還官其修圩築岸開河濬湖所支口糧不責償耕者借貸必驗中下事力及田多寡給之秋與糧並賦凶歲再振其姦頑不償者後不復給定為條約以聞帝嘉獎之終忱在任江南數郡小民不知凶荒兩稅未嘗逋負忱之力也凡忱所行善政鍾皆協力成之嘗置二簿識民善惡以行勸懲又置通關勘合簿防出納奸僞置綱運簿防運夫侵盜置館夫簿防非理需求其為政纖悉周密皆此類也　冬十一月辛酉召陳瑄趙新等歲終至京議糧賦利弊　是時帝勵精圖治楊士奇等同心輔佐海內號為治平帝乃倣古君臣豫遊事每歲首賜百官旬休車駕亦時幸西苑萬歲山諸學士皆從賦詩賡和從容問民間疾苦有所論奏帝皆虛懷聽納初內閣臣七人陳山張瑛以不稱出為他官黃淮以疾致仕金幼孜卒

閣中惟士奇及楊榮楊溥三人榮疏闓果毅遇事敢爲數從北征知邊將賢否阨塞險易遠近敵情順逆然頗通餽遺邊將歲時致良馬帝以問士奇士奇力言榮曉暢邊務臣等不及不宜以小眚介意帝笑曰榮嘗短卿乃爲之地耶士奇曰願陛下以曲容臣者容榮帝意乃解其後語稍稍聞榮以此愧士奇相得甚驩帝亦益親厚之　會寧伯李英以罪下獄　遣中官李貴使西域

八年春二月壬子錄囚宥免五千餘人　烏撒烏蒙土官以爭地相讎殺遣行人章聰侯璡諭解之正其疆理而還　三月庚辰諭內外衛所優卹軍士違者風憲官察奏罪之　李信圭言自江淮達京師沿河郡縣悉令軍民輓舟若無衛軍則民夫盡出有司州縣歲發二三千人晝夜以俟而上官又不分別雜泛差役一體派及致土田荒蕪民無蓄積稍遇歉歲輒老穉相攜緣道乞食實可憫傷請自儀真抵通州盡免其雜徭俾得盡力農田兼供夫役從之　帝命楊溥合

選宣德二年五年八年所取進士拔二十八人爲庶吉士以蕭鎡爲首　是春以兩京河南山東山西久旱遣使振䘏　夏四月戊戌詔蠲京省被災逋租雜課免今年夏稅賜復一年理冤獄減殊死以下赦軍匠在逃者罪有司各舉賢良方正一人巡按御史按察使糾貪酷吏及使臣生事者　先是烏羅知府嚴律己言所屬治古答意二長官石各野等聚衆出沒銅仁平頭㽦橋諸處誘脅筸子坪長官吳畢郎等其地與鎮溪酉陽諸蠻接境恐益相煽動請調官土軍分據要地且捕且撫事下總兵官都督蕭授授乃築二十四堡環其地分兵以戍久之其酋吳不爾覘官軍少復掠清浪衞殺鎮撫葉受授遣都指揮張名擊破之賊遁入筸子坪結生苗龍不登等攻劫湖廣五寨白崖諸寨勢益張授請發四川湖廣貴州接境諸官軍分道捕討五月丁巳授進攻賊巢斬吳不爾等五百九十餘級皆梟以殉生禽吳不跳等二百一十二人獻京師餘黨悉平帝謂侍臣曰蠻苗好亂

自取滅亡然於朕心不能無惻然也授威服南荒先後破禽蠻賊甚
衆　丁卯山雲討平宜山蠻　六月乙酉禱雨不應作閔旱詩示羣
臣　辛丑詔中外疏決罪囚　是夏復振兩京河南山東山西湖廣
饑免稅糧　秋七月壬申免江西水災稅糧　八月癸巳汰京師冗
官行在戶兵工部大理光祿鴻臚行太僕寺順天府凡七十七員
改金齒永昌千戶所爲潞江州直隸雲南布政司　安南入貢帝以
其貢賦不如額南征士卒未盡返命兵部侍郎徐琦等與其使偕行
諭以順天保民之道　閏月辛亥西域貢麒麟戊午景星見禮官請
表賀不許　顧佐以疾致仕驛召南京右都御史熊概代領其職佐
乞歸不許　九月乙酉遣官錄天下重囚　己亥阿魯台部督卜寇
涼州總兵官劉廣擊斬之時阿魯台數敗於瓦剌部曲離散其屬把
的等先後來歸阿魯台日益蹙乃帥其屬東走兀良哈駐牧遼塞諸
將請出兵掩擊之帝不聽　冬十月平江伯陳瑄卒於官贈侯加太

保諡恭襄瑄濬河有德於民民立祠清河縣祀之都指揮僉事王瑜
吳亮充左右副總兵代瑄鎮淮安董漕運淮安瑜故鄉也人以爲榮
十二月乙亥諭法司宥京官過犯　戶部尚書郭資卒贈湯陰伯
諡忠襄資治錢穀有能稱仁宗嘗以問楊士奇對曰資性強毅人不
能干以私然蠲租詔數下不奉行使陛下恩澤不流者資也　是年
黃福兼掌南京兵部　先是御史李立理江南軍籍專務益軍句及
姻戚同姓動以千計稍辨則酷刑搒掠常州同知張宗璉素廉恕見
立暴橫積不平疽發背卒況鍾趙豫皆上章極論之常州民訴受抑
爲軍者七百有奇乃特敕周忱清理免蘇州衞抑配軍百五十九人
已食糧止令終其身者千二百三十九人　黎利死僭位六年號太
祖
九年春二月庚戌振鳳陽淮安揚州徐州饑　乙卯申兩京山東山
西河南寬卹之令　武安侯鄭亨卒於鎮亨嚴肅重厚善撫士卒恥

掊克在大同時鎮守中官撓軍政亨裁之以理其人不悅及亨卒乃深悼惜之贈漳國公諡忠毅　滿剌加王西里麻哈剌帥妻子陪臣來朝　廣西思恩縣蠻覃公砦等累年作亂三月戊寅山雲遣都指揮彭義等討平之自韓觀卒後諸蠻漸橫雲以廣西兵少留貴州兵爲用先後討平潯柳平樂桂平宜山諸蠻又以慶遠鬱林苗猺非大創不服請濟師詔發廣東兵千五百人益雲雲分道勦捕禽斬甚衆復遣指揮田真攻大藤峽賊破之雲在鎮先後大戰十餘斬首萬二千二百六十降賊酋三百七十奪還男女二千五百八十築城堡十三鋪舍五百自是猺獞屏跡居民安堵　徐琦至安南黎利子麟疑未決琦曉以禍福麟懼夏四月己未遣使來告喪進代身金人帝悅落琦戍籍命章敞侯璡敕麟權署安南國事麟一名龍自是其君長皆有二名以一名奏天朝琦初回過南京黃福與相見石城門外或指福問安南來者曰識此大人否對曰南郊草木亦知公名安得不

識也 戊辰錄囚 五月壬午瘞暴骸 秋七月甲申遣給事中御史錦衣衛官督捕兩畿山東山西河南蝗 八月庚戌振湖廣饑甲子敕兩京湖廣江西河南巡撫巡按三司官行視災傷蠲秋糧十之四 乙丑罷工部采辦 阿魯台復爲脫脫不花所襲妻子死孳畜略盡獨與其子失捏干等徙居母納山察罕腦剌等處己巳瓦剌脫歡襲殺阿魯台及失捏干遣使來告捷且請獻玉璽帝賜敕曰王殺阿魯台見王克復世仇甚善顧王言玉璽傳世久近殊不在此王得之王用之可也仍賜紵絲五十表裏 特簡史官及庶吉士三十七人進學文淵閣以馬瑜爲首 九月癸未帝自將巡邊乙酉度居庸關丙戌獵於岔道乙未阿魯台子阿卜只俺款塞來歸授左都督賜第京師丁酉帝至洗馬林閱城堡兵備己亥大獵冬十月丙午還宮 四川諸番復叛敕都督方政蔣貴等撫勦政至榜諭禍福威茂諸衛俱聽命惟松潘疊溪所轄任昌巴猪黑虎等寨梗化政等分道

進討貴督兵四千攻破任昌大寨會都指揮趙得宮聚兵以次討平
龍溪等三十七寨丙辰捷聞命貴佩征蠻將軍印代政鎮守松潘
甲子罷陝西市馬　兩畿浙江湖廣江西饑丁卯以應運南京及臨
清倉粟振之　右都御史熊概錄囚自朝至晏未暇食忽風眩卒時
顧佐疾良已入見帝慰勞之令免朝賀視事如故佐每旦趨朝小憩
外廬立雙藤戶外百僚過者皆折旋避之入內直廬獨處小夾室非
議政不與諸司羣坐人稱爲顧獨坐　霍州學正曹端卒年五十九
端專心性理務躬行實踐遭親喪五味不入口一切浮屠巫覡風水
時日之說屏不用爲學正修明聖學諸生服從其教郡人皆化之恥
爭訟改蒲州霍州上章爭之得請先後在霍十六載及卒諸生服心
喪三年霍人罷市巷哭童子皆流涕端倡明絶學論者推爲明初理
學之冠　十一月戊戌停刑　庚子免四川被災稅糧　廢新化府
以所領俱屬黎平府　十二月甲子帝不豫衛王瞻埏攝享太廟

十年春正月癸酉朔不視朝命羣臣謁皇太子於文華殿甲戌大漸罷采買營造諸使乙亥崩於乾清宮年三十有八遺詔國家重務白皇太后行　太子方九歲宮中訛言將召立襄王太后趣召諸大臣至乾清宮指太子泣曰此新天子也羣臣呼萬歲浮言乃息　壬午太子即位始罷午朝大臣請太后垂簾聽政太后曰毋壞祖宗法第悉罷一切不急務時時勗帝向學推心任楊士奇楊榮楊溥有事遣中使詣閣諮議然後裁決士奇首請練士卒嚴邊防設南京參贊機務大臣分遣文武鎮撫江西湖廣河南山東罷偵事校尉設屯田減漕運開經筵擇儒臣講學又請以次蠲租稅慎刑獄嚴覈百司溥亦請擇講官必得學識平正言行端謹老成達大體者數人供職且請慎選宮中朝夕侍從內臣　尚書蹇義齋宿得疾遺醫往視問所欲言對曰望陛下敬守祖宗成憲始終不渝耳丁亥卒年七十三贈太師謚忠定義質直孝友善處僚友間未嘗一語傷物楊士奇嘗言張

詠之不飾玩好傅堯俞之遇人以誠范景仁之不設城府義兼有之
辛丑南京戶部尙書黃福參贊守備機務加少保留都文臣參機務自福始　二月戊申尊皇太后爲太皇太后庚戌尊皇后爲皇太后辛亥封弟祁鈺爲郕王　太皇太后召二兄彭城伯昺左都督昇誡諭之弗令預政昺兄弟素恭謹昇尤賢楊士奇請加委任不許
甲寅詔節冗費胡濙請減上供物及汰法王以下番僧四五百人浮費大省　給事中年富言永樂中招納降人縻以官爵坐耗國帑養亂招危宜遣還故土府軍前衛幼軍本選民間子弟隨侍青宮今死亡殘疾僉補爲擾請於二十五所內以一所調補勿更累民軍民之家規免稅徭冒僧道者累萬宜悉遣未度者復業從之　都督同知巫凱言邊情八事請厚卹死事者家益官吏折俸鈔歲給軍士冬衣布棉軍中口糧芻粟如舊制且召商實邊從之　進封平陽王美圭爲晉王還居太原　三月戊寅放教坊司樂工三千八百餘人　辛

巳罷山陵夫役萬七千人　丙申諭三法司死罪臨決三覆奏然後加刑　王佐鎭河南湖廣副使陳鎰爲右副都御史鎭陝西王翺爲右僉都御史鎭江西御史羅亨信爲僉都御史練兵平涼西寧時西北方饑民多流移就食鎰道出大名見之疏陳其狀詔免賦役　夏四月壬戌以元學士吳澄從祀孔子廟庭　丁卯以久旱考察布按二司及府州縣官戊辰遣給事中御史捕蝗南山東河南淮安蝗五月壬午戶部言浙江蘇松荒田稅糧減除二百七十七萬餘石請加覆覈帝以覈實必增煩爲民患不許　以刑部郎中王源等十一人爲知府　詔自今初任者不得除風憲官　六月丁未令瘞天下暴骸　辛酉葬章皇帝於景陵廟曰宣宗　秋七月丙子免山西夏稅之半　八月丙午減光祿寺膳夫四千七百餘人　九月壬辰詔督漕總兵及諸巡撫官歲以八月至京會廷臣議事　釋林長懋陳祚郭循等於獄復其官　帝爲太子時中官王振給事東宮爲局郎

狡黠得帝懽是月命振掌司禮監　阿魯台旣死其故所立阿台王子及所部朵兒只伯等復爲脫脫不花所窘竄居亦集乃路外爲納款而數入寇甘涼冬十月壬寅遣使諭之　辛亥詔天下衞所皆立學　十一月戊辰朔日有食之　十二月壬子阿台朵兒只伯犯涼州鎭番總兵官陳懋遣兵援之解去懋追至蘇武山而還以斬獲聞

時王振尙未橫太皇太后委任楊士奇楊榮楊溥中外臣民翕然稱三楊以居第目士奇曰西楊榮曰東楊溥嘗自署南郡因號爲南楊三人同心輔政士奇有學行通達國體榮謀而能斷溥有雅操淳謹小心每議事士奇引古義榮出一言決之諸大臣爭可否或有違言溥舍己從人略無繫吝正統之初朝政淸明士奇等之力也

明紀卷第十三

賜進士出身工部候補主事虞衡司行走陳鶴纂

卹贈知府銜給雲騎尉世職內閣候補中書孫男克家參訂

英宗紀一 起正統元年丙辰訖正統八年癸亥凡八年

英宗法天立道仁明誠敬昭文憲武至德廣孝睿皇帝正統元年春正月丙戌罷銅仁金場　庚寅發禁軍三萬屯田畿輔　三月乙亥御經筵以張輔等知經筵事少詹事王直等兼經筵官初經筵無定日亦無定所至是始著爲常儀以月之二日十二日二十二日御文華殿進講寒暑暫免日講御文華穿殿侍讀苗衷侍講高穀修撰馬愉曹鼐侍講讀　夏四月丁酉朔享太廟　五月丁卯阿台朵兒只伯寇肅州　壬辰設提督學校官南北直隸俱御史各省參用按察司副使僉事其所轄太廣歲巡不能及者口外及各都司衛所土官以屬分巡道員盧鳳淮揚滁徐和屬江北巡按衡永郴屬湖南道辰

靖屬辰沅道瓊州屬海南道甘肅衛所屬巡按御史　都察院考察御史不稱者十五人降黜之邵宗與焉宗九載滿吏部已考稱郭璡言宗不應與在任者同考帝以責顧佐會御史張鵬等劾宗帝遂責佐及鵬等朋欺佐上章致仕去　宣德末古里蘇門答剌等十一國貢使久留京師未遣閏六月命與瓜哇使臣同行敕瓜哇國王加意撫卹分遣還國　秋七月詔舉廷臣堪爲郡守者擢刑部員外郎翟溥福爲南康知府　令有司訪求南宋衍聖公孔端友及宋儒周敦頤程顥程頤司馬光朱熹後裔蠲其徭役聰明俊秀可教養者送所在儒學讀書其祠墓傾圮者修之　時百官月俸皆持帖赴領南京米賤時俸帖七八石僅易銀一兩而定例歲賦不徵金銀惟坑冶課有之入內承運庫若歲賦偶有折收則送南京供武臣祿而各邊有緩急亦取足其中八月副都御史周銓請於南畿浙江江西湖廣不通舟楫地折收布絹白金解京充俸趙新黃福亦以爲言帝以問胡

濙濙對以太祖嘗折納稅糧於陝西浙江民以爲便於是始令米麥一石折銀二錢五分謂之金花銀周忱因請檢重額官田極貧下戶兩稅準折納銀其後概行於天下自南直隸之蘇松常徽及浙江江西湖廣福建廣東廣西米麥共四百餘萬石折銀百萬餘兩並解京入內承運庫以爲永制　阿台朶兒只伯屢寇甘涼邊將告急甲戌右都督蔣貴佩平虜將軍印充總兵官都督同知趙安爲副帥師討之　詔還解縉家產　九月癸卯遣侍郎何文淵王佐副都御史朱與言提督兩淮長蘆兩浙鹽課命中官御史同往未幾以鹽法已清召還其後歲遣御史巡鹽自此始　黎麟再入貢帝以陳氏宗支既絕欲使麟正位下廷議咸以爲宜庚申命兵部侍郎李郁左通政李亨齎敕印封麟爲安南國王　冬十一月乙卯詔京官三品以上舉堪任御史者四品及侍從言官舉堪任知縣者各一人　免湖廣被災稅糧　王振欲市權令朝臣畏己導帝用重典御下防大臣欺蔽

會兵部尚書王驥議邊事五日未奏十二月丁丑帝召驥面責之曰卿等欺朕幼沖耶遂執驥及右侍郎鄺埜下獄頃之得釋右都御史陳智劾張輔回奏稽延并劾科道不舉奏帝釋輔不問杖御史給事中各二十自是言官承振風旨屢摭大臣過失自公侯駙馬伯及尚書都御史無不被劾下獄荷校譴謫無虛歲　廣西蒙顧十六洞蠻與湖廣逃民相聚蜂起蕭授督兵圍之再戰悉禽斬其酋餘黨就誅乙酉賊平授上言靖州與廣西接壤時苦苗患永樂宣德間嘗儲糧數萬石備軍興比年所儲少有警發人徒轉輸賊輒先覺以故不能得賊乞於清浪靖州二衛各增儲五萬石庶緩急可藉報可　阿台犯莊浪都指揮江源戰死亡士卒百四十餘人侍郎徐晞劾蔣貴朝議以貴方選軍甘州勢不相及而莊浪乃晞所統責晞委罪置貴不問時朝議將大出兵擊阿台等巡撫宣大僉都御史李儀言四裔為患自古有之在備禦有方耳和寧殘部窮無所歸乍臣乍叛小為邊

寇邊將謹待之將自遁何必窮兵不納時先朝宿將已盡開平千戶楊洪以敢戰著名爲人機變敏捷善出奇搗虛未嘗小挫王驥言其能詔加游擊將軍洪所部纔五百選開平獨石騎兵益之再進都指揮僉事　成國公朱勇言近瓦剌脫懽以兵迫逐韃靼朶兒只伯恐吞併之日益強大乞勅各邊廣積儲以備不虞帝嘉納之勇能之子也未幾脫懽殺賢義安樂二王併其衆欲自稱可汗衆不可乃共立脫脫不花以先所併阿魯台之衆歸之自爲丞相居漠北哈喇嗔等部俱屬焉

二年春正月甲午宣宗神主祔太廟　太皇太后御便殿帝西向立召張輔楊士奇楊榮楊溥胡濙入見諭曰卿等老成嗣君幼幸同心共安社稷又召溥前曰仁宗皇帝念卿忠屢加歎息不意今尚見卿溥感泣太皇太后亦泣左右皆悲愴太皇太后顧帝曰此五臣三朝簡任俾輔後人皇帝萬幾宜與五臣共計已召王振至數其罪欲誅

之帝跪爲請輔等亦跪太皇太后曰皇帝年幼豈知此輩自古誤人家國今後慎勿令干國事也　諜報阿台等駐賀蘭山後己亥詔大同總兵官方政偕楊洪出大同迤西蔣貴偕趙安出涼州塞會勦以羅亨信參貴軍事　大同督糧參政劉璉不職李儀劾之璉乃誣儀淫亂事會參將石亨欲奏鎮守中官郭敬罪先咨儀儀誤封緘咨牒於核饟主事文卷中戶部以聞亨敬遂互相奏訐詔儀璉自陳而切責敬等儀自負其直詞頗激二月被劾下獄瘐死邊人素德儀建昭德祠以祀　三月甲午錄囚　戊午御史金敬撫輯大名及河南陝西逃民　夏四月免河南被災田糧　蔣貴之出塞也至魚兒海子都指揮安敬言前途無水草芻饟不繼留十日引還羅亨信讓之曰公等受國厚恩敢臨敵退縮耶死法孰與死敵貴等不從亨信上章言貴逗遛狀五月庚寅王驥經理甘肅邊務密旨戮敬許便宜行事驥疾驅至軍大會諸將問魚兒海子先退敗軍者誰僉曰敬遂縛敬

斬韃門并宜敕責貴諸將皆股栗驥乃大閱將士分兵畫地使各自防禦邊境肅然　壬寅刑部尚書魏源整飭大同宣府諸邊許便宜行事源遣都督僉事李謙守獨石楊洪副之萬全衞指揮杜衡部卒李全皆訐奏洪罪帝從源言謫衡戍廣西執全付洪自治　丁未免陝西平涼六府旱災官稅　陳鎰巡延綏寧夏邊所至條奏軍民便宜多所廢置所部六府饑請發倉振之　王驥既出督軍鄺埜獨任部事時邊陲多警將帥乏人埜請令中外博舉謀略材武士以備任使　六月乙亥以宋儒胡安國蔡沈真德秀從祀孔子廟廷　江北河南大水民饑庚辰副都御史賈諒侍郎鄭辰振之芒碭山盜爲患諒捕獲甚衆秋九月河決陽武原武滎澤命辰佚便修塞　郭璡雖長六卿然望輕政歸內閣自布政司至御史知縣皆令京官保舉左通政陳恭言古者擇任庶官悉由選部責任專而事體一今令朝臣各舉所知恐開私謁之門長奔競之風乞杜絕令歸一下吏部議璡

遜謝不敢當事遂寢　李謙老而怯故與楊洪左洪每調軍謙輒陰
沮之洪嘗勵將士殺敵謙笑曰敵可盡乎徒殺吾人耳御史張鵬劾
罷謙因命洪代洪連敗兀良哈兵賜敕嘉奬又敕宣大總兵官譚廣
曰此即前寇延綏爲指揮王禎所敗者去若軰甚邇顧不能撲滅若
視洪等媿否　阿台復入寇冬十月甲子鎮守甘肅左副總兵任禮
爲平羌將軍充總兵官蔣貴趙安爲左右副總兵柴車及僉都御史
曹翼羅亨信參贊軍務王驥及太監王貴監督討阿台朶兒只伯
十一月乙巳振河南饑免稅糧　初朶兒只伯寇涼州副總兵劉廣
喪師不以實聞顧飾功邀賞柴車劾其罪械廣詣京岷州土官后能
冒功得陞賞車奏請加罪能復請命帝宥之車反覆論其不可曰詐
冒如能者實繁有徒臣方次第按覈今宥能何以戢衆若無功得官
則捐軀死敵者何以待之朝廷雖從能請然嘉車之直遣使勞賜之
山雲上言潯州與大藤諸山相錯猺寇不時出沒占耕旁近荒田

而左右兩江土官所屬人多田少其狼兵素勇爲賊所畏請量撥田州土兵於近山屯種分界耕守委土官都指揮黃竑領之斷賊出入不過數年賊必坐困報可　南甸土知州刀貢罕奏麓川思任發奪其所轄羅卜思莊二百七十八村乞遣使齎金牌信符諭之退還敕沐晟處置任發倫發之子也

三年春楊洪擊寇於伯顏山馬蹶傷足戰益力禽其部長也陵台等四人追至寶昌州又禽阿台答剌花等五人璽書慰勞遣醫視　魏源奏譚廣老帝命黃眞楊洪充左右參將協鎮諸將肅然源按行天城朔州諸險要令將吏分守設威遠衞增修開平龍門城自獨石抵潮河川增置墩臺六十免屯軍租一年儲火器爲邊備諸依權貴避役者悉括歸伍　三月己亥京師地震庚子又震　辛丑振陝西饑　甲辰京師地又震者再　王驥偕諸將出塞以蔣貴爲前鋒而自與任禮帥大軍後繼敗朵兒只伯於狼山追抵石城聞朵兒只伯依

阿台於兀魯乃使貴帥輕騎二千五百人往襲之約曰不捷無相見也副將李安沮貴貴拔劒厲聲叱安曰敢阻軍者死遂出鎮夷間道疾馳抵其巢阿台方牧貴猝入馬羣令士卒以鞭擊弓𩍐驚馬馬盡佚敵失馬挽強步鬬貴縱騎蹂擊指揮毛哈喇奮入其陳大敗之復分軍爲兩翼別遣百騎乘高爲疑兵轉戰八十里驥與禮自梧桐林至亦集乃禽樞密同知僉院十五人萬戶二人降其部落窮追至黑泉趙安等出昌寧至刁力溝禽右丞達魯花赤三十人分道夾擊轉戰千餘里阿台與朶兒只伯以數騎遠遁夏四月乙卯驥以捷聞論功封貴定西伯禮寧遠伯安會川伯餘陞賞有差　癸未巡撫大同都御史盧睿請立馬市令軍民悉得平價市駝馬達官指揮李原等通譯語禁市兵器銅鐵從之　魏源以宣大軍務久弛請召還盧睿而薦于謙爲鎮守參贊朝廷以謙方撫山西河南不聽言官劾源臨邊擅易置大臣帝以源有勞置不問尋與王驥並還理部事　柴車

在邊章數十上悉中時病同事多不悅車持益堅嘗言漢北降人朝廷留之京師雖厚爵賞其心終異如長脫脫木兒昔隨其長來歸未幾叛去今乃復來安知他日不再叛宜徙江南離其黨類事下兵部請處之河間德州帝報可後降者悉以此令從事　廢烏羅府以所領分屬銅仁思南諸府廢鎮遠入鎮遠府　六月癸酉以旱讞中外疑獄　思任發狡獪逾於父兄緬甸宣慰新斯加爲木邦所殺任發侵有其地遂欲盡復其故地累侵孟定灣甸南甸干崖騰衝潞江金齒沐晟言狀朝命選將乙亥都督方政僉事張榮同征南將軍晟右都督沐昂討之昂晟之弟也　淮揚災鹽課虧敕周忱巡視忱奏令蘇州諸府撥餘米一二萬石運揚州鹽場聽抵明年田租竈戶得納鹽給米時米貴鹽賤官得積鹽民得食米公私大濟尋敕忱兼理松江鹽課華亭上海二縣逋課至六十三萬餘引竈丁逃亡忱謂田賦宜養農夫鹽課宜養竈丁條上鑄鐵釜卹鹵丁選總催嚴私販四事

命速行之忱爲節竈戸運耗得米三萬二千餘石倣濟農倉法置贍
鹽倉益補逃亡缺額由是鹽課大殖　王振屢撫大臣小過諷給事
中御史論劾秋七月戸部以軍官俸糧改於京倉支給禮部以失印
刑部以決獄不當尚書劉中敷胡濙魏源侍郎吳璽何文淵等先後
下獄尋俱釋之　八月乙亥以陝西饑令雜犯死囚以下輸銀贖罪
送邊吏易米　九月癸巳蠲兩畿湖廣逋賦　冬十月癸丑再振陝
西饑　時工役繁興匠多逃者先已逮至六千餘人十一月又逮四
千二百餘人後又逮萬人皆令桎梏赴工　遼王貴烚居國多過湖
廣巡撫侍郎吳政巡按御史陳祚等奏其不友諸弟待庶母寡恩捶
死長史杜述召訊京師盡得其淫穢黷倫諸不法事以政等奏貴烚
罪有所隱逮下獄已而三法司上貴烚罪狀亦不言其内亂事十二
月丙辰盡下魏源陳智等於獄超擢刑部郎中丁鉉主事張鳳爲左
右侍郎　遼東總兵官巫凱有疾命醫馳視未至而卒凱性剛毅饒

智略馭衆嚴而有恩在遼東三十餘年威惠並行邊務修飭前後守東陲者皆莫及　廣西總兵官山雲卒贈懷遠伯謚襄毅雲謀勇深沈而端潔不苟公賞罰嚴號令參佐有罪輒上請不妄殺人人亦不敢犯與士卒同甘苦臨機應變戰無不捷所至詢問里老撫善良察誣枉廣西人思雲不置立祠肖像祀焉　鑄銅渾天儀簡儀於北京榜葛剌貢麒麟　孔顏孟三氏教授裴侃言闕里家廟宜正父子以敘彝倫顏子曾子子思子也配享殿廷無繇子皙伯魚父也從祀廊廡非惟名分不正抑恐神不自安況叔梁紇元已追封啓聖王創殿於大成殿西而顏孟父俱封公乞追封子皙伯魚公爵偕顏孟父俱配啓聖王殿帝命禮部行之　南京國子監祭酒陳敬宗言舊制諸生以在監久近送諸司歷事比來有因事予告者還延累歲至撥送之期始赴實長奸惰請以肄業多寡爲次第又近有願就雜職之例士風卑陋誠非細故請加禁止從之　沐晟師次金齒思任發修

貢冀緩師晟信之無渡江意任發乃遣衆萬餘奪潞江沿江造船三
百艘欲取雲龍又殺甸順江東等處軍餘殆盡帝以賊勢日甚責晟
等玩寇養患方政亦至軍欲出戰晟不可政造舟欲濟師晟又不許
政不勝憤
四年春正月壬午獨帥麾下與賊將緬簡戰破賊舊大寨賊奔景罕
指揮唐清復擊破之又追敗之高黎共山下共斬三千餘級乘勝深
入逼任發上江上江賊重地也政遠攻疲甚求援於晟晟怒其違節
制渡江不遣久之以少兵往至夾象石又不進政追至空泥賊出象
陣衝擊政力戰死之一軍皆沒　貴州計砂賊苗金蟲苗總牌糾洪
江生苗作亂僞立統千侯統萬侯號二月丁巳蕭授督兵抵計砂分
遣都指揮鄭通攻三洋洞馬曄攻黃柏山大破之副總兵吳亮窮追
至蒲頭洪江斬總牌千戶尹勝誘斬金蟲於是生苗盡降　楊士奇
乞致仕不允乞歸省墓許之未幾還士奇道南京聞黃福疾往視之

福驚曰公輔幼主一日不可去左右奈何遠出士奇深服其言福在
南京嘗坐李隆側士奇寄聲曰豈有孤卿而旁坐者福曰焉有少保
而贊守備者耶卒不變然隆待福甚恭公退卽推福上坐福亦不辭
閏月辛丑釋魏源陳智等復其官幷宥棄交阯王通馬麒罪及弋
謙等皆爲民吳政等亦遇赦得免　三月己酉詔赦天下　庚申廢
遼王貴烚爲庶人守簡王園進封興山王貴燰爲遼王　沐晟聞方
政敗請益軍帝遣使者責狀仍調湖廣貴州四川官軍五萬人令吳
亮馬翔統之至雲南聽晟節制幷敕晟豫籌糧糒晟慚懼發病丁卯
還至楚雄卒贈定遠王謚忠敬晟席父兄業滇人懾其威信蒞事如
朝廷片楮下士酋具威儀出郭迎盥而後啓曰此令旨也晟用兵非
所長戰數不利善事朝貴賂遺不絕以故得中外聲　癸酉增南京
及在外文武官軍俸廩　夏五月庚戌右都督沐昂爲征南將軍充
總兵官討思任發　丁卯錄中外囚　倭船四十艘連破台州桃渚

寧波大嵩二千戶所又陷昌國衞大肆殺掠　京師大水壞官舍民居三千三百九十區順天真定保定三府州縣俱大水
六月乙未京師地震　丁酉以京畿水災祭告天地諭羣臣修省戊
戌下詔寬卹求直言　時王振用事法務嚴峻陳祚言乃者法司論獄多違定律專務刻深如戶部侍郎吳璽誤舉淫行主事吳軏宜坐貢舉非其人律乃加以奏事有規避律斬及軏自經死獄官獄卒罪應遞減乃援不應為重罪槪杖之一事如此餘可推矣天時不順災沴數見未必非此夫原情以定律祖宗防範至周而乃抑輕從重至此非所以廣聖朝之仁厚也今後有妄援重律者請以變亂成法罪之帝是之以其章示法司　編修劉定之應詔陳十事言號令宜出大公裁以至正不可苟且數易公卿侍從當數召見察其才能心術而進退之降人散處京畿者宜漸移之南方郡縣職以京朝官補使迭相出入內外無畸重薦舉之法不當拘五品以上可倣唐制朝臣

遷秩舉一人自代吏部籍其名而簡用之武臣子孫教以韜略守令牧養爲先毋徒取幹辦羣臣遭喪乞永罷起復以教孝僧尼蠹國當嚴絶富民輸粟授官者有犯宜追奪疏入留中　召蕭授還以老致仕自顧成沒羣蠻所在屯結官軍討之皆無功授沈毅多計算裨校皆盡其才寇起輒滅威信大行尋起視事右府　秋七月庚戌免兩畿山東江西河南被災稅糧　壬申汰宂官　八月戊戌增設沿海備倭官　己亥地震　初思恩知州岑瑛有謀略善治兵以從征蠻寇功加田州知府銜仍掌州事遂與現任知府岑紹交惡各具奏下總兵官安遠侯柳溥等議冬十月溥等請升思恩爲府俾瑛紹各守疆土以杜侵奪從之　松潘都指揮趙諒誘執祈命簇國師商巴掠其財與同官趙得誣以叛其弟小商巴怒聚衆浦江新塘等關據險剽掠十二月丁丑都督同知李安充總兵官僉都御史王翶參贊軍務討之　瓦剌脫歡死子也先嗣稱太師淮王諸部皆下之脫脫不

花具空名而已脫脫不花歲來朝貢帝報之比諸番有加書稱之曰
達達可汗及是主臣並使朝廷亦兩敕答之賜賚甚厚朱勇以瓦剌
漸強請塞紫荊關諸隘口增守備從之
五年春正月南京戶部尙書黃福卒福丰儀修整不妄言笑歷事六
朝多所建白公正廉恕素孚於人當官不爲赫赫名事微細無不謹
憂國忘家老而彌篤自奉儉約妻子僅給衣食所得俸祿惟待賓客
周匱乏而已其卒也贈諡不及士論惜之　王振一日語楊士奇等
曰朝廷事久勞公等公等皆高年倦矣當若何士奇曰老臣盡瘁報
國死而後已楊榮曰不然吾輩衰殘無以效力當擇後生可任者報
聖恩耳振喜而退士奇咎榮失言榮曰彼厭吾輩矣一旦內中出片
紙令某人入閣且奈何及此時進一二賢者同心協力尙可爲也士
奇以爲然翼日列侍讀學士苗衷等名以進二月乙亥侍講學士馬
愉侍講曹鼐入閣預機務　時禮部侍郎王直以次當入閣士奇不

欲乃令直出治部事直在翰林二十餘年稽古代言編纂記注之事多出其手與王英齊名人稱二王以居地目直曰東王英曰西王

甲申僉都御史張純大理少卿李畛振撫畿內流民　楊榮乞歸展墓命中官護行靖江王佐敬私饋榮金榮已行不之知王振欲借以傾榮楊士奇力解之得已　初奉天華蓋謹身三殿災以奉天門爲正朝三月戊申重建三殿並修繕乾清坤寧二宮役工匠官軍七萬人　夏四月壬申免山西逋賦　王翱等旣行巡按御史白商巴枉詔審機進止翱至盡得趙諒誣陷狀乃出商巴於獄遣人招其弟丙戌祈命簇番降翱撫定餘黨劾諒誅之戍趙得復商巴國師松潘遂平　沐昂抵金齒畏賊甚遷延者久之賊款軍門約降主事楊寧曰兵未加而先降誘我也宜嚴兵待之不聽五月參將張榮前驅至芒市賊大至官兵敗績昂不救引還貶昂二級逮吳亮等下獄貶官已思任發入寇昂擊卻之　六月丁丑免兩畿被災田糧　戊寅錄囚

秋七月辛丑遣刑部侍郎何文淵等分行天下修備荒之政從楊
士奇請也時詔兼徵民逋給事中廖莊請寬災傷州縣俟秋成從之
楊榮還朝至武林驛壬寅卒贈太師謚文敏榮論事激發不能容
人過然遇人觸帝怒致不測往往以微言導帝意得解夏原吉李時
勉之不死頗賴其力嘗語人曰事君有體進諫有方以悻直取禍吾
不爲也故恩遇亦始終無閒時人以方姚崇　八月乙未令各邊修
舉荒政從陳鎰請也由是塞上咸有儲蓄　九月壬寅蠲雲南逋賦
冬十一月壬寅振浙江饑　壬子免蘇松常鎭嘉湖水災稅糧
有僧年九十餘由雲南至廣西自稱建文帝命其徒詰思恩知府岑
瑛執送總兵官柳溥丁巳械至京師會官鞫之乃河南鈞州人楊行
祥洪武中度爲僧歷遊兩京雲南貴州至此帝令錦衣衞錮之踰四
月死從者十二人皆戍邊　乙未沐昂討平師宗叛蠻　十二月壬
午免南畿浙江山東河南被災稅糧　軒輗爲浙江按察使前使耆

汰鞔力矯之寒暑一青布袍補綴殆遍居常蔬食妻子親操井臼與僚屬約三日出俸錢市肉不得過一斤僚屬多不能堪故舊至食惟一豆或具雞黍則人驚以爲異　思任發兵愈横犯景東剽孟定殺大侯知州刀奉漢等千餘人破孟賴諸寨降孟璉諸長官司乃遣人以象馬金銀修貢復致書雲南總兵官自己不反帝降敕許赦其罪已而沐昻條上攻取策王振方用事喜功名思大舉召蔣貴於甘肅以任禮代之王驥亦欲自效何文淵疏諫曰麓川徼外彈丸地不足煩大兵若遣雲南守將屯金齒令三司官撫諭之遠人得更生而朝廷免調兵轉饟策之善者也帝下廷臣議驥及張輔等皆以爲麓川負恩怙惡在所必誅如思任發早自悔禍縛詣軍門生全之恩取自上裁帝然之　封張昇爲惠安伯世襲

六年春正月己亥朔日當食不見禮官請表賀不許　乙卯以莊浪地屢震躬祀郊廟遣使祭四方嶽鎮　侍講劉球上疏曰帝王之馭

四裔必宥其小而防其大所以適緩急之宜爲天下久安計也周伐崇不克退修德教以待其降至於玁狁則命南仲城朔方以備之漢征南越不利卽罷兵賜書通好至於匈奴雖已和親猶募民徙居塞下入粟實邊復命魏尙守雲中拒之今麓川殘寇思任發素本羈屬以邊將失馭致勤大兵雖渠寇未殲亦多戮羣醜爲誅爲舍無繫輕重璽書原其罪釁使自新甚盛德也邊將不達聖意復議大舉欲屯十二萬衆於雲南以趣其降不降則攻之不慮王師不可輕出蠻性不可驟馴地險不可用衆客兵不可久淹況南方水旱相仍軍民交困若復動衆紛擾爲憂臣竊謂宜緩天誅如周漢之於崇越也至於瓦剌終爲邊患及其未卽騷動正宜以時豫防迺欲移甘肅守將以事南征卒然有警何以爲禦臣竊以爲宜愼防遏如周漢之於玁狁匈奴也伏望陛下罷大舉之議推選智謀將帥輔以才識大臣量調官軍分屯金齒諸要害結木邦諸蠻以爲援乘閒進攻因便撫諭寇

自可服至於西北障塞當敕邊臣巡視濬築溝垣增繕城堡勤訓練嚴守望以防不虞有備無患之道也章下兵部謂南征已有成命不用球言　蔣貴爲平蠻將軍都督同知李安僉事劉聚副之王驥總督軍務大會諸道兵十五萬討思任發頒行賜驥貴金兜牟細鎧蟒繡緋衣朱弓矢又從驥請得便宜從事　于謙爲巡撫十二年威惠流行太行伏盜皆避匿嘗疏言今河南山西積穀各數百萬請以每歲三月令府州縣報缺食下戶隨分支給俟秋成償官而免其老疾及貧不能償者詔行之河南近河處時有衝決謙令厚築隄障計里置亭亭有長責以督率修繕並令種樹鑿井道無渴者大同孤懸塞外按山西者不及至奏別設御史治之盡奪鎮將私墾田以爲邊用每議事京師無私謁王振銜之會謙入朝薦參政王來孫原貞自代通政李錫阿振指劾謙以久不遷怨望無人臣禮三月庚子下法司論死　夏四月甲午以災異頻見敕遣三法司官詳審天下疑獄於

是御史張驥刑部郎中林厚大理寺正李從智等十三人同奉敕往
五月甲寅何文淵及大理寺卿王文錄在京刑獄周忱及刑科給事
中郭瑾錄南京刑獄亦賜之敕與中官興安等同事中官得與三法
司刑獄自此始　釋于謙爲大理寺少卿山西河南吏民伏闕上書
請留謙者以千數周晉諸王亦言之乃復命謙巡撫　御史曹泰言
連歲災異咎在廷臣請敕御史給事中糾彈大臣去其尤不職者而
後所司各考覈其屬帝命科道官參議於是郭璡吳中侍郎李庸等
被劾者二十人璡等自陳帝切責而宥之泰後復姓陳　評事馬豫
言臣奉敕審刑竊見各處所獲強盜多因讐人指攀拷掠成獄不待
詳報死傷者甚多今後宜勿聽妄指果有贓證御史按察司會審方
許論決若未審錄有傷死者毋得準例陞賞是年出死囚以下無數
兵部尚書柴車卒車在邊塞時同事者多以宴樂爲豪舉車惡之
遂斷酒肉其介特多此類　秋七月丁未振浙江湖廣饑　初薛瑄

爲山東提學僉事首揭白鹿洞學規開示學者延見諸生親爲講授才者樂其寬而不才者憚其嚴皆呼爲薛夫子王振語楊士奇楊溥吾鄉誰可爲京卿者語以瑄八月召爲大理寺左少卿士奇溥以用瑄出振意欲瑄一往見李賢語之瑄正色曰拜爵公朝謝恩私室吾不爲也其後議事東閣公卿見振多趨拜瑄獨屹立振趨揖之亦無加禮振由是銜瑄　戶部請以供御牛馬分牧民間言官劾其變亂成法冬十月丁丑下劉中敷吳璽及右侍郎陳瑺獄論斬詔枷長安門外閱十六日釋還職　庚寅免畿內被災稅糧　況鍾秩滿當還部民二萬餘人走訴巡按御史張文昌乞鍾再任時趙豫莫愚陳本深俱爲部民乞留周忱等以聞詔皆進三品俸仍視府事　周忱既久任江南與吏民相習若家人父子每行村落屏去騶從與農夫餉婦相對從容問所疾苦爲之商略處置其馭下也雖卑官冗吏悉開心訪納遇長吏有能如況鍾趙泰輩則推心與咨晝務盡其長故事

無不舉嘗詰松江相視水利見嘉定上海間沿江生茂草多淤流乃
濬其上流使崑山顧浦諸所水迅流駛下壅遂盡滌暇時以匹馬往
來江上見者不知其爲巡撫也三殿重建詔徵牛膠萬斤爲綵繪用
忱適赴京言庫貯牛皮歲久朽腐請出煎膠俟歸市皮償庫許之
封沈清爲修武伯　十一月甲午朔乾清坤寧二宮奉天華蓋謹身
三殿成大赦定都北京文武諸司不稱行在於南京官仍加南京字
　山西左參政王來居官廉練達政事然執法嚴疾惡尤甚以公事
杖死縣令不職者十人逮下獄當徒遇赦以原官調補廣東　王驥
馳傳至雲南思任發遣人乞降驥受之密令諸將分道入沐昂主饋
運右參將冉保由東路攻細甸灣甸水寨入鎭康趨孟定左參將宮
聚自下江投夾象石郎中侯璡援大侯州驥與蔣貴以二萬人由中
路趨上江圍其寨賊拒守嚴銃弩飛石交下如雨五日不能拔癸卯
天大風驥縱火焚柵官軍力戰遂拔之斬首五萬餘級進自夾象石

渡下江通高黎貢山道　癸丑免河南山東及鳳陽等府稅糧　封
譚廣爲永寧伯仍鎮宣府　瓦剌入貢詔問劉中敷等馬駝芻粟數
不能對閏月甲戌復下獄論斬中敷以母病特許歸省吳璽陳瑺繫
獄待決中敷等本無大過帝察察示明而王振以酷助之楊士奇楊
溥猶在位莫能救也　王驥至騰衝長驅抵杉木籠山賊乘高據險
築七壘相救驥遣參將宮聚副將劉聚分左右翼緣嶺上而自將中
軍奮擊之賊大潰乘勝至馬鞍山侯璡亦擊走賊衆三萬於大侯州
由高黎貢山兼程夜行來會十二月抵賊巢山陡絕深塹環之東南
面江壁立不可上驥遣前軍覘賊敗其伏兵賊更自間道立柵馬鞍
山出大軍後驥戒軍中無動而令都指揮方瑛帥兵六千突賊壘賊
渠衣黃衣帳中瑛直前左右擊斬數百人躪死者無算瑛政之子也
驥復誘敗賊象陳會東路軍冉保等已合木邦車里大侯諸土軍破
烏木弄戛邦諸寨遣別將守西峩渡刻期與大軍會驥乃督諸將環

攻其七門積薪縱火風大作賊焚死無算溺江死者數萬人思任發
攜二子走孟養獲其虎符金牌宣慰司印及所掠騰衝諸衞所印章
三十有奇犂其巢穴留兵守之丁未班師諸軍之進攻也令李安駐
軍潞江護饟賊破安恥無功聞有賊屯高黎貢山徑往擊之爲所敗
失士卒千餘人都指揮趙斌等皆死　貴州奏軍衞乏糧乞運龍江
倉及兩淮鹽於鎭遠易米南京戶部侍郎張鳳以龍江鹽雜泥沙不
堪易米給軍盡以淮鹽與之然後以聞帝嘉賞鳳又言留都重地宜
歲儲二百萬石爲根本計從之遂爲令　昌邑民王坦上言漕河水
淺軍卒窮年不休往者江南常海運自太倉抵膠州州有元時膠萊
河故道接掖縣宜濬通之由掖浮海抵直沽可避東北海險數千里
較漕河爲近部覆寢其議
七年春二月庚申帝如天壽山謁長陵獻陵景陵三月甲子還宮
乙亥免陝西屯糧十之五　夏四月甲午振陝西饑　免山西河南

山東被災稅糧　王驥遣偏師討維摩土司韋郎羅俘其妻子郎羅走安南傳檄縛之以獻　五月征麓川師還帝遣戶部侍郎王質齎羊酒迎勞賜宴奉天門壬申論功進蔣貴爵爲侯封王驥靖遠伯劉聚等遷賞有差從征少卿李蕡郎中侯璡楊寧皆擢侍郎士卒賜予加等府庫爲竭李安逮下獄謫戍獨石　戊寅立皇后錢氏擢后父都指揮僉事貴爲都督同知帝欲侯貴以后遜謝而止　丁亥倭陷大嵩所殺官軍百人掠三百人糧四千四百餘石軍器無算六月壬子戶部侍郎焦宏整飭浙江備倭事兼理蘇松福建　秋七月丙寅振陝西饑民贖民所鬻子女　思任發之走孟養也爲木邦宣慰罕蓋法所擊追過金沙江走孟廣緬甸宣慰卜剌當亦起兵攻之帝命木邦緬甸能效命禽任發獻者即予以麓川地未幾思任發爲緬甸所禽其子思機發帥餘衆居者藍窮困乞入朝謝罪廷議因而撫之王振不可八月壬寅復命王驥總督雲南軍務帥參將冉保毛福壽

以往驥未至思機發遣弟招賽入貢命遣還雲南安置且敕驥圖緬
甸驥因請濟師　九月甲戌陝西進嘉禾禮官請表賀不許　初瓦
剌貢使不過五十人其後利朝廷賞賜所遣動以千計大同供應費
至三十餘萬是春帝以貢使太多限三百人入關及秋至大同者復
二千餘人以馬易弓藏於衣篋不可勝計巡撫都御史羅亨信請於
居庸關詰檢之不許郭敬歲造箭鏃數十甕遺其使帝亦不問　冬
十月壬辰兀良哈犯廣寧詔切責總兵官曹義命王翱提督遼東軍
務翱以軍令久弛寇至將士不力戰因諸將庭謁責以失律罪命左
右曳出斬之皆惶恐叩頭願效死贖翱乃躬行邊起山海關抵開原
繕城垣濬溝塹五里爲堡十里爲屯使烽燧相接練將士室鰥寡軍
民大悅又以邊塞孤遠軍饟匱緣俗立法令有罪得收贖十餘年間
得穀及牛羊數十萬邊用以饒　乙巳太皇太后大漸召楊士奇楊
溥入命中官問國家尚有何大事未行者士奇舉三事一謂建文君

雖亡當修實錄二一謂永樂詔收方孝孺遺書者死宜弛其禁其三未
及奏上而太皇太后已崩遺詔勉大臣佐帝惇行仁政語甚諄篤
劉中敷等冬盡當決法司以請命吳璽陳瑺戍邊中敷侯母終具奏
已釋爲民　十二月葬誠孝昭皇后於獻陵后旣崩王振勢益盛大
作威福起大第皇城東建智化寺窮極土木帝方傾心嚮振嘗以先
生呼之公侯勛戚呼曰翁父畏禍者爭附振免死賕賂輳集　蘇州
知府況鍾卒吏民聚哭爲立祠鍾剛正廉潔孜孜愛民前後守蘇者
莫能及　初設戶部太倉庫凡各直省派剩麥米十庫中綿絲絹布
及馬草鹽課關稅折銀者及籍沒家財變賣田產追收店錢援例上
納者皆入焉又謂之銀庫　處州礦盜葉宗留陳鑑胡等起
八年春正月郭璡罷王直代爲吏部尚書時初罷廷臣薦舉方面大
吏專屬吏部直委任曹郎嚴抑奔競凡御史巡方歸者必令具所屬
賢否以備選擢稱得人其子稽爲南京博士考績至部文選郎欲留

侍直直不可曰是亂法自我始也　二月己丑沙汰南京冗官　戊
戌淮王瞻墺來朝丙午荆王瞻堈來朝　三月刑部尚書魏源致仕
詔博舉廷臣公廉有學行者王直等舉侍郎王質鄺埜郎中劉廣衡
御史張驥遂以質代源源在刑部久議獄多平恕陝西僉事計資言
武臣雜犯等罪予半俸謫極邊源奏寢之郎中林厚言禁刁訟告訐
擇理刑官勘重囚務憑贓具皆以源議得行　夏五月己巳復命平
蠻將軍蔣貴王驥帥師征思機發調土兵五萬往發卒轉饟五十萬
人　倭寇海寧初黃巖民周來保龍巖民鍾普福困於徭役叛入倭
倭每入寇爲之鄉導幾二十年至是導倭犯樂清先登岸偵伺被獲
磔之梟其首置海上倭性黠往往陳方物稱朝貢得間即肆侵掠東
南海濱患之　戊辰雷震奉天殿鴟吻敕修省壬午大赦　劉球應
詔上言所宜先者十事其略曰古聖王不作無益故心正而天不違
之臣願皇上勤御經筵數進儒臣講求至道務使學問功至理欲判

然則聖心正而天心自順夫政由己出則權不下移太祖太宗日視三朝時召大臣於便殿裁決庶政權歸總於上皇上臨御九年事體日熟願守二聖成規復親決故事使權歸於一古之擇大臣者必詢諸左右大夫國人及其有犯雖至大戮亦不加刑第賜之死今用大臣未嘗皆出公論及有小失輒桎梏箠楚之然未幾時又復其職甚非所以待大臣也自今擇任大臣宜允愜衆論小犯則置之果不可容下法司定罪使自爲計勿輒繫庶不乖共天職之意今之太常卽古之秩宗必得清愼習禮之臣然後可交神明今卿貳皆缺宜選擇儒臣使領其職古者省方巡狩所以察吏得失問民疾苦兩漢唐宋盛時數遣使巡行郡縣洪永間亦嘗行之今久不舉故吏多貪虐民不聊生而軍衛尤甚宜擇公明廉幹之臣分行天下古人君不親刑獄必付理官蓋恐徇喜怒而有所輕重也邇法司所上獄多奉敕增減輕重法司不能執奏及訊他囚又觀望以爲輕重民用多寃宜使

各舉其職至運甎輸米諸例均非古法尤宜罷之春秋營築悉書戒勞民也京師興作五六年矣旦不煩民而役軍軍獨非國家赤子乎況營作多完宜罷工以蘇其力各處水旱有司旣不振救請減租稅或亦徒事虛文宜令戶部以時振濟量加減免使不致失業麓川連年用兵死者十七八軍資爵賞不可勝計今又遣蔣貴遠征緬甸責獻思任發果禽以歸不過梟諸通衢而已緬將挾以爲功必求與木邦共分其地不與則致怒與之則兩蠻坐大是滅一麓川生二麓川也設有蹉跌兵事無已臣見皇上每錄重囚多宥令從軍仁心若此今欲生得一失地之竄寇而驅數萬無罪之衆以就死地豈不有乖於好生之仁哉況思機發已嘗遣人來貢非無悔過乞免之意若敕緬斬思任發首來獻仍敕思機發盡削四境之地分於各寨新附之蠻則一方可寧矣迤北貢使日增包藏禍心誠爲難測宜分遣給事御史閱視京邊官軍及時訓練勿使借工各廠服役私家公武舉之

選以求良將定召募之法以來武勇廣屯田公鹽法以厚儲蓄庶武備無缺而外患有防疏入下廷議從其擇太常官一事令吏部推舉初球言麓川事王振固已銜之欽天監正彭德清者球鄉人也爲振腹心倚勢爲奸欺公卿多趨謁而球絶不與通德清恨之遂摘疏中攬權語謂振曰此指公耳振益大怒會修撰董璘上疏乞改官太常振遂指球同謀六月丁亥逮球及璘下錦衣衛獄密使指揮馬順殺球順深夜攜一小校持刀至球所球方臥起立大呼太祖太宗頸斷體猶植順支解之瘞獄戶下璘從旁竊血裙遺球家後其子鉞求得一臂裹裙以斂球之上疏也修撰鍾復約與俱復妻勸阻復球詣復邸邀偕行復適他往妻從屏間詈曰汝自上疏何累他人爲球歎曰彼乃謀及婦人遂獨上疏竟死居無何復亦病死妻深悔之每哭輒曰早知爾曷若與劉君偕死復子同尚幼聞母言感奮思成父志順有子病久忽起捽順髮拳且蹴之曰老賊令爾他日禍逾我我劉球

也順驚悸俄而子死小校亦死　指揮某死妾有色王振從子山欲
納之指揮妻不肯妾遂訐妻毒殺夫下都察院訊已誣服大理辨其
冤三卻之時百官多奔走振門惟薛瑄仰瞻不往右都御史王文承
振指誣瑄及左右少卿賀祖嗣顧惟敬等故出人罪振復諷言官劾
瑄受賄甲辰並下獄論瑄死祖嗣等末減有差瞻謫戍大同瑄讀易
自如子三人願一子代死二子充軍不允及當行刑振蒼頭忽泣於
爨下呼問故益悲曰聞今日薛夫子將刑也振大感動會刑科三覆
奏兵部侍郎王偉亦申救乃免　李時勉為祭酒請改建國學帝命
王振往視時勉待振無加禮振銜之廉其短無所得時勉嘗芟彝倫
堂樹旁枝振遂言時勉擅伐官樹入家秋七月戊午中旨令與司業
趙琬掌饌金鑑並枷國子監前時勉方坐東堂閱課士卷徐呼諸生
品第高下顧僚屬定甲乙揭榜乃行時尚盛暑枷三日不解監生李
貴等千餘人詣闕乞貸有石大用者上章願以身代諸生圜集朝門

呼聲徹殿廷振聞諸生不平恐激變及通政司奏大用章振內慙助
教李繼請解於會昌侯孫忠忠皇太后父也忠生日太后使人賜忠
家忠附奏曰臣荷恩厚願赦李祭酒使為臣客坐無祭酒臣不歡太
后為言之帝帝初不知也立釋之　王驥等帥師至金齒九月甲子
思機發遣頭目刀籠肘偕其子詣軍門求降驥遣人至緬甸索思任
發緬使致書期以今冬送思任發至貢章交付驥與刻期遣指揮李
儀等帥精騎通南牙山路往受而緬人竟不至冬驥與蔣貴沐昂分
五營自騰衝進逼緬甸緬人聚衆待以樓船載思任發覘官軍而潛
以他舟載之歸驥以麓川未平緬難不可復作乃宣言犒師而命貴
等潛焚其舟數百艘遂移師趨者藍　誠孝皇后崩宣宗廢后胡氏
痛哭不已十一月卒以嬪御禮葬金山　十二月癸未免山東復業
民稅糧二年　丙戌枷駙馬都尉焦敬於長安右門　孫原貞為浙
江左布政使時按察使軒輗杭州知府陳復仁和知縣許璞鎮守中

官阮隨及原貞居官皆廉一方大治　赤斤蒙古衛都督且旺失加
苦也先暴横欲移駐也洛卜剌任禮以其地近肅州執不許已奏請
建寺於其地禮復言許其建寺彼必移居遺後患事竟寢時邊將家
僮墾塞上田者每頃輸糧十二石禮連請於朝得減四石邊塞無警
禮與巡撫曹翼屯田積粟繕甲訓兵邊備甚固　時陝西倉儲充溢
有軍衛者足支十年無者可支百年陳紅以陳腐委棄可惜請每歲
春夏時給官軍爲月饟不復折鈔從之　楊榮既沒楊士奇常病不
視事閣務多決於曹鼐鼐内剛外和通達政體帝以爲賢

明紀卷第十三

明紀卷第十四

賜進士出身工部候補主事虞衡司行走陳鶴纂

卹贈知府銜給雲騎尉世職內閣候補中書孫男克家參訂

英宗紀二（起正統九年甲子訖正統十四年己巳凡六年）

九年春正月進鼐翰林學士　甲寅王文巡延綏寧夏邊劾治定邊營失律都督僉事王禎都督同知黄真邊徼爲肅　朵顏福餘二衛附瓦剌泰寧衛拙赤以女妻也先皆陰爲之耳目入貢輒易名且互用其印又東合建州兵入廣寧前屯帝惡其反覆辛未朱勇吳克忠及中官錢僧保出喜峯口徐亨及中官曹吉祥出界嶺口都督馬亮及中官劉永誠出劉家口陳懷及中官但住出古北口各將精兵萬人分勦之　二月丙午王驥破思機發巢走之得其妻子部落以獻蔣貴子雄乘敵敗帥三千人深入敵扼其後自刎沈烏江事聞贈指揮使帝尋召驥等還　三月辛亥朔新建太學成釋奠於先師孔子

楊士奇老耄子稷傲很嘗侵暴殺人言官交章劾稷朝議不卽加
法封其狀示士奇復有人發稷橫虐數十事遂下之理士奇以老疾
在告帝恐傷其意降詔慰勉士奇感泣憂不能起甲子卒年八十贈
太師謚文貞有司乃論殺稷士奇雅善知人好推轂賢士所薦達有
初未識面者于謙周忱況鍾之屬皆爲世名臣　朱勇等捕兀良哈
擾邊者奪回所掠人畜馬亮劉永誠至黑山大松林流沙河徐亨至
河北川勇至富峪川而還乙丑論功加勇太保進亨爵侯封陳懷平
鄉伯亮招遠伯是役也王振主之故諸將功少率得封　夏四月丙
戌翰林學士陳循直文淵閣預機務初廷議天下吏民建言章奏皆
三楊主之至是士奇榮已卒循及曹鼐馬愉在內閣禮部援故事請
帝以楊溥老宜優閑令循等預議　初也先欲與沙州及赤斤蒙古
二衛婚二衛不欲並奏遵奉朝命不敢擅婚帝以瓦剌方強其禮意
不可卻諭令各從其願赤斤蒙古又遣人乞徙善地帝諭以土地不

可棄令獎帥頭目圖自強丁亥以二衞饑困令邊人給粟振之　五月己未命法司錄在京刑獄刑部侍郎馬昂錄南京刑獄　給事中李素等劾周忱妄意變更專擅科斂忱上章自訴帝以餘米既爲公用置不問先是奸民尹崇禮欲撓忱法奏忱不當多徵耗米請究問倉庫主者忱因罷前法既而兩稅復逋民無所賴咸稱不便忱乃奏按崇禮罪舉行前法如故　六月壬午振湖廣貴州饑　駙馬都尉石璟詈其家奄王振以爲賤己同類惡之秋七月己酉下璟獄　葉宗留盜福安銀礦福建參議竺淵往捕之被執死　癸丑免河南被災稅糧　初福建浙江有銀場洪武中歲課五千餘兩永樂宣德間遞增至十三萬兩有奇民不堪命帝卽位以大臣議罷之已而盜礦者日熾浙江參政俞士悅請復開謂利歸於上則礦盜自絕下三司議軒輗持不可乃止閏月戊寅給事中陳傅復請朝廷遽從之命侍郎王質往經理定福建歲課銀二萬餘兩浙江倍之又分遣御史

曹祥馮傑提督供億過公稅自是民困而盜愈衆　甲申瘞暴骸
壬寅雷震奉先殿鴟吻　八月庚戌免陝西被災稅糧贖民所鬻子
女　時也先漸強遣人授罕東諸衞都督喃哥等爲平章又置甘肅
行省名號陳鎰以聞甲戌敕邊將嚴備九月丁亥命王驥與鎰巡視
甘肅寧夏延綏邊務聽便宜處置初寧夏備邊軍半歲一更後邊事
亟三年乃更軍士日久疲憊又益選軍餘防冬家有五六人在邊者
軍重困驥請歲一更當代者以十月至而代者留至來歲正月乃遣
歸邊備足而軍不勞帝善其議行之諸邊　初成祖封忠順王以哈
密爲西域要道欲其迎護朝使統領諸番而其王率庸懦其地種落
雜居一曰回回一曰畏兀兒一曰哈剌灰其頭目不相統屬王莫能
節制及倒瓦答失里立與鄰國土魯番沙州罕東赤斤蒙古構怨數
被侵伐瓦剌也先王母弩溫答失里弟也亦遣兵圍哈密殺頭目俘
男婦掠牛馬駝取王母及妻北還脅倒瓦答失里往見懼不敢往數

遣使告難帝爲敕諸部令脩好迄不從惟王母妻獲還　分麓川地置隴川宣撫司治隴把　冬十月丙午朔日有食之　庚午兀良哈貢馬謝罪　永寧伯譚廣卒謚襄毅廣長身多力奮跡行伍大小百餘戰未嘗挫衄在宣府二十年脩屯堡嚴守備增驛傳又請頒給火器於各邊將校失律卽奏請置罪而撫士卒有恩邊徼帖然稱名將　御史李儼於光祿寺監收祭物王振過之怒其應對不跪下錦衣衞獄謫戍鐵嶺衞時馬順掌鎮撫司罪無大小悉送順考訊陷害甚衆順大通賄賂其門如市　是年兩畿山東河南浙江湖廣大水江河皆溢

十年春正月大計羣吏舉治行卓異者趙豫及寧國知府袁旭鳳陽知府楊瓚吳縣知縣葉錫海豐知縣王懋慶雲典史趙亮預焉賜宴及襲衣遣還職旭尋爲督學御史程富所誣劾逮死獄中寧國人惜之立祠祀焉　戊子詔舉智勇之士　王振專恣日甚中官張環顧

忠錦衣衛卒王永心不平以匿名書暴振罪狀事發磔於市不覆奏
二月丁巳京師地震　己未免陝西逋賦　丙寅兀良哈貢馬請
貸犯邊者罪不許　壬申帝如天壽山三月甲戌朔謁陵丙子還宮
庚辰思機發入貢謝罪時麓川甫平參贊軍務侍郎楊寧以騰衝
所地要害請升爲騰衝軍民指揮使司與沐昂築城置衛設戍兵控
諸蠻邊方遂定昂尋卒贈定邊伯謚武襄　夏四月甲辰朔日有食
之　庚申詔所在有司飼逃民復業及流移就食者　六月乙丑振
陝西饑免田租三之二　秋七月乙未減糶河南懷慶二府倉粟濟
山東陝西饑民從于謙請也時二省民就食河南者二十餘萬公剽
掠謙奏令布政使年富安輯其衆授田給牛種使里老司察之流民
乃定　有中官牧馬霸州擾民知州張需笞其校卒王振怒逮需下
錦衣衛獄箠楚幾死詔戍邊并斥其舉主順天府丞王鐸爲民需在
州見民游食者衆爲設方略課耕桑樹畜不如教者罰之民皆勤力

州以富饒其得禍也人尤惜之　八月癸丑免湖廣旱災秋糧　丙辰免蘇松嘉湖十四府州水災秋糧　九月鄺埜爲兵部尚書舊例諸衞自百戶以下當代者必就試京師道遠無資者終身不得代埜請令就各都司試之人以爲便瓦剌也先勢盛埜請爲備又與廷臣議上方略請增大同兵擇智謀大臣巡視西北邊務尋又請罷京營兵脩城之役令休息以備緩急時不能用　冬十月戊辰侍讀學士苗衷爲兵部侍郞侍講學士高穀爲工部侍郞並入閣預機務　王文出撫陝西陳鎰爲右都御史先是流民聚襄漢間鎰恐其嘯聚爲亂請命河南湖廣陝西三司官親至其地撫卹之得旨允行而當事者不以爲意及文代鎰復力言有司怠忽恐遺禍將來不省　緬甸始以思任發及其妻孥三十二人獻至雲南思機發來襲總兵官黔國公沐斌擊却之任發於道中不食垂死十二月丙辰千戶王政斬之函首京師斌晟之子也機發屢乞降詞甚哀帝命受其貢敕斌及

楊寧經畫善後長策以聞弁賜敕諭機發木邦遣使同獻任發首因
求麓川地以孟止地予之　壬辰輸河南粟振陝西饑　柳溥討平
慶遠叛蠻溥廉慎然無將略承山雲後不能守成法過於寬弛猺獞
相扇為亂溥先後討斬大藤峽賊渠楊容拾等破柳州思恩韋萬慶
等諸蠻寨而賊滋蔓如故　以曹縣黃河北舊土城置曹州升曹縣
知縣范希正為知州先是山東饑惟曹以希正先積粟得無恙巡撫
大理寺丞張驥以聞故有是命　時遣官度大同宣府二鎮軍田一
軍八十畝外悉徵稅五升羅亨信言文皇帝時詔邊軍盡力墾田毋
徵稅陛下復申命之今奈何忽為此舉塞北諸軍防邊勞苦無他生
業惟事田作每歲自冬徂春迎送瓦剌使臣三月始得就田七月又
復刈草八月以後脩治關塞計一歲中曾無休暇況邊地磽瘠霜早
收薄若更徵稅則民不復耕必致竄逸計臣但務積粟不知人心不
固雖有粟將誰與守帝納其言而止

十一年春正月庚辰太監王振姪林世襲錦衣衛指揮僉事錢僧保姪亮高讓姪玉曹吉祥弟整蔡忠姪革俱世襲副千戶　二月辛酉異氣見華蓋殿金頂及奉天殿鴟吻之上遣官祭告天地癸亥詔卹刑獄　安鄉伯張安與弟爭祿詔逮治法司與戶部相諉爲言官所劾三月戊辰戶部尚書王佐刑部尚書金濂右都御史陳鎰侍郎丁鉉馬昂副都御史丁璿程富等俱下獄數日釋之安興兄之孫也福建銀場旣閉盜礦者益衆葉宗留僭稱王遣戶部郎中楊讙往招撫浙江參議吳昇言福建礦盜出沒浙江江西廣東諸境東捕則西逃南搜則北竄若合而爲一其患不小宜特遣朝臣專董勦捕壬申命御史柳華督福建浙江江西兵討之華至福建遣兵分捕羣盜又令村聚皆置隘門望樓編民爲甲擇其豪爲長得自置兵仗督民巡徼盜稍戢而宗留刦掠如故　癸酉帝如天壽山庚辰還宮　夏六月丙辰京師地震　初帝卽位詔凡課程門攤俱遵洪武舊額不得

藉口鈔法妄增尋以于謙奏革直省稅課司局領其稅於有司及是軍旅四出耗費動以鉅萬府庫空虛秋七月癸酉從王佐請增市廛稅鈔置彰義門官房收商稅課鈔復設直省稅課司官征榷漸繁矣

庚辰楊溥卒年七十五贈太師謚文定　大理寺丞羅綺參贊寧夏軍務嘗以事劾指揮任信陳斌二人皆王振黨轉訐綺不法事下總兵官黃真覆覈真謂綺常詈宦官爲老奴遂召綺還法司擬贖振改令馬順再鞫八月謫戍遼東　戊戌免湖廣被災秋糧　戶部侍郎奈亨附王振嘗以事干請吏部不行怨郎中趙敏構之詞連王直及侍郎曹義趙新庚申下直等獄三法司廷鞫論亨斬直等贖徒帝宥直義奪亨新俸視職如故　行人尚褫言古者刑不上大夫今文武大臣偶因微眚遽陷囹圄事或涉虛旋即復職是今日衣冠之大臣即昨日受辱之囚繫面僚友而統屬官豈能無愧請自今有犯者召至午門大臣會問事實則疏其輕重請上裁決不實即奏還其職

帝頗然之惑於王振不能改　九月辛巳廣西叛猺執化州知州茅自得殺千戶汪義　沙州衞都督喃哥兄弟乖爭部衆攜貳任禮欲乘其饑窘遷之內地會喃哥亦請居肅州境內禮因遣都指揮毛哈喇往撫其衆而親帥兵繼其後比至喃哥復持兩端其部下欲奔瓦剌禮進兵逼之遂收其全部千二百餘人以還詔居之東昌平山二衞給田廬什器厚撫卹之而沙州爲罕東左衞酋班麻思結所有初成祖置哈密沙州赤斤罕東四衞於嘉峪關外屏蔽西陲至是沙州先廢諸衞亦漸不能自立肅州遂多事　冬十月甲寅遣給事中御史分賚諸邊軍士　十一月壬申減殊死以下罪　金濂薦李信圭擢處州知府其在清河已二十二年矣處州方苦旱信圭至即雨未幾卒官清河民立祠祀之　也先攻兀良哈遣使抵大同乞糧幷請見守備太監郭敬帝敕敬毋見毋予糧

十二年春三月癸亥帝如天壽山庚午還宮　丙子免杭嘉湖被災

秋糧　鳳陽知府楊瓚言民間子弟可造者多請增廣生員毋限額
禮部採瓚言考取附學天下學校之有附學生自此始　詔選侍講
江淵杜寧裴綸脩撰劉儼商輅編脩陳文楊鼎呂原劉俊王玉肄業
東閣曹鼐等爲之師　國子監祭酒李時勉連疏致仕朝臣及國子
生餞都門外者幾三千人或遠送至登舟候舟發乃去時勉爲祭酒
六年列格致誠正四號訓勵甚切崇廉恥抑奔競別賢否示勸懲諸
生貧不能婚葬者節省餐錢爲贍給督令讀書吟誦聲達旦不絕張
輔暨諸侯伯嘗奏願偕詣國子監聽講帝命以三月三日往時勉升
師席諸生以次立講五經各一章畢事設酒饌諸侯伯讓曰受教之
地當就諸生列坐惟輔與抗禮諸生歌鹿鳴之詩賓主雍雍盡暮散
去人稱爲太平盛事　夏四月丁巳免蘇松常鎮被災秋糧　五月
己亥大理少卿張驥巡視濟寧及淮揚饑民驥立法捕蝗停不急務
蠲逋發廪民賴以濟　有自瓦剌來歸者言也先謀入寇脫脫不花

止之也先不聽尋約諸番共背中國秋七月甲辰飭各邊練軍備瓦剌　八月庚申朔日有食之　九月乙未馬愉卒贈禮部尚書兼學士贈官兼職自愉始愉端重簡默門無私謁論事務寬厚嘗言天下獄久者多瘐死宜簡使者分道決遣邊警方命將而別部使至衆議執之愉言賞善罰惡爲治之本波及於善非法乘人之來而執之不武帝皆納焉　冬命張鳳兼理南京糧儲　欽天監言北京北極出地度太陽出入時刻與南京不同冬夏晝夜長短亦異今宮禁及官府漏箭皆南京舊式不可用有旨令內官監改造　初方面大吏方正謝莊等由保舉擢用已而得罪而不預保舉者在內御史在外知府往往九年不遷給事中余忭論正莊等事敗謂宜坐舉主且言方面郡守有缺吏部當奏請上裁張輔王直等言方面郡守保舉升用稱職者多未可更易帝從輔直議而採忭疏許言官指劾　楊洪充總兵官鎮宣府自宣德已來迤北未嘗大舉入寇惟朵顏三衞衆乘

間擾邊多不過百騎或數十騎他將率巽懦洪獨以敢戰至大將諸部亦憚之稱爲楊王　安南遣將侵占城奪新州港虜其王摩訶賁該以歸其故王占巴的賴姪摩訶賁來遣使請命遣給事中陳誼行人薛幹往封爲占城國王　沐斌言臣遣使賫敕招諭思機發以其弟招賽未歸疑懼不敢出又掠緬甸牛馬金銀緬甸欲進兵攻取請遣人分諭木邦緬甸諸宣慰司令集蠻兵刻期過江分道進討臣等帥官軍萬人駐騰衝以助其勢從之斌等至騰衝機發終不出敕孟養頭目刀變蠻等伴送機發來朝復不至尋召招賽至京給冠帶隸錦衣衛其從人俱令於馴象所供役

十三年春斌以春瘴作江漲不可渡糧亦乏引兵還時中外咸願罷兵獨王振意未愜欲盡滅其種類三月戊子降敕切責刀變蠻等數其可伐之罪令執獻機發壬寅王驥仍總督軍務都督同知宮聚爲平蠻將軍充總兵官帥十五萬人討機發密諭驥曰萬一思機發遠

遁則先禽刀變蠻平其巢穴或遁入緬地緬人黨蔽亦相機禽之庶蠻衆知懼大軍不爲徒出又敕木邦緬甸南甸干崖隴川各整兵備船積糧以俟調度　柳華之編民爲甲也沙縣佃人鄧茂七得推擇爲甲長茂七素無賴及是益以氣役屬鄉民沙縣俗佃人輸租外例饋田主茂七倡其黨令毋饋而田主自往受粟田主訴於縣縣逮茂七不赴下巡檢追攝茂七殺弓兵數人上官聞遣軍三百捕之被殺傷幾盡巡檢及知縣並遇害茂七遂大剽掠僞稱剷平王設官屬黨數萬人陷二十餘縣都指揮范真指揮彭璽等先後被殺處州賊葉宗留陳鑑胡等並附茂七東南騷動初交阯人宋彰爲福建參政賄王振得遷左布政使浸漁貪惡民不能堪益相率從亂福建巡按御史汪澄牒江西浙江會兵討賊夏四月茂七圍延平刷卷御史張海登城撫諭賊訴乞貰死免三年傜役即解散爲良民海以聞澄尋以賊降檄止鄰境兵江西巡按御史韓雍曰賊果降退未晚也遂趣兵

進　免浙江江西湖廣被災秋糧　五月丙戌遣使捕山東蝗　甲辰刑部侍郎丁鉉撫輯河南山東災民鉉平居恂恂若無能臨事悉治辦　時朝野皆用銀小者用錢惟折官俸用鈔鈔壅不行是月申禁令阻鈔者追一萬貫全家戍邊　六月升蒙化州爲府　先是河決金龍口陽穀堤及張家黑龍廟口徐呂二洪漸淺太黄寺巴河分水處水脈微細帝從都督同知武興言發卒疏濬已陳留水漲決金村堤及黑潭南岸築垂竣復決秋七月乙酉朔河決大名溺三百餘里壞廬舍二萬區死者千餘人遣使蠲振寧夏大水河決漢唐二壩己酉決新鄉八柳樹口滎澤孫家渡漫曹濮抵東昌衝張秋潰壽張沙灣壞運道東入海開封城初在河南及是在河北二洪遂淺澀命工部侍郎王永和往理其事　御史涂謙陳保舉得方面郡守輒改前操之弊請遵洪武舊制於内外九年考滿官内簡用或親擇朝臣有才望者詔從之大臣舉官之例遂罷　八月甲戌御史丁瑄討鄧

茂七都督劉聚僉都御史張楷帥大軍繼其後瑄至先令人齎敕撫茂七不從遂馳赴沙縣圖賊賊首林宗政等萬餘人攻後坪欲立砦瑄令通判倪寬等帥衆先據要害而身與都指揮雍埜等邀其歸路斬賊二百餘級獲其渠陳阿巖張楷至建寧頓不進日置酒賦詩爲樂冬葉宗留自福建轉犯江西官軍不利都督僉事陳榮指揮劉真遇伏死詔韓雍及鎮守侍郎楊寧督軍民協守張驥巡撫浙江遂昌賊蘇牙俞伯通剽蘭溪與宗留相應驥遣金華知府石瑁擊斬牙等撫定其餘黨帝以楷等無功十一月丙戌詔陳懋佩征南將軍印充總兵官保定伯梁珤平江伯陳豫副之太監曹吉祥王瑾提督火器刑部尚書金濂參贊軍務帥京營江浙兵討茂七珤銘之子豫瑄之孫也鑑胡以爭忿殺宗留專其衆自稱大王國號太平建元泰定僞署將帥圍處州甲辰分遣其黨掠武義松陽龍泉永康義烏東陽浦江諸縣茂七黨二千餘人迫建寧城結砦四出剽掠知府張瑛帥建

安典史鄭烈會都指揮徐信軍分三路襲之斬首五百餘拔其砦進
瑛右參議仍知府事烈亦遷主簿　庚戌永康侯徐安備倭山東安
忠之子也　十二月庚午廣東猺賊作亂　初沙州內徙喃哥弟鎖
南奔不從奔瓦剌也先封之爲祁王任禮以二寇合則勢益難制遣
人招之鎖南奔欲降未決禮令毛哈喇潛師直抵罕東生縶之以歸
幷其部衆帝大喜賜禮世券擢哈喇都督僉事賜名忠　王永和修
沙灣未成以冬寒停役且言河決自衞輝宜敕河南守臣修塞帝切
責之令山東三司築沙灣趣永和塞河南八柳樹疏金龍口使河由
故道　陳懋至浙江有欲分兵扼海口者懋曰是使賊將致死於我
也不可　時朝使至瓦剌也先等有所請乞無不許瓦剌使來更增
至三千人復虛其數以冒廩餼禮部按實予之所請僅得五之一貢
馬互市王振又減其馬直使者恚而去也先由是構釁
十四年春正月乙巳免浙江福建銀課　定西侯蔣貴卒贈涇國公

諡武勇貴起卒伍不識字天資朴實忘己下人能與士卒同甘苦出境討賊衣糧器械常身自囊負不役一人臨陳輒身先之以故所向有功　大軍征思機發雲貴軍民疲敝苗乘機煽動閩浙間盜賊大起舉朝皆知其不可懲劉球禍無敢諫者巡按貴州御史陳鑑言賊酋遠遁不爲邊患宜專責雲南守臣相機勦滅無遠勞禁旅王振怒改鑑雲南參議使赴騰衝招賊已復撫鑑爲巡按時嘗請改四川播州宣慰司隸貴州爲鑑罪論死繫獄　河決聊城　二月丁巳丁瑄誘賊復攻延平督衆軍分道衝擊賊大敗遁走指揮劉福追之斬茂七招脅從復業未幾復禽其黨林子得等尤溪賊首鄭永祖帥四千人攻延平瑄偕雍埜等邀擊禽之斬首五百有奇餘黨潰散張楷聞瑄破賊馳至延平攘其功福不平愬之詔責瑄具狀功竟不錄　王驥帥諸將方瑛李震等自騰衝會師由干崖造舟至南牙山舍舟陸行抵沙灞復造舟至金沙江思機發於西岸列柵拒守大軍順流至

管屯木邦緬甸兩宣慰兵十餘萬列於沿江兩岸緬甸備舟二百餘爲浮梁濟師并力攻破其柵得積穀四十萬餘石軍飽氣銳賊退至鬼哭山築大寨於兩峯上旁築二寨爲兩翼又築七小寨綿亘百餘里官軍分道並進皆攻拔之斬獲無算機發及其弟思卜發遁去時官軍逾孟養至孟郲海地在金沙江西去麓川千餘里諸部皆震怖曰自古漢人無渡金沙江者今王師至此眞天威也驥慮饋饟不繼引還機發少弟思祿復擁衆據孟養驥度賊終不可滅乃與思祿約許以土目部勒諸蠻居孟養如故立石金沙江爲界誓曰石爛江枯爾乃得渡思祿懼聽命己巳驥班師以孟養地予緬甸命捕機發驥三征麓川老師費財以一隅騷動天下會川衞訓導詹英言驥等多役民舁綵繒散諸土司以邀厚利擅用腐刑詭言進御實充私役師行無紀十五萬人一日起行互相蹂踐每軍負米六斗跋涉山谷自縊者多抵金沙江徬徨不敢渡既渡不能攻攻而失都指揮路宣翟

亨等俟賊解多捕魚戶爲俘以地分木邦緬甸掩敗爲功此何異李宓之敗楊國忠以捷聞也奏下法司王振左右之得不問　辛未指揮僉事徐恭充總兵官討處州賊工部尚書石璞參贊軍務　三月戊子帝如天壽山癸巳還宮　王永和濬黑洋山西灣引其水由太黃寺以資運河修築沙灣大半而不敢盡塞置分水閘設三空放水自大清河入海且設分閘二空於沙灣西岸以泄上流而請停八柳樹工從之　夏四月庚戌處州賊犯崇安殺都指揮吳剛　湖廣貴州諸苗所在蜂起鎮遠蠻苗金臺僞稱順天王壬戌命王驥討之　乙丑遣御史十三人同中官督福建浙江銀課分守諸府御史朱英往處州賊黨四出剽掠道梗英間道馳至撫降甚衆戮賊首周明松等　鄧茂七死陳鑑胡勢孤張驥命麗水縣丞丁寧帥老人王世昌等齎榜入賊巢招之鑑胡遂偕其黨六十餘人出降惟陶得二不就撫殺使者入山爲亂如故茂七之死也餘賊擁其兄子伯孫據九龍

山拒官軍陳懋至建寧諸將欲盡屠尤溪沙縣諸賊懋曰是堅賊心也乃下令招撫賊黨多降懋乃遣諸將分道逐捕五月丙戌金濂與衆謀羸師誘伯孫出伏精兵入其壘禽之帝乃移張楷浙江而留濂福建擊平餘賊未下者　壬辰以旱太監金英同法司理刑部都察院獄因築壇大理寺英張黃蓋中坐尚書以下左右列坐自是六年一審錄制皆如此　己亥侍讀學士張益直文淵閣預機務　沙縣賊陳政景糾清流賊藍得隆等攻汀州府推官王得仁與知府劉能擊敗之禽政景等八十四人都指揮馬雄得通賊者姓名將按籍行戮得仁力請焚其籍賊復寇寧化得仁帥兵往援斬首甚衆賊退屯將樂得仁將追滅之俄遘疾衆欲輿歸就醫得仁不可曰吾一動賊必長驅乃起坐帳中諭將吏戮力平賊遂卒　賊黨林拾得掠建寧張瑛與從父敬禦之賊敗乘勝逐北陷伏中敬死瑛被執大罵而死賊逼泉州知州熊尚初與晉江主簿史孟常陰陽訓術楊仕宏拒於

古陵坡兵敗皆死　初浙閩盜所在剽掠爲民患將帥率玩寇數被
詰責都指揮鄧安等因歸咎於柳華福建三司言賊初起按臣柴文
顯匿不奏釀成今患浙江巡按御史黃英亦具白汪澄止兵狀王振
欲殺朝士威衆遂下澄文顯吏華已出爲山東副使遣使逮之華聞
命仰藥死詔籍其家男戍邊婦女沒入浣衣局庚子磔文顯亦籍其
家澄棄市宋彰及按察使方冊等十人俱坐斬遇赦謫驛丞天順初
復官華所建置未爲過澄文顯罪不至死論者寃之　御史張洪等
劾徐恭石璞逗遛無功詔俟師旋以聞　六月庚戌靖州苗犯辰溪
都指揮高諒戰死　丙辰南京謹身奉天華蓋三殿災　大同參將
石亨等擊兀良哈盜邊者於箭谿山禽斬五十人三衞益怨　甲子
詔修省　詔河南山西班軍番休者盡赴大同宣府　乙丑西寧侯
宋瑛總督大同兵馬瑛琥之弟也　己巳赦天下　戊寅陳懷駙馬
都尉井源都督王貴吴克勤太監林壽分練京軍於大同宣府備瓦

剌　南京殿上生荆棘高二尺　秋七月己卯朔熒惑留守斗侍講
徐珵私語友人劉溥曰禍不遠矣亟命妻子南還　瓦剌也先謀入
寇脫脫不花止之曰吾儕服食多資大明何忍爲此也先不聽曰可
汗不爲吾當自爲遂誘脅諸番分道大舉脫脫不花以兀良哈之衆
寇遼東知院何剌寇宣府圍赤城又遣別騎寇甘州也先自寇大同
己丑至貓兒莊參將吳浩戰死羽書踵至太監王振挾帝親征不與
外廷議可否詔下王直帥廷臣力諫曰敵肆猖獗違天悖理陛下但
宜固封疆申號令堅壁清野蓄銳以待之可圖必勝不必親御六師
遠臨塞下況秋暑未退旱氣未回青草不豐水泉猶塞士馬之用未
充兵凶戰危臣等以爲不可鄺埜言也先入犯一邊將足制之陛下
爲宗廟社稷主奈何不自重刑科給事中曹凱言今日之勢大異澶
淵彼文武忠勇士馬勁悍今中貴竊權人心玩愒此輩不惟以陛下
爲孤注即懷愍徽欽亦何暇䘏兵部侍郎于謙亦極諫帝皆不聽曹

鼒問前欽天監正皇甫仲和曰駕可止乎胡王兩尙書已帥百官諫矣曰不能也紫微垣諸星已動矣曰然則奈何曰盍先治內曰將令親王監國曰不如立儲君曰皇子幼未易立也曰恐終不免立癸巳命郕王居守是日西寧侯宋瑛武進伯朱冕與敵戰於陽和敗沒石亨單騎奔還冕榮之子也甲午帝發京師備文武百官以行乙未次龍虎臺軍中夜驚丁酉次居庸關副都御史鄧棨疏請回鑾以兵事專屬大將辛丑次宣府大風雨埜及棨等又屢言之振益虓怒朱勇等白事咸膝行進埜與王佐跪草中至暮不得請彭德清言天象示警若前恐危乘輿振詈曰爾何知若有此亦天命也鼒曰臣子固不足惜主上繫天下安危豈可輕進振終不從令佐埜皆隨大營埜墜馬幾殆或勸留懷來城就醫埜曰至尊在行敢託疾自便乎丙午次陽和八月戊申朔次大同振益欲北鎮守太監郭敬以敵勢告振始懼議旋師己酉廣寧伯劉安爲總兵官鎮大同錦衣衛指揮郭登爲

都督僉事充參將佐之安榮之子登英之孫也庚戌師還登言于鼐
曰自此趨紫荊關裁四十餘里駕宜從此入振欲邀帝至蔚州幸其
第既恐蹂其鄉禾稼復折而東軍士迂回奔走丁巳次宣府恭順侯
吳克忠與其弟都督克勤爲後拒庚申瓦剌兵突至驟戰不勝敵據
山上飛矢石如雨官軍死傷略盡克忠下馬射矢竭猶殺數人與克
勤俱沒於陳成國公朱勇永順伯薛綬帥五萬騎還救至鷂兒嶺遇
伏一軍盡覆綬驍勇善戰矢盡絃斷猶持空弓擊敵敵怒支解之既
而知其本蒙古人也曰此吾同類宜勇健若此相與哭之埜上章請
疾驅入關嚴兵爲殿不報又詣行殿申請振怒曰腐儒安知兵事再
言者死埜曰我爲社稷生靈言何懼振益怒叱左右扶出辛酉次土
木諸臣議入保懷來振顧輜重遽止瓦剌兵大至遂被圍土木地高
掘井二丈不得水汲道爲敵所據衆渴敵騎益增壬戌敵見大軍止
不行陽卻遣使通和帝召鼐草詔答之振遽令移營就水軍方動也

先集騎四面衝之士卒爭先走行列亂敵跳陣而入師大潰死者數十萬人英國公張輔泰寧侯陳瀛駙馬都尉井源平鄉伯陳懷襄城伯李珍遂安伯陳塤修武伯沈榮都督梁成王貴尚書王佐鄺埜學士曹鼐張益侍郎丁鉉王永和副都御史鄧棨通政龔全安少卿黃養正戴慶祖王一居劉容淩壽給事中包良佐姚銑鮑輝御史張洪黃裳魏貞夏誠申祐尹竑童存德孫慶林祥鳳郎中齊汪馮學明員外郎王健程思温程式逯端主事俞鑑張瑭鄭瑄中書舍人俞拱潘澄錢昺大理寺副馬豫行人司正尹昌行人羅如墉夏官正劉信序班李恭石玉錦衣衛指揮使錢欽及弟鍾俱死其餘不可勝數瀛珪之曾孫珍隆之子塤志之曾孫榮清之子也方敗或語棨曰吾輩可自脫棨曰鑾輿失所我尙何歸遂死帝突圍不得出敵騎擁以去振爲亂兵所殺中官喜寧跛兒干皆降敵顧興祖彭德清等皆逭歸下獄論斬也先聞車駕至錯愕未之信及見致禮甚恭奉帝居其弟伯

顏帖木兒營以先所掠校尉袁彬來侍　脫脫不花至廣寧王翺方閱兵衆潰翺入城自保或謂城不可守翺手劍曰敢言棄城者斬寇尋退其犯薊州者任禮遣裨將禦之再戰再敗失士馬萬計　甲子京師聞變羣臣聚哭於朝郕王使太監金英興安等問計徐珵曰驗之星象稽之歷數天命已去惟南遷可以紓難于謙厲聲曰言南遷者可斬也京師天下根本一動則大事去矣獨不見宋南渡事乎胡濙曰文皇定陵寢於此示子孫以不拔之計也陳循亦持不可英安遂叱珵令扶出珵踉蹌過左掖門江淵入迎問之珵曰以吾議南遷不合也淵遂入極陳固守之策英安入告太后勸郕王任于謙治戰守議乃定乙丑皇太后命郕王監國時京師勁甲精騎皆陷沒所餘疲卒不及十萬人上下無固志丙寅檄兩京河南備操軍山東及南京沿海備倭軍江北及北京諸府運糧軍亟赴京師從于謙請也或欲焚通州倉絕寇資周忱議事在京曰倉米數百萬可充京軍一歲

鑲令自往取則立盡何至遂付煨燼從之　時人情洶懼赤城鵰鶚懷來永寧保安諸守將皆棄城遁有議棄宣府城者官吏軍民紛然爭出羅亨信仗劍坐城下令曰出城者斬與楊洪誓死固守郭登在大同亦修城堞繕兵械拊循士卒弔死問傷親爲裹創傅藥曰吾誓與此城共存亡不令諸君獨死也也先欲謀逆會大雷雨震死其所乘馬乃擁帝北行道宣府傳命啓門亨信登城語曰奉命守城不敢擅啓也也先乃擁帝去戊辰至大同使袁彬入城索金幣登閉城門以飛橋取彬入劉安及侍郎沈固給事中孫祥知府霍瑄等出謁伏地慟哭以金二萬餘及宋瑛朱冕郭敬家資進帝以賜也先等是夕敵營城西登謀遣壯士劫營迎駕不果安邑醫者仝寅學京房術居大同占禍福多奇中帝使問還期筮得乾之初曰大吉四爲初之應初潛四躍明年歲在午其干庚午躍候也庚更新也龍歲一躍秋潛秋躍明年仲秋駕必復但繇勿用應在淵還而復必失位然象龍也數

九也四近五躍近飛龍在丑丑曰赤奮若復在午午色赤奮於丑若
順也天順之也其於丁象大明也位於南方火也寅其生午其王壬
其合也至歲丁丑月寅日午合於壬帝其復辟乎已而悉驗　于謙
爲兵部尚書時上下皆倚重謙謙亦毅然以社稷安危爲己任當軍
馬倥傯變在俄頃謙目視指屈口具章奏悉合機宜僚吏受成相顧
駭服號令明審雖勳臣宿將小不中律卽請旨切責片紙行萬里外
靡不惕息　令羣臣直言時事舉人材　己巳皇太后命立皇長子
見濬爲皇太子　追封張輔定興王諡忠烈宋瑛鄖國公諡忠順吳
克忠邠國公諡忠勇陳瀛寧國公諡恭愍朱冕陳懷等並贈侯冕諡
忠愍懷諡忠毅薛綬諡武毅李珍悼僖陳塤榮懷贈吳克勤昭化伯
諡僖敏曹鼐少傅諡文襄張益學士諡文僖鄺埜王佐皆少保丁鉉
王永和尚書鄧棨右都御史餘贈䘏有差　庚午陳鎰合大臣廷奏
王振罪讀彈文未起王使出待命衆皆伏地哭叫號莫辨人聲長史

儀銘造膝前免冠數奏請下令旨族振馬順厲聲叱言者去給事中王竑憤怒奮臂起捽順髮呼曰若曹奸黨罪當誅今尚敢爾且罵且齧其面衆共擊之立斃朝班大亂衛卒聲洶洶王懼遽起欲入竑帥羣臣隨王後于謙排衆直前掖王止使金英問衆所欲言皆曰內官毛貴王長隨亦振黨請置諸法王命出二人衆又捶殺之血漬庭陛縛王山至磔之時百官皆踉蹌不寧謙啓王宣諭曰順等罪當死勿論衆乃定謙袍袖爲之盡裂退出左掖門王直執謙手歎曰國家正賴公耳今日雖百王直何能爲王召諸言官慰諭甚至籍振家得金銀六十餘庫玉盤百珊瑚高六七尺者二十餘株他珍玩無算　辛未帝至威寧海子　右都御史陳鎰撫安畿內軍民　壬申都督石亨總京營兵皆以于謙薦也　甲戌帝至黑河　乙亥諭邊將瓦剌奉駕至不得輕出　輸南京軍器於京師　修撰商輅彭時入閣預機務時聞繼母憂力辭不允乃拜命釋褐逾年參大政前此未有也

封楊洪昌平伯石亨武清伯　南京侍講學士周敘言君父之讐不共戴天殿下宜臥薪嘗膽如越之報吳使智者獻謀勇者效力務掃北庭雪國恥先遣辯士卑詞重幣乞還鑾輿暫爲君父屈因條上勵剛明親經史修軍政選賢才安民心廣言路謹微漸修庶政八事王嘉納之　廣東賊黃蕭養作亂　初大臣憂國無主太子方幼寇且至請皇太后立郕王王驚謝至再于謙颺言曰臣等誠憂國家非爲私計王乃受命九月癸未卽位遙尊帝爲太上皇帝以明年爲景泰元年大赦天下免景泰二年田租十之三謙入對慷慨泣奏曰寇得志要留大駕勢必輕中國長驅而南請飭諸邊守臣協力防遏京營兵械且盡宜亟分道募民兵令工部繕器甲遣都督孫鏜衞穎張軏張儀雷通分兵守九門要地列營郭外都御史楊善給事中王竑參之徙附郭居民入城通州積糧令官軍自詣關支以贏米爲之直毋棄以資敵文臣如軒輗者宜用爲巡撫武臣如石亨楊洪柳溥者

宜用爲將帥至軍旅之事臣身當之不效則治臣罪帝深納之　甲申夷王振族郭敬亦坐誅彭德清殞死命戮其屍　庚寅處州賊平　癸巳指揮僉事季鐸奉皇太后命達於上皇寄禦寒裘皇后傾中宮貲佐迎駕夜哀泣籲天倦即臥地損一股以哭泣復損一目　劉安馳至京師言奉上皇命來告敵情且言進己爲侯羣臣交劾下獄論死　也先欲以妹妻上皇雲南鹽課提舉司吏目胡仲倫言今日事不可屈者有七降萬乘之尊與諧婚媾一也敵假和議使我無備二也必欲爲姻驕尊自大三也索金帛使我坐困四也以送駕爲名乘機入犯五也逼上皇手詔誘取邊城六也欲求山後之地七也稍從其一大事去矣曩上皇在位王振專權忠諫者死鯁直者戍君子見斥小人驟遷章奏多決中旨黑白混淆邪正倒置閩浙之寇方殷瓦剌之釁大作陛下宜親賢遠奸信賞必罰通上情達下志賣國之奸無所投隙倉卒之變末由發機朝廷自此尊天下自此安矣帝嘉

納焉　也先令上皇爲書遺楊洪洪封上之帝馳使報曰上皇書僞
也自今雖眞書毋受於是洪一意堅守　甲午祭宣府土木陳亡將
士瘞遺骸　乙未黃蕭養寇廣州總兵官安鄉伯張安帥舟師遇賊
於戙船澳安方醉臥官軍不能支退至沙角尾賊薄之軍潰安溺死
指揮僉事王清被執死之　辛丑給事中孫祥郎中羅通爲右副都
御史守紫荆居庸關　甲辰遣御史白圭編修楊鼎等十五人募兵
畿內山東山西河南　都督同知陳友帥師討湖廣貴州叛苗　乙
巳遣使奉書上皇　王驥等自麓川還軍無紀律苗襲其後官軍大
敗貴州巡按御史黃鎬赴平越遇賊幾死夜跳入城賊圍之議者欲
棄城走鎬曰平越貴州咽喉無平越是無貴州也乃偕諸將固守苗
韋同烈等叛新添清平興隆諸衛並被圍貴州東路閉丙午調雲南
四川兵會王驥討苗　初廣東左參議楊信民清操絕俗嘗行田野
訪利弊爲更置先後劾按察使郭智黃翰僉事韋廣遂爲廣所訐被

逮已而得自于謙薦之命守備白羊口會黃蕭養圍廣州急嶺南人
乞信民乃以爲右僉都御史巡撫其地士民聞而相慶曰楊公來矣
巡撫山西副都御史朱鑑言也先奸詭百端殺掠無已復假和親
遣使覘伺以送駕爲名覬得開關延接稍示抗拒彼即有辭其謀旣
深我慮宜遠宜暫罷中官監軍之制假總兵以生殺權使志無所撓
計有所施整散兵募勇士重懸賞格鼓勸義旅徵勤王兵數道並進
戮力復讐庶大駕可還敵兵自退曩者江南寇發皆以誅王振爲名
夫事歸朝廷則治歸宦官則亂昔高皇帝與羣臣議事必屏去左右
恐泄事機乞杜權倖之門凡軍國重事屬任大臣必當有濟時臨洮
府同知田暘聽選知縣單宇舉人段堅工部辦事吏徐鎭俱上言請
召還監軍鎭守中官帝皆不納　也先詭稱奉上皇還冬十月戊申
至大同都察院歷事監生練剛言和議不可就南還不可從有持此
議者宜立誅安危所倚唯于謙石亨當主中軍而分遣大臣守九門

擇親王忠孝著聞者令同守臣勤王檄陝西守將調番兵入衛帝悉
從之壬子詔諸王勤王乙卯于謙提督諸營石亨及諸將分守九門
釋顧興祖劉安於獄起王通爲都督僉事與楊善王竑督京城守
備給事中葉盛請罷內府軍匠備征操又請令有司儲糧料給戰士
遣散卒取軍器於天津以張外援三日間章七八上也先逼紫荊關
都指揮韓青戰死都御史孫祥堅守丙辰也先由間道入夾攻之關
破祥督兵巷戰兵潰死之通政使謝澤守白羊口或請避敵不可亦
死之京師戒嚴朝士多遣家南徙檢討李紹曰主辱臣死奚以家爲
卒不遣丁巳詔宣府遼東總兵官山東河南山西陝西巡撫及募兵
御史將兵入援石亨議斂兵堅壁以老敵于謙不可曰奈何示弱使
敵益輕我亟分遣諸將帥師二十二萬列陳九門外都督陶瑾安定
門劉安東直門武進伯朱瑛朝陽門都督劉聚西直門顧興祖阜成
門都指揮李端正陽門都督劉得新崇文門都指揮湯節宣武門而

謙自與亨帥副總兵范廣武興陳德勝門外當敵衝以部事付侍郎
吳寧悉閉諸城門身自督戰下令臨陳將不顧軍先退者斬其將軍
不顧將先退者後隊斬前隊於是將士知必死皆用命議者欲焚城
外馬草給事中李侃言敵輕剽無持久心乞勿焚免復斂爲民害報
許百姓避兵者號城下求入兵部侍郎鄒幹開門納之戊午也先薄
都城都督高禮毛福壽敗之西直門北禽其長一人帝喜令謙選精
兵屯教場以便調用復命太監興安李永昌同謙理軍務己未也先
奉上皇登土城邀大臣出迓中書舍人趙榮慨然請行高穀拊其背
曰子忠義人也解所佩犀帶贈之即擢太常少卿偕右通政王復出
城朝見進羊酒諸物也先以非大臣遣之還而邀謙亨王直胡濙出
帝不遣庚申徵兵於朝鮮調河州諸衞士軍入援也先窺德勝門謙
令亨設伏空舍遣數騎誘敵敵以萬騎來薄范廣發火器伏起齊擊
之廣躍馬陷陳部下從之勇氣百倍也先弟孛羅平章卯那孩中礮

死敵轉至西直門都督孫鏜禦之不勝鏜欲入城給事中程信不納
從城上發箭礮助之鏜戰益力斬其前鋒數人寇稍卻鏜逐之寇益
兵圍鏜鏜力戰不解高禮毛福壽來援禮中流矢死會亨分兵至寇
乃卻辛酉武興擊敵西直門與都督王敬挫其前鋒寇且卻而內官
數百騎欲爭功躍馬競前陳亂興被流矢死寇逐至土城居民升屋
號呼投甎石擊寇譁聲動天王竑及福壽援至寇復卻初也先深入
視京城可旦夕下及見官軍嚴陳待邀請皆不應戰又連敗意大沮
聞勤王兵且至恐斷歸路壬戌擁上皇由良鄉西去謙調諸將追擊
詔進亨爵爲侯加謙少保總督軍務謙固辭曰四郊多壘敢邀功賞
哉不允謙請益兵守保定涿易諸府州以大臣鎮山西防寇南侵甲
子也先擁上皇出紫荊關其別部攻居庸關羅通汲水灌城冰堅不
得近亦遁走通追擊破之丁卯詔止勤王兵脫脫不花使來楊洪將
兵二萬至辛未命充總兵官鏜廣副之勦畿內餘寇洪至霸州破敵

獲阿歸等四十八人還所掠人畜萬計及闕寇返鬬殺官軍數百人洪子俊幾爲所及　襄陵王冲秋赴京師勤王下書慰勞時畿民猶日數驚相率南徙或議仍召勤王兵吳寧曰是益之使驚也莫若告捷四方人心自定因具奏行之　贈劉球翰林院學士謚忠愍立祠於鄉　侍講劉定之言自古如晉懷愍宋徽欽皆因邊塞外破藩鎮內潰救援不集馴致播遷未有若今日以天下之大數十萬之師奉上皇於漠北委以與寇者也晉宋遭禍亂棄故土偏安一隅尚能奮於既衰以禦方張之敵未有若今日也先乘勝直抵都城以師武臣力之衆既不能奮武以破賊又不能約和以迎駕聽其自來而自去者也國勢之弱雖非旦夕所能強豈可不思自強之術而力行之臣敢略陳所見近日京軍之戰但知堅壁持重而不能用奇制勝至前敗而後不救左出而右不隨謂宜倣宋吳玠吳璘三疊陳法互相倚恃迭爲救護至鐵騎衝突必資刀斧以制之郭子儀破安祿山八萬

騎用千人執長刀如牆而進韓世忠破兀朮拐子馬用五百人執長
斧上揕人胷下斫馬足是刀斧揮霍便捷優於火鎗也紫荊居庸二
關名爲關塞實則坦途今宜增兵士繕亭障塞蹊隧陸則縱橫掘塹
名曰地網水則瀦泉令深名曰水櫃或多植榆柳以制奔突或多招
鄉勇以助官軍此皆古所嘗爲已有明效往者奉使之臣充以驛人
騶夫招釁啓戎職此之故今宜擇內蘊忠悃外工專對若陸賈富弼
其人者使備正介之選庶不失辭辱國臣於上皇朝乞徙漠北降人
智謀短淺未蒙採納比乘國釁奔歸故土寇掠畿甸者屢見告矣宜
乘大兵聚集時還之南方使與中國兵民相錯雜以牽制而變化之
且可省俸給減漕輓其事甚便天下農出粟女出布以養兵也兵受
粟於倉受布於庫以衛國也向者兵士受粟布於公門納月錢於私
室於是手不習擊刺之法足不習進退之宜第轉貨爲商執技爲工
而以工商所得補納月錢民之膏血兵之氣力皆變爲金銀以惠奸

究一旦帥以臨敵如驅羊拒狼幾何其不敗也今宜痛革其弊一新簡練之政將帥踵舊習者誅無赦如是而兵威不振者未之有也守令朘民猶將帥之剝兵也宜嚴糾考慎黜陟犯贓者舉主與其罰然後貪墨者寡薦舉者慎民安而邦本固矣古販繒屠狗之夫俱足助成帝業今于謙楊善亦非出自將門夫將能知將宜令各舉所知不限門閥公卿侍從亦令舉勇力智謀之士以備將材庶搜羅旣廣禦侮有人昔者漢圖恢復所恃者諸葛亮南宋禦金所恃者張浚彼皆忠義夙著功業久立及街亭一敗亮辭丞相符離未捷浚解都督何則賞罰明則將士奮也昨德勝門下之戰未聞摧陷強寇但迭爲勝負互殺傷而已雖不足罰亦不足賞乃石亨則自伯進侯于謙則自二品遷一品天下未聞其功但見其賞豈不怠忠臣義士之心乎可令仍循舊秩勿躐新階他日勳名著而爵賞加正未爲晚夫旣與不忍奪者姑息之政旣進不肯退者患失之心上不行姑息政下不懷

患失心則治平可計日而望也向者御史建白欲令大臣入內議政
疏寢不行夫人主當總攬威權親決機務政事早朝未決者日御便
殿使大臣敷奏言官察其邪正而糾劾之史官直書簡册以示勸懲
此前代故事祖宗成法也願陛下遵而行之若僅封章入奏中旨外
傳恐偏聽獨任致生奸亂欲治化之成難矣人主之德欲其明如日
月以察直枉仁如天地以覆羣生勇如雷霆以收威柄故司馬光之
告君以明仁武爲言卽中庸所謂智仁勇也智仁勇非學而能之哉
經莫要於尙書春秋史莫正於通鑑綱目陛下留心垂覽其於君也
既知禹湯文武之所以興又知桀紂幽厲之所以替而趨避審矣於
臣也既知有呂強張承業之忠又知有仇士良陳弘志之惡於
廷臣也既知有蕭曹房杜之良又知有李林甫楊國忠之奸而用
舍當矣如是則於智仁勇之德豈不大有助哉苟徒如向者詞臣進
講誦述其善諱避其惡是猶恐道路之有陷穽閉目而過之其不至

於冥行顛仆者幾何今天下雖遭大創尚如金甌之未缺誠能本聖
學以見之政治臣見國勢可強讐恥可雪兄弟之恩可全祖宗之制
可復亦何憚而不爲此書奏帝優詔答之　十一月癸未修沿邊關
隘　辛卯毛福壽爲副總兵討辰州叛苗擢克羅俄領占都督僉事
帥部隨福壽援勦初永樂中降人安置近畿者甚衆也先入寇多爲
內應于謙謀散遣之因西南用兵輒選其精騎厚資以往已更遣其
妻子克羅俄領占喃哥之弟也　壬辰上皇至瓦剌自土木敗袁彬
隨侍上皇不離左右也先犯大同宣府逼京師皆奉上皇以行上下
山坂涉溪澗冒危險彬擁護不少懈旣入沙漠上皇所居止毳帳敝
幃旁列一車一馬以備轉徙彬周旋患難未嘗違忤夜則與上皇同
寢天寒甚恆以脅溫上皇足也先惡彬一日縛至曠野將支解之上
皇聞如失左右手急趨救乃免彬嘗中寒上皇憂甚以身壓其背汗
浹而愈有通事哈銘者亦侍上皇上皇宣諭也先及其部下嘗使銘

也先輩有所陳請亦銘為轉達上皇獨居悒鬱彬及銘時進諧語慰
上皇上皇為解顏忠勇伯蔣信陷敵隸賽罕王帳下時詣上皇所慟
哭擁衛頗至也先嘗夜過御幄遙見赤光奕奕若龍蟠大驚異又欲
進其妹上皇卻之益敬服時時殺羊馬置酒為壽稽首行君臣禮
鳳陽歲凶盜且起乙未命刑部侍郎耿九疇往巡視撫安流民賜復
三年九疇既至奏留英武飛熊諸衛軍耕守招徠流民七萬戶境內
遂安　進陳豫楊洪爵為侯　金濂為戶部尚書時四方用兵需饟
急濂議上撙節便宜十六事國用得無乏　陳循等議召還羅通留
楊洪掌京營葉盛言今日之事邊關為急往者獨石馬營不棄駕何
以陷土木紫荊白羊不破寇何以薄都城今紫荊倒馬諸關寇退幾
及一月尚未設守禦宣府為大同應援居庸切近京師守之尤不可
非人洪等既留必求如洪者代之然後可以副重寄而集大功帝是
之尋命盛出安集陳州流民　都督朱謙鎮宣府　僉都御史王竑

鎮居庸關竝至簡士馬繕阨塞劾將帥不職者壁壘一新　十二月庚戌尊皇太后爲上聖皇太后　辛亥王驥爲平蠻將軍充總兵官討貴州叛苗　都督同知董興爲左副總兵討廣東賊戶部侍郎孟鑑參贊軍務興以天文生馬軾自隨果鋭不能戢下軾戒之　癸丑尊母賢妃吳氏爲皇太后甲寅立妃汪氏爲皇后丙辰大赦　己未石亨楊洪柳溥分練京營兵朝廷以洪宿將所言多采納洪陳禦寇三策又奏請簡汰三千諸營將校不得以貧弱充伍從之　戊辰祭陳亡官軍於西直門外

明紀卷第十四

明紀卷第十五

賜進士出身工部候補主事虞衡司行走陳鶴纂

卹贈知府銜給雲騎尉世職內閣候補中書孫男克家參訂

景帝紀一（起景泰元年庚午訖景泰三年壬申凡三年）

恭仁康定景皇帝景泰元年春正月丁丑朔罷朝賀　陳豫鎮臨清議建城堡檄發役夫萊州知府崔恭以方春民乏食請俟秋成　始令納粟納馬者給冠帶　辛巳築城天壽山南駐陵軍命曰永安福建賊破清流縣　羅通言諸邊報警率由守將畏徵調飾詐以惑朝廷遇賊數十輒稱殺賊數千向者德勝等門外不知斬馘幾何而獲官者至六萬六千餘人輦下且然何況塞外且韓信起自行伍穰苴拔於寒微宜博搜將士中如信苴者與議軍事若今腰玉珥貂皆苟全性命保爵祿之人憎賢忌才能言而不能行未足與議也于謙言概責邊報不實果有警不奏必致誤事德勝門外官軍升級惟武

清侯石亨功次冊當先者萬九千八百餘人及陳亡三千餘人而已安所得六萬之多通以爲濫宜將臣及亨等陞爵削奪有如韓信穰苴者乞即命指薦并罷臣營務專治部事疏下廷議廷臣共言謙及石亨楊洪實堪其任又謂通志在滅賊無他帝兩解之尋敕謙錄功不得如從前冒濫蓋因通言而發也人由是不直通　閏月甲寅瓦剌寇寧夏　先是會試取士分南北中卷癸亥詔依永樂間例毋拘額從大理寺丞李奎請也　瓦剌騎數千自順聖川入營沙窩庚午郭登帥兵擊敗之又追敗之栲栳山斬二百餘級得所掠人畜八百有奇自土木敗後邊將畏縮無敢與寇戰登以八百人破敵數千騎軍氣大振丙午封登定襄伯　免大名真定開封衛輝被災稅糧彭時以兵事稍息得請終制然由是忤旨　召王文掌院事文深刻有城府中柔媚而面目嚴冷與陳鎰同官一揖外未嘗接談諸御史畏之若神　刑部侍郎耿九疇理兩淮鹽課巡撫浙江都御史軒輗

兼理兩浙鹽課　二月戊寅耕耤田　塞上軍民多爲寇所掠癸未羅通請榜諸邊能自歸者軍免戍守三年民復徭役終身又請懸封爵重賞募能禽斬也先伯顏帖木兒喜寧者已又言古之將帥務搜拔衆才如知山川形勢者可使導軍能騰高越險者可使覘敵能風角鳥占者可使備變今軍中未見其人乞敕廷臣各舉所知命總兵官楊洪副將孫鏜同臣考驗詔行之　丙戌石亨爲鎮朔大將軍帥京軍三萬人巡大同都指揮同知楊能充遊擊將軍帥萬五千人巡宣府能洪之從子也　都督衞頴統大營范廣協理　喜寧之降敵也爲之謀主也先嘗謂上皇曰中朝若遣使來皇帝歸矣上皇曰汝自送我則可欲中朝遣使徒費往返爾寧聞怒曰欲急歸者袁彬也必殺之寧勸也先西犯寧夏掠其馬直趨江表居上皇南京彬與哈銘譖上皇曰天寒道遠陛下又不能騎空取凍飢且至彼而諸將不納奈何上皇止寧寧欲殺二人皆上皇力解而止寧數爲也先畫策

索賞賜導入邊寇掠上皇患之言於也先使寧還京索禮物而命彬
以密書報邊臣至獨石都指揮江福禽之送京師壬辰磔於市　董
興師至廣州賊舟千餘艘勢甚熾而徵兵未至諸將請濟師馬軾曰
廣民延頸久矣即以狠兵往擊猶拉朽耳興從之初廣州被圍久將
士戰輒敗禁民出入樵采絶鄉民避賊者又拒不納多爲賊所害民
益歸賊楊信民至開城門發倉廩刻木契給民得出入賊見木契曰
此楊公所給也不敢傷避賊者悉收保民若更生信民益厲甲兵多
方招撫降者日至乃使使持檄入賊營諭以恩信黃蕭養曰得楊公
一言死不恨尅日請見信民單車詣之隔濠與語賊黨望見讙曰果
楊公也爭羅拜有泣下者賊以大魚獻信民受之不疑蕭養且降而
大軍至賊遂中變三月己酉有大星隕城外七日而信民暴疾卒軍
民聚哭城中皆縞素賊聞之亦泣曰楊公死吾屬無歸路矣　瓦剌
寇朔州　辛亥錄土木死事諸臣後鄺埜子儀王佐子道俱戸部主

珍倣宋版印

事曹鼐子恩丁鉉子琥王永和子汝賢鄧棨子瓛俱大理評事餘俱
國子生恩自陳願讀書翰林許之改編修　瓦剌寇宣府朱謙告急
敕兵部會諸營將遴選將材癸丑范廣充總兵官羅通提督軍務禦
之已而寇退于謙請令廣等駐兵居庸寇來則出關勦殺退則就糧
京師從之　瓦剌寇寧夏慶陽乙卯寇朔州　癸亥免畿內逋賦及
夏稅　兵部右侍郎俞綱入閣預機務　罷真定河間採野味直沽
造乾魚中官從于謙請也　夏四月丙子廣東都指揮李昇何貴帥
兵捕海賊戰死　辛巳瓦剌寇大同官軍擊卻之　平越被圍九月
掘草根煮弩鎧食之死者相枕籍王驥頓軍辰沅不進黃鎬置密疏
竹筒中募土人間行乞援於朝且劾驥等覆師狀丁亥梁珤爲平蠻
將軍方瑛爲右副總兵代驥討叛苗吏部侍郎何文淵以貴州苗未
平議罷二司專設都司以大將鎮之于謙曰不設二司是棄之也議
乃寢　戊子大理寺丞李茂錄囚南京考黜百司訪軍民利病　大

同參將許貴言迤北有三人至鎮欲朝廷遣使議和于謙言前遣指
揮季鐸岳謙往而也先隨入寇繼遣通政王復少卿趙榮不見上皇
而還和不足恃明矣況我與彼不共戴天理固不可和萬一和而彼
肆無厭之求從之則坐敝不從則生變勢亦不得和貴爲介胄臣而
恇怯如此何以敵愾法當誅移檄切責貴成之子也　丙申瓦剌寇
雁門都指揮李端擊卻之　丁酉瓦剌入石峯口燒關門而去　己
亥都督同知劉安充總兵官練兵保定真定涿易通諸處僉都御史
陳泰參贊軍務　庚子振山東饑　辛丑振畿內被寇州縣　癸丑
瓦剌數千騎至大同郭登出東門戰僞北誘之入土城伏起敵敗走
登度敵且復至令軍士齎毒酒羊豕楮錢僞爲祭冢者見寇卽棄走
寇至爭飲食之死者甚衆　浙江鎮守中官李德言馬順等有罪當
請命行誅諸臣乃敢擅殺非有內官擁護危矣是皆犯闕賊臣不宜
用章下廷議于謙言上皇蒙塵禍由賊振順等實其腹心陛下監國

羣臣共請行戮而順猶敢呵叱在廷文武忠憤激發不暇顧忌捶死三人此正春秋誅亂賊之大義也向使乘輿播遷奸黨猶在國之安危殆未可知臣等以爲不足問帝曰誅亂臣所以安衆志廷臣忠義朕已知之卿等勿以德言介意　五月乙巳免山西被災稅糧　召羅通范廣還　楊洪子俊爲宣府右參將恃勢横恣以私憾杖都指揮陶忠至死洪懼奏俊輕躁恐誤邊事乞令來京隨臣操練許之既至言官交劾下獄論斬詔令隨洪立功喜寧之禽也俊冒其功未幾事覺乃更貶俊官別賞江福等　瓦剌掠河曲及義井堡殺二指揮圍忻代諸州石亨等不能禦長驅抵太原城北山西大震詔朱鑑移鎮鴈門而別遣都督僉事王良鎮太原劉安督涿易諸軍赴援兵漸集敵亦饜乃引去　戊申瓦剌寇鴈門岔黃花鎮戍兵衞陵寢　游擊將軍石彪敗瓦剌於威遠衞彪亨之從子也　瓦剌入宣府朱謙禦之關子口寇數千騎突至謙拒以鹿角發火器擊之寇少卻如是

數四謙軍且退都督江福援之亦失利謙復力戰寇不得入　廣東兵大集癸丑董興進至大洲擊賊殺溺死者萬餘人餘多就撫黃蕭養中流矢死函首以獻俘其父及子等餘黨皆伏誅興兵所過村聚多殺掠民仰天號曰楊公在豈使吾曹至是請於朝建祠祀焉興留鎮廣東　浙江賊陶得二復熾擁衆犯武義先遣其黨十餘輩僞爲鄉民避賊者以儆緼褁薪闌入城賊至副使陶成出戰賊黨持薪縱火官軍驚潰成與都指揮僉事崔源皆戰死成數有功事聞贈左參政錄其子魯爲八品官　瓦剌數出沒大同渾源伺軍民樵采輒驅掠或幸脫歸率殘傷肢體遺民相率入城無所棲又乏食霍瑄以聞壬戌命老弱聽暫徙發粟振之除城守丁壯賦役　貴州副總兵田禮擊叛苗走之平越新添圍並解總督軍務侍郎侯璡遣兵攻敗都盧水西諸賊貴州道始通又調雲南兵由烏撒會師開畢節諸路檄普安土兵援安南衞而自帥師攻紫塘彌勒等十餘寨會賊復圍平

越回師擊退之遂分哨七盤坡羊腸河楊老堡解清平園東至重安
江與王驥會驥亦俘剗平王蟲富自興隆抵鎭遠道皆通　辛未瓦
剌也先遣使請和且請還上皇下禮部議未決王直帥羣臣上言曰
太上皇惑細人言輕身一出至於蒙塵陛下宵衣旰食徵天下兵與
羣臣兆姓同心僇力期滅此朝食以雪不共戴天之恥迺者天誘其
衷也先有悔心之萌而來求成於我請還乘輿此轉禍爲福之機也
望陛下俯從其請遣使往報因察其誠僞而撫納之奉太上皇以歸
少慰祖宗之心陛下天位已定太上皇還不復涖天下事陛下第崇
奉之則天倫厚而天眷益隆誠古今盛事也帝曰卿等言良然但前
後使者五輩往終不得要領今復遣使設彼假送駕爲名來犯京師
豈不爲蒼生患賊詐難信其更議之　俞綱解閣務守本官　六月
壬午瓦剌二千騎寇大同郭登擊卻之丙戌也先復奉上皇至城外
聲言送駕還登與同守者設計具朝服候駕月城內伏兵城上俟上

皇入即下月城闈也先及門而覺遂擁上皇去　金英家人犯法王
文陳鎰治之不罪英給事中林聰等劾文鎰畏勢縱奸幷及御史宋
琛謝琚丁亥下文等錦衣衞獄文等引罪釋之聰言琛琚不任風紀
命調外　戊子瓦剌二千騎寇宣府朱謙遣都指揮牛璽等往禦戰
南坡謙見塵起帥參將紀廣等馳援自巳至午寇敗遁初也先欲取
大同爲巢穴又謂大同宣府二城旦夕可下數來攻而郭登守大同
謙守宣府數挫其衆有一營數十人不還者喜寧既死叛人小田兒
爲敵間會侍郎王偉出視邊于謙授計誘誅之又請特釋蔣信家許
以封爵俾陰爲之計脫脫不花阿剌皆撤所部歸也先始決意歸上
皇　戊戌免山東被災州縣稅糧　于謙以山西近寇請遣大臣往
鎭楊洪亦乞遣重臣從雁門護饟大同帝以命羅通通不欲行請得
與謙洪俱謙遂請往帝不允卒命通　瓦剌阿剌使復至胡濙等復
請遣迎上皇帝御文華殿門召諸大臣及言官諭以宜絕狀王直對

曰必遣使毋貽後悔帝不悅曰朕本不欲登大位當時見推實出卿等于謙曰天位已定寧復有他顧理當速奉迎耳萬一彼果懷詐我有辭矣帝顧而改容曰從汝從汝羣臣退興安匍匐出呼曰若等固欲遣使有文天祥富弼其人乎直大言曰廷臣惟天子使既食其祿敢辭難乎言之再聲色愈厲安語塞己亥給事中李實爲禮部右侍郎大理寺丞羅綺爲右少卿使瓦剌敕書不及迎上皇實走白內閣遇安安詬曰若奉黃紙詔行耳他何預　肅府儀衛司餘丁聊讓言邇歲土木繁興異端盛起番僧絡繹汙吏縱橫相臣不正其非御史不劾其罪上下蒙蔽民生凋瘵狡寇犯邊上皇播越陛下枕戈嘗膽之秋可不拔賢舉能一新政治乎昔宗岳爲將敵國不敢呼名韓范鎮邊西賊聞之破膽司馬居相位強鄰戒勿犯邊今文武大臣之有威名德望者宜使典樞要且延訪智術才能之士布滿朝廷則也先必畏服而上皇可指日還矣大臣陽也宦寺陰也君子陽也小人陰

也近日食地震陰盛陽微謫見天地望陛下總攬乾綱抑宦寺使不
得預政遏小人俾不得居位庶陰陽順而天變可弭天下治亂在君
心邪正田獵是娛宮室是侈宦寺是狎三者有一足蠱君心願陛下
涵養克治多接賢士大夫少親宦官宮妾革奢靡戒游佚堯立謗木
恐人不言所以聖秦除謚法恐人議己所以亡望陛下廣從諫之量
旌直言之臣則國家利弊閭閻休戚臣下無所顧忌言無不盡也蘇
子曰平居無犯顏敢諫之臣則臨難必無仗節死義之士願陛下恆
念是言而審察之帝嘉納焉　秋七月庚戌尚書侯璡都督方瑛進
克賞改諸砦禽僞苗王王阿同等三十四人別賊阿趙僞稱趙王帥
衆掠清平璡等復討禽之水西苗阿忽等六族皆自乞歸化詔璡隨
方處置　瓦剌脫脫不花入貢也先亦遣使復至將遣歸使者謂館
伴曰朝廷遣使報阿剌知院而不遣大臣報可汗及太師事必不濟
胡濙以聞廷議簡四人爲正副使與偕行帝命俟李實還議之王直

等固請庚申楊善及工部侍郎趙榮都指揮同知王息千戶湯公讓
使瓦剌𤍽等言上皇蒙塵久宜附進服食不報敕書亦無奉迎語自
齎賜也先外無他賜善乃出家財悉市彼中所需者攜以往公讓和
曾孫也　停山西民運糧大同　癸亥李實羅綺還以也先使俱至
具言欲和狀王直與陳懋等上疏請更遣使齎禮幣往迎上皇帝令
不須遣使但以迎復意宜示也先直等復言臣等與李實語具得彼
中情事其所需衣物資斧者上皇言也而奉迎車駕也先意也昨脫
脫不花阿剌使來皆有報今使以迎請爲辭乃不遣使與偕是疑敵
而召兵也實自言於帝帝皆不許也先使辭歸帝賜書諭送回大駕
就令楊善奉迎直等復言今北使已發願本上皇之心順臣民之願
因彼悔心遣使往報以圖迎復帝命擇使直等請仍遣實命俟善歸
再議御史畢鑾等上疏言就令彼以詐來我以誠往萬一不測則我
之兵力固在檢討邢讓亦以爲請不許　城臨清陳豫練兵撫民安

靜不擾及召還父老詣闕請留從之　己巳楊善至瓦剌其館伴與
飲帳中詫善曰土木之役六師何怯也善曰彼時官軍壯者悉南徵
王司禮邀大駕幸其里不為戰備故令汝得志耳今南徵將士歸可
二十萬又募中外材官技擊可三十萬悉教以神鎗火器藥弩中百
步外洞人馬腹立死又用策士言緣邊要害隱鐵椎三尺馬蹄踐輒
穿又刺客林立夜度營幕若猿猱伴色動善曰惜哉今皆置無用矣
問何故曰和議成歡好且若兄弟安用此因以所齎遺之其人喜悉
以語也先明日見也先又大有所遺也先亦喜善因詰之曰太上皇
帝朝太師遣貢使必三千人歲必再賚金幣載途背盟見攻何也也
先曰奈何削我馬價予帛多翦裂前後使人往多不歸又減歲賜善
曰非削也太師馬歲增價難繼而不忍拒故微損之太師自度價比
前孰多帛翦裂者通市為之事露誅矣即太師貢馬有劣弱貂或敝
亦豈太師意耶且使者多至三四千人有為盜或犯他法歸恐得罪

故自土耳留若奚爲貢使受宴賜上名或浮其人數朝廷核實而予之所減乃虛數有其人者固不減也也先稱善善復曰太師再攻我屠戮數十萬太師部曲所傷亦不少矣上天好生太師好殺故數有雷警今還上皇和好如故中國金幣日至不亦美乎也先曰敕書何以無奉迎語善曰此欲成太師令名使自爲之若載之敕書是太師迫於朝命非誠心也也先大喜問上皇歸將復爲天子乎善曰天位已定難再移也先曰堯舜如何善曰堯讓舜今兄讓弟正相同也其平章昂克問善何不以重寶來購善曰若齎貨來人謂太師圖利今不爾乃見太師仁義爲好男子垂史策頌揚萬世也先笑稱善伯顏帖木兒勸也先留使臣遣使要上皇復位也先懼失信不可卽曰引善見上皇遂設宴餞上皇行也先席地彈琵琶妻妾奉酒顧善曰都御史坐善不敢坐上皇曰太師著坐便坐善承旨坐卽起周旋其間也先顧羨曰有禮伯顏帖木兒等亦各設餞八月癸酉也先築土臺

坐上皇臺上帥妻妾部長羅拜其下各獻器用食物上皇發瓦剌也先與部衆皆送約半日程也先伯顏帖木兒下馬伏地慟哭曰皇帝行矣何時復得相見良久乃去遣頭目七十人送至京袁彬哈銘蔣信並從駕還　山西都司令史賈斌疏言宦官之害引漢桓帝唐文宗宋徽欽爲戒且獻所輯忠義集四卷採史傳所記直諫盡忠節之士而宦官恃寵蠹政可爲鑒戒者附焉報聞　戊寅祀社稷　庚辰命禮部具奉迎儀胡濙等議禮部迎於龍虎臺錦衣具法駕迎居庸關百官迎土城外諸將迎教場門上皇自安定門入進東安門於東北上門南面坐皇帝謁見畢百官朝見上皇入南城大內議上傳旨以一轎二馬迎於居庸至安定門易法駕餘如奏命太常寺少卿許彬奉迎於宣府　給事中劉福李侃等言奉迎禮太薄帝報曰朕尊大兄爲太上皇帝尊禮無加矣福等顧云太薄其意何居胡濙等言諸臣意無他欲陛下篤親親耳帝曰昨得太上皇帝書具言迎駕禮

宜從簡朕豈得違之羣臣乃不敢言　千戶龔遂榮爲書投高穀言奉迎宜厚具言唐肅宗迎上皇故事穀袖之入朝徧示廷臣曰武夫尚知禮況儒臣乎衆善其言胡濙王直欲以聞王文阻之乃止葉盛林聰劾穀等股肱大臣有聞必告不宜偶語竊議有詔索書且詰所從得穀對曰自臣所因抗章請如遂榮言濙請帝躬迎安定門外分遣大臣迎龍虎臺帝不悅曰第從朕命無事紛更下遂榮詔獄久之得釋　壬午上皇至宣府朱謙出謁命厚犒瓦剌使者癸未命許彬書罪己詔諭羣臣敕遣祭土木陣亡官軍甲申侍讀商輅奉迎於居庸關丙戌上皇還京師帝迎於東安門上皇入居南宮帝帥百官朝謁庚寅赦天下　辛卯刑部右侍郎江淵兼翰林學士直文淵閣預機務　進楊善左都御史　苗衷致仕　總督湖廣貴州軍務兵部尚書侯璡卒於普定　九月壬寅朔王驥爲南京兵部尚書參贊機務南畿軍素偷惰驥至以所馭兵軍法教之于謙弗重也朝廷以其

舊臣寵禮之　丁未封朱謙爲撫寧伯　鎭守中官陳公忌郭登會
有發公奸贓者公疑登使之遂與登搆帝謂于謙曰大同吾藩籬公
與登如是其何以守遣右監丞馬慶代之公還登愈感奮　癸丑河
南巡撫副都御史王來爲右都御史總督湖廣貴州軍務討叛苗
南京吏部尙書魏驥祭酒陳敬宗並致仕驥初以請老至京師陳循
請閒曰公雖位冢宰未嘗立朝願少待事在循輩驥正色曰君爲輔
臣當爲天下進賢才不得私一座主退語人曰渠以朝廷事爲一己
事安得善終循驥門生也驥端厚祇愼顧勁直好別白君子小人恆
曰無是非之心非人也家居憂國憂民老而彌篤布衣糲食未嘗殖
生產敬宗與李時勉同時爲南北祭酒時勉平恕得士敬宗方嚴終
明世稱賢祭酒曰南陳北李　初毛忠征瓦剌獲番僧加失領眞以
獻後逃之瓦剌爲也先用憾忠欲陷之宣言忠數遣使通瓦剌遂發
忠福建立功徙其家屬京師　冬十月辛卯錄囚　癸巳免畿內逋

賦　耿九疇兼撫鳳陽等處　初楊洪自獨石入衛八城悉以委寇
于謙使都督孫安以輕騎出龍門關據之且戰且守八城遂復　瓦
剌使三千人來朝于謙請列兵居庸關備不虞京師盛陳兵宴之因
言和議難恃條上安邊三策請敕大同宣府永平山海遼東各路總
兵官增修備禦瓦剌入貢每攜故所掠人口至謙必奏酬其使前後
贖還累數百人　李實爲右都御史巡撫湖廣　溫處餘賊尚熾鎮
守浙江兵部侍郎孫原貞母喪令視事十一月原貞進兵搗賊巢俘
斬賊首陶得二等招撫三千六百餘人追還被掠男女原貞請奔喪
踰月還鎮分兵勦平餘寇　金英以罪下獄詞連工部尚書石璞帝
命錮英宥璞出理大同軍饟　辛亥胡濙請令百官賀上皇萬壽節
十二月丙申復請明年正旦百官朝上皇於延安門皆不許荊王瞻
堈請朝上皇不許　梁珤與王來毛福壽方瑛會兵討叛苗至靖州
賊掠長沙寶慶武岡珤等分道邀擊俘斬三千餘人賊遁去已復出

掠官軍連戰皆捷
二年春正月壬子考察天下入覲官當黜者運糧口外　御史練綱
巡視兩淮鹽政　二月辛巳釋奠於先師孔子　吏部郎中李賢上
正本十策曰勤聖學顧箴警戒嗜慾絶玩好慎舉措崇節儉畏天變
勉貴近振士風結民心帝善之命翰林寫置左右備省覽　辛卯以
星變修省詔廷臣條議寬卹諸政　癸巳詔畿內及山東巡撫官舉
廉能吏專司勸農授民荒田貸牛種　于謙憂國忘身口不言功自
奉儉約所居僅蔽風雨帝賜第東華門辭曰國家多難臣子何敢自
安固辭不允乃取前後所賜璽書袍錠之屬悉加封識歲時一省視
而已　撫寧伯朱謙卒　初設漕運總督於淮安以王竑爲之與都
督僉事徐恭同理漕事治通州至徐州運河三月江北大饑竑從周
忱貸米三萬石忱爲計至來年麥熟以十萬石畀之　也先遣使入
貢且請答使王直等言邊備未修芻糧未積瘡痍未復宜如其請遣

使往以觀虛實開導其善不許　郭登以老疾乞休舉石彪自代且
請令其子嵩宿衞帝以嵩爲散騎舍人不聽登辭登以邊患甫息思
得公廉有爲者與俱遂劾奏沈固廢事而薦尚書楊寧布政使年富
又言大同既有御史又有巡按御史僉都御史任寧宜止巡撫宣府
帝悉從之以富爲右副都御史巡撫大同提督軍務而徵固及任寧
還大同經喪敗法弛獘尤甚富一意拊循奏免秋賦罷諸州縣稅課
局停太原民轉輸大同石亨等令家人領官庫銀帛糴米實邊多所
乾沒富首請按治詔宥亨等抵家人罪亨所遣卒越關抵大同富復
劾亨專擅亨輸罪乃已　中書舍人何觀劾尚書王直輩正統時阿
附權奸不宜在左右中官見權奸語以爲侵己激帝怒下科道參議
吏科毛玉主奏稿力詆觀林聰葉盛持之乃刪削奏上會御史疏亦
上中有觀考滿不還私憾吏部語遂下觀詔獄杖之謫九溪衞經歷
梁莊王來自沅州進兵與方瑛破賊於興隆之截洞賊退保香爐

山山陡絶官軍分三道進瑛自龍場毛福壽自重安江都督陳友自
萬潮山來與琟大軍繼之先後破黎樹翁滿等三百餘寨招撫袞水
等三百餘寨會師香爐山下環四面攻之發礮轟崖石聲動地賊懼
夏四月乙酉縛同烈弁賊將五十八人降餘悉解散遂移軍清平檄
四川兵共勦都勻草塘諸賊賊望風具牛酒納款賊平班師詔留來
琟鎮撫　陝西饑軍民萬餘人言願得陳公活我監司以聞帝以命
鎰鎰至是凡三鎮陝西先後十餘年陝西人戴之若父母每還朝必
遮道擁車泣再至則歡迎數百里不絶其得軍民心前後撫陝西者
莫及也　甲午瓦剌寇宣府馬營以報使爲辭敕石虎等巡邊乙未
命石亨選京營兵操練尚書石璞總督軍務　五月王直等復請遣
使瓦剌言絶之且起釁帝曰遣使有前事曩瓦剌入寇時豈無使耶
因敕也先曰前者使往小人言語短長遂致失好朕今不復遣而太
師請之甚無益直等言陛下鋭意治兵爲戰守計真大有爲之主然

使命不通難保其不爲寇宜敕沿邊守臣發兵游徼有警則入保無事則力耕陛下於機務之暇時召京營總督總兵詢以方略誠接而禮貌之信賞罰以持其後斯戰守可言也帝曰善　監生郭佑言逆寇犯順上皇蒙塵此千古非常之變百世必報之讎也今使臣之來動以數千務驕蹇責望於我而我乃隱忍姑息致賊勢日張我氣日索求和與和求戰與戰是和戰之權不在我而在賊也願陛下結人心親賢良以固國本廣儲蓄練將士以壯國氣正名定分裁之以義如桀驁侵軼則提兵問罪使大漠之南不敢有匹馬闌入乃可保百年無虞不然西北力疲東南財竭不能一日安枕矣昨以國用耗乏謀國大臣欲抒一時之急令民納粟者賜冠帶今軍旅稍寧行之如故農工商販之徒不校賢愚惟財是授驕親戚誇鄉里長非分之邪心贓汙吏罷退爲民欲掩閭黨之恥納粟納草冠帶而歸前以冒貨去職今以輸貨得官何以禁貪殘重名爵況天下統一藏富在民未

至大不得已而舉措如此是以空乏啓寇心也章下廷議格不行
楊洪爲鎭朔將軍還鎭宣府從子能信充左右參將子俊爲右都督
管三千營洪自以一門父子官極品手握重兵盛滿難居乞休致請
調俊等他鎭不許　奸民彭守學復訐周忱多徵耗米妄有費用戶
部遂請遣御史李鑑等往諸郡稽覈尋以給事中金達言召忱還朝
　六月戊辰朔日當食不見　己卯詔貴州各衛修舉屯田　李賢
陳車戰火器之利採行之　周忱言臣未任事之先諸郡稅糧無歲
不逋自臣涖任設法剗弊節省浮費於是歲無逋租更積贏羨凡向
之公用所須科取諸民者悉於餘米隨時支給或振貸未還遇赦宥
免或未估時直低昂不一緣奉宣宗皇帝幷太上皇敕諭許臣便宜
行事以此支用不復具聞致守學訐奏戶部遣官追徵實臣出納不
謹死有餘罪禮部尚書楊寧言妄費罪乃在忱今估計餘值悉徵於
民間至有棄家逃竄者乞將正統以前者免追詔許之召李鑑等還

江淵以天變條上三事一厚結朵顏赤斤諸衞爲東西藩籬一免京軍餘丁以資生業一禁訐告王振餘黨以免枉濫詔從之　時河勢方橫溢分流大清不專向徐呂徐呂益膠淺自臨清以南運道艱阻乃敕山東河南巡撫都御史洪英王暹協力合治務令水歸漕河暹言黃河自洪武二十四年改流從汴梁北五里許由鳳陽入河者爲大黃河其支出徐州以南者爲小黃河以通漕運自正統十三年以來河復故道從黑洋山後徑趨沙灣入海但存小黃河從徐州出岸高水低隨濬隨塞以是徐州之南不得飽水臣自黑洋山東南抵徐州督河南三司疏濬臨清以南請以責英　秋七月戊申普定永寧畢節諸苗復叛梁珤等留軍討之尋命王來兼巡撫貴州　德勝之捷石亨功不加于謙而得世侯內愧乃疏薦謙子冕詔赴京師謙辭不允謙言國家多事臣子義不得顧私恩且亨位大將不聞舉一幽隱拔一行伍微賤以裨軍國而獨薦臣子於公義得乎臣於軍功力

杜徼幸決不敢以子濫功享復大恚　進何文淵吏部尚書佐王直理部事　八月壬申南京地震　帝以兵革稍息頗事游宴周敘請復午朝日接大臣咨諏治道經筵之餘召文學從臣講論政事并詔天下臣民直言時政缺失會葉盛亦以復午朝故事爲請立報可辛巳復午朝時帝虛懷納諫凡六科聯署建請多盛與林聰爲首廷臣議事盛每先發言往復論難與議大臣或不悅曰彼豈少保耶因呼爲葉少保然物論皆推盛才　言官猶交章劾周忱請正其罪帝素知忱賢大臣亦多保持之者但令致仕忱性機警錢穀鉅萬一屈指無遺算其治以愛民爲本濟農倉之設雖與民爲期約多不追取每歲徵收畢踰正月中旬輒下檄放糧曰此百姓納與朝廷贏數今還與百姓用之努力種朝廷田秋間又納朝廷稅也諸府餘米數多至不可校忱益務廣大修葺廨舍學校先賢祠墓橋梁道路及崇飾寺觀贈遺中朝官資藉過客無稍吝惜胥吏漁蠹其中亦不甚訾省以

故屢召人言然當時言理財無出忱右者　戶部侍郎李敏巡撫應天諸府敕無輕易周忱法然自是戶部括所積餘米爲公賦儲備蕭然其後所部大饑道殣相望課逋如故矣民益思忱不已即生祠處處祀之　高穀薦侍講陳文才擢雲南右布政使貴州比歲用兵資饟雲南民困轉輸文令商賈代輸而民倍償其費皆稱便稅課額鈔七十餘萬吏俸所取給典者侵蝕吏或累歲不得俸文悉按治課日羡溢雲南產銀民間用銀貿易視內地三倍隸在官者免役納銀亦三之納者不爲病文曰雖如是得無傷廉乎損之復令減隸額三之一名譽日起　給事中張文質劾王暹洪英治水無績請引塌場水濟徐呂二洪濬潘家渡以北支流殺沙灣水勢且開沙灣浮橋以西河口築閘引水以灌臨清而別命官以責其成詔不允仍命暹英調度時議者謂沙灣以南地高水不得南入運河請引耐牢坡水以灌運而勿使經沙灣別開河以避其衝決之勢或又言引耐牢坡水南

去則自此以北枯澀矣甚者言沙灣水湍急石鐵沈下若羽非人力可爲宜設齋醮符咒以禳之帝心甚憂念乃命工部尚書石璞往治而加河神封號　昌平侯楊洪以疾召還九月卒贈頴國公謚武襄洪久居宣府御兵嚴肅士馬精強爲一時邊將冠然未嘗專殺又頗好文學嘗請建學宣府教諸將子弟子傑嗣侯上言臣家一侯三都督蒼頭得官者十六人大懼不足報稱乞停蒼頭楊釗等職許之仍令給俸　乙卯禁諸司起復　郭登以疾召還登初至大同士卒可戰者纔數百馬百餘匹及是馬至萬五千精卒數萬屹然成巨鎮登去大同人思之　冬十月己丑免山西被災稅糧　也先數貢馬兵部侍郎李賢謂齎金帛以強寇自斃非策因陳邊備廢弛狀于謙請下其章厲諸將　王竑兼巡撫淮安揚州廬州三府徐和二州召耿九疇還　初廣通王徽煠有勇力家人段友洪以技術得寵致仕後軍都事于利賓言徽煠有異相當主天下遂謀亂作僞敕分遣友洪

及蒙能陳添仔入苗中誘諸苗以銀印金幣使發兵攻武岡苗首楊
文伯等不敢受事覺岷王徽煣執友洪都御史李實以聞遣焦敬及
中官李琮徵徽煣入京師王來梁珤復發陽宗王徽熷通謀狀亦徵
入廢爲庶人錮之高牆　十一月羅通協贊京營軍務　浙江右布
政使楊瓚以湖州諸府官田賦重請均之民田賦輕者而嚴禁詭寄
之弊詔與孫原貞督之　宣府督餉侍郎劉璉病命戶部郎李秉往
佐之十二月秉發璉侵牟狀擢秉右僉都御史代璉兼參贊軍務宣
府軍民數遭寇牛具悉被掠朝廷遣官市牛萬五千給屯卒人予直
市穀種璉盡以畀京民之出守者一不及屯卒更停其月餉而徵屯
糧甚急秉盡反璉政厚卹之軍卒自城守外悉得屯作凡使者往來
及宦官鎭守供億科斂者皆奏罷以官錢給費尋上備邊六事言軍
以有妻者爲有家月餉一石無者減其四即有父母兄弟而無妻概
以無家論非義當一體增給從之時宣府億萬庫頗充裕秉益召商

中鹽納糧料飭戎裝市耕牛給軍軍愈感悅　福建賊悉平　庚寅禮部左侍郎王一寧祭酒蕭鎡兼翰林學士直文淵閣預機務　瓦剌可汗脫脫不花娶也先姊生子也先欲立爲太子脫脫不花不從也先亦疑其通中國將謀己遂治兵相攻脫脫不花敗走也先追殺之執其妻子以其人畜給諸部屬遂乘勝迫脅諸番東及建州兀良哈西及赤斤蒙古哈密

三年春正月于謙請乘間大發兵身往討之以雪國恥除邊患帝不許　王來言近因黔楚用兵暫行鬻爵之例今寇賊稍寧惟平越都勻等四衛乏饟宜召商中鹽罷納米例從之　二月也先來獻捷乙酉副都御史劉廣衡錄南京囚　京師久雨雪江淵言漢劉向曰凡雨陰也雪又雨之陰也仲春少陽用事而寒氣脅之占法謂人君刑法暴濫之象陛下恩威溥洽未嘗不赦過宥罪竊恐有司奉行無狀寃抑或有未伸且向者下明詔免景泰二年天下租十之三戶部

移檄有司但減米麥其折收銀布絲帛者追徵如故則是朝廷自失
大信於民怨氣鬱結良由此也帝乃令法司申冤濫詰戶部違詔金
濂內慚抵無有給事中李侃等請詰天下有司違詔故濂恐事敗乃
言銀布絲帛詔書未載若概減免國用何資戊子諸給事中御史劾
濂失信於民爲國斂怨且訐其陰事帝欲宥之侃與御史王允上殿
力爭遂下都察院獄三日釋之革太子太保改工部　三月戊戌葉
盛爲山西參政督餉宣府程信爲山東參政督餉遼東遼東巡撫寇
深奏盜糧一石以上者死又置新斛視舊加大屬信鉤考信立碎之
曰奈何納人於死深不悅　何文淵言理財非金濂不可復以濂爲
戶部尚書濂上疏自理乞骸骨帝慰留之　瀋王佶焞數與州官置
酒大會巡撫朱鑑以聞詔諸王非時令壽節不得輒與有司讌飲著
爲令　錦衣衛指揮同知畢旺采訪外事衛官漸用事　戊午毛福
壽討湖廣巴馬諸處苗克二十餘寨禽賊首吳奉先等百四十人

陳鎰鎮陝西將還王文當代諸御史交章留文乃改命侍郎耿九疇
都指揮楊得青等私役操卒九疇劾之詔按治且命諸邊如得青者
具劾以聞邊將請增臨洮諸衞戍九疇言邊城士卒非乏將帥能嚴
紀律賞罰明信則人人自奮不然徒冗食耳乃不增戍邊民春夏出
作田秋冬輒徙入塞九疇言邊將所以禦寇衞民今使民避寇失業
安用將帥因禁民入徙有被寇者治守帥罪　林聰言臣職在糾察
刑獄妖僧趙才興之疏族百口律不當坐而抄提至京叛人王英兄
不知情家口律不當逮而俱配流所雖終見原然其始受害已不堪
矣湖廣巡撫蔡錫以劾副使邢端爲所訐繫獄經年而端居職如故
侍郎劉璉督饟侵隱不爲無罪較沈固周忱乾沒萬計孰爲重輕璉
下獄追徵而固忱不問犯人徐南與子中書舍人頤俱坐王振黨當
斬乃論南大辟頤止除名皆刑罰之失平者帝是之端下獄璉得釋
南亦減死除名　彭時服除至京命供事翰林院不復與閣事　帝

之爲郕王也妃杭氏生子見濟以爲世子及即位心欲以見濟代皇太子而難於發皇后亦力以爲不可遲回久之太監王誠舒良爲帝賜陳循高穀百金江淵王一寧蕭鎡商輅半之以緘其口廣西土官都指揮使黃玹者思明土知府瑺之庶兄也瑺致仕子鈞襲玹守備潯州令其子襲殺瑺一家支解瑺及鈞而謬爲捕賊以掩其跡瑺僕福童訴其事巡撫侍郎李棠檄右參政曾翬副使劉仁宅按其事玹使人持千金賄於道且擁精兵挾之翬仁宅陽許諾已誘執玹父子下之獄玹窘夏四月遣千戶袁洪走京師上疏勸帝廢太子立己子疏入帝大喜曰萬里外乃有此忠臣亟下廷臣會議且令釋玹罪進階都督諸臣會議者九十一人王文率先承命循及胡濙等皆唯唯惟李侃林聰朱英以爲不可王直亦有難色興安厲聲曰此事不可已即以爲不可者勿署名無持兩端循濡筆强直直遂署羣臣皆署於是濙及魏國公徐承宗等言陛下膺天明命中興邦家統緒之傳

宜歸聖子黄竑奏是制曰可禮部具儀擇吉以聞卽日簡置東宮官公孤詹事僚屬悉備吏部右侍郎俞山密疏諫不聽五月甲午廢皇后汪氏立杭氏爲皇后廢皇太子見濬爲沂王立見濟爲太子詔曰天佑下民作之君實遺安於四海父有天下傳之子斯本固於萬年大赦天下令百官朔望朝太子封上皇子見清榮王見淳許王賜親王公主邊鎮文武內外羣臣又加賜循穀淵一寧鎡輅各黄金五十兩直歸頓足歎曰此何等大事乃爲一蠻酋所壞吾輩媿死矣朱鑑貽循書言不可且曰陛下於上皇當避位以全大義循大駭棠既不得竟竑獄鬱鬱累疏謝病歸不攜嶺表一物　復顧興祖伯爵　土木之敗朱勇以大將喪師辱國奪封勇子儀乞葬祭亦不許丁酉以立東宮恩命儀襲封成國公減歲祿過半　石璞之治河也濬黑洋山至徐州以通漕而沙灣決口如故命中官黎賢阮洛御史彭誼協治璞等築石隄於沙灣以禦決河開月河二引水以益運河且殺其

決勢河流漸微細丙申沙灣堤成加璞太子太保建河神廟二一於黑
洋山沙灣歲春秋二祭　辛丑河南流民復業者計口給食五年
乙巳授顏子裔孫希惠孟子裔孫希文並翰林院五經博士子孫世
襲　孫原貞奏析遂安縣地置泰順縣析麗水青田二縣地置雲和
宣平景寧三縣建官置戍盜患遂息時又以福建沙縣之永安千戶
所爲縣析尤溪縣地益之以廣東南海縣之大艮堡爲順德縣析新
會縣地益之　六月乙亥罷各省巡撫官入京議事　大雨浹旬河
復決沙灣北岸掣運河之水以東近河地皆沒　潯梧猺亂蕫興及
廣西總兵武毅推委不任事于謙請以翁信陳旺爲廣東西總兵而
特遣一大臣督之秋七月乙未左都御史王翺總督兩廣軍務兩廣
有總督自翺始翺至推誠撫諭將吏讋服猺人嚮化部內無事　松
潘賊首卓勞糾他砦阿兒結等頻爲寇鎮守侍郎羅綺禽斬之　壬
寅王一寧卒　八月乙丑振徐兗水災　上皇居南宮御用監少監

阮浪入侍賜鍍金繡袋及鍍金刀浪以與皇城使王瑤錦衣衛指揮盧忠見之醉瑤酒而竊之以告尚衣監高平平令校尉李善上變言浪傳上皇命以袋刀結瑤謀復位忠爲之徵帝震怒下浪瑤詔獄窮治之浪瑤瀕死不及上皇一語忠筮於術者仝寅寅以大義折之且曰此大凶兆死不足贖忠懼佯狂以冀免商輅及王誠言於帝曰忠病風無足信不宜聽妄言傷大倫帝意少解乃幷下忠獄坐以他罪謫廣西立功所告事得不竟而浪與瑤竟磔死　戊辰都御史洪英尚書孫原貞薛希璉等分行天下考察官吏　丁丑振兩畿水災州縣免稅糧　乙酉振南畿河南山東流民　九月庚寅江淵母憂詔奔喪回任初侍講學士倪謙遭喪淵薦爲講官謙遂奪哀至是御史周文言淵引謙正自爲今日地帝以事既處分不問詔自今羣臣遭喪毋濫保　辛卯以南京地震兩淮大水河決命王文巡視安輯乙未振兩畿山東山西福建廣西江西遼東被災州縣　南京錦衣

衞餘丁華敏言近年以來內官袁琦唐受喜寧王振專權害政致國
事傾危望陛下防微杜漸總攬權綱爲子孫萬世法不然恐禍稔蕭
牆曹節侯覽之害復見於今日臣雖賤陋不勝痛哭流涕謹以虐軍
害民十事爲陛下痛切言之內官家積金銀珠玉纍室兼籝從何而
至非內盜府藏則外朘民膏害一也怙勢矜寵占公侯邸舍興作工
役勞擾軍民害二也家人外親皆市井無藉之子縱橫豪悍任意作
奸納粟補官貴賤淆雜害三也建造佛寺耗費不貲營一己之私破
萬家之產害四也廣置田莊不入賦稅寄戶郡縣不受徵徭阡陌連
亙而民無立錐害五也家人中鹽虛占引數轉而售人倍支鉅萬壞
國家法豪奪商利害六也奏求塌房邀接商旅倚勢賒買恃強不償
行賈坐敝莫敢誰何害七也賣放軍匠名爲伴當俾辦月錢致內府
監局營作乏人工役煩重并力不足害八也家人貿置物料所司畏
懼以一科十虧官損民害九也監作所至非法酷刑軍匠塗炭不勝

怨酷害十也章下禮部寢不行　命洪英督有司修築沙灣河隄
閏月癸未開處州銀場是月福建盜起　禮部侍郎鄒幹考察山西
官吏多所論劾黜布政使侯復以下五十餘人朱鑑請召幹還幹因
極論鑑徇護帝是幹言冬十月召鑑佐院事至京致仕去　陳循好
剛自用高穀與之不相能以王文強悍思引與共政以敵之乃疏請
增閣員循舉其鄉人蕭維楨穀舉文而文得中官助戊戌命文兼翰
林學士直文淵閣預機務　諜報寇牧近邊　丙辰孫鏜石彪協守
大同都督同知衛頴僉事楊能張欽協守宣府備也先頴青之子也
葉盛協贊孫安軍務安方修復獨石馬營龍門等四城盛與鬬草
萊葦廬舍庀戰具招流移爲行旅置煖鋪請帑金買牛千頭以畀屯
卒立社學置義冢療疾扶傷兩歲四城及赤城鵰鶚諸堡次第皆完
召王來等還　十一月己未朔日有食之　王文偕南京九卿議
上軍民便宜九事又言徐淮間饑甚而南京儲蓄有餘請盡發徐淮

倉粟振貸而以應輸南京者輸徐淮補其缺皆報可　戊辰方瑛平
貴州白石崖諸苗俘斬二千五百人招降四百六十砦　甲戌安輯
畿內山東山西逃民復賦役五年　免山東及淮安府徐州水災稅
糧　先是江淵言四川巡撫僉都御史李匡不職逮至覈實斥爲民
楊俊言也先既弑其主併其衆包藏禍心窺伺邊境直須時動耳
聞其妻孥輜重去宣府纔數百里我緣邊宿兵不下數十萬宜分爲
奇正以待誘使來攻正兵列營大同宣府堅壁觀變而出奇兵倍道
擣其巢彼必還自救我軍夾攻可以得志疏下廷議于謙等以計非
萬全李秉亦曰塞外本諸部牧地非犯邊也掩殺倖功非臣所敢聞
乃止　石璞言京師盜賊多出軍伍間有獲者輒云糧饟虧減妻孥
飢凍故又聞兩畿山東河南被災窮民多事剽掠不及今拊循恐方
來之憂甚於邊患口外守軍夜行晝伏艱苦萬狀今邊疆未靖宜增
饟以作士氣乃反減其月糧此實啓盜誤國之端非節財足用之術

帝深納其言　戊子錄劉基六世孫祿爲世襲五經博士　初于謙
以京兵分隸五軍神機三千三大營各爲教令臨期調撥兵將不相
習乃請擇精銳十五萬人分十營各置坐營都督訓練十二月癸巳
始立團營太監阮讓都督楊俊等分統之仍聽謙及石亨太監劉永
誠曹吉祥節制以備徵調其餘不屬團營者歸本營訓練以衛京師
名曰老家由是京軍之制一變　練綱偕同官應詔陳八事並允行
　李秉盡心邊計不恤嫌怨劾都指揮楊文楊鑑都督江福貪縱罪
之論守獨石中官弓勝田獵擾民請徵還又劾總兵官紀廣等罪廣
訐秉自解帝召秉還改通政蔣琳僉都御史代之言官交章請留秉
乃命練綱及給事中嚴誠往勘卒留秉時邊民多流移秉廣行招徠
復業者奏給月廩軍家爲寇所殺掠無依者官爲養贍或資遣還鄉
釐諸獘政所條奏百十章多允行諸部質所掠男婦求易米朝議成
丁者予一石幼者半之諸部概乞一石鎮將不可秉曰是輕人重粟

也如其言予之自請專擅羿帝以爲譏體　丁未進梁珤爵爲侯封
毛福壽南寧伯福壽尋更名勝　也先遣使賀明年正旦王直等復
請遣使報之下兵部議于謙言臣職司馬知戰而已行人事非所敢
聞詔仍毋遣使　免河南及永平被災秋糧　土魯番漸強侵掠鄰
境火州柳城皆爲所併其酋也密力火者遂僭稱王偕其妻及部下
頭目各遣使入貢

明紀卷第十五

明紀卷第十六

賜進士出身工部候補主事虞衡司行走陳鶴纂

卹贈知府銜給雲騎尉世職內閣候補中書孫男克家參訂

景帝紀二起景泰四年癸酉訖景泰七年丙子凡四年

四年春正月召王文還　河復決新塞口之南　王竑以災傷疊見方春盛寒上言請敕責諸臣痛自修省省刑薄斂罷無益之工嚴無功之賞散財以收民心愛民以植邦本陛下益近親儒臣講論道德進君子退小人以回天意帝納其言　五開清浪諸苗復叛二月戊子朔梁珤王來還軍討之　乙未皇太子冠　林聰言奪情非令典請承除其令從之　楊俊充游擊將軍送瓦剌使歸至永寧被酒杖都指揮姚貴八十且欲斬之諸將力解而止貴訴於朝葉盛亦論俊罪以俊嘗潰於獨石斥爲敗軍之將俊上疏自理封還所賜敕書以明己功言官劾其跋扈論斬錮之獄會其弟昌平侯傑卒傑母魏氏

請暫釋俊營傑葬事乃宥死降都督僉事　庚戌免江西去年被災秋糧　王文還朝改吏部尚書兼學士直文淵閣如故文雖爲高穀所引而穀遲重陳循明決文反與循合而不附穀　三月于謙言班軍分十營團練久不得休請仍分兩番從之　戊寅開建寧銀場

先是鳳陽淮安徐州大水道殣相望王竑上疏奏不待報開倉振之至是山東河南饑民就食者坌至廩不能給惟徐州廣運倉有餘積竑欲盡發之典守中官不可竑往告曰民旦夕且爲盜若不吾從脫有變當先斬若然後自請死耳中官憚竑威名不得已從之竑乃自劾專擅罪因言廣運所儲僅支三月請令死罪以下得於被災所入粟自贖帝聞淮揚饑憂甚得竑疏喜曰賢哉都御史活我民矣命鄒幹齎帑金馳赴聽便宜竑乃躬自巡行散振不足則令沿淮上下商舟量大小出米全活百八十五萬餘人勸富民出米二十五萬餘石給饑民五十五萬七千家賦牛種七萬四千餘復業者五千五百家

他境流移安輯者萬六百餘家病者給藥死者具櫬鬻子女者贖還之歸者予道里費人忘其饑頌聲大作時濟寧亦饑帝遣尚書沈翼齎帑金三萬兩往振翼散給僅五千兩餘以歸京庫竑劾翼奉使無狀請易米備振從之　夏四月戊子朔塞沙灣決口　運南京倉粟振徐州　己酉令各布政司及直隸府州縣學生員輸粟八百石於臨清東昌徐州振濟者入監讀書生員納粟入監自此始其後庶民亦得入監謂之民生亦謂之俊秀而監生益輕矣　五月詔李敏均定應天等府官民田　己巳王文母憂詔奔喪回任　甲戌徐州復大水民益饑發支運及鹽課糧振之　丁丑振鳳陽　御史左鼎言瓦剌變作將士無用由軍政不立謂必痛懲前弊乃今又五年矣貂蟬盈座悉屬公侯鞍馬塞途莫非將帥民財歲耗國帑日虛以天下之大土地兵甲之衆曾不能振揚威武則軍政仍未立也昔太祖定律令至太宗暫許有罪者贖蓋權宜也乃法吏拘牽沿爲成例官吏

受枉法財悉得減贖戕皷如此復何顧憚哉國初建官有常近始因事增設主事每司二人今有增至十人者矣御史六十人今則百餘人矣甚至一部有兩尚書侍郎亦倍常額都御史以數十計此京官之宂也外則增設撫民管屯官如河南參議益二而爲四僉事益三而爲七此外官之宂也天下布按御史各十餘人乃歲遣御史巡視復遣大臣巡撫鎮守卽曩之方面御史爲方面御史則合衆人之長而不足爲巡撫鎮守則任一人之智而有餘有是理耶至御史遷轉太驟以六年爲率令其通達政事然後可以治人巡按所係尤重毋使初任之員漫然嘗試其餘百執事皆當慎擇而久任之帝頗嘉納未幾復言國家承平數十年公私之積未充一遇軍與抑配横徵鬻官市爵率行衰世苟且之政此司邦計者過也臣請痛抑末技嚴禁游惰斥異端使歸南畝裁宂員以省虛縻開屯田而實邊料士伍而紓饟寺觀營造供佛飯僧以及不急之工無益之費悉行停罷專以

務農重粟爲本而躬行節儉以先之然後可阜民而裕國也倘忽不加務任掊克聚斂之臣行朝三暮四之術民力已盡而征發無已民財已竭而賦斂日增苟紓目前之急不卹意外之虞臣竊懼焉章下戶部金濂請解職帝不許鼎言亦不盡行　乙酉大雷雨河復決沙灣北岸掣運河水入鹽河漕舟盡阻命姑輸東昌濟寧倉已河南參議豐慶請自衛輝胙城泊於沙門陸輓三十里入衞舟運抵京師從之　初練綱偕同官言吏部推選不公任情高下請寘尚書何文淵右侍郎項文曜於理尚書王直左侍郎俞山素行本端爲文曜等所罔均宜按問帝雖不罪文淵終以綱等爲直六月災異見左鼎偕同官陳救弊卹民七事末言大臣不乏奸回宜黜罷其尤者用清政本帝善其言下詔甄別而大臣辭職並慰留林聰請明諭鼎等指實劾奏鼎聰等乃共論文淵險邪刑部尚書俞士悅工部侍郎張敏通政使李錫不職狀左庶子周旋疏言文淵枉聰并劾旋曹凱亦上殿力

諍壬辰下文淵及旋於獄聽疏中有屬內臣語與安請詰主名聽不
敢堅對乃釋文淵命致仕是時諸御史綱以敢言名而鼎尤善爲章
奏京師語曰左鼎手練綱口自公卿以下咸憚之　辛亥塵土木大
同紫荊關暴骸　時令輸豆得補官曹凱言近例輸豆四千石以上
授指揮彼受祿十餘年費已償矣乃令之世襲是以生民膏血養無
功子孫而彼取息長無窮也有功者必相謂曰吾以捐軀獲此彼以
輸豆亦獲此是朝廷以我軀命等於荏菽其誰不解體乞自今惟令
帶俸不得任事傳襲文職則止原籍帶俸帝以爲然命已授者如故
未授者悉如凱議時又令罷退官非贓罪者輸米二十石給之誥敕
給事中劉煒等言考退之官多有罷輭酷虐荒溺酒色廉恥不立者
非止贓罪已也賜之誥敕以何爲辭若但褒其納米則是朝廷誥敕
止直米二十石何以示天下後世此由尚書金濂不識大體有此謬
舉帝立爲已之　松潘土官王永高茂林董敏相讎殺守將不能制

羅綺擣承巢誅之　秋七月庚辰停諸不急工役　石璞仍治沙灣決河教諭彭塤請立閘以制水勢開河以分上流練綱上其策詔下璞璞乃鑿一河長三里以避決口上下通運河而決口亦築壩截之令新河運河俱可行舟工畢奏聞帝恐不能久命璞且留處置　八月己丑振河南饑　甲午也先自立爲可汗　九月給事中潘榮言致治之要莫切於納諫比以言者忤聖意諭禮部凡遇建言務加審察或假以報復具奏罪之此令一下廷臣喪氣以言爲諱國家有利害生民有得失大臣有奸慝何由而知今巨寇陸梁塞上多事奈何反塞言者路望明詔臺諫知無不言緘默者罪並敕閣部大臣勿搜求參駁虧傷治體疏入報聞　陝西布政使許資言侍郎出鎮與巡按御史不相統事多拘滯請改授憲職便乃改耿九疇右副都御史大臣鎮守巡撫皆授都御史自九疇始　冬十月庚寅詔天下鎮守巡撫官督課農桑　初徐珵揶南遷議爲內廷訕笑久不得遷珵急

於進取因遺陳循玉帶且用星術言公帶將玉矣無何循果加少保大喜因屢薦之帝用人多決於于謙珵屬謙門下士求國子祭酒帝謂謙曰此議南遷徐珵耶爲人傾危將壞諸生心術珵以謙沮己恨刺骨循勸珵改名因名有貞尋遷右諭德會河決沙灣七載前後治者皆無功廷臣共舉有貞甲午擢左僉都御史往治之　戊戌也先遣使來書稱大元田盛大可汗末曰添元元年報書稱曰瓦剌可汗

十一月辛未皇太子見濟薨諡曰懷獻葬西山　十二月乙未免山東被災稅糧　乙巳賚邊軍　年富劾分守中官韋力轉參將石彪及山西參政林厚罪富威名重天下豪家愈側目相與摭富罪于謙方當事力保持之帝亦知富深故得行其志林厚力詆富帝曰厚怨富誣富耳朕方付富邊事豈聽人言加辱耶削厚官

五年春正月戊午黃河清自龍門至於芮城　先是詔會試額數遵永樂間例李侃羅綺及給事中徐廷章相繼爭之及是禮部奏請裁

定乃從廷章言復分南北中卷　壬申罷福州建寧銀場　甲戌陳豫江淵撫輯山東河南被災軍民　初運河淺阻僉事劉清給事中何陞行人王晏先後請開沁河通漕運再下廷議言不便晏固爭乃遣趙榮往勘榮還亦言不便議乃寢尋敕榮會山東河南三司相度河道徐恭王竑以漕舟蟻聚臨清上下請急敕徐有貞築塞決口帝敕有貞如竑等議有貞守便宜言臨清河淺舊矣非因決口未塞也漕臣但知塞決口爲急不知秋冬雖塞來春必復決徒勞無益臣不敢邀近功詔如其言有貞乃條上三策一置水門一開支河一濬運河略曰臣聞水之性可使通流不可使湮塞沙灣地土皆沙易致坍決故作壩作閘皆非善計請依樂浪王景所述制水門之法置閘門於水而實其底令高常水五尺小則拘之以濟運大則疏之使趨海則有通流之利無湮塞之患又言水勢大者宜分小者宜合今黃河勢大恆衝決運河勢小恆乾淺必分黃水合運河則有利無害請度

黃河可分之地開河一道下穿濮陽博陵及舊沙河二十餘里上連東西影塘及小嶺等地又數十餘里其內則有古大金堤可倚以爲固其外有八百里梁山泊可恃以爲泄至新置二閘亦頗堅牢可以宣節使黃河水大不至泛溢爲害小亦不至乾淺以阻漕運帝諭有貞如其議行之　有貞踰濟汶沿衞沁循大河道濮范相度地形水勢上言自雍而豫出險固而之夷斥水勢旣肆由豫而兗土益疏水益肆而沙灣之東所謂大洪口者適當其衝於是決焉而奪濟汶入海之路以去諸水從之而洩堤以潰渠以淤澇則溢旱則涸漕道由此阻然驟而堰之則潰者益潰淤者益淤今請先疏其水水勢平乃治其決決止乃濬其淤於是大集民夫躬親督率治渠建閘起張秋金堤之首西南行歷壽張踰范濮凡百里又西北數百里經澶淵以接河沁築九堰以禦河流旁出者實之石而鍵以鐵更築大堰楗以水門　二月王竑言比年饑饉薦臻人民重困頃冬春之交雪深數

尺淮河抵海冰凍四十餘里人畜僵死萬餘弱者鬻妻子強者肆劫奪衣食路絕流離載途陛下端居九重大臣安處廊廟無由得見使目擊其狀未有不爲之流涕者也陛下嗣位以來非不敬天愛民而天變民窮特甚者臣竊恐聖德雖修而未至大倫雖正而未篤賢才雖用而未收其效邪佞雖屏而未盡其類仁愛施而實惠未溥財用省而上供未節刑罰寬而冤獄未伸工役停而匠力未息法制頒而奉行或有更張賦稅免而有司或仍牽制有一於此皆足以干和召變伏望陛下修厥德以新厥治欽天命法祖宗正倫理篤恩義戒逸樂絕異端斯修德有其誠矣進忠良遠邪佞公賞罰寬賦役節財用戒聚斂卻貢獻罷工役斯圖治有其實矣如是而災變不息未之有也帝褒納之乙巳以雨暘弗時詔修省求直言　林聰以災異偕同官條上八事雜引五行諸書累數千言大略以絕玩好謹嗜慾爲崇德之本而修人事在進賢退奸武清侯石亨指揮鄭倫身享厚祿而

多奏求田地百戶唐興多至一千二百餘頃宜爲限制餘如罷齋醮汰僧道愼刑獄禁私役軍士省輸班工匠皆深中時弊帝多納采
戶部尙書金濂卒追封沭陽伯謚榮襄　三月辛酉江淵振淮北饑民王文撫卹南畿淵前後條上軍民便宜十數事幷請築淮安月城以護常盈倉廣徐州東城以護廣運倉悉議行淮安糧運在塗者淵悉追還備振漕卒乘機侵耗事聞遣御史按實淵被劾當削籍廷臣以淵守便宜不當罪帝宥之先是蘇松常鎭四府糧四石折白銀一兩民以爲便後戶部復徵米令輸徐淮凡一百十餘萬石率三石而致一石有破家者文用便宜停之又發廩振饑民三百六十餘萬
廣西古丁等洞賊首藍伽韋萬山等糾合蠻類劫掠南寧上林武緣諸處詔總督兩廣副都御史馬昂勦捕之甲子昂破瀧水猺　緬甸索舊地左參將胡誌等請以銀戛等處地方與之乃送思機發及其妻帑六人至金沙江庚辰誌等檻機發送京師　夏四月壬午朔日

有食之　興安用事佞佛甚於王振請帝建大隆福寺成剋期臨幸河東鹽運判官楊浩切諫禮部郎中章綸亦以爲言乃止　四川草塘苗黃龍韋保作亂自稱平天大王剽播州西平黃灘方瑛與巡撫蔣琳會川兵進勦辛卯破之賊魁皆就縛因分兵克中潮山及三百灘乖西谷種乖立諸砦執僞王谷蟻丁等斬首七千餘瑛爲將嚴紀律信賞罰臨陳勇敢善撫士士皆樂爲用以故數有功廷臣言宜委以禁旅乃召還同石亨督京營軍務　五月徙齊庶人谷庶人置南京敕守臣愼防範　懷獻太子既薨中外望復沂王於東宮御史鍾同與章綸早朝語及沂王皆泣因相約疏請復儲同因上疏言邊事遂及復儲事略曰近得賊諜言也先使偵京師及臨清虛實期初秋大舉深入直下河南臣聞之不勝寒心而廟堂大臣皆恬不介意昔秦伐趙諸侯自若孔子順獨憂之人皆以爲狂臣今者之言何以異此臣草茅時聞寺人搆惡戕戮直臣劉球遂致廷臣箝口假使當時

犯顏有人必能諫止上皇之行何至有蒙塵之禍陛下赫然中興鋤
奸黨旌忠直命六師禦敵於郊不戰而三軍之氣自倍臣謂陛下方
且鞭撻四裔坐致太平奈何邊氛甫息瘡痍未復而侈心遽生失天
下望伏願取鑒前車厚自奮厲毋徇貨色毋甘嬉遊親庶政以總威
權敦倫理以厚風俗辨邪正以專委任嚴賞罰以彰善惡崇風憲以
正紀綱去浮費罷冗員禁僧道之蠹民擇賢將以訓士然後親帥羣
臣謝過郊廟如成湯之六事自責唐太宗之十漸即改庶幾天意可
回國勢可振又曰父有天下固當傳之於子乃者太子薨逝足知天
命有在臣竊以為上皇之子即陛下之子沂王天資厚重足令宗社
有託伏望擴天地之量敦友于之仁蠲吉具儀建復儲位實宗社無
疆之休又曰陛下命將帥各陳方略經旬踰時互相委責及石亨柳
溥有言又不過庸人孺子之計平時尚爾一旦有急將何策制之夫
禦敵之方莫先用賢陛下求賢若渴而大臣之排抑尤甚所舉者率

多親舊富貴之家卽長才屈抑孰肯爲言朝臣欺謾若此臣所以撫膺流涕爲今日妨賢病國者醜也疏入帝不懌下廷臣集議陳懋王直等請帝納其言因引罪求罷帝慰留之越二日綸抗疏陳修德弭災十四事其大者謂內臣不可干外政佞臣不可假事權後宮不可盛聲色凡陰盛之屬請悉禁罷又言孝弟者百行之本願退朝後朝謁兩宮皇太后修問安視膳之儀上皇君臨天下十有四年是天下之父也陛下親受冊封是上皇之臣也陛下與上皇雖殊形體實同一人伏讀奉迎還宮之詔曰禮惟加而無替義以卑而奉尊望陛下允蹈斯言或朔望或節旦帥羣臣朝見延和門以展友于之情實天下之至願也更請復汪后於中宮正天下之母儀還沂王於儲位定天下之大本如此則和氣充溢災沴自弭疏入帝大怒時日已暝宮門閉乃傳旨自門隙中出立執綸下錦衣衞獄甲子併下同獄榜掠慘酷逼引主使及交通南宮狀瀕死無一語會大風揚沙晝晦獄得

稍緩令錮之時禮部郎孟玘亦疏言復儲事獨不罪　蘇州年饑多盜貧民掠富家粟火其居蹈海避罪王文捕許師道等二百餘人張其功坐以謀逆大理寺卿薛瑄力辨其誣給事中王鎮因乞會廷臣勘實六月誅師道等十六人而餘得釋文恚曰此老倔強猶昔　進士楊集上書于謙曰奸人黄玹獻議易儲不過爲逃死計耳公等遽成之公國家柱石獨不思所以善後乎今鍾同等又下獄矣脫諸人死杖下而公等坐享崇高如清議何謙以書示王文文曰書生不知忌諱要爲有膽當進一官處之乃以集知安州　戊子錄囚　也先虐使三衛逼徙朵顏所部於黄河毋納地三衛皆不堪遂陰輸瓦剌情於中國乞居大寧廢城朝議不許令去塞二百里外居住舊制三衛歲三貢使者從喜峯口入有急報則許進永平時有自獨石及萬全右衛來者邊臣以爲言敕止之　秋七月南京大理寺少卿廖莊言臣曩在朝見上皇遣使冊封陛下每遇慶節必令羣臣朝謁東廡

恩禮隆洽羣臣皆感歎謂上皇兄弟友愛如此今陛下奉天下以事上皇願時時朝見南宮或講明家法或商略治道歲時令節俾羣臣朝見以慰上皇之心則祖宗在天之神安天地之神亦安矣太子者天下之本上皇之子陛下之猶子也宜令親儒臣習書策以待皇嗣之生使天下臣民曉然知陛下有公天下之心豈不美與蓋天下者太祖太宗之天下仁宗宣宗繼體守成者此天下也上皇北征亦為此天下也今陛下撫而有之宜念祖宗創業之艱難思所以繫屬天下之人心即弭災召祥之道莫過於此疏入不報　癸酉振南畿水災　封方瑛為南和伯加蔣琳左副都御史敘草塘功也　兵部尚書儀銘卒諡忠襄銘智之子也少學於吳訥天性孝友易直有父風

八月丁酉復命天下巡撫官赴京師議事　思機發伏誅　吏部侍郎李賢采古二十二君行事可法者曰鑑古錄上之　陶魯為新會縣丞廣西猺流劫高州廉州惠州肇慶諸府破城殺吏無虛月香

山順德閒土寇蠭起新會無賴子羣聚應之魯召父老語曰賊氣吞五城不早備且陷若輩能帥子弟捍禦乎皆曰諾乃築堡砦繕甲兵練技勇以孤城捍賊衝建郭掘濠布鐵蒺藜刺竹於外城守大固賊來犯輒擊破之魯年始弱冠知縣王重勉之學重故老儒遂請執弟子禮每晨授經史講解而後視事後重卒官魯喪之如父且資其二子　九月壬戌免蘇州松江常州揚州杭州嘉興湖州七府漕糧二百餘萬石　冬十月庚辰副都御史劉廣衡巡撫浙江福建專司討賊　也先恃強日益驕荒於酒色知院阿剌求太師不得而怒也先忌之乃使己子守西番召阿剌二子鴆其少者阿剌懼詭辭乞長子還也先鴆之中途而死阿剌益怒帥衆攻也先也先數其三罪曰漢兒血在汝身脫脫不花王血在汝身兀良哈血亦在汝身天道好還汝血在我手矣也先無以應約日與戰退與伯顏帖木兒議帳中阿剌有部曲三人事也先久也先不之疑因共趨帳中拔所佩劍刺也先殺

之并殺伯顏帖木兒伯顏弟賽刊王闍也先死棄衆走爲其下所殺
賽刊弟大同王帥所部西奔　十一月戊午罷蘇松常鎮織造采辦
十二月召趙榮還專任徐有貞　先是吏部除副使羅箎爲按察
使參政李輅僉事陳永爲布政使林聰疏爭之并言山西布政使王
瑛老宜罷箎等遂還故官瑛致仕御史白仲賢以久次擢廣東按察
使聰言仲賢奔競不當超擢乃遷鎮江知府兵部主事吳誠貪緣得
吏部聰劾之遂改工部諸司憚聰風裁聰所言無敢不奉行者吏部
尤甚內閣及諸御史亦並以聰好論建弗善也王文尤惡之會聰甥
陳和爲教官欲得近地便養聰爲言於吏部御史黃溥等遂劾聰挾
制吏部且言聰劾仲賢爲私其鄉人參政方員欲奪仲賢官與之與
吳誠有怨故劾誠福建參政許仕達屬聰求進故聰舉仕達堪巡撫
并劾尚書王直阿聰章下廷訊文等文致其罪坐專擅選法論斬胡
濙不肯署遂稱疾數日不朝帝使興安問疾對曰老臣本無疾聞欲

殺林聰殊驚悸耳與高穀皆力救帝亦自知聰繇是得釋貶國子監學正　練綱巡按福建與按察使楊珏互訐俱下獄謫珏黃州知府綱邠州判官　免南畿浙江被災稅糧　雲南虛仁驛丞尚褫因災異上書陳數事中言忠直之士冒死陳言執政者格以條例輕則報罷重則中傷是言路雖開猶未開也釋教盛行誘煽聾俗由掌邦禮者畏王振勢度僧多至此宜盡勒歸農章下禮部胡濙惡其刺己悉格不行　鎮守福建尚書孫原貞言四方屯軍率以營繕轉輸諸役妨耕作宜簡精銳實伍餘悉歸之農苟增萬人屯即歲省支倉糧十二萬石且積餘糧六萬石兵食豈有不足哉今歲漕數百萬石道路費不貲如浙江糧軍兌運者米石加耗米七斗民自運米石加八斗其餘計水程遠近加耗田不加多而賦斂實倍欲民無困不可得也況今太倉無十數年之積脫遇水旱其何以濟宜量入爲出汰冗食浮費俟倉儲既裕漸減歲漕數而民困可蘇也臣昔官河南稽諸逃

民籍凡二十餘萬戶悉轉徙南陽唐鄧襄樊閒羣聚謀生安保其不爲盜宜及今年豐遣近臣循行督有司籍爲編戶給田業課農桑立社學鄉約義倉使敦本務業生計既定徐議賦役庶無他日患時不能盡用後劉千斤之亂果如原貞所料　閣臣既不相協陳循王文尤私而刻江淵好議論每爲同官所抑意忽忽不樂

六年春正月于謙以病在告詔推一人協理部事淵心欲得之循等陽推淵而密令商輅草奏示以石兵江工四字淵在旁不知也比詔下調工部尚書石璞於兵部而以淵代璞淵大失望謙自值也先之變誓不與賊俱生嘗留宿直廬不還私第素病痰疾作帝遣興安舒良更番往視聞其服用過薄詔令上方製賜至醯菜畢備又親幸萬歲山伐竹取瀝以賜或言寵謙太過安等曰彼日夜分國憂不問家產卽彼去令朝廷何處更得此人帝知謙深所論奏無不從者用人必密訪謙謙具實對無隱由是諸不任職者皆怨同列亦多嫉之徐

有貞尤切齒謙石亨本以失律削職謙請宥而用之總兵十營畏謙不得逞亦不樂謙諸御史多以深文彈劾謙性剛遇事有不如意輒拊膺歎曰此一腔熱血竟灑何地視諸選耎大臣勳舊貴戚意頗輕之憤者益衆　二月壬午以災異命太監王誠同法司刑科錄囚大理寺少卿李茂等錄南京浙江囚全活甚衆　沙灣工未成帝以轉漕爲急三月詔羣臣集議方略江淵等請遣中官偕文武大臣督京軍五萬往濬運河期三月畢工徐有貞言京軍一出日費不貲遇漲則束手坐視無所施力今泄口已合決堤已堅請復陳瑄舊制置撈淺夫用沿河州縣民免其役自足集事從之　夏四月丙子朔日有食之　辛巳敕戶兵二部及兩畿山東河南浙江湖廣撫按三司官條寬卹事罷不急諸務　霍山民趙玉山自稱宋裔以妖術惑衆爲亂王竑捕誅之　韃靼部長孛來攻殺阿剌奪也先母妻幷其玉璽也先諸子火兒忽答等徙居干趕河弟伯都王姪兀忽納等往依哈

密孛來求脫脫不花子麻兒可兒立之號小王子孛來與其屬毛里
孩等皆雄視部中於是韃靼復熾遣使入貢　五月己巳禱雨於南
郊　劉廣衡平處州賊　六月乙亥朔宋儒朱熹裔孫梴爲翰林院
世襲五經博士梴世居福建建安縣之紫霞洲爲人淳謹言動有則
癸未河決開封　戶部尚書張鳳以災傷蠲賦多國用益絀上言
國初天下田八百四十九萬餘頃今數既減半加以水旱停徵國用
何以取給今京畿及河南山東無額田甲方墾闢乙即訐其漏賦請
準輕則徵租不惟永絕爭端亦且少助軍國報可給事中成章等劾
鳳擅更祖制楊繼等復爭之帝曰國初都江南轉輸易今居極北可
守常制耶四方報凶荒者鳳請令御史勘實議者非之　秋七月乙
亥徐有貞築沙灣隄成賜渠名廣濟沙灣之決垂十年至是始塞亦
會黃河南流入淮乃克奏功凡費木鐵竹石累數萬夫五萬八千有
奇工五百五十餘日自此河水北出濟漕而阿鄄曹鄆閒田出沮洳

者百數十萬頃有貞乃濬漕渠由沙灣北至臨清南抵濟寧復建八閘於東昌用王景制水門法以平水道山東河患遂息　辛巳刑科給事中徐正請間言事亟召入乃言上皇臨御歲久沂王嘗位儲副天下臣民仰戴宜遷置所封之地以絕人望別選親王子育之宮中帝驚愕大怒立叱出命謫遠任已復得其淫穢事謫戍鐵嶺衛　庚寅以南京災異屢見敕羣臣修省　御史倪敬盛暴杜宥黃讓羅俊汪清言府庫之財不宜無故而予遊觀之事不宜非時而行曩以齋僧屢出帑金易米不知櫛風沐雨之邊卒趨事急公之貧民又何以濟之近聞造龍舟作燕室營繕日增嬉遊不少非所以養聖躬也章綸鍾同直言見忤幽錮逾年非所以昭聖德也願罷桑門之供輟宴佚之娛止興作之役寬直臣之囚帝得疏不懌下之禮部部臣稱其忠愛報聞八月命都御史蕭維楨考察其屬御史罷黜者十六人敬等預焉皆謫遠方典史　廖莊以事至京詣東角門朝見帝憶莊前

疏庚申廷杖八十謫定羌驛丞左右言事由鍾同倡帝乃封巨梃就獄中杖同及章綸各百綸死而復甦長繫如故同竟死年三十二同之上疏也策馬出馬伏地不肯起同叱曰吾不畏死爾奚爲者馬猶盤辟再四乃行同死馬長號數聲亦死　以政和縣楊梅村置壽寧縣析福安縣地益之從劉廣衡之請也　九月乙亥振蘇松饑民米麥一百餘萬石　壬寅宋儒程頤裔孫克仁爲翰林院五經博士世襲　冬十月戊午免陝西被災稅糧　湖廣苗賊蒙能攻圍龍里新化銅鼓諸城巡撫尚書王永壽乞調兵勦之時賊欲取龍里爲巢穴攻破亮寨銅鼓羅團堡諸城都指揮汪迪爲賊所殺十一月乙亥方瑛爲平蠻將軍充總兵官討之　十二月己巳免南畿被災秋糧衍聖公孔彥縉卒孫宏緒甫八歲爲族人所侵詔遣禮部郎爲治喪而命其族父進士公恂理家事驛召宏緒至京襲封

七年春正月己卯石璞撫安湖廣軍民　二月庚申皇后崩　甲子

營壽陵　三月戊寅免雲南被災稅糧　夏四月乙卯麓川平緬思卜發入貢乞哀賜敕戒諭賚錦幣及其使鈔幣有差　五月戊寅以水旱災異敕內外諸臣修省　辛卯宋儒周敦頤裔孫冕爲翰林院五經博士世襲　六月庚申葬肅孝皇后　帝從唐瑜等奏考覈南京大小諸臣給事中張寧言京師尤根本地不可獨免又言京衛帶俸武職一衛至二千餘人通計三萬餘員歲需銀四十八萬米三十六萬并他折俸物動經百萬耗損國儲莫甚於此而其間多老弱不嫺騎射之人莫若簡可者補天下都司衛所缺官而悉汰其餘議格不行　孫原貞復鎭浙江上言杭州西湖舊有二閘近皆傾圮湖遂淤塞勢豪侵占無已民田無灌漑資官河亦澀阻乞敕有司興濬禁侵占以利軍民從之　河南大雨河決開封河南彰德秋直隸山東亦大雨諸水並溢高地丈餘堤岸多衝決獨徐有貞所築如故有貞乃修舊堤決口自臨清抵濟寧各置減水閘水患悉平　太僕寺少

卿蒯祥陸祥爲工部侍郎二人皆起家工匠時人謂之匠官　陳循子英王文子倫應順天鄉試被黜循等劾考官太常寺少卿劉儼侍講學士黄諫欲傾陷之以舉人林挺爲監試御史林鶚邑子謂鶚亦有私逮挺考訊挺實無他帝命高穀會禮部覆閱試卷穀力言儼等無私且曰貴胄與寒士競進已不可況不安義命欲因此搆考官乎帝乃黜挺賜英倫中式事得已張寧等論循文失大臣體乞罷黜不報　冬十月癸卯振江西饑　江西處士吳與弼躬耕講學屢薦不起嘗曰宦官釋氏不除而欲天下治平難矣十一月御史陳述請禮聘之俾侍經筵或用之成均教胄子詔江西巡撫都御史韓雍備禮敦遣竟不至　方瑛之討湖廣叛苗也帝使御史張鵬偵其後還奏瑛所過秋豪不犯帝大喜都指揮使李震守靖州坐罪徵還瑛乞震隨軍詔許立功贖尋命石璞總督軍務賊渠蒙能攻平溪衞都指揮鄭泰擊卻之能中火槍死十二月己亥瑛遂進沅州連破鬼板等一

百六十餘砦　徐有貞還朝帝召見奬勞有加進左副都御史　戊
午振畿內山東河南水災　癸亥帝不豫詔罷明年元會百官朝參
如朔望張寧言四方來覲不得一覲天顏疑似之際必至訛言相驚
願勉循舊典用慰人心帝疾不能從　免畿內山東被災稅糧並蠲
逋賦　陳泰巡撫蘇松諸府以賦額不均令民田五升者倍徵官田
重者無增耗賦均而額不虧後人多遵用其法
八年春正月戊辰免江西被災稅糧　丁丑帝輿疾宿南郊齋宮召
石亨代行禮亨受命榻前見帝病甚遂與張軏曹吉祥等謀迎立上
皇以告許彬彬曰此不世功也彬老矣無能爲徐元玉善奇策盍與
圖之元玉有貞字也亨軏卽夜至其家有貞聞之大喜曰須令南城
知此意軏曰陰達之矣吉祥密白上聖皇太后許之　胡濙以疾在
告侍郎姚夔強起之會廷臣欲乞還沂王東宮王文曰安知上意誰
屬李賢私問蕭鎡鎡亦曰既退不可再也己卯羣臣請建太子不允

中外諠傳文與中官王誠等謀召取襄世子辛巳濙及王直會諸大臣臺諫再議請復沂王爲皇太子推商輅草疏略曰陛下宣宗章皇帝之子當立章皇帝子孫聞者感動以日暮未及上疏草留姚夔所後夔出以示郎中陸昶歎曰是疏不及進天也　張軏等復會徐有貞所有貞升屋覽乾象亟下曰時至矣勿失時方有邊警有貞令軏詭言備非常勒兵入大內石亨掌門鑰四鼓開長安門納之既入復閉以遏外兵時天色晦冥亨軏皆惶惑謂有貞曰事當濟否有貞大言必濟趣之行既薄南城門錮毀牆以入上皇燈下獨出問故有貞等俯伏請登位乃呼進輿兵士惶懼不能舉有貞帥諸人助輓以行忽星月開朗上皇各問諸人姓名至東華門門者弗納上皇曰朕太上皇帝也皆反走上皇乃升奉天殿有貞等常服謁賀呼萬歲百官以帝明當視朝方待漏闕下忽聞殿中呼譟聲皆驚愕俄諸門畢啓有貞出號於衆曰太上皇帝復位矣趣入賀壬午晨有貞兼學士入

內閣參預機務日中上皇御奉天殿卽位宣諭畢卽班中執于謙及
王文等下錦衣衛獄召高穀商輅入便殿温旨諭之命草復位詔亨
密語輅赦文毋別具條款輅曰舊制也不敢易亨輩不悅諷言官劾
輅朋奸亦下獄許彬薛瑄爲禮部侍郎兼翰林學士入閣預機務
癸未加徐有貞兵部尚書　郭登慮不免首陳八事多迎合中言章
綸廖莊林聰左鼎倪敬等皆直言忤時宜加旌擢帝立釋綸命中官
檢前疏不得中官從旁誦數語嗟歎再三卽擢綸禮部右侍郎又擢
聰鼎並左僉都御史敬及盛昶杜宥黃讓羅俊等並授知縣莊亦復
官登尋出掌南京中府事　擢袁彬錦衣衛指揮僉事帝眷彬甚奏
請無不從商輅罷彬乞得其居第旣又以湫隘乞官爲別建帝亦報
從彬娶妻命外戚孫顯宗主之賜予優渥時召入曲宴敘患難時事
歡洽如故時　甲申奪王直胡濙高穀王翺少傅少保太子太保等
銜　石亨等誣于謙王文與黃竑搆邪謀更立東宮又與太監王誠

舒良張永王勤等謀迎立襄王子㻩言官上之命鞫於廷文力辨曰召親王須用金牌信符遣人必有馬牌內府兵部可驗也乃逮車駕司主事沈敬訊之無跡文辨益疾謙笑曰亨等意如是辨何益或疑玹疏乃江淵所爲編修邱濬曰此易辨也廣西紙與京師紙異索奏視之果廣西紙誣乃白蕭維禎定讞坐謙文召敬謀未定比謀逆處極刑敬知謀反故縱減死戍鐵嶺奏上帝猶豫曰于謙實有功徐有貞進曰不殺于謙此舉爲無名帝意遂決薛瑄力言於帝得減極刑一等

明紀卷第十六

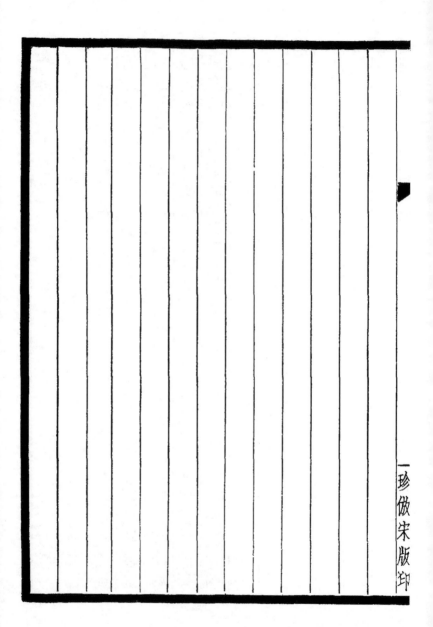

西元二〇一六年六月一日重製一版

明紀 冊一（清陳鶴撰
清陳克家續成）

平裝四冊基本定價參仟捌佰元正
（郵運匯費另加）

發行人 張敏君
發行處 中華書局
臺北市內湖區舊宗路二段一八一巷八號五樓（5FL., No. 8, Lane 181, JIOU-TZUNG Rd., Sec 2, NEI HU, TAIPEI, 11494, TAIWAN）
客服電話：886-2-87978396
公司傳真：886-2-87978909
匯款帳戶：華南商業銀行西湖分行
179100026931
印　刷：維中科技有限公司
海瑞印刷品有限公司

No. N1031-1

國家圖書館出版品預行編目(CIP)資料

明紀 / (清)陳鶴撰 ; (清)陳克家續成. -- 重製一版. -- 臺北市 : 中華書局, 2020.04
冊 ;　公分
ISBN 978-986-5512-08-8(全套 : 平裝)

1.明史

626.02　　109003713